官場必勝法解密手冊

影響中國的85位名臣

高鵬 著

好讀出版

序言 作為現實的歷史

政治對於今天普通的臺灣人來說，似乎是場紛紛擾擾的鬧劇，聽著熱鬧，卻無實質影響。然而縱觀近代歷史，政治對於臺灣的意義，從來沒有像今天這樣影響深遠；它對於臺灣未來乃至整個中華民族、漢文化圈的影響，也從來沒有像今天這般重要。

毋庸諱言，臺灣處於中國大陸和美國兩大強權之間，看似爲雙方拉攏的對象，但在利益取捨之下，臺灣是隨時可被犧牲掉的。即便美國不時發出保護臺灣的聲明，但在戰後數十年間，卻曾經數次想要放棄臺灣；而來自中國大陸的武力威脅，可從來都未停止過。

——這樣的夾縫生存狀態，是臺灣的機遇。一切皆有可能，或好或壞。

今日的臺灣需要卓越的領導人，在這魚龍混雜的時代，面對政客的專業表演，政治外行的普通人，如何能夠看個明白？看看歷史上歷代政治大腕的表現，你會看到他們的各種表現，與今天政客的表演毫無二致。即使從幾千年後來看，是非的分界線依然模糊不清。

管仲生活奢侈之極，要說他沒有貪汙誰也不信，但他一手拯救了齊國；溫體仁絕對是個廉潔的清官，但他對明朝的危害比誰都大；張居正勾結太監，把自己的權力淩駕在法律之上，人們卻交口稱讚他是明代最傑出的政治家。他們的爲人，以及他們對歷史的作用，就是如此矛盾，眞實的生活往往如此。

還有很多例子呢！——趙高臭名昭著，卻是高明得連秦始皇都敬重的法學家；而一向為人所厭惡的高力士不但武功高強，為人重情重義，更知道如何退舍。對於政客的評價，私生活、個人品德並不重要，然在今天民主化競選中，這些卻舉足輕重。因此，我們不得不承認美國人政治成熟，柯林頓如此花心，仍能做滿八年；而璩美鳳的色情光碟卻幾乎要了她的命。

歷史是現實的縮影，甚至比現實更加完備，從古到今，科技雖然在進步，但人的本性卻沒有太大變化。如果你能看清古代政客的表演，那麼現代政客的伎倆絕對難以欺瞞你的雙眼。

貪婪、狡詐、聰明、愚笨、廉潔、無恥、天才、弱智，種種矛盾的特質往往在一個人身上交錯起來，丈量著旁觀者的心智。翻完全書，也許你會發現，現今的政壇同樣如是，這一點也不奇怪。

著者　高鵬　書於二〇〇六年十月

【魏晉南北朝篇】

【隋唐宋篇】

【元明清篇】

先秦篇

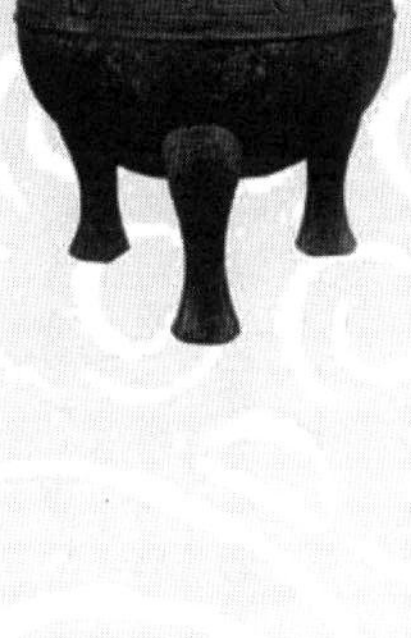

姜尚

【約西元前十一世紀】

在人生終點奮起直追

導言

姜尚名望，字子牙，他的先祖在舜帝時就是貴族，還幫助大禹治過水，被封在呂地（今河南南陽），故又名呂尚。後世幾千年，再也沒人能夠像他那樣，七十歲前還一事無成，最後竟能夠把握機會，成爲一國之王。即使在今天，六十歲的人不是準備退休，就是等著進養老院，而姜子牙到了七十才開始創業。

從個人機遇角度來看，姜子牙可說是個奇蹟。貴族子弟出身的他，七十歲後才想辦法取得周文王賞識，從平民一舉成爲太師（相當今天的國家總理）。幫助周武王討伐殷商的時候，更被封爲國師（相當今日的國家總理兼三軍統帥）。成功討伐商朝之後，姜子牙被分封到齊國爲王。

在那個巫術盛行的時代，姜子牙的權謀及事蹟都蒙上了一層神祕的面紗。在後世的演義小說中，他被賦予了一種半人半神的地位，雖嫌過分，不過姜子牙活了一百多歲，在古代確實罕見。

人生奮鬥七十始

姜子牙的家世十分顯赫，屬於炎帝一脈，祖先裡還有伯夷這樣的名人。姜子牙出生的時候，家裡應該還不太窮，至少姜子牙受到了足夠的教育。但等他成年以後，家業就敗落了下去。爲了生存，姜子牙做過不少職業，包括殺豬宰牛的屠夫，他曾做過一些小買賣，卻未顯示出經商的頭腦。

也許姜子牙一直懷念自己祖先的榮光，所以在七十年窮困的生涯中，仍然學了不少治國安邦的謀略。姜子牙最出色的本領即是他的口才。貧困生活鍛煉了他察言觀色的能力，世情練達皆學問，姜子牙可以說是一個大器晚成的人。

商代末期實行分封制，殷紂王的實力並不是特別大，還需要拉攏周圍諸多部落及屬國。當時周文王一直在默默積累實力，姜子牙到七十歲才出道，原因多出於機遇，而根據歷史記載，姜子牙、周文王都是很會說話辦事的聰明人。

自我推銷與相互吹捧

爲了讓周文王賞識自己，姜子牙跑到渭河邊去釣魚。連續釣了三日三夜，一條魚都沒釣上來，姜子牙裝作很生氣，把衣服、帽子都脫了，直到旁邊的農夫告訴他要用小

你不可不知的姜子牙

▲傳說中姜子牙曉知天文地理，擁有神通，隱居在民間。→實際姜子牙生活窮困，到處打工糊口。

▲演義故事裡姜子牙能斷人生死→沒有這回事。

▲演義故事姜子牙指揮神怪對抗殷商。→實際上指揮各地部落的聯軍。

▲演義故事裡殷商最後能封神。→實際自己被封在齊國。

▲姜太公釣魚的故事是眞的嗎？→傳說與事實有一些出入，詳情見正文。

的魚鉤、新鮮的魚餌——實際上這些都是在作勢——最後終於釣上魚來了，並且從魚的肚子裡找出了一塊布，上面寫著「呂望封於齊」五個大字。今日的我們，用腳掌都能想出來這些應是姜子牙自己做的，但當時的人大多迷信，信鬼神更敬鬼神，因此姜子牙受到鬼神護佑之名便不脛而走。

無獨有偶，周文王去打獵前恰好算了一卦，卦文說：「這次打獵，打到的不是龍、不是四腳獸，非虎亦非熊，而是能幫助你稱霸天下的人才。」結果，周文王與姜子牙在渭水河畔相遇了，姜子牙經過七十年鍛煉的口才，果然讓周文王感覺碰到了好幫手，便道：「我死去的父親曾說會有聖人到周國來，周國會因爲此人興盛。你眞的就是那個人啊！」因此文王呼姜子牙爲「太公望」，即父親希望的意思，並馬上用車接姜子牙回城，拜爲太師。

用今天的眼光看，這兩個人不啻都在作秀，否則這事情也太玄啦！不過，在那個巫術盛行的年代，這番說法更容易讓人信服，產生敬畏。後代的演義故事說得更玄，比如姜子牙用空魚鉤釣魚，由此而生一則成語：「姜太公釣魚——願者上鉤」。還有所謂周文王背了姜子牙二百九十四步，表示後者保護大周江山二百九十四年等。這種種傳奇故事，說明了加在姜子牙身上的神祕色彩有多麼濃厚。

巫師時代的聰明人

人們常說人老成精，姜子牙便稱得上是個老狐狸精。他的諸多施政措施，都透露出遠超時代的智慧。周武王曾經問他，音樂在軍事上有什麼作用？就連「孫子兵法」也沒提到軍事和音樂有何相干，但姜子牙就能把這兩者拉到一起，道出一套理論來。他把五音與五行結合起來，把行軍打仗解釋得頭頭是道，儘管對眞正的軍事無啥助益，但卻把周武王哄得手舞足蹈。

除此之外，這種「五行之神，道之常也」理論的廣告宣傳，在那個巫術盛行的時代，確實能夠震懾一些盲目迷信的小部落。正因爲這個關係，儘管當時是商朝的天下，但三分之二的小部落都聽從了周的號召。

巧妙利用巫術來達到自己的政治目的，在中國數千年歷史之中，有如此智慧的人並不多見。不少聲名顯著的人，不是被巫術所迷惑，就是被聖人典籍所左右，像姜子牙這麼清醒、聰明的人實屬難得。

陰險的權謀家

司馬遷曾評價姜子牙，說他是權謀和軍事的鼻祖，後世說到兵法、權謀，都以姜子牙爲宗師，常常有「太公兵法」、「太公謀略」等稱呼。最能顯示姜子牙陰險狡詐的，就是周武王剛即位時之事。當時，武王想成就霸業，與各部落諸侯約定一起去討伐商紂王，並且還學大禹殺人立威，宣稱最後到達的人需赴死。如此一番造勢之後，到達盟津討伐商紂王的諸侯就達到八百人。

作爲權謀家，姜子牙是最能判斷形勢的。當八百位諸侯宣誓之後，姜子牙考慮到商紂王的實力未滅，而武王號令群雄之力已顯現，便勸武王等待更佳的時機。兩年之後，商紂王自毀長城，殺王子比干、囚箕子。這時，姜子牙認爲機會來了。

武王占卜的時候，龜兆很不吉利，且突然大雨傾盆。以武王爲首的革命諸侯嚇得幾乎要打退堂鼓。又是姜子牙站出來力排眾議，武王才下決心進軍。於是，史上有名的牧野之戰爆發，商紂王逃到鹿臺，仍被追及而弒。商王朝至此落幕，周朝代之而立。

明智的王侯

姜子牙早在爲自己造勢之時，就打出了「呂望封於齊」的話，武王滅商以後，果然把齊國交給了姜子牙。姜子牙前去齊國的路上，得意洋洋，走得很慢，大概是覺得終於大功告成，也該炫耀一下了。這時候有人勸他，要得到機會很難，但失去卻很容易，沒拿到手的東西就不是你的。姜子牙一驚，連夜跑到齊國，到了之後，果然發現有小部落造反。姜子牙一邊平變、一邊治理，他簡化過去繁瑣的俗禮，鼓勵工商發展，使齊國慢慢發達了起來。

周因革命而得天下，得到之後也有人反它，加上武王伐紂成功不久就死了，在他的兒子周成王時期，似乎成天有人造反。周成王命姜子牙討伐叛亂者，說五等諸侯、九州之伯，皆得討伐。齊國因此不斷四處征討，到了戰國時期，齊晉身爲七雄之一。

據史料記載，姜子牙活了一百多歲，不但擁有自己的封國，還任太師，擁有中央、地方兩造權力。他死後風光葬於國都鎬京。

【西元前十一世紀】

周公旦

道德與政治雙冠王

導言

周公姓姬，名旦，是周武王的胞弟，文王姬昌的第四子。千百年來，他一直爲儒家宣揚的道德典範。從其人事蹟來看，也確實如此：他助周武王滅商，手持一把大斧（即古稱之大鉞），十分勇敢；武王死後，他助成王平定「三監」之亂，並制禮作樂，建立封建體制，待最後一切告成之際，還能還政於成王，這一點，在中國歷史上極少有人能做到。大抵越是英雄越貪戀權力。

如果仔細分析事實，周公之道德多少有僞善的成分，他爲周朝設立的統治方式，在春秋戰國時代已得證是失敗的，但後世儒家卻很少看到這一點。以今日眼光去看古人或許過於嚴苛，但如果能因此提高我們的認識，揭開歷史的另一面，亦有何妨？

揮舞戰爭大旗的詩人

歐美國家以輸出民主或進步文明爲由，在他國行侵略之實的手段，在歷史上實不鮮見，遠溯古希臘、羅馬，都曾做過這種事；中國史上，周朝在伐商的時候，也如此做。周國爲了說明自己打對方有道理，還寫了一篇文章，叫《牧誓》。寫這篇文章的人就是周公旦。

好比兩個人打架，動手之前，要聲稱自己有理。周朝伐商之外，每戰之前，周公旦幾乎都要寫寫詩來爲祖國辯護。這種行爲很見效，不但能提高自己的號召力，還能打擊對方的士氣；牧野之戰，商朝軍隊臨陣倒戈就是一個很好的例子。

縱使寫得一手好詩，周公的最終目的仍在軍事占領，很多人只記得周公寫的詩，卻忘了他也是戰場上勇猛的統帥。事實上，他乃是周朝之中地位僅次於武王的人，他手持的大鉞不僅是鋒利的武器，也是一種權力的象徵。他之所以寫詩，大概也因爲詩在戰場上能夠發揮到武器替代不了的作用。

你不可不知的周公和周朝

▲周朝原來的首都爲鎬京，後叫宗周。

▲西元前1020年，周朝營建新都雒邑，周公在此制禮作樂。

▲誰代表周朝冊封天下諸侯？→周公。

陰險和幼稚僅有一步之遙

儒家常常用此事蹟來說明周公的寬容，那就是如何對待戰敗了的殷商諸侯和上層貴族的問題。在武王徵詢意見的時候，姜尚主張全部殺掉，以絕後患；召公之意則是殺一些罪大的，其他的留下；周公的意見最平和，他讓殷人待在原來的住地，用殷人來管理殷人。於是，武王把商王朝原統治地分成三部分：邶、衛、庸，分別由紂王之子武庚、蔡叔度、管叔鮮掌管，史稱「三監」。

這樣的方法到底好不好呢？武王去世，這些地方馬上發生叛亂；而周公也沒客氣，馬上鎮壓了這些人。有人分析，周公這樣處理，就是想讓蔡叔、管叔自己跳出來造反，好有藉口收拾他們。誰是誰非難說，但到了後代，這種欲擒故縱的把戲已成爲一種常用的策略。即使如此，我們也不能肯定周公當初的用心就是如此，但是陰險和幼稚只有一步之遙，除了當事人，誰能清楚知道呢？歷史如此，現代亦然。

從結果來看，經過叛亂之後，周公殺武庚、管叔，逐蔡叔，誰也無話可說。而且周公趁討平管、蔡的機會，向東方進軍擴展國土，滅掉了五十多國，將周朝的勢力延伸到了海濱。就結果論而言，周公也許眞有一番陰險算計。

虛偽還是無私

周公曾經做過讓當時的人感動得五體投地的事情，而且一出手就是兩次。事情的經過很簡單。滅商以後，武王由於日夜操勞，身染重病，眼看就要不久人世。當時的人大都相信祈禱能夠消災，周公也向祖先祈禱。周公祈禱文的大意就是武王得了重病，如果可能，就讓他代替武王生病，還說自己如何多才多藝，最適合代替武王侍奉鬼神。祈禱之後，他把祈禱文密封了起來，並且叮囑不得讓人看到。

據說周成王年幼得病的時候，周公也祈禱了一次，不過這次祈禱的對象不是祖先，而是黃河的河神。同樣，祈禱文也被他叮囑著密封了起來。

等到周公還政給成王，成王有權力打開府庫時，才看到這兩份祈禱文的內容，當即感動得一場糊塗。這當然可以說是權謀，而這樣的權謀似乎並不賴，起碼能夠讓人知道周公是如何表達自己的關愛之情。

讓位與忠誠無關

後人一直推崇周公的忠誠。王安石還寫了一首詩：「周公恐懼流言日，王莽謙恭未篡時」，就得以說明周公的忠誠是多麼難得。實際上，周朝那時代還沒有「忠誠」這一說，原因很簡單，周朝在周公設立嫡長子繼承制以前，並未規定王位非要傳給兒子。

文王自己不是長子，他上邊有兩位兄長；武王也有一位哥哥。周公稱王並無不可，不過當時的形勢，逼迫周公不能繼承王位。因爲周公的三哥管叔也有意爭權，如果說王位傳給兄弟的話，最有可能的應該是管叔。如果他們兄弟之間開打的話，占便宜的或許就是當時手握重兵的姜子牙了。因此，周公扶持姪子成王，自己擔任攝政王，掌握實權，有利於周王朝的穩定。而且攝政王也是王，不過換了一個名稱。

對於周公這樣卓越的人來說，事業心要大於名利心。周公謀劃的是王朝的制度以及長期穩定性，從他後來提出的嫡長子繼承制來看，讓位給成王，可以更加貫徹自己提倡的原則，也許當時周公就已想出了這套減少繼承糾紛的原則。

另外，周公亦非愚忠之人，如果講究忠誠，身爲商的屬國，本就不該犯上討伐。英雄只考慮對自己有利的事情，任何其他的說辭都是用來爭權奪利的工具。周公最後讓位也是如此，在他將國家制度奠基之後，讓位反而更能貫徹他所提出的各種主張。尤其是在他的兩篇「祈禱文」曝光之後，誰還會改變他的主張？

政治家的周公

政治家最大的貢獻，在於對社會制度的貢獻，尤其是當他可以變革社會制度的時候。從這個方面來衡量，周公的改革無疑是失敗的。周朝建立之後，它的制度並不穩定，沒過多久時間，周天子在諸侯國的眼中便形同擺設。

首先，周對商的統治失敗之處認識不足。周朝在討伐商的時候，說了許多商的壞話，不過當它統一全國之後，就要面臨如何統治的問題了。周將商之滅亡咎因爲商王昏庸、貪戀女色。爲了防杜此灶因，周公制禮作樂，以爲憑藉禮節可使上位保持清廉。也許，從詩人角度出發，這是一個極其單純的選擇，但這樣做卻無多大的效果；以至於後代的孔子也感歎：吾未見好德如好色者也。

周公的制禮作樂，制定了專門的禮節和行爲規範，從本質上說是高層人物的自我約束；但由於缺乏監督而流於形式。到了春秋戰國時期，這種禮教早已蕩然無存。後世儒家常緬懷周公的制禮作樂，認爲是一種理想的治國方式，未免有如空中造樓般虛幻。

除了制禮作樂之外，周公還發布了許多文告，比如周公曾先後發給康叔三篇文告，分別是〈康誥〉、〈酒誥〉、〈梓材〉。這些文告的內容包羅萬象，基本上都是告訴康叔應該如何治理國家、管理民眾。這種上對下發送文告代替法律來治國的方式，與樹立明確律法來對比，實在相差太遠。然而周公對此孜孜不倦，大概尚未想到可以制定一個諸侯國共同遵守的「憲法」吧！

另外，周公的嫡長子繼承制雖然省事，減少了紛爭，但卻不能保證由賢能者來治國，這可是個大問題。待成王長大成人以後，周公就將政權交還給了成王，三年後去世。

【約西元前五八五年～前五〇〇年】

晏嬰

才華橫溢卻無所作爲

導言

晏嬰又稱晏子，字仲，謚平，史稱平仲，爲齊靈公、莊公、景公三朝正卿，相當於後代的宰相。晏嬰是個聰明又有些迂腐的人。他懂得人臣之道，在侍奉齊靈公及齊莊公的時候，他的政治見解得不到重視，但明哲保身的策略運用得十分得體。齊莊公被謀殺後，他去弔唁大哭，作爲一個文臣，晏子這一招雖然驚險，卻是一步好棋。

晏子最爲人稱道的是他作爲外交使節的事蹟，無論在楚國還是晉國，他的言行都是千年以來外交人員的典範；對於國內政治，他的「二桃殺三士」也是權謀家的經典案例。但這樣做的心機卻太歹毒了些。齊國的內患嚴重，對於這個現象，晏子看得十分清楚，卻沒有魄力去解決，而他自身也沒有得到齊景公足夠的授權。晏子死後謚號爲「平」，似乎也在暗示，這個才華橫溢的人，並未做出相應之事。

為臣的大智慧

晏子的父親名叫晏弱，是齊國的正卿；父親過世之後，晏子繼承了父親的職位。雖然官位是依靠家世得來，但晏子自身也絕對夠那資格。

當時齊靈公十分昏庸，還喜歡窮兵黷武，大多侵犯的是像魯國這般的弱國，但也沒少惹得別的大國來討伐他。齊靈公最後也間接死於晉國等諸侯的討伐。齊靈公死後，繼位的齊莊公同樣是個昏君，他只知道武力可以強國，卻不懂得權謀的厲害；而且過於鼓勵尚武精神，以武犯禁的事情越來越多，甚且還支援晉國的叛亂，準備攻打晉國。僅僅如此也罷了，齊莊公大概身體鍛煉得太好，難免有些好色，惹了不該惹的女人，這個女人就是齊國大貴族崔杼的老婆棠姜。

晏子在齊莊公面前說不上話，爲了避開是非漩渦，晏子將家中財寶一部分上繳國庫，一部分散給周圍鄉親，然後舉家到鄉下隱居。

後來崔杼不堪被戴綠帽，當齊莊公再次跑到崔家去上門行奸，被崔杼趁機殺死。晏子在這時跳出來弔唁齊莊公。不過晏子很聰明，弔唁之前，已先聲明國君的死是因爲個人的欲望，自己只是因爲國君死了，無處可去。晏嬰跑到崔家，不顧一切地撲在齊莊公的屍體上嚎啕大哭，崔杼也不好難爲他。經過這些事後，儘管晏子沒有得到實權，但是聲望也更高了。實際上，能在這種亂紛紛的時代保存性命和官位，不啻算是一種成功。面對紛擾，晏子的應對歸結起來，就是以退爲進的戰略。

將計就計，取得信任

晏子的策略能夠保全性命，但卻難以得到重用。齊景公即位之後，晏子被貶到地方上去。他在東阿（山東阿城鎮）一地做了三年地方官，這三年，晏嬰治理得很用心，但是得罪了不少人。齊景公不問青紅皂白就把晏嬰叫來罵一頓。機智的晏子並不辯解，只是要求再給自己一次機會。

然後，晏子又管理了東阿三年，這次晏子隨波逐流，和大家一起貪汙納賄，果然不得罪人，朝廷大臣也沒人說晏子的壞話。齊景公很滿意，不但稱讚了晏子，還賞賜給他不少東西。晏子這才訴說出這六年來的事實，自己前三年如何盡心竭力、秉公辦事，讓老百姓高興，但卻不蒙朝廷招見；後三年如何與人同流合汙，朝廷反而要賞賜自己。

齊景公這才明白晏子是個能辦事的賢才，重新讓晏子回到朝廷，管理政務。

晏子對待君主確實有自己的辦法，他從來不直接頂撞，只是讓齊景公自己去看，用事實來說話。比如讓齊景公微服察訪民情，知道齊國的刑罰過重等等。

有一次，齊景公無意中得到了一個滅亡小國紀國流傳下來的精美金夜壺，壺裡邊刻著「食魚無反，勿乘駑馬」八字格言。晏子解釋說這個格言講了治國的道理，意義深遠，景公反問既然有這麼好的名言，爲什麼還亡國了。晏子回答，君子的主張應該高掛在門上，這樣才能牢記；紀國把名言放在夜壺裡，自然亡國。

晏子用這種方法來說服齊景公，效果雖然顯著，但是溫火卻不夠讓人奮發。

二桃殺三士，成功還是失敗

齊國最大的問題是內部癥結，國內的大家族權力過大，此問題在春秋時期就已存在。齊國當時有所謂的「齊國三傑」，分別是田開疆、公孫捷和古冶子。田開疆所屬的田氏，就是齊國勢力最大的大貴族。晏子覺得「三傑」可能忠心於田氏，將會成爲國家的危害，而齊景公卻看不到這一點。因此晏子決定設法除掉「三傑」。

一天，「三傑」陪伴齊景公款待魯國國君，晏子聲稱園中桃子成熟了，要請二位國君嚐鮮，並且自告奮勇去摘，摘了六個桃子獻上來。這個數字乃是經過計算的，兩個國君各吃一個，晏子和魯國大臣各吃一個，最後只剩兩個。然後，晏子告訴景公說，應該讓群臣中功勞大的吃。

於是公孫捷先跳了出來，說自己曾經爲救國君勇殺猛虎，應該吃個桃子，晏子表示贊同，並賜酒一杯。接下來的古冶子更說他爲了救國君，在黃河裡殺了一隻大鼋，連齊景公都說那是蓋世奇功，理應吃桃。於是古冶子吃了最後一個桃子。這時候田開疆才開始說自己討伐徐國，斬殺對方大將，功勞更大，也應該有個桃子吃。

晏子假惺惺地說，你功勞是最大，其他兩位都不如你，可是桃子已經沒了。田開疆覺得自己當眾受到侮辱，因此自殺了。這讓吃了桃子的公孫捷、古冶子更加慚愧，也隨之自殺。

這就是著名的「二桃殺三士」的故事。晏子運用手段除掉了可能成隱患的「齊國三傑」。這是權謀的勝利，但若一個國家總是用這種方法來對待自己的菁英人才，即使達到一時的目的，實際上也是失敗的。

口才傑出的外交家

晏子最讓人稱道的，還是他的辯才。春秋時期大小國家林立，外交對國家更顯重要。而透過外交，也能產生打擊一個國家的作用。

晏子出使楚國的時候，楚靈王就想趁機打擊晏子。晏子個子矮小，在晏子還沒到達時，楚靈王就命人在城門旁開了一個五尺來高的洞，想用這個洞來羞辱晏子。

晏子到達之後，只淡淡地說：「出使狗國的人才走狗門。現在我出使的是楚國，應該走哪個門呢？」楚靈王聽了沒有辦法，只能乖乖讓晏子從大門入城。

楚靈王接見晏子之後，還繼續攻擊晏子，說：「齊國沒有人才了嗎，怎麼派你這種人來做使者呢？」

晏子微笑著說：「齊國人才太多了，不過齊國一向是派賢明的人出使賢明的國家，自己實在駑鈍，所以就到楚國來了。」

晏子與楚靈王的鬥智鬥勇還未結束，第二年冬天，晏子再次出使楚國。楚靈王暗中指使人在酒宴的時候，押解一個齊國的人犯經過。楚靈王故意詢問是怎麼一回事，士兵回答是個齊國人，犯了偷盜罪。然後楚靈王假意問晏子道：「齊國人怎麼那麼喜歡偷東西呢？」

楚靈王以爲這次難倒晏子了，樂不可支。沒想到晏子用橘子過了淮水因爲環境遷移就長不好的道理（橘樹逾淮水變爲枳）來比喻，說齊國人在齊國都好好的，一到楚國就作賊，大概是楚國的水土有問題吧！這一次楚靈王依然沒占到便宜，從此也不再找晏子的麻煩了。

在外交上，晏子的功勞卓鉅。他出使吳、晉等國，都能維護國家的威嚴，故後世的外交人才對晏子十分推崇。

晏嬰的缺點

晏子雖然很有才幹，但是不可否認的，他並沒有幫助齊景公維護王權，齊國大家族把持朝政的問題一直沒有得到解決。在晏子生命的最後階段，齊國的內憂更加嚴重，陳氏家族勢力龐大，大有取代王權的勢頭。晏子看到了這一點，卻沒有魄力或能力去改變。

晏子死後，齊景公常常懷念他能經常指出自己的過失。這是晏子的長處，同時也是晏子的短處，他是一個睿智的參謀人員，卻欠缺改變國家的魄力和力量。

范蠡

【西元前五一七年～？】

自由浪漫的政治家和千古富翁

導言

范蠡字少伯，楚國宛城人。春秋時期的楚國出了不少狂士，這些人狂放不羈卻很有才華，范蠡也沾染了這股文化習氣。狂放之餘，范蠡很尊重有知識的人，當時精通計算的計然去楚國，范蠡拜其爲師，學了不少東西。

宛城的執事官員文種很賞識范蠡，兩人後來相約去越國發展，幫助勾踐滅掉了吳國。品嚐勝利之餘，范蠡洞悉人情，馬上抽身離開；而文種不聽勸告，最後被勾踐殺害。

對范蠡來說，離開吳國後，生活才眞正開始。他從海上逃到齊國，改名鴟夷子皮，在海邊耕作經商，很快就成爲大富豪，齊國人佩服不已，延請他擔任宰相。范蠡自己倒覺得富貴得不像話，於是再次逃走了。

這次范蠡跑到了交通較發達的陶，改名「陶朱公」，在那裡一邊耕作、一邊經商，他的財富增加得更多了，據說達到了萬萬，也就是現在的億萬富翁。後人說起富豪，仍會用陶朱公來指稱。而范蠡最後便老死在陶。

耍酷因為有真本事

年輕人總喜歡標新立異，或是打扮得獨特冷酷，或是言行舉止與眾不同，這實際上是一種本能。不少有本事的人，常用狂放的外表來表達自己特立獨行的一面，本章的主角范蠡，年輕時也是這麼一個人物。

范蠡平時言行予人狂人之感，內心也是頗富心計。文種是宛城的管事，范蠡只是小村莊三戶的平民，范蠡想和他結交，當然會有難度。於是范蠡在文種來三戶視察的時候，故意蹲在狗窩旁邊學狗叫。這個舉動驚動了文種，文種在詢問之下，知道這個學狗叫的人是當地有名的狂士，當即下車想和他交談。范蠡看到文種過來了便馬上走開，他知道文種肯定還會來找自己，於是先向兄嫂借衣服，並說過一會兒將有客人來拜見。果然，不一會兒文種就找上門來了。兩人相談甚歡，馬上成了好朋友。

范蠡和文種成爲好友之後，談論起以後如何發展，范蠡認爲吳國與越國風俗相近，地理位置也可見知兩國定會合併。但因當時伍子胥等已到了吳國，范蠡難以再謀一職，於是就去了越國。

一等職業經理人

當時諸侯列國原則上都屬於周朝，所以對於各大小諸侯國而言，並無嚴格的忠誠要求，人才交流頻繁。范蠡到越國發展，不管有無依附文種，他自身的才幹也甚受越王勾踐的賞識，兩個人常常一談就是一天。

吳、越兩國是世仇，越王勾踐與吳王夫差兩人的老爸就經常互相攻擊，夫差的老爸還吃了不少虧。范蠡到越國的時候，吳國在伍子胥的幫助下，軍事已臻強盛，勾踐不聽勸阻而主動進攻，被打得大敗後才找范蠡想辦法。范蠡和文種用金錢賄賂吳國的宰相，讓夫差放掉被包圍的勾踐。

在文種和范蠡的幫助下，越國國力迅速恢復，反觀吳國卻自斷左右手，殺掉了大將伍子胥。勾踐想馬上討伐吳國，然范蠡擅長對戰爭形勢的判斷，他認爲還不到時候，一直等到吳王和諸侯會盟的時候才大舉進攻，殺掉了吳國太子。四年後，越國又一舉大敗吳國，將吳王圍困到姑蘇山上。這次輪到吳王來求情，勾踐心軟，差點答應，但范蠡堅決反對，親自擊鼓指揮軍隊進攻，吳王絕望之中只得自刎。

如把國家比喻成公司，能讓原居於下風的公司扭轉情勢，再造新局，范蠡也稱得上是個一等一的職業經理人了！

經濟學大師、千古富豪

范蠡常爲世人所稱道，和他的多才多藝有很大的關聯。春秋時期的人們，對經濟戰還沒什麼概念，范蠡卻已經將它付諸實踐之中，這一切都來自范蠡的師傅計然的學識。

計然，葵丘濮上人，姓辛氏，字文子，是晉國的流亡公子。范蠡和他學習了不少經濟方面的知識，如何耕作、如何興修水利、如何治理莊稼的病蟲害、如何管理貿易和貨幣等。正是因爲這些知識之長，才讓范蠡幫助越國迅速增強實力，壓過了吳國。

也是因爲有了這些知識，范蠡逃到齊國以後，才能迅速發家致富。畢竟如果他的致富僅有一次，或可說是機遇使然，但他遷移至陶以後，仍然能夠再次發家，且積產遠遠超過上一次，正說明了他的成功，依靠的是他自身的才華。

洞悉人情的人精

范蠡對於人情世故的把握也十分具火候。勾踐滅掉吳國以後，范蠡早看出勾踐難以共富貴，於是寫信給勾踐，信中表明：作爲臣下，讓勾踐過去受到吳國的羞辱，自己應該爲此而死。勾踐假惺惺地說：「我怎麼會殺你呢，我還會獎勵你；但是你不聽話，我就會殺了你。」這樣半眞半假的話，顯示勾踐早有殺人之心。

范蠡很聰明，回信說：「您發布您的命令，我聽從我的內心。」然後就搭船從海路走了。跑到齊國以後，他立即捎信給文種，著名的「高鳥盡，良弓藏；狡兔死，走狗烹」就是在那時落筆的。文種接到信以後馬上裝病，還沒來得及跑，就被越王勾踐賜死了。對於跑掉的范蠡，爲了顯示自己的公正，勾踐還把會稽山作爲范蠡奉邑。

范蠡對於人性的認識是很深刻的，范蠡二兒子的死，正能說明這一點。

事情發生在范蠡改名爲「陶朱公」以後，當時的他已經是億萬富翁。他的二兒子殺了人，被關押在楚國，范蠡讓他在陶出生的小兒子帶著一車黃金去救，但大兒子以死相逼，非要自己去。范蠡只好讓大兒子去了。而范蠡早就設計好了營救方法，讓大兒子把金子送給楚國的莊生，聽從對方的安排。但大兒子自作聰明，給了莊生金子之後，又去找其他權貴幫忙。這邊莊生已經說服楚王大赦天下，大兒子不明情況，以爲不用再求情，逕自向莊生要回金子；莊生一怒之下，又說服楚王殺掉范蠡的二兒子，然後才大赦天下。

范蠡了解自己大兒子，知道他和自己在齊國開始耕作，深諳創業的艱難，因此吝嗇金銀；而小兒子是在他發家致富以後出生的，故重情義而輕富貴。所以聽到二兒子被殺之後，范蠡只是苦笑。

范蠡一生三次遷徙，從家鄉到越國，成就了勾踐的霸王事業；從越國到齊國，不但成了首屈一指的富翁，還成了齊國的丞相；最後遷徙到陶，更成了千古有名的億萬大富豪。這些舉動看似隨意，實際上都是聰明人深思熟慮的選擇，這也許就是所謂的大巧若拙吧！

【？～西元前六四五年】

管仲

品德貪婪卻譽滿天下

導言

管仲名夷吾，字敬仲，齊國人，出生於今日安徽潁上縣。管仲的祖先是周王室的同宗，他的父親管莊是齊國大夫，但家道到管仲出生後開始沒落。爲了生存，管仲謀過不少職務，認識了不少人，到過不少地方，也大大開闊了視野。

管仲的成功，他的摯友鮑叔牙出了很大的力。因爲鮑叔牙的出手，管仲取得齊桓公的賞識，成爲齊國的相國。有了齊桓公的支持，管仲的才華終得以發揮。他提出「尊王攘夷」的口號，先後經過三次戰爭會盟、六次和平會盟，即所謂的「九合諸侯」，一匡天下，幫助齊國取得了公認的霸主地位。

人生難得一知己——鮑叔牙之於管仲

講到管仲，就不能不提起鮑叔牙，可以說，如果沒有後者，管仲再有才華，也難以發揮。管仲家境貧寒，和鮑叔牙一起經商，每次賺錢之後，管仲總是多拿，鮑叔牙一點也不在意，因爲他知道管仲家裡的情況。人們背地議論管仲貪財的時候，鮑叔牙總會出面來解釋。

管仲入伍過，不過戰鬥並不勇敢，曾有三次從陣地逃跑的紀錄。人們嘲笑管仲怕死之時，鮑叔牙則爲管仲辯解，說他因擔憂年邁的母親無人供養，所以才那樣做。可見，鮑叔牙是個頗能體恤他人的人。管仲後來執政時，他的政策也十分重視民心，大概與此相關。

管仲多次想報答鮑叔牙而爲他辦些事，不過總是好心幫倒忙，鮑叔牙也通情達理，不怪罪予他，兩人的友誼更加深厚。管仲對鮑叔牙異分感激，多次講：「生我者父母，知我者鮑叔牙。」這句話化爲千古名言，常常爲人引用。

你不可不知的管仲故事

▲老馬識途：利用馬兒的特性，帶領軍隊走出沙漠。

▲相地而徵：根據土地的好壞不同徵稅，是當時的一大創舉。

▲北杏會盟：西元前681年，管仲代表齊國與周圍小國一起商討國際事件，商量如何征伐一些不聽話的國家，這次會盟商議如何對付宋國。

▲寧丟土地不失信：魯國大將曹沫在齊魯會盟時劫持齊桓公。齊桓公無奈簽定了歸還魯國土地的盟約，回國後想反悔，管仲堅持守諾，提高了齊國的信譽。

▲宋幽會盟：西元前667年，奠定齊國霸王基礎的一次會盟。

▲葵丘之盟：西元前651年，管仲幫齊桓公立新天子，讓齊桓公達到霸業的頂峰。

政治投資雙保險

管仲做過很多職業，最後終於往仕途發展。在當時，想要有所發展，必定要投靠一個有作爲的人。這時，齊襄公好色無謀，不但和其妹——魯桓公的夫人文姜亂倫，在國內也得罪了不少人。管仲認爲，齊襄公的兩個弟弟公子糾和公子小白，都很有可能登上王位。於是，管仲和鮑叔牙分別輔佐公子糾和公子小白，這樣，不管誰登位，兩個人都可以互相舉薦對方。

後來，齊襄公被他的堂弟姜無知勾結大夫殺死，齊國貴族又殺死了姜無知，一時之間齊國沒了君主。而公子糾和公子小白一個躲在魯國、一個藏在莒國，誰先趕回齊國，誰就可以當上君主。

管仲爲了公子糾，帶著士兵在路上偷襲公子小白，卻依然沒能阻擋公子小白先回到齊國登上王位，成爲歷史上有名的齊桓公。公子糾沒搶上王位，就在魯國的支援下，採用武力干涉，結果被齊國殺得大敗。

在齊國的壓力下，魯國除去公子糾，把管仲送回齊國。在齊桓公求才之時，鮑叔牙大力推薦管仲，說他是天下奇才，各方面的能力都比自己出色。就這樣，管仲和鮑叔牙的雙保險政治投資終於發揮了作用，他們同時成爲齊桓公旗下的名臣。政治投資一旦站錯了位置，往往就是生死之別，像管仲和鮑叔牙這樣的策略，不能不說是個聰明的選擇。

一個口號王霸天下

春秋時期的國際形勢十分特別，沒有大國獨強而立，大家在名義上都是周朝的屬國，欲脫穎而出稱霸，就需要一個好理由。在管仲之前，齊國只是四處征討，能吞併一些小國當然好，吞併不了，也只求耀武揚威一番。

除了內政管理外，管仲對齊國最大的貢獻，就是提出了一個讓大家都能接受的口號——「尊王攘夷」。實際上，一個諸侯國打起了此番旗幟，本身就是對周天子地位的不敬，但是誰叫周天子自己不爭氣呢？而齊國在姜子牙時期就得到了周王朝的授權，可以征討那些不聽話的國家，如今可借此正義之名行爭霸之實。

管仲爲齊桓公設定了爭霸天下的策略之後，對內政也絲毫不放鬆，有了實力才能爭霸。於是，齊國在管仲的帶領下，十分愛惜百姓，鼓勵耕作、開發山林、發展商業，開放鹽、鐵等行業。因爲政策施行得當，齊國的國力迅速增強。除此之外，管仲對國家的行政以及軍事都進行改革：他重新劃分了行政區域和機構，建立了「鄉縣制」，加強國家對地方的控制；同時改革軍隊，把保甲制和軍隊組織緊密結合在一起，寓兵於農，在不擾民的情況下提高了軍隊的戰鬥力。

就當時的國力來說，楚、晉等國的實力皆強，但這些國家自逞強大，不尊重周天子，常常侵略周圍的小國。管仲「尊王攘夷」的口號提出來以後，這些小國看到能利用這個口號來對抗大國的欺凌，遂紛紛回應。在得到眾多國家支持以後，齊國因此取得了爭霸的政治助力。

攻心策略震群雄

齊國和魯國緊鄰而居，都是周天子冊封的大國，魯國封予周公，齊國封予姜太公，兩國都有悠久的歷史。不過齊國要想稱霸，首先要打壓的必是魯國。

管仲的策略很簡單，先消滅魯國周圍的小國，譚國因爲失禮，首先被齊國吞併；北杏會盟之後，齊國又消滅了不聽其令來參加會盟的遂國。經過對這些小國的打壓，齊國的威望又提高了不少。

齊國接著與魯國發生數次大戰，魯國經過一連串失敗，不得不與齊國在在柯（今山東東阿西南）會盟。會盟期間，發生了著名的曹沫劫盟事件，魯國因此取回被占領的土地，但齊國遵守承諾的一面也贏得了它的政治分數。

除了出兵攻打其他國家之外，齊國也用別的方式獲取政治利益，雖說戰爭是政治的延續，然出面調解也是一個獲取利益的好機會。當時鄭國發生內亂，管仲抓住這個好機會，建議齊桓公打著周王室的名義，聯合宋、衛、鄭等國家，於西元前六八〇年在鄄（今山東鄄城）會盟。後來乾脆拋開周王室，用齊桓公自己的名義號召諸國在鄄會盟，讓齊桓公成爲春秋公認的霸主。擺平了鄭國之後，齊國召集了更多的國家在宋國的幽會盟，這次會盟聲勢浩大，連當時的名義天子周惠王也派人參加，並封齊桓公爲侯伯。

管仲不但讓齊國稱霸，也履行霸王的義務，比如打擊北方的狄人、西面的山戎作亂。齊國透過這些戰爭讓其他小國認識到齊國稱霸的好處，同時也穩定了齊國的後方。如此，齊國才能安心地討伐南方的楚國。

管仲的策略實際上是以攻心爲主，對於春秋時期多如牛毛的小國，臨近的固然可以吞併，但大部分路途太遠，因此大棒加胡蘿蔔就是個很好的戰略了。對於不怎麼聽話的魯國，他反而送上了一些戰利品，這種以德回報的手法，讓向來講究禮教的魯國也爲之震撼。討伐楚國實際上並未眞正交戰，管仲組織的八國聯軍討伐楚國雖以會盟結束，但實力強大的楚國也不得不承認齊國霸主的地位。

不聽管仲言，餓死齊桓公

西元前六四五年，八十歲的管仲重病在身，齊桓公對管仲依賴慣了，連忙去詢問誰能夠接班。管仲對齊國的大臣逐一點評，首先淘汰了知己好友鮑叔牙，認爲他太君子了，不能搞政治；而齊桓公寵幸的易牙，竟然能把自己的兒子烹煮給國君吃，太沒有人性了，也不能接班；更批評巴結奉承齊桓公十五年，連父喪都不回去的衛公子開方沒有人情，不可能忠心；還提醒齊桓公注意自殘身肢來侍奉君主的豎刁亦非好人。管仲直接告訴齊桓公，這三個人都不能信任，最後，鄭重推薦了賢明的隰朋擔任宰相。

管仲病逝以後，齊桓公大概以爲管仲病榻前的話是發昏，不但不聽，還重用易牙等三人；到第二年，這三個人趁齊桓公病重之時堵塞了宮門，假傳齊桓公的命令，把這個春秋霸王活活給餓死了。齊桓公餓死之後，他的幾位公子爭奪王位，國內一片混亂，沒人顧及齊桓公的屍體，以至屍體腐爛生蛆。情況到了第二年才平定下來，不過齊國的霸主地位也逐漸衰落了。

發生這樣的事情，不能說管仲沒有一絲責任，把持齊國權力那麼多年，竟不知扶持一個自己的接班人，爲國家作長久之計。關於管仲的思想，他留下的《管子》對後世影響頗鉅，是法家名著之一。管仲也有不少缺點，比如特別奢侈，大概是小時侯窮慣了，補償心理導致的這個習慣；但因爲管仲的貢獻大，所以後人甚少因此責備他。以孔子爲例，至聖先師極少稱讚人，但對於管仲，他也認爲：如果沒有管仲，大家都要淪爲野蠻之國的臣民了。

【西元前三世紀】

藺相如

英雄不問出身

導言

藺相如爲戰國人，生卒年不詳，戰國後期人。他出生低微，原只是個舍人，相當於今日的生活秘書，沒有任何人身依附關係，但他最後一躍成爲趙國的相國。他的事蹟，對戰國時代眾多到處謀職的門客來說，無疑具有極大的號召作用。

從個人角度而言，「完璧歸趙」的故事不但體現了藺相如的智慧，也體現了他面對強大秦國所表現出來的勇氣。在澠池之會中，藺相如表現出來的膽魄，比之齊魯會盟時的曹沫，一點也不遜色。而他處理廉頗的手法，也堪稱政治平衡術的經典之作。總之，藺相如是戰國時代平民政治家所能達到的極致。

找個好主人很重要

隨著教育的發展，戰國時代的文士遽增，如何謀職也因此成了個大問題。唯各國之間競爭厲害，互相吞併已成常態，於是對人才的需求也就更大了，有眼光的人個個求才若渴，紛紛加以招攬。藺相如的故事，若從謀職角度來看，還別有一番道理。

藺相如的頭位雇主是趙國的宦官領頭——繆賢。藺相如開始只是他的舍人，職責類似生活秘書。繆賢有次得罪了趙王，爲怕受到懲罰，決定逃到燕國去。藺相如及時地阻止了繆賢，並問他何以肯定燕王甘冒得罪趙國之險來收留他呢？繆賢於是透露了他在一次跟隨趙王出席宴會的時候，燕王私下和他攀過交情，他覺得憑燕王的這句話，有可能得到關照。

藺相如分析了一番，告訴繆賢說：「你得到當時燕王的友情，不過是仗著趙國的強大，以及趙王的寵信，現在你從趙國逃亡的話，弱小如燕國怎敢得罪趙國呢，到時候大有可能會把你抓起來引回趙國。所以你不如主動脫了衣服，做出可憐的樣子給趙王請罪，這樣倒有脫罪的機會。」

繆賢覺得很有道理，就照著做了，而趙王果然也赦免了繆賢。繆賢因此認識到藺相如的才華，更可貴的是，他沒有因爲遮掩自己的過失而埋沒藺相如的才能。他不但把這件事情講給趙王聽，也把藺相如推薦給了趙王。於是，藺相如一舉進入了趙國的政治舞臺。

完璧歸趙——智慧、勇氣一個都不能少

楚國人卞和把和氏璧獻給楚厲王，結果被砍掉了左腳；後來武王繼位，卞和又去獻寶，楚武王

你不可不知的藺相如

▲西元前283年（趙惠文王十六年），攜帶和氏璧去秦國，完璧歸趙事件發生。

▲西元前279年，秦昭王與趙惠文王在澠池相會，藺相如憑藉個人魅力，爲趙國挽回了尊嚴。

御用鑑定師仍然沒分辨出寶貝，結果害得卞和又被砍斷了右腳。一直到楚文王的時候才昭了雪，那塊寶玉也因此被命名爲「和氏璧」。因爲卞和的執著，這塊寶玉顯得更加難得。

人常說「懷璧其罪」，趙惠文王得到了和氏璧，麻煩也跟著來了。秦國強大，秦昭王自然可以傲氣，他要求用十五座城池來換和氏璧。藺相如就是在這個關口，被自己的原主人繆賢推薦出去。因爲不能得罪秦國，趙國不得不答應交易。藺相如爲趙王分析兩種可能，認爲兩害相權取其輕，寧願讓秦國先拿了和氏璧理虧，而不得罪秦國；並且自薦出使秦國，他對趙國君臣表示，如果交易不成，一定會完璧歸趙。

到了秦國之後，秦王果然沒有多大誠意，拿到和氏璧之後，順手就交給身邊的漂亮妃子和侍衛們把玩，不把它當回事。藺相如看出秦國不像要誠心交換城池，於是上前說：「和氏璧有斑點，讓我指出來給大家看。」拿到和氏璧之後，藺相如倚著柱子，憤怒地對秦王說：「大王想得到和氏璧，趙王明知秦國貪婪，不想割愛，但不想秦國不高興，齋戒了五天之後，才派我把玉璧送來。但是現在大王不僅接見在下的宮殿、禮節與常無異，還把玉璧給身邊人玩弄，羞辱我這個使者。大王要是逼迫我，我就一頭撞在柱子上，把和氏璧撞個稀爛。」

秦王沒辦法，一番安慰之後，答應自己也齋戒五天，然後在大殿裡舉行隆重的禮節，請藺相如到時再獻上和氏璧。藺相如回到賓館之後，馬上派人偷偷把和氏璧送回趙國。

過了五天，待秦王群臣行完大禮，藺相如面不改色地說：「你們秦國二十多位國君裡頭，還沒有一個遵守承諾的，因此我害怕上當，已把和氏璧送回趙國了。大王要是眞的想要，先把十五座城池交予趙國，趙國即會馬上把和氏璧送過來。我欺騙了大王，按理該殺，大王就殺了我吧！」

有理有據，再加上無賴手段，讓同樣無賴的秦國沒辦法。既不值得因此殺掉藺相如，也無意用十五座城池去換玉璧。這件讓趙國君臣心驚肉跳的危機就這樣過去了。回到趙國之後，藺相如因此被擢升爲上大夫。

澠池之會顯勇氣

西元前二八〇年，秦國爲了攻取楚國，主動與趙國修好；次年，爲了全力用兵，便邀請趙國在澠池相會修好。當時趙惠文王不了解秦國的意圖，害怕而不敢去。藺相如勸趙王切莫顯出趙國的軟弱，非得要去。因此，相如隨同到了澠池。

出發之前，大將軍廉頗與趙王都做好了萬一被扣留的準備。沒想到秦國一副正經談判的態勢，不過談判期間，秦王的態度很猖狂。

有一次，秦王喝酒喝多了，說道：「聽說趙王喜歡音樂，那就請鼓一下瑟吧！」酒宴中演奏音樂，是表現才藝的場合。趙王心怯，乖乖地鼓了一下瑟。秦國的御史馬上趨前記道：「某年某月某日，秦王與趙王一起飲酒，讓趙王鼓瑟。」

藺相如馬上也走上前來說：「趙王聽說秦王擅長秦地的音樂，請敲一下瓦罐來助興吧！」秦王拒不答應。藺相如再上前請秦王表演，並威脅說：「若是不奏，五步之內，我情願用鮮血灑到大王身上！」

秦王在威逼之下，勉強敲了一下瓦罐。藺相如馬上召呼趙國的御史寫道：「某年某月某日，秦王爲趙王擊瓦罐。」如此，趙國與秦國的外交體面就不相上下了。

秦國大臣又挑釁說：「請趙國拿十五座城池爲秦王祝壽。」藺相如馬上回敬：「請秦國用都城咸陽爲趙王祝壽。」雙方就這樣你來我往，互相較勁。趙國因爲有了藺相如，直到酒宴結束，秦王都沒能占到一點便宜，加上廉頗早帶領重兵在邊界布防，秦國別無他法，澠池之會就此落幕。

以退為進，化解將相矛盾

澠池之會，藺相如爲趙國掙了大面子，因此被升爲上卿，品級比大將軍廉頗還要高，朝見時站的位置也較前面。廉頗很不服氣，他揚言說：「我憑藉攻城野戰的汗馬功勞，才成了大將軍，而藺相如只動動嘴，地位就超過我。而且他出身卑賤，還壓我一頭，我不甘心。如果讓我遇見他，定要羞辱羞辱他。」

話傳到藺相如耳裡，他便常常推脫有病不上朝，不想和廉頗爭位。有次出門的時候遠遠望見廉頗，馬上讓車夫躲避。這種舉動讓藺相如的舍人感到不解，便對藺相如說：「我們之所以侍奉您，乃是敬佩您的高義，現在您和廉頗地位相當，他這樣羞辱您，您卻這樣膽怯。這樣做連常人都會感到羞恥，更何況是您呢？您這差使，我們做不了，還是請辭算了。」

藺相如這才說：「你們看廉將軍和秦王相比，誰更厲害一點？」他的秘書回說：「當然秦王厲害。」藺相如說：「秦王那樣厲害的人，我都敢在大庭廣眾下呵斥他，羞辱他的群臣。難道我會眞的怕廉將軍嗎？只是我知曉強秦之所以不進犯趙國，就是因爲趙國有我們兩人在。如果現在我們互起爭執，肯定便宜了秦國。所以我這不過是以國家利益爲第一，把個人恩怨擺到第二而已。」

這番話傳到廉頗耳裡之後，後者深感羞愧，於是便按照藺相如教導繆賢的方法，光著上身，背著荊條向藺相如請罪。最後，兩人不但關係融洽，還成了生死之交。

蘇秦

【？～西元前二八四年】

前無古人的六國丞相

導言

蘇秦字季子，戰國時代東周洛陽人，爲當時著名的縱橫家。蘇秦的一生，表面上搖擺不定，實際上一直忠於燕國，因爲燕國是第一個接受他、願意任用他的國家。蘇秦爲了燕國利益考量的合縱抗秦政策，對燕、趙、韓、魏、齊、楚六國都有好處。正因此，他憑藉自己的出色才華，掛上六國相印，讓秦國軍隊十五年不敢跨出函谷關。

讀書發家的鄙人

東周時代的洛陽人，本是從事工商業發家致富。蘇秦早早就離開家鄉，在鬼谷子那裡學習了好幾年。鬼谷子是有名的辯論家，蘇秦跟隨了他幾年，卻沒有混出什麼名堂，最後窮困潦倒地回到了家裡。蘇秦的家人，甚至家裡的僕人都嘲笑他、看不起他，認爲他想靠搬弄口舌謀生是不可能的事情。

蘇秦的自尊心受到了傷害，自慚形穢，整天在家裡讀書。一天，他對自己說：「你整天讀書，卻不能因此取得名聲和權位，讀再多的書，又有什麼意義呢？」最後他找出了一本名叫《陰符》的書，從中仔細揣摩君主的心理。一年之後，他認爲自己可以靠這些知識來遊說各國君主了。

運氣不佳的縱橫客

作爲說客，蘇秦的運氣實在不太好。他首先跑到秦國，鼓勵秦國統一天下。但當時秦惠王剛殺掉了大功臣商鞅，國家內部諸事紛亂，覺得統一天下的夢想太遙遠了。蘇秦口若懸河說了半天，引不起秦惠王半點興趣。蘇秦不得已，只能灰頭土臉地離開了秦國。

他的第二站是趙國，沒想到趙國當時的相國奉陽君不知爲何原因，十分討厭蘇秦，對蘇秦的話自然也沒有興趣。

連續失利，讓跟隨蘇秦的人都失去了信心，在去燕國的路上，他的隨從時時都想離去，讓蘇秦十分苦惱。到了燕國之後，他連晉見燕文侯的機會都找不到，一年之後才

你不可不知的蘇秦

▲發明辭彙：現在常說的「鄙人」一詞，就是蘇秦首先使用的。

▲因忠獲罪：蘇秦講述給燕易王的寓言故事，說一個女人與人私通，想害死自己的丈夫，命令小妾送毒藥給丈夫，小妾左右爲難，因爲她不想讓任何一個主人受到傷害，於是裝作失手，把藥罐打翻。結果男主人的命保住了，而小妾卻受到了懲罰。蘇秦用這個故事，說明自己在多個國家之間奔走、侍奉多個主人的無奈。

▲蘇秦的偷情事件：蘇秦與自己的恩人燕文侯的老婆，也就是燕易王的母親私通，燕易王繼位以後發覺了此事，對蘇秦反而更加優待。蘇秦心虛，怕受到更大的懲罰，自告奮勇跑到齊國當間諜。

▲蘇秦的影響：在蘇秦的影響下，他的弟弟蘇代、蘇厲也成爲當時名震一時的縱橫家。

見到了燕文侯。他對燕文侯陳述燕國的危機，指出合縱政策對燕國的好處，燕文侯甚受感動，毅然決定啓用蘇秦，並贈予許多馬車和金銀作爲他的資金。這樣，蘇秦終於擺脫了厄運，開始了偉大縱橫家之路。

超級國際諮詢顧問

如果說戰國時代的國家都是超級大公司的話，那麼蘇秦的工作無疑相當於一個國際大顧問。他指出這些國家的問題，並且幫助它們解決，同時，收取的顧問費用也是天文數字。

他合縱宣傳的第一站就是趙國，當時討厭他的奉陽君剛好去世，他雄辯滔滔地向趙蕭侯分析國際間的局勢，指出合縱對趙國的好處。趙蕭侯被他的言辭打動了，不但送給他百輛車馬、黃金千鎰（相當於現在的兩千多斤），還有白璧百雙、錦繡千匹。

有了經濟奧援，蘇秦輕易就說服了韓國和魏國，接下來又東去齊國，說服了齊王，最後又南下遊說楚國。因爲六國都害怕秦國，故六國聯盟很快就團結了起來，蘇秦順理成章地成了合縱聯盟的盟主，同時兼任六個國家的相國。

身掛六國相印之後，蘇秦終於可以揚眉吐氣，以前鄙視過他的人都對他敬畏有加；嘲笑過他的兄弟妻嫂，見了他都匍匐在地，大氣也不敢出。蘇秦對此感慨萬千，把得來的金銀送給自己的家人和朋友，對以前幫助過他的人，更用百倍去回報。

合縱政策在蘇秦的領導下，取得了極大的成功，秦國因此有十五年不敢兵出函谷關。蘇秦也被趙國封爲武安君。

沒有不變的道德

然而合縱政策也不是沒有缺點，六個國家之間難免會有裂縫。秦國透過努力，爭取了齊國和魏國一起攻打趙國，蘇秦離開趙國到了燕國，合縱政策隨之破產。

蘇秦到達燕國以後，燕文侯去世，燕易王繼位，齊國趁機攻打燕國，奪取了十座城池。蘇秦爲了報答燕國的知遇之恩，遂出使齊國，利用燕易王爲秦國女婿這點來遊說，讓齊國歸還了侵占燕國的土地。蘇秦立下了這樣的功勞，沒想到回到燕國以後反而失去了燕國的信任，被剝奪了官職，原因只是有人密告蘇秦無德。

那個時代，忠、信、孝是三項很高的道德評價。唯在戰國時期，國際事件變亂紛乘，個人爲了生存，也難以待在家中盡孝。爲了國家利益，正人君子也往往信口開河，當面發誓，轉頭就反悔的事情層出不窮。蘇秦用時代的變化來解釋忠、信、孝應有新的內涵，因爲自己在多個國家之間奔走，難免陷入一僕二主的窘境。蘇秦用忠誠亦可獲罪的寓言故事，向燕易王解釋自己的苦衷，最後取得諒解，重新恢復了他相國的職位。

蘇秦為報恩，齊國作苦主

因爲和燕易王的母親私通暴露了，蘇秦自告奮勇到齊國去做臥底。齊國和燕國是世仇，爲了燕國之利，蘇秦遊說齊王大搞厚葬，大興土木建造宮殿，以此來耗費齊國的國力。

後來蘇秦和齊國貴族爭寵，對手派人暗殺他。蘇秦受到重傷，自知難以活命，便對齊王說：

「請您把我車裂了，然後說我為了燕國，在齊國作亂被誅殺，這樣，殺我的人就會自己出來，您就可以為我報仇了。」齊王照這個方法做，果然抓住了刺客。

蘇秦死了之後，他為燕國所做之事慢慢暴露了出來，激怒了齊國上下。蘇秦的兩個弟弟蘇代、蘇厲學習蘇秦的縱橫術，繼續到燕國發展，反倒引起燕國內亂，齊國趁機攻擊燕國，蘇代、蘇厲最後都依附了齊國。在蘇秦的時代，齊國一直充當冤大頭的角色，後來總算在蘇秦的弟弟身上撈回了一點好處。

張儀

【?～西元前三一〇年】

以舌頭爲武器的人

導言

張儀出生年月不詳，他是魏國貴族的後代，戰國時代著名的縱橫家。西元前三二八年，張儀開始擔任秦國相國，十九年間，他迫使魏王獻出上郡，擁立秦惠王，瓦解了齊楚聯盟，並遊說六國依附秦國。他在秦國經常使用的「大棒加胡蘿蔔」策略，也成了秦國對付六國的利器。

只要舌頭還在

張儀和蘇秦都是鬼谷子的學生，張儀的學習成效明顯比蘇秦要好。蘇秦離開鬼谷子之後，要自己學習一年多才有信心去各國國君那裡謀位，而張儀則在完成學業後才下山。

用現代的標準來說，蘇秦是中途退學去打工，張儀則是拿著畢業證書去應聘。因此，張儀比蘇秦的運氣要好一點，很快就能參加楚國相國級的宴會。只是天下人都是勢利眼，張儀也許是爬得太快，被人嫉妒。他雖是貴族之後，但當時已家道中落，在那種高級圈子裡便顯得格格不入，不久，他就因此受到了侮辱。

一次，他到楚相那裡參加宴會，宴會之後，楚相身上的玉佩不見了。相府的幕僚懷疑是張儀拿的，理由便是張儀窮酸，人品定也不好。於是，在沒有任何證據的情況下，張儀被楚相府的人捉住，狠狠地打了一頓。即便渾身是傷，張儀仍不承認自己偷了東西，幕僚們沒有辦法，只好放他回家。

回家之後，妻子看到他滿身是傷，同情地說：「要是你不去讀書學做說客，也不會遭受到這檔倒楣事了。」張儀只是問妻子，「妳看我舌頭還在嗎？」得到肯定的答覆之後，張儀說：「舌頭還在就行了。」這並不是笑話，回顧張儀的一生便能發現，舌頭對於張儀這一類人是多麼的重要！

你不可不知的張儀

▲西元前330年，張儀前往趙國投靠蘇秦，沒想到反被老同學玩了一把。

▲西元前328年，張儀提出了「遠交近攻」的戰略，爲秦國統一六國奠定了基礎。

▲西元前323年，張儀與齊、楚大臣在桑會盟，想壓制魏國；魏國公孫衍發動韓、魏、趙、燕、中山五國組成聯盟。張儀的會盟活動未取得結果。

▲西元前313年，張儀前往楚國，把楚懷王整得狼狽不堪。

發跡是因為中計

張儀在楚國被人排擠的時候，習業不如他的蘇秦已身掛趙國相印，開始運作「合縱聯盟」的跨國大專案。蘇秦亟需一人來幫助他掌握並控制秦國的形勢，於是想到了張儀。他先派人勸說張儀來投靠自己。張儀來到趙國之後，他又故意冷落張儀，先是好幾天不見他，見面之後，更是冷冷地奚落張儀，說：「你學習的時候很有才華啊，現在怎麼混得這麼差？我不是不幫你，只是覺得現在的你，太不值得推薦了！」同時，他還用奴僕的飯菜招待張儀，然後就轉身離開了，把張儀晾在一邊。

張儀原以爲憑著同學的關係能獲得好處，誰知反遭一場侮辱。心情激憤之下，張儀決定要報復，而唯一能打擊蘇秦事業的國家就是秦國，於是張儀便去秦國發展。

張儀前腳走，蘇秦馬上對自己的一個門客說：「張儀很有才華，我當面折辱他，只是激將法，請你暗中幫助他。」這個門客立即追上張儀，與之結交，出錢出力幫助他在秦國發展。有了蘇秦在背後的龐大金援，張儀很快就獲得了秦惠王的器重，官拜上卿，成爲秦國的重量級人物。擁有了權勢之後，張儀寫信給曾經侮辱他的楚相國，狠狠地警告了一番，把楚相嚇得坐立難安。

還沒等張儀報復蘇秦，蘇秦的門客就告訴了張儀事情的眞相。張儀感動之餘，發誓只要蘇秦掌握合縱聯盟，自己就不去找趙國的麻煩。同時又想到這些計策是自己在鬼谷子那裡也學過的，卻沒有發覺，可見理論和實踐總是有一段距離。

又打又拉，盡顯策劃高手風範

作爲縱橫家的代表人物，張儀剛到秦國，便在秦國君臣面前玩了一手漂亮的策劃戰。

當時秦國雖在軍事上打敗了魏國，但對於六國聯盟的合縱政策也不禁感到擔憂。張儀分析了秦國與諸侯的軍力，指出諸侯之兵十倍於秦國，敵眾我寡，所以對抗合縱的最好方法不是軍事進攻，而是令合縱各國相互猜疑。

爲了達到這個目的，張儀策劃了一個打拉結合的對外策略。距離秦國最近的是魏國，秦國把占領魏國的城邑退還回去；魏國剛被秦國打得大敗，一時間不知道該高興還是害怕，同時，張儀又前往魏國遊說，勸說魏國與秦國搞好關係。最後，糊塗的魏國向秦國獻出上郡、少梁十五縣（今陝西東北部）的地方。從此，秦國占領了黃河以西地區，在地理上取得了主動的優勢。

對於燕國，則把秦王女兒許配給燕國太子，以此拉攏。合縱聯盟很快出現了裂痕。如此一來，張儀不僅實現了自己對蘇秦的承諾，未進攻趙國，同時秦國不用戰爭，就獲得了更大的報酬。

後來，秦國運用這樣的策略越來越純熟，獲得的利益也越來越多，韓、趙、魏、燕、楚都在這種戰略面前敗下陣來，爭相送土地給秦國。

多年臥底終成功

爲了說服魏國歸附秦國，張儀辭去秦相職位，到魏國活動。魏王當時正處於焦頭爛額的危機，把張儀當作救星，拜他爲魏相，卻不知這個魏相乃是秦國的大臥底。張儀不停花言巧語勸魏國歸附秦國，魏王始終未予採納。張儀在魏國活動了四年，一直沒取得什麼成果。直到魏哀王即位，張儀又勸魏國歸附秦國。魏哀王開始也不聽，於是張儀暗中聯繫秦國，讓秦軍進攻魏國。

秦軍打敗了魏軍之後，齊國覺得有機可乘，也來攻打魏國，觀津一戰，魏國又被打得大敗。之後，秦國又進攻韓國，斬首八萬韓國士兵，天下爲之震撼。

張儀覺得時機差不多了，便對魏哀王分析說，天下諸侯雖然合縱對抗秦國，但就連親兄弟也會爲分家打架，何況是各國！六國間矛盾重重，不可能眞正團結，因此合縱政策定會失敗；爲了魏國利益衡量，最好的方法就是依附在秦國強大羽翼之下。

魏哀王或許是心理壓力太大，終於被張儀說服，背叛了合縱聯盟，請張儀去溝通秦國，依附了秦國。張儀也結束臥底生涯，回到秦國繼續當相國。三年後魏國又背叛秦國，參加了合縱，不過總是投降過的國家，沒有什麼骨氣，被秦國狠狠教訓一番後，又歸附了秦國。

玩死楚懷王，瓦解合縱盟

西元前三一四年，秦軍擊敗趙、魏、韓三國，奪取了大片土地；趙國的中都、西陽，魏國的曲沃、焦都盡爲秦國所擁有。魏、韓兩國的實力大大受損，接連依附秦國，於是秦國把目光放到了楚國身上。

張儀的首要任務，就是破壞齊、楚兩國共同抗秦的盟約。爲此，張儀故技重施，假裝被秦王免除職位，跑到了楚國。

楚國政治極其腐敗，張儀用重財厚禮收買要人靳尙，後者便向楚懷王推薦張儀。張儀見了楚懷王，極力分析齊、楚結盟的危險，鼓動楚國與齊國斷絕關係，並讒言說如果楚國能閉關絕齊，秦王會把六百里土地獻給楚國，並讓秦、楚聯姻，結爲兄弟之國。

論起昏庸，楚懷王一點不比自家的大臣靳尙差，這麼沒譜的事，居然就答應了；而且深怕齊國不知道，還派人手持楚國符節，跑到齊國去辱罵齊王。誰知楚國前腳罵完了齊國，跟隨張儀到秦國接受六百里土地的人才發現上了當，張儀一口咬定當初說定的土地只有六里。

另一方面，齊國爲了懲罰楚懷王，也與秦國聯盟，一同進攻楚國。

楚懷王惱羞成怒，竟先起兵討伐秦國，結果被齊、秦兩面夾擊大敗，丹陽、漢中等地也被秦國占領，不得已，最後割地求和。

楚懷王不檢討自己，卻只怪張儀欺騙他，爲了懲罰張儀，面對秦國的談和條件，竟然說不要漢中一半的土地，只要得到張儀就行了。張儀自告奮勇到了楚國，依然重施故技，再一次收買楚大夫靳尚，透過楚王愛妃鄭袖的勸說，輕鬆地讓懷王下令赦免了自己，還說服楚懷王背離合縱，與秦國交好。

這時恰逢蘇秦去世，張儀就馬不停蹄，一路說服韓國與秦國交好，因此被秦惠王封爲「武信君」。之後，張儀又繼續出使趙、燕、齊國，讓東方六國紛紛與秦國交好，合縱政策徹底失敗。

避禍魏國

西元前三一一年，張儀成功遊說東方六國，卻沒想到後方發生了變化。秦惠王去世，對他一直深惡痛絕的武王繼位。善於揣摩君主心意的大臣，等張儀一回咸陽，便在早朝上指責他。

齊國覺得受到張儀的愚弄，也派人前來譴責張儀。張儀頓覺自己在秦國已無立足之地，便謀離開秦國。他對一心想擴大領土的秦武王說：「現在齊王最恨我張儀，還揚言我在哪裡，齊國就興兵討伐哪裡。既然如此，我們可把這股禍水引到魏國去，等魏、齊交戰的時候，大王就趁機攻打韓國，威脅周室、挾持天子，進而掌握天下版圖。」秦武王聞言很高興，覺得這是個好辦法，因此隆重地護送張儀去魏國。

張儀到了魏國以後，起初形勢確實如此發展。魏襄王害怕了，張儀爲他擔保說一定能讓齊國退兵。張儀派心腹以楚國使節的身分晉見齊王，把自己與秦武王訂的計劃告訴了齊王，齊王於是罷兵而去。張儀輕鬆讓齊國退兵，自然獲得了魏王的寵幸，擔任相國。不過張儀在這個職位只待了一年，翌年，也就是西元前三一〇年，張儀死在了魏國。

商鞅

【西元前三九〇年～前三三八年】

變法成功自身殞命

導言

商鞅本名公孫鞅，也叫衛鞅，因戰功而被秦王封爲商君，故亦叫商鞅。商鞅在魏國時，得到魏相公孫座的欣賞，可惜魏惠王有眼無珠，硬生生放過了一個能改變自己國家命運的人才。

後來商鞅來到秦國，取得了秦孝公的信任，開始一連串的變法運動，不但扭轉秦國落後的局面，更打下了統一六國的政治椿基。秦孝公死後，商鞅被新繼位的秦惠王所殺，但他制定的法制依然保留了下來。

只有伯樂也不行

公孫鞅的母親是小妾，因此他雖是宗室子弟，卻沒有繼承權。小時公孫鞅就喜歡法家的學說，成年後憑其才幹，在魏相公叔座家裡當中庶子（相當今日總理的秘書長）。

公叔座本想把公孫鞅舉薦給魏惠王，還沒薦舉，自己就先得了重病，恰好魏惠王前來探望，問他萬一不行了，誰能接替相國職務。公叔座趁機把商鞅稱讚了一番，說他雖年紀尚輕，但是才華橫溢，堪負國家重任。也許這番話來得太突兀，也可能魏惠王懷疑公叔座是不是腦袋病糊塗了，因此不發一語。沒想到公叔座讓侍衛全部退下，又來一句：「如果大王不用公孫鞅，就一定要殺掉他，別讓他跑到別國去。」

等魏惠王走了以後，公叔座馬上叫來公孫鞅，把事情如此這般交代了一遍，然後說，看大王的神情不會用你，你要快點離開，免得落難。公孫鞅聽了之後，若無其事地說：「大王既然不聽你的話任用我，又怎麼會聽你的話殺我呢？」果然，魏惠王對公叔座的話一點都不信，還對旁人感慨：「公叔座病得也太重了，竟然糊塗地勸我讓公孫鞅當相國！」

看來，千里馬不但需要伯樂，而伯樂也得要有權力任用他才行。

賄賂寵臣才當權

公叔座死後，魏惠王果然不啓用公孫鞅，也沒難爲他。公孫鞅聽說秦孝公下了求賢令，於是前去秦國。到了秦國，才發現晉見秦孝公並非易事，於是他設法透過秦孝公親信景監打通門路，才見到了秦孝公。

與秦孝公的會面如同現在所說的面試。前兩次，公孫鞅捉不住這個面試官的喜好，大談三皇五帝的治國思想，奈何

你不可不知的商鞅

▲西元前355年，變法第一年，太子犯法，商鞅處罰了太子的老師公子虔和公孫賈。

▲西元前346年，變法十年，一些當初抨擊新法的人，又對商鞅陳述新法的好處，皆被以擾亂教化的名義發配到邊疆。同年，公子虔違反法律，商鞅再次處罰他，割掉了他的鼻子。

▲西元前338年，公子虔誣告商鞅謀反，最後商鞅被捕，判處車裂。

這種想法不對秦孝公的胃口，秦孝公甚至在交談不久後便打起了瞌睡，讓公孫鞅的推薦人景監感到很沒面子。不過第三次，公孫鞅就摸清秦孝公的脾胃，提出了變法的策略，秦孝公聽得高興極了。

想要變法，不但需要秦孝公的支援，還得說服秦國的貴族。於是公孫鞅與貴族甘龍等人展開了大辯論，公孫鞅引用商周皆有變法的史實，批駁得對手無話可說，也更堅定了秦孝公變法的決心。公孫鞅因此開啓了他獲封爲商君的歷程。

徙木示法

變法以前，秦國人不大有法制觀念。爲此，商鞅在城市南門口立起一根三丈長的木頭，然後頒布法令說：「如果有人能把木頭搬到北門，就獎勵十鎰黃金。」十鎰黃金，相當於現在的二十斤，對普通百姓來說，這可是個天文數字。眾人驚奇之下，竟然沒人敢搬，於是商鞅又把價錢加到五十鎰。最後，終於有人出來搬走了木頭，商鞅馬上給了他五十鎰黃金。這件事一下子引起了轟動。事實勝於雄辯，眾人馬上對守法有了基本的認識。接下來，商鞅便頒布了各種法令。

商鞅變法前後有兩次，第一次的主要內容是確定編戶制度、獎勵軍功、禁止私鬥、鼓勵耕織等，並且制定嚴厲的法律。在新法初公布的階段，爲了立威，當太子犯法的時候，商鞅狠狠處罰了太子的兩個老師，突破了古代刑不上大夫的原則，這一舉動當下鎮住了不少貴族。

西元前三五〇年，商鞅第二次頒布法令，確定了縣制、土地私有制、統一度量衡，如此一來，秦國的制度進一步完備了起來。商鞅變法之後，秦國的國力迅速增強。

奸詐的小人

司馬遷在《史記》中對商鞅的人品表達不屑之感，說商鞅是個天性刻薄的人。如此評價的原因，源自商鞅欺騙魏國公子卬的事情。

戰國前期，魏國軍隊的戰鬥力在戰國七雄中稱首強，轉捩點是著名的「馬陵之戰」，孫臏指揮的齊國軍隊殺死了陷害過自己的師兄龐涓。馬陵之戰後，商鞅認爲打擊魏國的時機已到，於是說服秦王，由商鞅親自領軍伐魏；而魏國公子卬領軍迎擊。

商鞅在魏國的時候，與公子卬是好朋友。秦、魏兩軍相遇之後，商鞅寫信給公子卬，說希望能夠會面締結盟約。公子卬信以爲眞，果眞前去結盟，商鞅一邊假惺惺結盟，等盟約簽訂之後，卻在酒宴上埋伏士兵逮捕了公子卬，並趁機襲擊魏國軍隊；魏軍沒有指揮官，被打得大敗。最後魏惠王不得不割地求和，被逼遷都大梁。戰爭之後，商鞅獲得秦孝公賞賜的商地十五座封地，進而獲得「商君」的稱號。魏惠王割掉了河西的土地，想起十年前公叔座勸告自己殺掉商鞅的話，不禁後悔連連。

兩軍對壘，無所不用其極，這本來也沒有什麼。所謂「兵者，詭道也」，就是這個道理。因此商鞅利用朋友關係搞搞暗算也不算過分。用現代人的眼光看，倒顯得公子卬不懂權謀，典型的嫩角色。

出來混，總是要還的

說商鞅是小人的最重要原因，還在於他的變法犧牲了不少人，尤其是得罪秦國太子，割掉太子老師公子虔的鼻子；儘管維護了法律的威嚴，但卻悖於禮教人情，因而樹敵者眾。司馬遷在《史記》中記載：有位叫趙良的名士曾經勸告商鞅如何調解矛盾，不過趙良的意見倡言儒家禮義，讓商鞅拋棄自己堅持多年的法制思想，用退讓來換取人身安全。這不但沒有把握，還可能置於更加危險的境地。

秦孝公死了以後，太子駟即位為秦惠王。公子虔立刻誣告商鞅密謀反叛，惠王下令逮捕商鞅。商鞅在逃亡的路上，因為沒有通關文書，店主不敢收留他，而這正是遵守商鞅自己所制定的法律。當他逃到魏國時，魏國人為公子卬之事情感到氣憤，阻止他進入魏國。商鞅陷入了絕境，他到封地組織人馬頑抗，最後仍被擒服。秦惠王用五馬分屍的酷刑來對待秦國的大功臣，商鞅在秦國的族人也全部遭誅殺。

秦惠王雖然除掉了商鞅，但他對如何治國顯無多大的理性思考，對當時已到秦國求發展的大縱橫家蘇秦，亦不知該如何舉用；後來經過一番思索，仍沿用商鞅的法令。

商鞅的死，並非肇因於變法之誤，而是做人不夠圓滑，不知如何明哲保身。好比今日的公司職員，對公司忠心耿耿，為了工作甚至得罪人，到了最後仍被老闆卸磨殺驢。他的故事，不正證明了：出來混，總是要還的！

【?～西元前二三五年】

呂不韋

成功轉型的大商人

導言

呂不韋是衛國濮陽人（今河南濮陽西南），出生在商人之家。作爲商人，呂不韋算是箇中翹楚，他最重要的投資是花費千金打造王孫子楚，扶持他登上秦國國君的寶座。正是因爲這筆投資，他從一個普通商人一躍而爲秦國的相國。

在國相的位置上，呂不韋也有一番成績，他先後消滅東周，攻占韓、趙、魏三國大片領土，爲秦國統一做出了很大的貢獻。最後因其權勢太大，被秦始皇嬴政流放到四川，自盡而終。

最偉大的投資

俗話說「隔行如隔山」，現代社會，從一個行業轉到另一個行業，需要高度的智慧和膽識。古往今來，總有一些人能做到這一點，呂不韋就是其中的一個。

呂不韋很早就成爲擁有千金身家的大商人。和今日大富豪一樣，財富累積到了一定的程度，就需要考慮如何投資。呂不韋也在考慮這個問題，有一天，他見到了在趙國邯鄲做人質的秦王孫——子楚，馬上認識到這是個好投資。

當時秦昭王年齡已不小，子楚雖爲秦太子安國君之子，可惜安國君有二十多個兒子，子楚既非老大，也不是裡面最有能力的，按理說，這並不是最佳投資。但呂不韋究竟是商人，懂得如何包裝產品。

呂不韋謀劃好策略之後，便去見子楚。他委婉地跟子楚說自己可以讓他當上秦王，子楚心領神會，於是兩個人進一步細談。呂不韋便告訴子楚，要想從眾多公子中脫穎而出，需要好名聲，同時要搞定他父親的寵妃華陽夫人。子楚也許幻想過自己成爲太子，但從沒人指點出如此詳盡的方策，當即對呂不韋叩頭下拜。

呂不韋馬上給了子楚五百鎰黃金，讓他廣結賓客；同時又拿出五百鎰黃金購買名貴珠寶，帶到秦國送給華陽夫人，說是子楚孝敬的，同時肉麻地訴說子楚對華陽夫人是如何的尊敬。把華陽夫人哄高興了以後，他又從利害角度出發，告訴她不能一輩子憑藉美貌，要培植自己的勢力，若讓子楚做太子，華陽就等同擁有了日後的後臺。華陽夫人被說服了。

美人出馬，效果果然不同，安國君很快就答應讓子楚做繼承人。子楚成爲繼承人之後，地位馬上不同。安國君和華陽夫人不斷送禮給子楚，而呂不韋也被聘請爲子楚的師傅。呂不韋確實是個好老師，他知道華陽夫人原是楚國人，就讓子楚回國時穿著楚國的衣服；子楚原名叫異人，子楚這個名字也是因此而來。接下來的時間，呂不韋和子楚只是等待時局變化。

你不可不知的呂不韋

▲西元前259年，秦始皇出生，據說其爲呂不韋之親生子。

▲西元前249年，呂不韋成爲秦國相國，滅東周，周朝正式結束。

▲西元前247年，莊襄王死，呂不韋掌握國政，自稱「仲父」，與春秋初期管仲的尊號相同。

給未來秦王戴綠帽

呂不韋尚在邯鄲時十分喜歡一名歌女，人在旅途難免寂寞，他不久就和這名歌女同居。子楚和呂不韋經常往來，無意中看到這名歌女，一見傾心，馬上就向呂不韋討要。

當時權貴之間互送歌女是十分常見的。不過讓呂不韋不捨的是，他知道這名歌女已懷了自己的孩子，而且他爲子楚立了這麼大的功勞，投資還沒兌現，就得繼續追加，尤其付出的還是自己喜歡的女人。呂不韋心裡生氣，但想到自己已投資了那麼多錢財，還沒撈到好處，若惹惱了子楚，一切就如同拋入大海。於是不得不把歌女送給子楚。

這名歌女也很聰明，知道跟著子楚，自己的前途更光明；便隱瞞了懷孕的事實，跟了子楚，後來孩子生下來，是個兒子。母以子貴，子楚便立她爲夫人。子楚不計較孩子是否足月，大概也因爲有了兒子，對鞏固繼位有好處。

生下來的孩子取名叫政，他就是日後統一六國的秦始皇。

後來秦國圍攻邯鄲，趙國欲殺子楚報復，呂不韋用六百斤黃金賄賂趙國官員，子楚逃回秦國，把嬴政和夫人留在趙國。六年後秦昭王去世，安國君登上王位三天就死了，於是子楚繼爲秦王。呂不韋成爲秦國的相國，投資終於得到了回報，還讓自己的兒子成爲秦國的儲君。

呂不韋比得上管仲嗎？

子楚繼位以後，呂不韋不但掌握了朝政，還被封爲「文信侯」，對比當初投資給子楚的金錢來說，獲利巨大。從治國的角度來說，呂不韋也做得十分出色。

首先，他爲了保證投資，讓子楚坐穩了繼承人位子，秦國因此避免了王位紛爭；莊襄王死後，在他的努力下，秦國也沒有出現什麼動盪。

在他掌握秦國權力的時候，對秦國內部各派勢力間的平衡處理得當，顯示了呂不韋出色的管理手腕。同時，呂不韋也善於識人。蔡澤、王齕、蒙驁等老輩相繼被他引出爲官，爲秦國的發展竭力；對於青年才俊，李斯、甘羅也是由呂不韋親自提拔，李斯對秦國統一的功勞自不待言，甘羅更是後世的傳奇人物。

管仲寫下了《管子》，而呂不韋則組織大量人才，一同編寫了《呂氏春秋》，內容含括政治、經濟、軍事、文化各個方面。

因爲這番努力，在呂不韋當政時期，東周覆滅，天下再無周天子共主。秦國不斷奪取魏、趙、韓三國土地，新建立上黨、太原以及東郡三個大郡，讓魏、趙、韓徹底失去地理上的優勢，邊界逼近魏都大梁，領土直接與齊國接壤。在此期間，東方五國曾兩次合縱攻秦，皆遭瓦解，就此徹底失去抗秦的信心。

失敗的美男計

執政期間，呂不韋對付東方五國很順手，但內部的鬥爭就顯得麻煩許多。尤其是爲了保證自身權力，他必須籠絡那個往昔愛人——秦國太后，因此在莊襄王死後，呂不韋一直與太后偷情。

隨著太子年齡的增長，太后的性需求越來越大，呂不韋的事情多，年齡也大了，又擔心被人發覺，因此想出了一個美男計。呂不韋有個門客叫嫪毒，不但一表人才，性能力更是超強。呂不韋暗中讓人告訴太后嫪毒是個性愛高手，太后聽了以後果然心動。於是，呂不韋編造了個理由，把嫪毒送進宮。

嫪毒和太后乾材烈火打得火熱，呂不韋的美男計表面上看似成功，未料嫪毒的魅力太大了，太后不但爲他連生兩子，嫪毒本身也很快不受呂不韋的控制。到頭來，呂不韋反爲自己培育出一個對手。嫪毒勢力增長之後，還計劃謀反，被秦王嬴政剷滅。因爲嫪毒是呂不韋的門客，這件事情也牽連到呂不韋，最後雖然平安脫身，但呂不韋卻從此失勢。

偏偏遇上了秦始皇

如果沒有秦始皇，也許呂不韋的權勢能夠維持得更長久。嬴政是個野心勃勃的君主，自然不會容忍權臣的勢力左右君主的意志。

呂不韋爲了讓自己掌權更有說服力，在嬴政即將成年執政以前，刻意推出《呂氏春秋》爲自己宣傳。而秦王根本不吃這一套，再加上呂不韋封地早超過十萬戶，在朝中人脈甚廣，秦王對他更加忌憚。「嫪毒」事件以後，秦王立即讓呂不韋離開都城咸陽，待在自己的封地。此後一年，呂不韋仍在各界收攏人才，秦王便寫信大罵呂不韋，質問他對秦國有多大貢獻，竟敢自稱「仲父」，然後把呂不韋流放到了四川。這時呂不韋才感到害怕，便飲鴆自殺了。

吳起

【西元前四四〇年～前三八一年】

最卓越的戰爭大師

導言

衛國人吳起是一個才華橫溢而又過於情緒化的人，年輕的時候因爲別人嘲諷便揮刀殺人，而且一殺就是三十多個。在魯國發展時，他不惜弒妻以示對魯國的忠誠，誰知換來的仍是猜疑。

在魏國，吳起的才華終於得到了發揮。魏文侯死後，他曾經十分接近魏相之位，然戰國四公子之一的孟嘗君來到魏國，輕易奪取了相國的寶座。孟嘗君死後，因不善於勾心鬥角，吳起最後不得不逃離魏國，輾轉來到楚國。

在楚國，他官居相國，並大事改革，讓楚國氣象一新。可惜支援他的楚悼王死得過早，楚悼王屍骨未寒，吳起就被楚國的政敵射殺了。

敗盡家產始學兵

吳起年少時家境很不錯，他一直想當官，爲此花光了家裡的積蓄。鄉裡人覺得吳起自不量力，嘲笑他是個敗家子。吳起本來就窩了一肚子火氣，氣憤之下，把嘲諷他的三十多個人都殺了，不得不離開衛國逃亡。

吳起跑路之前向母親告別時，咬了自己的胳膊一口，發誓說如果不能當上一國之相，就絕不返回家鄉；然後就到魯國，拜在孔子學生曾子的門下。不久他的母親死了，吳起記著自己的誓言，始終沒有回家，講究孝道的曾子因此鄙視吳起，把他趕出師門。

走投無路的吳起開始學習兵法，並在魯君那裡覓得一職。後來齊、魯兩國交戰，吳起想擔任大將，但因其妻是齊國人，引起了魯國人的疑慮；一心想成爲大將的吳起，竟然手刃殺死了妻子。

吳起成爲大將後，率軍擊敗了齊國。不料魯國國君是個沒有度量、不懂用人的人，他聽信手下關於吳起人品不佳的話，不顧吳起剛爲魯國打了勝仗，竟將吳起給辭退了。就這樣，吳起兩手空空離開了魯國。

創業揚名在魏國

離開魯國之後，吳起聽說魏文侯正在招聘人才，馬上前去應聘。魏文侯向他的得力大臣李悝詢問吳起是否眞有才華，李悝說：「吳起這個人既貪財又好色，私德敗壞，但他確實是一員大將，即使齊國的名將司馬穰苴還活著，也沒有他會用兵。」

魏文侯聽了以後，馬上任用吳起擔任統兵元帥。吳起也沒有辜負魏文侯的信任，他帶兵攻打秦國，隨即就攻占了五座城池。吳起非常善於帶兵，魏國黃河西岸的土地與秦、韓接壤，在吳起的守護下，兩國都沒敢輕舉妄動。吳起治軍嚴酷，對紀律要求十分嚴格，但他賞罰分明，且以身作則。

在軍隊中，他與士兵吃相同的飯菜、穿相等的衣服，行軍時也與普通士兵一樣，背著乾糧一起步行。他的行爲大大感染了士兵，因此獲得了普遍的支持和愛戴。

據說，有次吳起巡視營地的時候，發現一個士兵躺在地上呻吟，視察之後發現是士兵身上長了毒瘡，他二話不說，馬上蹲下來爲士兵吸吮，一口口把毒血排清。這個士兵的母親知道此事後，不禁嚎啕大哭，旁邊的人覺得奇怪，便問她：「妳兒子得到了將軍的關愛，妳爲什麼還要哭呢？」這位母親回答說：「前幾年吳將軍爲我丈夫吸吮傷口，丈夫爲了報答他，在戰場上奮勇拚搏，最後戰死了；現在吳將軍又爲我兒子吸出了毒血，我擔心自己的兒子也會戰死啊，因爲這個原因，我才會情不自禁的哭呀。」

儘管這則故事有貶低吳起之意，但卻也能看出吳起善於鼓舞戰士的鬥志。實際上，魏國就是在吳起的幫助下，國勢才強盛了起來。吳起除了善於打仗，對於治國也頗有心得。

魏文侯死了以後，吳起繼續輔佐魏武侯。有一次，吳起陪伴魏武侯視察工作，他們坐船從黃河順流而下。魏武侯看著黃河兩岸的如畫江山，感歎地道出：山河險固，是魏國的珍寶。吳起馬上向魏武侯指出，歷史上不少國家儘管有險固山河，但因過於腐敗，最後都滅亡了。他嚴厲地告訴魏武侯說，如果大王您不好好治理國家，這艘船上的人都可能成爲您的敵人。話雖然嚴厲，但魏武侯聽得連連叫好。事實上，吳起擔任西河太守時政治清廉，在諸侯間享有盛名。

善於創業，不善於守業

概括的說，吳起是個開拓型的進取人才，如果吳起在後世開辦一家公司，肯定能讓公司發展壯大，但讓他去一家已經定型的公司，卻未必能合格。吳起的缺點，便在於他不善於勾心鬥角。

魏武侯剛即位時，因年紀尚輕，須設丞相來代理政事。吳起以爲自己會受任用，沒想到最後燕國卻從齊國聘請來孟嘗君田文。吳起非常不悅，怒氣沖沖地找到田文，說要和他較量。田文含笑答應了。

吳起問，論帶領軍隊，他們兩個誰厲害？田文回答說自己不如吳起。吳起又問治理國家、讓國家強盛的能力，他們兩個誰厲害？田文回答說自己還是不如吳起。吳起最後問，守疆衛土的本事，他們兩個誰厲害？田文照樣回答自己不如吳起。

吳起得意地說：「三方面你都不如我，憑什麼當丞相，壓在我頭上呢？」田文回道：「現在國君年紀輕，國家最需要的是穩定，在這種時候，你說才華更出色的你合適掌權，還是我合適呢？」吳起想了半天，不禁也承認對方更合適，畢竟自知在政治方面實在不夠老辣。

被小人趕走

性格決定命運，這句話說得眞不錯。吳起的性格較爲衝動，否則就不會因鄉親的嘲笑而大開殺戒。面對複雜的政治局面，他鮮有能出色化解的時候，多半選擇出走，好比創業成功的功臣，被逼離開自己的公司一樣。田文擔任丞相的時候，吳起還能得到重用；但田文死了以後，他的繼任者是娶了魏國公主的公叔，公叔十分嫉妒吳起的才華，想方設法要趕走吳起。

公叔對吳起的性格進行分析，發覺吳起爲人廉潔，這種人愛惜羽毛、注意名聲，又過於小心；因此他先在魏武侯面前誇獎吳起的才華，又說魏國國土太小，萬一吳起離開的話，可是個大損失。

魏武侯擔心不已，公叔便出主意說不如讓吳起當駙馬，如果他願意，自然表示願意在魏國長久發展；如果不願意，就表示他不想留在魏國了。

同時，公叔又邀請吳起去自己家作客，故意讓公主對自己發脾氣。吳起看到身爲駙馬的丞相在家裡一點地位都沒有，對公主不禁有了偏見。沒想到接下來魏武侯想把另一位公主下嫁給自己，吳起下意識就反對了。魏武侯心裡有了疙瘩，便不信任吳起了。吳起知道自己失去了信任，於是一走了之。就這樣，公叔小小的手段就趕走了吳起。

死後也會報仇

離開魏國之後，吳起到了楚國，馬上受到楚悼王的重用，讓他擔任相國，總算實現了離鄉時的誓言。

在吳起的幫助下，楚國整頓了官吏制度，撤去冗官，加強軍隊建設，楚國的實力迅速強大起來；它吞併南面百越的土地，滅掉了北方陳國和蔡國，一時之間，嚇得緊鄰的趙、魏膽戰心驚。

因爲變法，吳起也樹立了不少敵人，尤其是那些利益受損的貴族，都對吳起恨之入骨。楚悼王死了之後，吳起失去了靠山，這些貴族趁機發難，楚悼王的屍體還沒入土，就帶人來圍殺吳起。吳起眼看無路可逃，就撲在楚悼王的屍體上，刺殺吳起的人便難免刺壞了楚悼王的身體。楚太子即位以後清查這件事情，把誤傷楚悼王屍體的人全部誅殺，因此牽連滅族的有七十多家。

戰國四公子

聲名顯赫、命運無奈

戰國四公子個個名聲顯赫，且都擁有大批門客，身邊人才濟濟；唯正當其時，秦國實力一再強大，而擁有四公子的國家反而衰落了下來。不得不承認，四公子在成就自己威名之時，反而損害了國家的實力。尤其是孟嘗君，竟聯合別國討伐自己的祖國齊國。

戰國時代雖然講究權謀，但不少人的權謀眞是昏招迭出，戰國四公子也不例外。

《一》孟嘗君田文

《二》信陵君魏無忌

《三》平原君趙勝

《四》春申君黃歇

孟嘗君田文

【約西元前四世紀～前三世紀】

導言

田文是齊相田嬰的兒子，生卒年不詳。他曾任齊、秦、魏的相國，是戰國時的風雲人物。唯他在關鍵大事的決策上常有失誤，比如決定去秦國任相，差點死在秦國；好不容易帶領合縱盟軍攻打秦國，卻聽信錯誤的決策，事倍功半；聯絡其他國家攻擊齊國，也是意氣用事，忘了齊國的強大與自己緊密相連。

命犯詛咒五月五

孟嘗君的老爸有四十多個兒子，孟嘗君為小妾所生，偏偏生日還是五月五，當時的習俗認為這天生的孩子，長到門一樣高時會對父母不利。孟嘗君的老爸很迷信，馬上拋棄孟嘗君。

孟嘗君的母親不忍心，偷偷養育著他。孟嘗君長大後去見他的父親，質問道：「人的命運，到底是老天決定的，還是大門決定的？」他老爸說：「當然是天決定的。」他就問他為什麼不養育五月五出生的孩子？如果人的命運與大門的高度有關係，大可以把門做得更高點。

孟嘗君還批評父親只知搜刮錢財，未招攬有用的人才；他的父親當了齊相，齊國日漸積弱，而自己家的財富卻不斷增加。孟嘗君的老爸也很有度量，覺得這個兒子是個人才，就讓孟嘗君管理家務；於是，孟嘗君開始大力招攬門客，漸漸在諸侯中闖出了名號。

雞鳴狗盜都能用

孟嘗君懂得如何招攬人才，他和客人談話的時候，屏風後有人專門記錄客人的背景底細，客人前腳剛走，他就派人送禮給客人的親屬和家人。有次他和客人吃飯，有人遮擋了他身邊的火光，客人看他的飯碗裡一片漆黑，還以爲和自己吃得不一樣，十分生氣；孟嘗君親自端著碗給客人看，結果兩個飯碗裡的食物完全一樣，客人慚愧之下自殺了。孟嘗君好客的名聲因此傳得更遠。

孟嘗君用人不拘一格，他的門客裡什麼樣的人都有，連小偷都能成爲他的門客。不過幸虧有這樣的人，否則他就逃不出秦國。

孟嘗君去秦國眞是昏了頭。當時秦昭王一時糊塗，想任用孟嘗君做相國，孟嘗君還眞想去。儘管門客都勸他，但他也不聽。幸虧蘇代會說話，暫時阻止了孟嘗君，誰知後來孟嘗君眞去了秦國。

孟嘗君沒當幾天相國，秦昭王就醒悟了，把孟嘗君抓了起來。

你不可不知的孟嘗君

▲英雄老爸田嬰，曾與兵法家孫臏一起指揮馬陵大戰。

▲孟嘗君用來拉攏門客的本錢——封地薛，實際上是從老爸那裡繼承來的。

▲一怒滅縣：從秦國逃出時，經過趙國，有人嘲笑他個子矮小，他便帶門客殺了數百人，滅掉一個縣衙才罷休。

這時，孟嘗君手下的小偷發揮了功用，他偷回一件白狐皮裘送給秦王的妃子，後者吹了枕邊風，孟嘗君才得以逃出咸陽城。在函谷關口，天還沒亮，雞未鳴不能開門，於是一位客人善用口技仿雞啼引得群雞亂叫，孟嘗君才順利逃了出去。

攻秦失敗緣於耳朵太淺

孟嘗君從秦國逃出之後，不檢討自己的冒失，反聯合韓、魏兩國一起攻打秦國。如果他眞能用齊、韓、魏三國的力量打擊秦國，也還不錯。然因爲耳朵淺，竟然聽信了蘇代的話。蘇代告訴他，攻擊秦國，得到便宜的是韓、魏兩國，所以不如只是威脅秦國，得到一些好處，讓三晉和秦國保持平衡。孟嘗君於是虛張聲勢，導致合縱未對秦國產生什麼影響，秦國也沒受威脅。孟嘗君雖然能收攬人才，但是在大事上，卻實在沒有什麼決斷力。

孟嘗君還犯了另一件愚蠢的事。他和齊國大將呂禮有矛盾，便跑到魏國任相，還聯合秦、趙、燕一起討伐齊國，害得齊國差點因此滅亡。

收攬了一個好人才

在孟嘗君的諸多門客中，有一個人名聲最大，那就是馮驩。馮驩剛到孟嘗君那裡時，不斷抱怨待遇低，一會嫌吃飯沒有魚，一會嫌出門沒有車，還一直抱怨沒錢養家糊口。孟嘗君都應允他，但心裡已經不大高興了。

後來馮驩替孟嘗君收債，把還不出錢的人的債務都免了，這對孟嘗君的人氣和名望有很大的加分作用。而馮驩對孟嘗君最大的幫助，便是利用秦國的邀請，迫使齊國重新啓用孟嘗君。好比今日一家公司的經理對上司透露風聲：某家公司欲用高薪挖角，公司高層一著急，他的待遇就馬上提高了。馮驩正是用這個方法，讓被齊國廢掉的孟嘗君恢復官職，待遇還大爲提升。孟嘗君招攬的人才中，馮驩可說是最出色的一個。

信陵君魏無忌

【？～西元前二四三年】

導言

信陵君是四公子中最有才華的一個，但他一生受制於自己的哥哥，後者一直扯他後腿。他最後放縱酒色而死的原因，與他對兄長的失望有很大關係。

鋒芒太露嚇壞了國王兄長

信陵君是魏昭王的么子，掌權者安釐王的異母弟。當時魏相虐待名士范雎，范雎跳槽跑到秦國，並且成爲相國，之後帶領秦國兵馬攻打魏國報仇。信陵君弟兄倆皆爲此事煩惱。

信陵君當時極富名望，門客達到三千人，消息靈通。一次，兩兄弟下棋的時候，傳來戰報說趙國攻來了。安釐王大驚失色，信陵君卻不著急，說這是趙國在打獵，沒什麼要緊的。後來的消息果然證實的確是在打獵。信陵君還洋洋得意地告訴其兄，自己的門客中有人專門打探消息，因此自己早知道了。這件事情把安釐王嚇得不輕，從此對信陵君格外提防。

信陵君有著極爲出色的才華，唯因自己的哥哥整天提防，造成他一生的悲劇。

解救邯鄲顯英雄氣概

信陵君十分重才，當他聽說大梁的守門官侯嬴是個人才，便一再拜訪，最後終於感動了侯嬴。此時恰逢秦國打敗趙國，邯鄲危急，趙國如果滅亡，魏國也就沒好日子過了。信陵君援救趙國，而安釐王爲秦國威脅所震懾，不敢出兵。

信陵君在侯嬴的幫助下偷了兵符，奪取兵權，順利解救了邯鄲危機。但他也因此難以回國，便在趙國留了下來。信陵君在趙國待了十年，這十年裡，魏國未撤銷他的封地，而趙國爲了感謝他，也給了他封地。

信陵君在趙國繼續招攬人才，結交了一個叫毛公的賭鬼和一個叫薛公的酒徒，只因聽說這兩個人素有才華。平原君因此取笑信陵君不尊重自己的身分。信陵君很不高興，認爲平原君不知愛惜人才，並假裝要離開趙國，直到平原君認錯道歉才罷休。不久，平原君的門客有一半都跟隨了信陵君。

相逢一笑泯不了恩仇

信陵君待在趙國，秦國趁機不停攻打魏國，嫉妒弟弟才華的安釐王被打得無計可施，才想起了弟弟的好處，不斷派人來請弟弟回國。

你不可不知的信陵君

▲西元前257年，信陵君偷兵符解救邯鄲危機。

▲西元前247年，信陵君率趙、魏、韓、楚、燕五國軍隊攻打秦國，打敗秦將蒙驁，大軍追至函谷關。

▲花絮事件：信陵君的哥哥安釐王，便是著名的同性戀龍陽君的愛人。

信陵君開始不敢回去，後在毛公和薛公的勸說下，認識到自己與魏國血脈相連，於是馬上回到魏國。

度盡劫波兄弟在，相逢一笑泯恩仇；兄弟倆吵架，總有和解的時候。信陵君回來之後，與王兄抱頭痛哭，似乎沒有了恩怨。信陵君也使出渾身本事，依靠個人魅力，聯合五國軍隊大敗秦國，一直追到函谷關；甚至還編了本《魏公子兵法》的兵書。就在信陵君因打敗秦國可成就美名之時，兄弟兩人的矛盾又出現了。

秦國派人離間信陵君，製造信陵君企圖做魏王的謠言，兄弟之情遠遠比不上權力的誘惑，安釐王在關鍵時刻解除了信陵君的兵權。

秦國的危機遠去，而信陵君也心寒了。他失去了雄心，整天帶著賓客喝酒、玩女人，四年以後，掏空了身子，兄弟兩個在同一年死去。大概死了以後還要互相埋怨吧！

平原君趙勝

【?～西元前二五一年】

導言

趙勝是趙惠文王的弟弟，在趙惠文王及其後的孝成王時期均任相國，他力主接受韓國上當土地，引起長平之戰。平原君的優點是沒有和現任諸侯王鬧矛盾，這一點是孟嘗君和信陵君都難以企及的。

普通智商的軟耳朵

平原君趙勝是趙國所有公子中年齡最小的，據說也是其中最聰明的；不過從他的行事作風來看，似乎並不聰明，耳根子還有些軟。

平原君家的樓房較高，從樓上能看到周圍居民家的情況。一次，平原君的一個小妾在樓上遠望，看到一個瘸子打水，一瘸一拐模樣怪異，就笑了出來，傷了這個瘸子的自尊心，便跑來告訴平原君，要求他殺了嘲笑自己的美女。

平原君覺得這個要求太可笑了，笑著答應，實際卻沒有理睬。一年以後，他的賓客慢慢走了不少，有人告訴他是因爲未能信守承諾，寒了賓客的心。平原君便眞殺了自己的小妾，於是他的賓客又多了起來。

實際上這個美女可眞是冤枉。那時候的門客歸附一個人，主要還是看這個人有沒有權力。正像馮驩對孟嘗君解說的那樣，主人有權勢，門客便歸附，失去了權力，便一哄而散。平原君三次擔任相國，三次被罷免，從他與信陵君的交往看來，他對門下食客並不算很用心。所以他的門客減少，或有其他原因，與美女的笑聲應無多大關係。

有眼不識毛遂

邯鄲危機的時候，平原君一方面派人向信陵君求援；一方面親自去楚國搬救兵。他準備從自己的門客中挑選二十人隨行，最後選到十九人時，毛遂自告奮勇要求隨行。平原君不相信他，認爲毛遂來了三年卻沒什麼名聲，而一個有能力的人就像放到袋子裡的錐子一樣，日久便會露出頭來。

但平原君最後還是帶著毛遂。到了楚國後，談判出現了僵局，楚王害怕秦國的報復而猶豫不定。這時毛遂走向前，用刺殺來威脅楚王聽其道理，直言楚國國土廣闊、實力強橫，唯因一再退縮，才被秦國所欺。楚王被毛遂一罵，立刻爽快簽訂了盟約。

回到趙國之後，平原君感慨自己竟不知識人，沒看出毛遂這樣的奇才。

你不可不知的平原君

▲西元前298年，被封於東武城，號平原君。

▲西元前262年，接受韓國土地，引發長平之戰。

▲花絮事件：娶了信陵君的姐姐做夫人。

人生做對幾件事就足夠

平原君雖然不算出類拔萃，但也做了幾件值得稱讚的事情。人生有時候像打場足球賽，不管在場上犯了多少錯誤，只要最後進球了，就是成功的球員，就是成功的人生。

邯鄲遭圍困時，城內的平民飢餓哀嚎，而趙國王宮內仍舊一貫奢侈。平原君手下的兒子李同以王宮財物及宮女作爲賞賜，收攏了三千多位敢死隊員；在這批人的衝鋒下，秦軍被擊退了三十里，再加上後來的魏軍和楚軍，才解決了這場危機。

邯鄲解救之後，平原君一度想爲自己增加封地，遭當時的大學士公孫龍勸阻，他也很爽快地聽信了進言。平原君耳根子軟，在四公子中才智也屬中流，但卻在關鍵幾個環節都走對了路。

春申君黃歇

【？～西元前二三八年】

導言

春申君黃歇是四公子中資歷最淺的，同時也是最平庸的一個；尤其在後期，一直被李園玩弄於股掌之上，並因此而死。

博學多才的貴族公子

黃歇年少時曾到各國學習，學得一副好口才，回國求見楚頃襄王，獲得了他的讚賞，輕鬆地取得了一份外交工作，出使秦國。

當時秦國正準備聯合韓、魏攻打楚國，黃歇剛抵秦國便得知了此消息，他馬上上書秦昭王，說秦、楚乃諸國中最強大者，兩國相爭之下，得到便宜的肯定是別的國家。他還從地理條件出發，指出秦國攻打楚國，反會讓韓、魏兩國壯大起來。秦王覺得有道理，不但罷兵，還與楚國簽訂了盟約。之後，黃歇又陪伴太子完在秦國做人質，並在頃襄王病重時，甘冒被秦昭王殺掉的風險讓太子完祕密回國，他自己也在范雎的幫助下安全返回楚國。回國後不久，頃襄王就死了，太子完繼承王位爲考烈王。

黃歇的努力得到了回報，被封爲春申君，並任楚國令尹，位如相國，權力很大。春申君由此開始掌握楚國的軍政大權。

對外征戰提高自己形象

春申君成爲令尹後幾年，便發生了著名的長平之戰，秦國圍困邯鄲，趙國危在旦夕，平原君趙勝帶著門客來楚國請求援助。春申君正想發動戰爭提高自己的威信，唯考烈王畏懼秦國而遲遲不敢發兵，平原君的門客毛遂在談判中拔刀逼迫考烈王，春申君才得以領兵出征。

春申君領軍化解了邯鄲危機之後，根據賊不走空的原則，順手帶領大軍滅掉了魯國。此戰之後，春申君威望大大提高，與孟嘗君、平原君、信陵君齊名，被稱爲「戰國四公子」。

之後的幾年，秦國勢力不斷壯大，先滅周王室，又經過十幾年的征戰攻占了三晉土地，東方六國隨時有被侵吞的危險。於是春申君組織了一次合縱抗秦運動，帶領韓、趙、魏、燕四國攻破函谷關，但最後仍被秦國打敗。

春申君在四公子中能力最差，合縱失敗後，他竟勸楚王遷都

你不可不知的春申君

- ▲西元前272年，黃歇到秦國侍奉做人質的太子完。
- ▲西元前263年，黃歇送太子完回國爭奪王位，翌年太子完即位。
- ▲西元前260年，趙國經歷「長平之戰」的噩夢，被秦國坑殺四十萬士兵。
- ▲西元前242年，春申君領導合縱國軍隊攻伐秦國。

至壽春，自己跑到江南大興土木，變得毫無進取之心。他雖然招攬了三千多位門客，但卻讓門客與趙國使者鬥富，而秦國的政治弊端一點都沒改善。

畫虎類犬終被殺

人無遠慮，必有近憂。春申君逃避秦國的威脅，躲在江南享樂，危機卻自己找上了他。

考烈王膝下無子，春申君經常爲他尋覓美女，這一點被李園利用來對付春申君。李園把胞妹介紹給春申君，等其妹懷了春申君的孩子之後，他勸春申君把此女嫁給考烈王，還誘惑春申君說：這樣一來，你的兒子將成爲楚王。

李園之妹當了王后，她生了個兒子，春申君的親骨肉確實成了太子，不過得到考烈王信任並因此得到權力的，卻是李園。春申君除了整天擔心太子身世曝光之外，沒撈到半點好處。

到了此時，春申君還沒發現李園的狡詐，即便他的謀士朱英提醒他，都沒引起他的重視。不久考烈王死了，李園埋伏人在宮中誅殺春申君，將他的頭顱扔到了荒野。

【西元前五五一年～前四七九年】

孔子

政治失敗成就文化巨人

導言

孔子名丘，字仲尼，是儒家學派的創始人。孔子的一生，曲折而動盪。他是貴族的私生子，從小家境貧寒，幸賴士人身分，讓孔子能夠順利學習各種知識。

孔子一生最想擔任官員，但他的從政生涯並不順利，而作爲政治家的他也不怎麼出色。不過孔子對於教育的貢獻，確實震鑠古今，他提出的忠、孝、信等觀念，對後世影響深遠，號爲「萬世師表」，可說是中華民族的文化巨人。

社會名流的私生子

孔子的六代祖叫孔父嘉，爲宋國大夫，曾任大司馬，後在宮廷內亂中被殺，後代逃到魯國的陬邑定居下來，成了魯國人。

孔子的父親名叔梁紇，是魯國有名的武士，曾任陬邑大夫。叔梁紇娶了個老婆施氏，一連生下九個女孩，沒奈何又娶了妾，才生了個男孩，取名伯尼，但這伯尼卻是個瘸子。

一天，已六十六歲的叔梁紇去野外散步，遇到了孔子的母親顏氏。兩人一見鍾情，或許權力是最好的催情劑，不到二十歲的顏氏便與叔梁紇交好，司馬遷稱之爲「野合」，看來孔子的老爸雖然六十六歲了，勇猛仍不減當年，但孔子一出生，他就去世了。可憐孔子的母親，只能爲孔子取名「丘」，用來紀念自己愛情的發生地，然後帶著孔子遷到了曲阜。

私生子的生活多半較艱難，孔子因此學會了不少謀生手藝。不知道爲何，孔母一直沒有告訴孔子他的父親是誰。孔母死後，別人才告訴孔子，說叔梁紇是他的父親。

幽默的麻辣教師

孔子孩童時常模仿大人祭奠，崇尚禮節，從小就獲得了好禮的名聲。成年後的孔子，長得高大異常，按照古代尺度約有九尺六寸，相當今日的兩公尺左右。而孔子據稱精通六藝，騎馬、射箭樣樣行，身手十分敏捷。

儘管一表人才，但因貧窮之故，孔子先去大地主季氏家做了個小吏，相當於現在的出納，掌管

你不可不知的孔子

▲剛出生父親便去世，十七歲時母親去世，十九歲結婚。二十歲生子名鯉，字伯魚。

▲三十五歲開始開館授徒，五十一歲擔任大司寇；五十六歲代理丞相職務三個月，期間誅殺少正卯。之後便離開魯國，開始十四年周遊列國的生涯。七十三歲在魯國去世。

▲孔子思想的傳承：孔子傳曾子，曾子傳孔子之孫子思，子思的弟子傳給孟子。

糧食、牲口等財物的收支。這個工作雖然很無聊，但也讓孔子的名聲慢慢傳揚開來。孔子三十五歲時，魯人南宮敬叔來向他學習禮儀，從此，孔子開始了教師的生涯。

當時的人想學知識，不但要有錢有閒，還要有點社會地位。但孔子收徒弟的條件十分簡單，只要繳學費——逢年過節送幾條豬肉來。孔子門下學生據說有三千人，可獲得學位的——精通六藝的——不過七十二個人，這個成才率看起來不高，不過與後世相比也算不錯的了！

孔子拜見了老子之後，在老子的讚賞之下，名氣也跟著大了起來，學生一天比一天多，各國都有人來追隨孔子。

作爲教師，孔子的幽默似乎是與生俱來的。他的學生來自五湖四海，職業、性格大不相同，有子路那樣好勇鬥狠的莽撞學生，有聽話的顏淵，也有愛好學問並有所成的曾子。《論語》中常見子路被孔子一頓數落的場景。孔子的幽默也感染到他的學生身上，在他周遊列國的時候，顏淵落到了後頭，孔子很生氣，見到顏淵之後就訓斥道：「你死到哪兒去了？怎麼現在才來？」顏淵也不含糊，回說：「你老人家還活得好好的，我怎麼敢死呢？」過於嚴肅的教師，最應該看看《論語》，看看孔子是如何教育學生的，從執教的風格來判斷，說孔子是麻辣教師一點也不爲過。

失敗的從政生涯

孔子一生的最大願望，是從政並做出一番成績來。他的各種理論如提倡「禮」、「仁」等，都可說是一種政治綱領。當時的中原，大小國家林立，雖然名義上同在周王室的旗幟下，但實際上早已獨立。孔子拿著自己的政治綱領，到處鼓吹。孔子三十五歲時，魯國內亂，他一度跑到齊國發展，遊說齊景公建立禮制，齊國名臣晏嬰指出孔子提出的厚葬會浪費錢財，而官員拜見時的繁瑣禮節根本不實用。

晏嬰從施政的實際出發點來辯駁孔子，擊中了當時缺乏實務經驗的孔子之要害，齊景公最終也沒任用孔子。之後許多年，孔子帶著自己的學生四處謀職——頗似今天的名經理人，帶著自己的團隊跳槽一般，相當的氣派卻苦無良機。年屆五十的孔子一度想到一個名叫費邑的小城去當官，但遭弟子子路堅決反對而作罷。不久，孔子終於在魯國謀得了職位，用了一年的時間，做到了魯國的大司寇，管理全國的刑法。

除了管理刑罰以外，孔子還兼任過司儀，相當於今日的禮官。在此期間，魯定公與齊景公會談，孔子向齊國展示了正宗的禮法。據說齊國因此而歸還了侵占魯國的土地。

孔子在五十六歲時代理了魯國的宰相職位，在行使權力的第七天，就殺掉了同樣也是大夫的少正卯。這件事情眞是匪夷所思，因爲後者並無實際的罪行，孔子卻說他犯了五種罪，都和個人私德有關，說少正卯是個愛搬弄是非、沒有才學的小人。

如果此事爲眞，作爲政治家的孔子未免顯得也太幼稚了些。司馬遷說其後的三個月，魯國的政客都不敢貪汙，應是被新任宰相的舉動給嚇住了，但話說回來，用刑罰來恐嚇並不是個好辦法。魯國的另一大問題是權臣的勢力過大，對此，孔子的策略是拆毀三位大臣封地的城牆。唯這些城牆乃是防禦所需，因此最後只拆毀了一家城牆，權臣勢力過大的情況並未改觀。

孔子代理宰相僅三個月，就自己辭職了，據說是看不慣魯定公愛好女色的緣故。實際上，考察孔子執政期間的事情，很難說孔子是個出色的政治家。畢竟在當時爾虞我詐的政治氛圍中，單純以儒學治國，終究難以成氣候。

十四年周遊列國出售學說

離開魯國之後，孔子便周遊列國，到處推銷自己的學說。當時的國際形勢，小國面臨被大國吞併的危險。孔子的學說「禮」，往往被大家掛在嘴上，卻難以付諸實行。孔子也不想變更自己的施政方針。有一次，衛靈公欲向孔子請教行軍打仗的事情，惹得孔子極爲不悅，說：「祭祀的禮節我知道，但打仗的事情我可從來都沒學過。」當面給衛靈公釘子碰。

從性格上來看，孔子是個理想主義濃厚的人，但執行能力不高。要在各國出售自己的學說，見縫插針推薦自己是很重要的，然孔子寫的自薦信卻一點也不見效。孔子在葉城停留時，葉公問孔子如何治理國家，孔子沒說出具體的方策。第二天，葉公問子路：「你的老師是個什麼樣的人啊？」子路不知該怎麼回答。孔子知道了以後，便寫了一封自薦信，內容如下：

> 孔子其人，好學不倦，教育別人也不知疲倦，常努力工作到忘記了吃飯。高興起來便忘了憂愁，連自己老了都忘了。

這樣的自我介紹，對於一個剛畢業的學生來說，應是不錯的，但對一個政治家而言，可就太不合格了。因此，孔子周遊列國十四年，最後並沒有獲得實際成果。

文化巨人是怎麼練成的？

也許正因官場失意，造就了孔子文化上的巨大成就。孔子的學說，最適合大一統的封建國家的統治，如同漢代。孔子的儒家學說因其統治需求，被不斷地挖掘、擴充，並發揚光大。孔子的文化巨人形象，更多是後世朝代爲了政治需要而宣傳的。

孔子很會講道理，在《論語》的師徒對話錄中，不難見出這些道理施行的難度。而孔子編輯《春秋》，非基於史實，而是按己身對禮法的理解來重述，加上了一番道德價值的判斷，雖僅有一字之差，如「弒」：指臣下殺害君主。於是《春秋》筆法，成爲後世歷史學家批判的常用手法。

孔子去世以後，隨著後代對儒家學說的重視，他的思想被一代代的挖掘，對中國文化的影響日積月累。至今，孔子的思想已深入到了中華民族的血脈。

秦漢篇

李斯

【?～西元前二〇八年】

以老鼠爲師的丞相

導言

李斯生於戰國末年（今河南上蔡縣人），在當時屬於楚國。李斯原本只是個小吏，爲了改變自身命運，他去齊國留學，後來毅然選擇了秦國。在秦國，他的法學知識派上了用場。他爲勸告秦始皇而寫的〈諫逐客書〉，是古今著名的政論文章。

秦國統一以後，李斯擔任秦相，受秦始皇寵信。他堅持郡縣制，對秦國治理天下很有幫助，但隨之而起的焚書阬儒政策，卻造成臣大的文化傷害。秦始皇死後，他與趙高勾結，誅殺公子扶蘇，擁立胡亥，但兩年後被趙高陷害而死。

老鼠帶來的啓發

李斯年輕時做過文書一類的小吏，他志向遠大，但因身分低微，總有些忿忿不平。有一天，他看到茅廁裡面有隻老鼠在吃糞便，一聽到人的腳步聲，馬上就跑開了；當他到倉庫去時，卻發現那裡有好多老鼠，大搖大擺地吃糧食，即使有人來了，也不跑開，因爲管理糧倉的官吏根本就不在乎。李斯心裡感慨，他想：「人的成功和失敗，和老鼠是如此的相似，同樣的人，處在不同的環境，就是不同的作爲。」

於是，他下定決心要找到自己的糧倉，做個小文書，待遇簡直就像茅廁裡的老鼠。李斯馬上請辭去齊國留學，拜儒家大師荀卿爲師。荀卿雖號稱是儒家大師，但他的學說卻十分龐雜，學生想學什麼他就教什麼；除了傳統的儒家學說，他還教授了不少法家的思想。

李斯畢業後，根據自己從老鼠身上悟出的道理，決定到秦國去，因當時秦國實力最強，極有可能吞併六國。他的老師荀卿曾問他爲何選擇遙遠的秦國，李斯回答說：自己要成就一番事業，而秦國恰好能夠提供這樣的機會。

終於找到了大靠山

抵達秦國以後，李斯先在呂不韋門下做食客，但他知道呂不韋未必是個好靠山。他很快就見到了秦王，他勸告秦王應一統天下，成就前所未有的霸業。秦國向有征服六國之心，李斯的見地因此獲得了賞識，成爲秦王身邊的心腹。李斯爲秦王出主意賄賂六國當地官員，這個計策的實行效果不錯。就在這時，秦國發生了一件事情，李斯差點被趕出秦國。

原來，韓國爲了削弱秦國的力量，想出了一招愚蠢的計策：派

你不可不知的李斯

- ▲西元前221年，李斯助秦王統一天下。
- ▲西元前213年，李斯建議秦王焚書。
- ▲西元前210年，秦始皇病逝，趙高勾結李斯殺掉扶蘇，次年擁立胡亥爲帝。
- ▲西元前208年，李斯遭趙高陷害，全族被殺。

遣自己的水利專家鄭國去秦國，鼓動秦國興建水利工程，以為這樣可以消耗秦國的力量。工程修建一半的時候，鄭國間諜的身分就暴露了。（實際上，興修水利雖暫時削弱秦國的人力、物力，但長久來看，卻大大增強了秦國的實力。）秦王因此下達了「逐客令」，欲把所有外來者都趕出去。

李斯好不容易找到了個大靠山，哪裡願意就此離開秦國，他馬上寫了一篇文章——〈諫逐客書〉。在這篇文章裡，李斯雄辯地回顧了秦國長期以來對各國人才的依賴，比如秦穆公時代——戎國的由余，楚國的百里奚，宋國的蹇叔，晉國的丕豹、公孫支，雖然都是外國人，但秦穆公任用他們稱霸西戎；還有秦孝公時期的商鞅，更是讓秦國改頭換面的功臣。李斯的文章雄辯其理又有文采，因為這篇文章，秦王取消了逐客令，李斯也被任命為廷尉，成為秦國的重量級人物。之後，秦國繼續招攬各國人才，勢力迅速膨脹，李斯終於有了從茅廁到糧倉的感覺。

對老同學下黑手

秦國是個重法的國家，秦王對法家理論也十分感興趣，李斯雖然學得不少法家之說，但是與自己的同學韓非比起來，可就相差太遠了。

韓非和李斯都是荀子的學生，李斯是半路出家，尚稱不足。韓非是貴族公子，有口吃的毛病，或因口才不行，所以文筆甚佳，他的法學文章比如〈孤憤〉、〈五蠹〉、〈說難〉等，寫得十分精采；另外，因為他的文章提倡君主掌握權力，非常契合秦王與大臣的對抗，因此秦王特別欣賞他。

後來韓非出使秦國，秦王把他留了下來，李斯十分嫉妒老同學的才華，更擔心秦王任用老同學之後，自己的地位會受到威脅。於是他勸告秦王說，韓非是韓國的貴公子，不會真心為秦國辦事；

這樣的人才如果不能為己所用，最好除掉。秦王聽信了李斯的話，把韓非抓了起來，李斯馬上送毒藥給韓非，讓他自殺。

人的品格與才華地位沒有任何關係，大人物裡面也有很多品格低下的，而李斯無疑就是個勢利的小人。對自己的老同學下黑手，嫉妒只是諸多原因之一，最大的主因還是覺得後者威脅了自己的權力地位。

焚書阬儒的始作俑者

單說李斯是個小人，至少他危害的只是自己身邊的人；但是作為秦國的大臣，他缺乏長遠眼光，所造成的危害就更大。

秦滅六國以後，馬上面臨如何管理大一統國家的問題。一直以來，秦國實行郡縣制，而周朝實行分封制，不少人建議學習周朝，以免地方太大，難以管理。實際上，周朝的分封制在戰國時代早已見出弊病，因此李斯支持沿用郡縣制，很快便獲得秦始皇的認可。不過，對於如何治理國家，當時的學者有不同的聲音，比如博士淳于越就一直對分封制感興趣，並曾上書給秦始皇。

始皇向李斯徵詢意見時，不料李斯提出了一個極端的辦法——焚書。

在李斯的建議下，秦國規定，凡是《秦記》以外的史書，以及諸多詩、書、百家語全都要燒掉，只能留下醫藥、卜筮、種植方面的書。此外，還對談論禁書的人予以坑殺，敢用古代事件誹謗時事政治的人，則全族都殺掉。這般殘酷的文化愚民政策，造成日後中國文化的一大斷層。

小人終被惡人磨

焚書阬儒之後，李斯的官位十分穩固，他的子女也相繼做了官。李斯的好運，實際上全繫於一人，那就是秦始皇。而秦始皇在第五次出巡的時候病死了。

秦始皇臨死之前，想要指定長子扶蘇即位，可是扶蘇的治國思想傾向於儒家，非完全的法制，甚至對焚書阬儒都有意見。如果扶蘇上臺，李斯很可能就得不到重用。

因爲這種擔憂，李斯很快被趙高說服，一同改了秦始皇給扶蘇的信，要求扶蘇自殺，當時手握重兵的扶蘇果眞自殺了。不久，胡亥就繼承了帝位。李斯原本以爲胡亥即位，自己會有好處，但他看錯了一點，也低估了趙高的能力；後者與胡亥的關係更密切，是胡亥的老師，且比李斯更加狡詐。

李斯在趙高的暗算下激怒了皇帝，被關到監獄。趙高還誣陷李斯謀反，最後，李斯全族人都被誅滅。李斯走上刑場時，無限悔恨地對兒子說：「現在，要想和你牽著狗在上蔡打獵，也不能夠了。」當李斯陷害老同學韓非的時候，恐怕從來沒想到自己也有遭陷害的一天。

趙高

【?～西元前二〇七年】

害慘秦朝的法律大師

導言

趙高是趙國人，但在秦國長大。他身體強壯，熟知法律，因此被秦始皇看中，擔任馬車隊首領，還負責掌管玉璽。始皇去世以後，他夥同李斯僞造詔書迫公子扶蘇自盡，扶持胡亥登上皇位；並引導秦二世實行暴政，導致了日後秦朝的滅亡。

趙高謀害了李斯之後，又謀殺了秦二世胡亥，立子嬰爲皇帝，後被子嬰所殺。

臥薪嚐膽的復仇者？

戰國時期，與秦國仇恨最大的國家無疑是趙國。長平之戰，秦國大將白起坑殺了趙國四十萬俘虜。趙高出身趙國貴族，其父原是趙王室的偏家，後來流落到秦國，趙高就是他在秦國生育的兒子；之後因爲犯罪受到刑罰，出來後就在隱宮生活。那時候的「隱宮」，相當於現在的勞動所，專門收容刑滿釋放的人，趙高和幾個兄弟都在這種環境下成長。

趙高身材高大，有一身好力氣，愛好法家，還寫得一手好字。秦國統一六國之後進行文字改革，趙高寫下了〈爰曆篇〉等六篇文章，可見其文字造詣。因爲這些原因，趙高迅速有了名氣。秦始皇知道以後，便破格提拔他擔任中車府令，亦即秦始皇車馬隊的隊長。趙高馬上便獲得秦始皇的信任和賞識。有一次他犯了重罪，被判處死刑，秦始皇基於愛才之心，特別赦免了趙高，並且讓他擔任小兒子胡亥的老師。此外，趙高還掌管著秦始皇的玉璽，可見他多麼受器重。

無論如何，趙高的才華是受到肯定的。他很早就進入秦朝權力中樞，是否爲趙國復仇，誰也無法確定；不過，強大的秦朝因他而滅亡，卻也是不爭的事實。

你不可不知的趙高

▲趙高是太監嗎？→《史記》中沒有記載，按照推斷，很可能不是太監。

▲趙高的形象是什麼？→身體高大強壯，是秦始皇的專用馬車夫。

▲趙高什麼最拿手？→熟悉法律條文，懂得如何斷案。

▲趙高其他特點？→秦朝除李斯外的書法家。

看準了李斯的要害

秦始皇想長生不老，先後五次出巡都與此有關，沒想到最後卻死在出巡的路上。他死之前，身邊帶著小兒子胡亥、丞相李斯，以及掌管玉璽的趙高。當時秦朝還沒確定繼承人，秦始皇臨死時發了詔書給大公子扶蘇，要傳位給他。但如果扶蘇上臺，胡亥、李斯及趙高的日子都不會好過。

扶蘇與蒙氏家族的關係良好，本身又較欣賞儒家思想，偏偏李斯與趙高皆爲法家，思想不同、政見也不同，若扶蘇上臺的話，身爲胡亥老師的趙高可就一點權力都沒有了。因此趙高迅速聯絡李斯，他知道李斯最貪戀權力，而且李斯與蒙恬的政見也不同，如果扶蘇上臺，李斯肯定會失去現有的權位。

看準了這一點，趙高很輕鬆就說服了李斯，兩個人勾結起來，隱瞞秦始皇的死訊，假造秦始皇的詔書，命令公子扶蘇自殺，同時拉著秦始皇的屍體繼續出巡。當時是盛夏七月，秦始皇屍體已經變臭，就隨車帶著上百斤的鹹魚。慶幸的是，公子扶蘇很聽話地自殺了。

去掉了這個最大的障礙，作爲丞相的李斯與趙高回到咸陽，發布秦始皇崩逝的消息，並說胡亥是繼承人，輕易地把胡亥推上了皇帝的寶座。胡亥當了皇帝，作爲胡亥老師的趙高成了郎中令，相當於皇帝的秘書長，掌握實權，再加上胡亥對趙高一直言聽計從，趙高的權力就更大了。

撲朔迷離的大屠殺

趙高依恃對胡亥的掌控，馬上展開了報復性的仇殺。首先矛頭對準的是曾經審判過他的蒙毅，後者剛奉始皇的命令祭祀完名山大川。趙高告訴胡亥，說蒙毅多次勸阻始皇設立太子，否則你早就成了繼承人。胡亥對老師十分信任，馬上派人讓蒙毅、蒙恬自殺。

同時，因爲胡亥的皇位乃陰謀奪來的，自己心裡也害怕；而且胡亥是各個公子裡最小的，趙高便讓胡亥用刑罰來肅清。因此，秦始皇的十五個兒子，有十二個都被趙高處死在咸陽，甚至連十個公主也被分屍。除了自殺的扶蘇以外，秦始皇的兒子僅剩下胡亥和公子高。後者當時已經嚇壞了，想逃跑更害怕全族都被牽連，不得已便上書請求自盡。胡亥看了以後，竟興高采烈地同意了，一點憐憫心都沒有，只能說權力之大，眞能扭曲人的心理。

殺光秦始皇其餘的兒子之後，趙高依舊推行嚴厲而殘酷的法令，並且大興土木，興建阿房宮。這般政策不但讓朝廷官員人人自危，各地農民也開始暴動，陳勝、吳廣的農民起義就在此時爆發。

這起大屠殺中，主要是滅掉蒙氏家族以及胡亥的兄弟姐妹，殺後者是保證胡亥的權位，殺前者則是李斯與趙高與蒙氏家族的恩怨。要說趙高是爲趙國報仇，但秦始皇的兄弟姐妹們卻無危險，從這一點來看，似乎又不是報仇。

智鬥害李斯

解決掉胡亥的皇位問題以後，趙高便把矛頭對準了李斯，後者不但不知道，還在擔心國家政局。趙高熟悉胡亥的性格，知道他不關心國家，只圖享樂，同時討厭別人在自己玩得高興的時候來打擾。因此，趙高假惺惺地勸李斯上奏，並說如果皇帝有時間，自己就派人通知李斯。

實際上，趙高每次都等二世玩得正高興的時候去通知李斯，幾次之後，二世對李斯非常惱怒，認爲他專門與自己作對。趙高趁機在一邊挑撥，說李斯是想封王，所以這樣做；還汙蔑說，李斯的兒子擔任三川郡郡守，而陳勝、吳廣恰好是鄰近的人，其中必然有關係。

胡亥聽了之後很生氣，馬上派人調查李斯的兒子李由。李斯這時也反應了過來，馬上上書指責趙高要謀反。然而胡亥對趙高已信任備至，他不但不聽李斯的話，還把李斯寫的書給趙高看。之後，李斯擔心政局混亂，與大將軍馮劫、右丞相馮去疾聯名上奏，建議減少勞役，緩解社會矛盾。秦二世哪裡聽得進去，馬上把李斯三人全部抓了起來。

馮去疾、馮劫在監獄裡就自殺了，李斯被屈打成招，後來想翻供，但趙高派自己的門客多次冒充秦二世的人前去審查，李斯翻供一次就打一次，最後秦二世的使者眞的來了，李斯也不敢翻供了。於是李斯被判腰斬之刑，趙高順勢當上了丞相。

指鹿為馬的用心

除掉李斯之後，趙高完全掌握了權力，當他覺得自己羽翼豐滿了之後，便想除掉胡亥。爲了檢驗朝廷中哪個官員聽從自己、哪個忠於胡亥，他想出了一個計策。

一天，胡亥上朝的時候，趙高讓人牽來一頭鹿，然後告訴胡亥說這是一匹馬。胡亥很詫異，便說：「這分明是一頭鹿啊，丞相怎說是馬呢？」趙高辯說是馬，同時轉身讓滿朝大臣回答，到底是鹿還是馬。

大臣中，有人說是馬，有人說是鹿，也有人不說話。胡亥一下子糊塗了，還以爲自己產生幻覺了。實際上，這是趙高要求大臣選邊站的信號，事後，趙高便隨便找些藉口，把那些說是鹿的人都給殺掉了。剷除異己之後，趙高在朝廷上更可爲所欲爲。

這時，秦朝大將章邯臨陣倒戈，秦朝搖搖欲墜。胡亥驚慌了，派人去質問趙高。趙高怕胡亥殺自己，便與弟弟趙成之女婿閻樂一起謀劃，由閻樂領兵逼迫胡亥自殺。

胡亥雖然死了，但滿朝官員都拒絕趙高稱帝，趙高沒辦法，只好立秦始皇之弟子嬰當皇帝。子嬰趁趙高來探視時，讓太監韓談殺掉趙高，然後誅殺趙高三族。唯此時秦朝已在趙高的玩弄下趨於滅亡，趙高死後三個月，劉邦攻入咸陽，子嬰投降後被項羽所殺。

張良

【?～西元前一八六年】

俠客胸懷的謀略大師

導言

張良字子房，戰國末期韓國貴族，祖父和父親都擔任過韓國的宰相。當韓國被秦滅掉以後，張良便一心想復仇，因此才有博浪沙刺殺秦始皇的舉動。雖然身體不好，張良卻喜歡像游俠那樣打抱不平，他是一個十分講義氣的人，曾經救過殺人犯項伯。

除了愛好武俠之外，張良最出名的是他的謀略。楚漢相爭時，正是張良的幾次決策，挽救了劉邦；另一位謀士陳平也很出色，卻沒有張良那種犀利的大局觀。張良十分懂得退隱之道。取得成功之後，他便藉口練習氣功，長期閉門不出。正是這一點，讓他逃脫了無謂的災難。

憤怒青年張良

年輕人容易衝動，也更容易爲了理想奉獻自己。中國大陸現在對這類青年取了個怪名，叫「憤怒青年」，簡稱「憤青」。張良也曾經是個高級憤青，爲了替韓國報仇，他到處尋找殺手，最後找到了一個能揮動近百斤鐵錘的大力士，趁秦始皇東遊尋求長生不老藥的機會，用鐵錘砸始皇的馬車。可惜張良沒受過刺殺訓練，竟然錯判了秦始皇的車子，砸爛了旁邊的車。秦始皇不過出了身冷汗，張良不得不落荒而逃。

刺殺雖然不成功，但張良好歹出了點名氣。他逃到下邳，在當地打抱不平，頗有勢力。一天，張良在當地的沂水圯橋閒逛，一個老頭的鞋子掉到橋下，招呼張良幫自己撿起來。張良看對方十分蒼老，不但撿了鞋，還爲他穿好。老頭對張良很滿意，約張良五天後的早上在橋頭見面，五天後，張良到晚了，被老頭呵斥一番，於是再約五天後。張良連著遲到了兩次，第三次乾脆半夜就去了，老頭給了張良一本姜子牙的兵書。據說張良憑藉這本書，成爲傑出的軍事家。這個老頭，被人稱爲「圯上老人」，也叫「黃石公」。

好馬也吃回頭草

張良一直想滅秦爲韓國報仇，秦末農民起義時，張良馬上號召了上百人的隊伍，半路上碰到了劉邦，便在劉邦手下當個小偏將。張良爲人講解《太公兵法》，鮮少有人能理解，劉邦沒念過多少書，卻總能理解張良的意思。因此，張良便跟隨了劉邦。

當時項羽的力量最大，張良爲了韓國衡慮，鼓動項梁立韓王成爲韓王，張良擔任司徒，相當於丞相。這樣一來，張良就離開了劉邦。第二年，韓王與劉邦合兵一路，攻占了韓國故都陽翟，劉邦

你不可不知的張良

▲西元前218年，張良在博浪沙刺殺秦始皇。

▲西元前208年，項梁立韓王成爲韓王，張良爲司徒。

▲西元前206年，張良與劉邦首先攻入咸陽。

▲西元前197年，張良幫助太子鞏固儲位。

趁機請韓王留守，自己帶了張良繼續進攻。無論古今，一僕二主都是件難堪的事情，幸虧韓王留在故都陽翟，張良的歸屬暫時沒有問題，但卻是一根隱藏的暗刺。

有了張良幫助的劉邦，進展十分順利，一路攻到通往秦都咸陽的咽喉嶢關，張良建議劉邦先利誘守將，趁守將鬆懈時突襲奪下關隘，然後一鼓作氣攻入咸陽。按照劉邦與楚懷王的約定，先入咸陽者，就是天下之主。

劉邦攻入咸陽以後，做了一件錯事，就是阻止諸侯兵進函谷關，因此惹惱了項羽。項羽攻破函谷關以後，準備攻打劉邦。按照當時的兵力，劉邦根本不是項羽的對手。幸虧項羽的叔父項伯曾被張良救過，憑藉項伯的保護，劉邦才逃過了鴻門宴的劫難。

項羽奪得天下以後，自封爲西楚霸王，分封了十八位諸侯王，劉邦被封到了漢中。實際上這些王都不聽他的。對於張良來說，他必須離開劉邦，到韓王成那裡去。張良臨走之前，建議劉邦燒掉棧道，然後突從陳倉出兵，占領關中。

之後項羽作出一個奇怪的決策，他殺死了弱小的韓王成，正好讓張良可以心安理得地去投靠劉邦。俗話說好馬不吃回頭草，不過對張良而言，回頭草也好吃。

指揮楚漢戰爭的智囊

楚漢戰爭爆發以後，劉邦因爲準備得早，又接連招納了五位諸侯王，兵力達到五十萬，更占領了項羽的都城彭城。而這一切都是趁項羽沒有防備而得來的，項羽知道消息以後，帶領三萬精兵，便把劉邦殺得大敗，抓住了他的家人。

張良爲劉邦分析局勢，建議他聯合對項羽不滿的九江王英布、彭越，同時放手讓己方大將韓信獨自領軍。劉邦並不善於帶兵，他指揮的大戰役，常常落得被對手擊潰的結局。韓信曾直言不諱地指出，劉邦最多只能指揮十萬人。

劉邦聽從了張良的建議，派人策反了九江王英布，又聯絡彭越，還派韓信從北面出發，一邊攻擊燕、趙等地，壯大自己的地盤，同時包圍項羽。張良的計策，勾畫出了楚漢戰爭的大致輪廓。

西元前二〇四年，劉邦被項羽圍困，情急之下差點作出錯誤決策——分封六國後人爲王。如此計策非但不能壯大己身力量，反會成爲王國內長久的危害。幸虧張良及時指出分封會產生內亂，且六國後人沒有戰功，如果封了，戰士會感到不公平，影響軍隊的戰鬥力。劉邦聽了，十分心服。

張良雖然體弱多病，但他的謀略卻深深影響了戰爭的走勢。

看穿自己人的小伎倆

矛盾無所不在，有時內部的矛盾比外部更可怕，因爲它容易被發現。一個管理者如果看不到內部的矛盾，這個團體肯定會變得沒有進取心。劉邦在與項羽作戰時，就面臨這樣的問題。他分封了好幾個王，比如封韓信爲齊王、彭越爲粱王，但當他圍困了項羽以後，卻不見這兩人率軍來參戰。

還是張良細心，發覺了韓信、彭越的小算計，原來，這兩個一直掛著虛名，實際上連王國管轄的範圍都沒說。他們沒有得到實惠，自然不想賣力。張良發現問題以後，劉邦馬上爲韓信、彭越劃分了地盤，這兩人才率軍前來助戰。

劉邦統一天下後，先分封部分功臣，其餘的正在評定功勞。一天，他發現將領們三三兩兩聚集在一起竊竊私語，便問張良原因。張良說，他們在商量是否要謀反；並指出劉邦分封時偏向自己的老部下，還殺了幾個自己不喜歡的人，因此得罪過劉邦的人都在擔心。為了解決這個問題，張良建議劉邦首先封一個自己最痛恨的人，於是劉邦封了得罪過自己的雍齒，眾人看到雍齒都被封了，才打消了疑慮。張良的建議，不但解決了內部人心問題，還糾正了劉邦任人唯親的行為，輕鬆避免了不少流血事件。

練氣功保命的謀略家

統一天下以後，劉邦開始打擊功臣。張良懂得「卸磨殺驢」的規律，便經常託病，藉口練氣功，裝出對政治不感興趣的樣子，漸漸淡出權力圈。

不過，一旦眞出了事情，張良總能展現出自己的作用。劉邦寵愛戚夫人，又覺得呂后太愛權勢，便想廢掉呂后的兒子——太子孝惠。呂后十分擔心，遂向張良請教，張良出於穩定局勢考慮，也覺得太子不能輕易廢掉，於是讓太子請出當時有名的四位隱士：「商山四皓」。

劉邦曾經請過這四個人出山，但未成功。當他看到這四人跟隨太子時，便知太子的實力已不容小覷，不能輕易動了，否則自己的天下便會有大動盪。

雖然幫了呂后大忙，但張良仍然懂得進退，尤其當他看到韓信等人紛紛被殺，更讓他小心翼翼。他的兵書來自黃石公，便專心學習黃老之學，甚至開始練習不進食的氣功。因此，張良雖然功勞大，卻沒受到清算，於西元前一八六年病逝長安。

【?～西元前一九三年】

蕭何

有本事又識時務的管理大師

導言

秦朝時，蕭何就是一名出色的行政管理人員，且與劉邦關係非同尋常。劉邦起兵之後，他便擔任劉邦的首席行政長官。劉邦在前方打仗，他在後方管理行政、保證後勤，爲劉邦提供了一個穩固的大後方。

在資源管理和發掘人才上，蕭何也是劉邦的一大功臣，攻入咸陽後，他搶救出了秦朝的大部分文獻資料，讓劉邦在情報上先人一籌；此外，他還發掘了韓信這樣不世出的名將。正是有了韓信，劉邦最後才能戰勝項羽。

劉邦在勝利之後的論功行賞，蕭何排第一，絕對無可爭議。蕭何對劉邦十分忠心。雖然他推薦了韓信，但後來韓信有了反意，他毫不猶豫背棄韓信，以保證劉家江山的穩固。

會做人的聰明人

劉邦還在當亭長時，蕭何已是沛縣的長官，按職務來說，還是劉邦的頂頭上司。蕭何很會做人，從不輕易得罪人，還常常幫忙別人。他的爲人，頗有水滸中宋江的味道。此外，他還善於判斷形勢。有一次，秦朝御史下來考察工作，蕭何負責接待工作，御史覺得他很有才幹，想提拔他到朝廷去，蕭何考慮到當時中央朝政的混亂，不願蹚渾水，堅決推辭了。蕭何留在沛縣，與劉邦等人關係十分密切，有了自己的小圈子。在劉邦的圈子中間，蕭何算是個謀略型的人才。

陳勝、吳廣在大澤鄉揭竿起義之後，劉邦也跟著起義了，他的老婆、孩子被沛縣縣令抓了起來。蕭何便勸告縣令也起義反秦，當時沛縣距離大澤鄉不算遙遠，縣令見到遍地烽火，便答應了，馬上派人請劉邦回來。後來，縣令擔心劉邦勢力太大，又反悔了，蕭何、曹參與劉邦一起，用攻心戰鼓動百姓殺死縣令，劉邦在沛縣正式起義，號稱「沛公」。

重視人才的管理者

蕭何沒有跟在劉邦身邊，而是待在後方，管理後勤工作。劉邦在眾多義軍中，幸運地第一個殺

你不可不知的蕭何

▲西元前206年，劉邦攻入咸陽，蕭何搜羅典籍資料。

▲西元前203年，蕭何協助劉邦擊敗項羽，後者在烏江自刎。

▲西元前202年，劉邦排功勞，認爲沒有參加戰鬥的蕭何位居第一。

▲西元前196年，幫助呂后一起設計捕殺韓信。

▲西元前195年，劉邦病死，蕭何重任丞相，輔佐幼帝。

▲西元前193年，蕭何臨死推薦曹參擔任丞相。

入咸陽，將軍士兵都興高采烈，忙著搶奪財寶。蕭何卻十分清醒，他派人包圍了秦的丞相府，把能夠搜集到的各種資料，包括戶籍、地理資料、歷代法令等無一不漏地收藏了起來。這些資料爲劉邦以後與項羽爭奪天下，發揮了巨大的功用。

蕭何最值得稱道的一點，還在於爲劉邦搜羅人才。名將韓信原是項羽的人，但不蒙項羽賞識，他就投奔了劉邦。但劉邦同樣不識韓信之才，尤其看到韓信身材並不強壯，就讓他擔任運糧官。蕭何與韓信接觸過之後，發現了韓信的才能，便極力向劉邦舉薦，就在此時，韓信受不了窩囊氣而離開。蕭何知道以後馬上騎馬去追，終於把韓信給追了回來。當時劉邦手下的將軍開溜的有十多個，蕭何都沒理睬，而獨獨去追韓信，這讓劉邦感受到韓信在蕭何眼中的地位。蕭何更告訴劉邦說，如果想要奪取天下，沒有韓信是不行的。

爲了進一步留住韓信，蕭何更勸告劉邦登壇拜將，用隆重的禮節來籠絡韓信。這就是歷史上著名的「蕭何月下追韓信」的故事。劉邦擁有了韓信之後，戰鬥力馬上提升，最終戰勝了不可一世的楚霸王項羽。

最稱職的後勤部長

西元前二〇六年八月，劉邦從四川殺回關中，又從關中殺奔江蘇，留在關中管理政事的便是蕭何。當時咸陽被項羽一把火燒成了瓦礫，幸賴蕭何超強的管理能力，才慢慢恢復了生氣。另外，蕭何減免租稅、開放皇家園林、制定較寬鬆的法律等措施，也爲劉邦爭取了民心，讓劉邦獲得了一個穩定的後方。後來，劉邦被項羽殺得大敗，圍困在彭城靈壁，最後只逃出幾十人，幸虧蕭何調撥人馬和糧食接應，才重新站穩了腳跟。

劉邦在外打仗，把蕭何留在後方，難免不放心。所以劉邦總是派遣使者去慰問蕭何，名義上是慰問，暗地裡也有監視的意思。蕭何看到這一點，便把自己家族中能夠作戰的子弟全部送到劉邦身邊，從此，劉邦對他才完全放了心。

有了蕭何在後方做後盾，劉邦在與項羽長期的對峙中慢慢占據了優勢，項羽失敗的最大原因，就是兵力、糧食的供應跟不上消耗，最後才落得烏江自刎的結局。

老闆心中第一功臣

劉邦消滅了項羽之後，曾經評價過自己手下的三個大功臣，這三人分別是張良、蕭何及韓信。張良是第一等的軍事參謀，韓信是領軍大將軍，這兩人的軍功最大，而蕭何只負責行政管理。但在劉邦的心中，蕭何的功勞卻是第一；這裡面有蕭何的能力，另外，也是蕭何會做人，懂得如何表現自己。

劉邦開始打天下，他的夥伴們跟他一起創業，這些人基本都是獨己一人跟隨，只有蕭何拉了自己一大家人，這一點最讓劉邦滿意。尤其是蕭何把家中能打仗的子弟都派到劉邦身邊，不但打消了劉邦對他的猜疑，更讓困境中的劉邦感覺到雪中送炭的溫暖。

其次，蕭何善於發現人才，常常推薦優秀的人才給劉邦，韓信就是他推薦給劉邦的，這一點最讓劉邦覺得受用。再加上蕭何辦事，總是秉公辦理，讓劉邦感覺到他是個君子，對其人格特別敬重。劉邦本身有掩不住的流氓氣，因此更敬重真正的君子，而蕭何還善於表達自己的忠誠，一個忠心耿耿的君子，能不讓流氓出身的劉邦感動嗎？

定都長安之後，蕭何奉命修建皇宮。修建之前，蕭何特別愛惜民力，劉邦以爲他修建皇宮，必然不會特別奢侈。沒想到蕭何監工修建的宮殿也是富麗堂皇。劉邦責備他時，他回答說：「現在天下未穩，宮殿的莊嚴壯麗，有助於穩定天下。」劉邦打下天下之後，心裡最渴望的事情就是守住天下。蕭何的話，一下子說到他的心坎裡了，他對蕭何的態度能不好嗎？

正因爲如此，蕭何雖無戰功，但功勞卻排在第一位，父兄子弟也跟著沾光，被封了十多個，蕭何也被稱爲「開國第一侯」。

被逼作貪官

現代社會，很多人都說：做老闆的都是心狠手辣。做一個團隊的領袖，總是以利益爲先，沒有人情是正常的；對於帝王來說更是如此。

劉邦作了皇帝以後，對手下大將漸生猜疑。蕭何推薦的韓信，爲劉邦立下了大功，劉邦的老婆呂后在蕭何的說明下，殺掉了韓信。（俗語所說「成也蕭何，敗也蕭何」的典故，就是由此而來。）蕭何幫助劉邦殺掉韓信之後，自己也開始擔心，誰知道哪一天屠刀會落到自己頭上呢？好在蕭何是個聰明人，他退掉了封地，盡量保持低調，才讓劉邦稍微放了心。

英布謀反時，劉邦去征討，蕭何留在關中主持政事，開始，蕭何表現得很好，劉邦聽說人們都認爲蕭何愛民如子時，馬上心裡不是滋味；蕭何了解情況之後，便改變自己的作風，故意貪汙納賄，強買土地，不少老百姓都開始罵他。這一罵，馬上讓劉邦放了心。劉邦班師回來時，聽說蕭何貪汙，表面上責備了幾句，內心卻十分高興，也沒有責罰蕭何。不過經歷過這些風波的蕭何，也變得更加謹慎，很少干預政事。

劉邦死後，年輕的太子劉盈繼位爲惠帝，蕭何又重新擔任丞相，他制定了漢代律法。這時，蕭何也老了，兩年後便去世；臨死之前，他推薦了曹參擔任丞相，後者遵循他的律法，不做任何更改，成語「蕭規曹隨」便是因此而來。

陳平

【?～西元前一七八年】

依靠老婆養活的大丈夫

導言

陳平爲西漢最具傳奇色彩的謀士，爲今河南原陽人。陳平從小父母雙亡，在哥哥的撫養下長大。成年之後，他先後投靠過魏王及項羽，這兩者都不是善於用人的人；項羽雖讓陳平擔任了將領，但他不善於安撫人，最後陳平投奔了劉邦。投靠劉邦之後，陳平幫助劉邦打擊自己的舊老闆項羽，項羽的失敗，與此有很大關係。陳平爲劉邦出的計策，大部分都是如何對付項羽。

陳平善於在複雜的權力鬥爭中生存，呂后專權的時期，他裝糊塗瞞過了呂后，暗中與倒呂派接觸；呂后死後，他幫助周勃剷滅呂族，擁立了漢文帝。漢文帝時期，他十分受寵，先後擔任過右丞相和左丞相。

好哥哥和有錢的老婆

有人說，天才往往具有某種缺陷。確實，許多優秀的科學家、政治家，在現實生活中往往十分笨拙，陳平就是這樣的人。

按相貌來說，陳平是個美男子，可他整天看書，不懂得謀生，加上父母早逝，與哥哥相依爲命。陳平的哥哥很寵愛他，看到弟弟喜歡讀書，儘管家裡只有三十畝地，仍然毫無怨言地供養他。陳平的嫂嫂見自己的小叔不勞動，便常常說些風涼話，惹得陳平的哥哥很生氣，便休掉了老婆。

在哥哥的幫助下，陳平才學聞名鄉里，不過因爲家裡貧窮，一直沒有結婚。恰好，鄉裡有個名叫張負的富翁，孫女嫁了五次，五次都死了丈夫，張負看中了陳平的才華，覺得這個年輕人雖然窮，但是未來肯定不錯，便把孫女嫁給了陳平。妻子雖是寡婦，但嫁妝十分豐厚，更可喜的是她的爲人也不錯，可算是賢內助，沒有了後顧之憂，陳平便放心地發展自己的事業。

你不可不知的陳平

▲西元前207年，陳平投靠項羽。

▲西元前204年，陳平用金蟬脫殼的計策，救了劉邦。

▲西元前202年，陳平建議劉邦毀棄和約，追擊項羽，在垓下擊敗了項羽。

▲西元前200年，劉邦在白登被匈奴包圍，陳平用計說明脫困。

▲西元前195年，劉邦命令陳平去殺樊噲。

▲西元前178年，陳平病逝。

兩次跳槽的經歷

陳平學了不少軍事謀略，自然想有一番作爲，便到處尋找可靠的主公。謀職之前，陳平曾做過一些實習工作，內容是祭奠時爲鄉里人分肉，類似於今天的主持人。陳平的工作表現出色，大家都稱讚他，他卻感到失落，覺得自己應該去做主宰天下的事，而不只是分肉。

當時正是群雄紛起的時代，陳平先投靠了魏咎，魏咎是首先起義的陳勝封的王，沒多少進取心，他讓陳平做了個掌管馬車的官，陳平提出的建議他也不愛聽，因此，陳平自己悄悄離開了。

離開魏咎之後，陳平投奔了楚霸王項羽。楚漢戰爭時，項羽將陳平收入麾下，還封他爲信武君。不過項羽的脾氣不好，辦事沒有原則，將軍司馬印投降了劉邦，項羽無端怪罪陳平，陳平沒有辦法，只能辭官跑路。當時項羽是最大的集團，離開項羽之後，唯一能與之抗衡的便是劉邦集團。恰好陳平與劉邦手下將軍魏無知是老友，陳平訴說完自己被逼辭職，魏無知馬上勸陳平加入劉邦。

劉邦見了陳平，談得挺投機，劉邦要對付項羽，而陳平在項羽那裡待了很久，了解他的弱點，劉邦馬上重用陳平。陳平馬上引起劉邦身邊人的側目，覺得陳平剛來就做了大官，很是不滿。另外，陳平初來乍到，手頭沒多少錢，接受了不少賄賂，馬上讓人抓住了把柄，告到了劉邦那裡；同時還加油添醋，說他人品不好，除了納賄之外，還和嫂子通姦。劉邦很生氣，馬上去責問陳平。

這次陳平沒有跑路了事，而是據理力爭，說納賄是因爲需要花費，通姦則純是誣衊，他直言道：「重要的是，我陳平是否有能力？如果覺得有能力，就任用我；否則，不如讓我走。」劉邦聽了之後，覺得陳平的話有道理，不但沒追究他納賄的事情，還又升了他的官。

六出奇計傳後世

藝術家多有代表作品，作爲謀士的陳平同樣有六個代表性謀略，人們稱之爲「六出奇計」。

第一個就是用反間計除去項羽的第一謀士范增。劉邦趁項羽伐齊的機會，率領人馬攻占了項羽的基地彭城，被項羽反攻，五十萬人死傷大半。陳平向劉邦建議，用反間計讓項羽懷疑范增，項羽沒有多少政治頭腦，果然中計，不再信任范增、鐘離眛等謀士；范增氣憤之下，一病嗚呼。項羽雖然失去范增，但劉邦仍處在項羽的包圍之中，陳平讓大將紀信僞裝成劉邦前去投降，而劉邦本尊則趁機逃出了包圍。這是陳平的第二計。

韓信帶兵攻占了齊國數千里土地，功勞很大，因此想讓劉邦封自己爲代理齊王。劉邦十分生氣，但當時如果不安撫好韓信，讓他反叛的話，局面就會不可收拾，於是陳平、張良一起建議劉邦，眞的封韓信爲王。正是在韓信的夾擊下，劉邦才擊敗了楚霸王項羽。

第四計則有些小人。劉邦爲換取被俘虜的父親和妻子，與項羽談和，剛剛簽署完協定，陳平便建議劉邦繼續追擊項羽，最後在垓下包圍了項羽。在韓信的「十面埋伏」之下，項羽被逼突圍，後在烏江自刎，楚漢戰爭從此結束。

劉邦坐上皇帝寶座後，起意消滅異姓王，以保障自己的位子。韓信功勞大，且桀驁不馴，陳平建議劉邦，假裝在洞庭湖旅遊，當韓信前來拜見時突然抓住韓信，解決了韓信造反的隱憂。

陳平的第六計，是劉邦討伐匈奴，卻反被包圍，陳平派人遊說匈奴王冒頓的老婆閼氏，讓劉邦逃過一劫。

權力無非是人情

開朝皇帝坐上皇位之後，往往馬上開始屠殺功臣，這種情形之下，政治彷彿像是個大漩渦，靠得近的人，最容易被牽扯進去。但只要是人創建的東西，都有人情在裡面，陳平依恃這條繩索，挺過了許多暗流。

劉邦六十二歲時，聽信謠傳樊噲要謀反，便讓陳平與大將周勃假裝去勞軍，然後斬殺樊噲。陳平考慮到樊噲與呂后關係密切，實際上樊噲是呂后的妹夫。劉邦身體欠安，看似不久人世，如此一來呂后的權力便大增，如果貿然殺了樊噲，必會得罪呂后，那麼自己的日子就不好過了。因此，他與周勃商量好不殺樊噲，而是將樊噲押在囚車裡，運送回京城。

陳平還沒回到長安，劉邦就死了，呂后掌握了大權，當她知道陳平沒有殺自己的妹夫，馬上對他另眼相看。陳平因此被特許加入劉邦治喪小組，專門陪伴小皇帝。如果陳平當時殺掉樊噲，雖說是奉劉邦的命令，但接下來他的命運也就很難估量了。

洞悉人情，消除災難

陳平最大的特長就是洞悉人情，這點長處多次救了他的命。有一次，他深夜過黃河，見艄公總在打量自己，頗似有謀財害命之意；他便脫去衣服，藉口要幫艄公搖船，實際上是給艄公看自己身上沒有帶多少銀兩。果然，艄公看他的衣服落在船上一點聲音都沒有，知道他沒多少銀兩，不値得動手，陳平因此躲過一劫。

漢惠帝劉盈性格懦弱，平時由呂后掌權，他在位七年就死了，死後呂后公然獨攬大權，還改了稱號，史稱「高后元年」。

呂后掌權以後，想分封自己的族人爲王，丞相王陵不同意，陳平看呂后已下定了決心，便假裝支持呂后的行動。呂后很高興，罷免了王陵的丞相位子，讓陳平來擔任。陳平擔任丞相之後，爲了麻痹呂后，整天飲酒作樂，表面上渾渾噩噩，呂后見他這樣「無能」，十分放心。

隨著呂后家族勢力的壯大，反對呂家的人越來越多，陳平暗中與周勃等人聯絡，反對呂氏專權。呂后專權了八年以後，在西元前一八〇年病死。陳平與周勃馬上開始對付呂家，首先抓住權臣呂祿，要到了兵符，而後周勃手握符節闖入當時最大的警衛部隊——北軍，控制了京城的軍隊。有了這個依託後，他們逐步捕殺呂氏族人，剷滅殆盡，並且擁立劉邦的長子劉恆爲皇帝，也就是歷史上的漢文帝。

【?～西元前一六九年】

周勃

農民本性的大將軍

導言

貧農出身的周勃，依靠編織等手藝爲生，劉邦在沛縣起義的時候，他擔任劉邦的侍衛，在推翻秦王朝戰爭、楚漢戰爭中，建立了卓著的功勳。他先後擔任過太尉、相國等職位，不過他的卓越表現多在軍事上。即使在任相期間，他也不知如何治理國家，反倒是帶兵討伐叛亂十分拿手，先後平定了燕王藏荼、韓王信，以及在雁門郡造反的陳豨。劉邦病重時，他還平定了另一個燕王盧綰的叛亂。

周勃最著名的事件是剷除呂氏家族，安定劉家王朝。他取得兵符以後，在軍營裡對著士兵大呼：「擁護劉家的光著左膀子，擁護呂家的光著右膀子。」口號喊出來以後，全軍都光著左膀子。「左袒」一詞，因而成了著名的典故。

從古惑仔到將軍

周勃的祖先是從別處遷移到沛縣的貧農。他做過很多工作，搞編織、吹嗩吶——爲辦喪事的人家吹，甚至還做過弓箭手。周勃有一身好力氣，能拉開強弓。總的來說，周勃沒有穩定的工作，是個到處混的古惑仔。劉邦當亭長時收了一大幫小弟，周勃便跟著大哥劉邦混。

劉邦在沛縣起兵的時候，周勃開始只是劉邦的侍衛，打了幾仗以後，周勃的戰鬥天分逐漸顯露了出來。他作戰勇敢，常常跑在軍隊的最前面，他所帶領的士兵也很善於衝鋒，很快地，劉邦就封他為「虎賁令」（如今日的警衛隊統領）。在古代，王侯的警衛隊是軍隊中戰鬥力最強的。

周勃沒辜負劉邦的信任，在劉邦與楚懷王約定共同攻打秦軍時，周勃帶領軍隊窮追猛打，一路占領長社，並渡過黃河，攻破武關，直奔咸陽。劉邦因此封他為「威武侯」，進入漢中之後，又封周勃為將軍。

從古惑仔到大將軍，周勃之所以能抓住時代賦予他的機遇，與他的性格有很大的關係。

性格決定命運

周勃人比較內向，不愛說話，個性直來直往，他每次接見文官或者儒生，總板著臉，說：「有話快說，不要繞彎子。」絲毫不怕別人說自己沒水準。這種人要在官場上發展，或者做人際關係工作，此性格必然成為致命傷。但在戰場上，用行動來說話最有分量；在亂世中，一身力氣比滿腹學

你不可不知的周勃

▲西元前209年，在沛縣跟隨劉邦起兵。

▲西元前202年，被劉邦封為絳侯，約定封地世襲，永不剝奪。

▲西元前195年，避開劉邦臨死前的權力糾紛，征討叛亂的燕王。

▲西元前180年，與陳平一起剷除呂族勢力，安定了劉家的天下。

問更容易生存，周勃強壯的身體和他的性格，決定了他適合在亂世中發展。

楚漢戰爭期間，周勃先後跟隨劉邦轉戰各地，功績卓勳。取得天下以後，劉邦封周勃食邑八千多戶，爲絳侯，並且承諾他的爵位可永遠傳給子孫。

劉邦取得皇位以後，逐步肅清有功之臣，尤其是那頭腦靈活、善於打仗又聰明過人的韓信首當其衝；而周勃或許因爲看起來十分憨厚，不像個要謀反的人，不但沒遭到清算，還升了官，做到了相國。

劉邦臨死以前，連老部下樊噲都懷疑，命令陳平和周勃誅殺樊噲。周勃雖無過人計謀，但卻聰明地聽取陳平的意見，沒有殺樊噲。他代替了樊噲統領軍隊，去平定燕王的叛亂，躲過了朝中紛亂的權力傾軋，又立了戰功。

劉邦去世以後，呂后扶持孝惠帝上臺，他才平定了燕王叛亂，返回長安，呂后讓他當了太尉，亦即國家的軍事統帥。這實在是一件很奇怪的事情。劉邦臨死前，眼見呂氏勢力逐漸龐大，曾預言，能夠幫助劉家安定天下的，肯定是周勃。所謂「安劉氏天下者必勃也」，而精明的呂后竟一直沒有對付周勃。

呂后去世以後，周勃與陳平等人謀劃奪來兵符，周勃拿著兵符就去了兵營，憑藉自己的號召力，一舉誅滅了呂氏一族，擁代王即位，即漢文帝。

不稱職的丞相

文帝的時候，周勃被任命爲丞相。當了一年丞相，周勃幾乎無所事事，自己也不知道丞相該做什麼。文帝有次問他，朝中有無什麼問題，周勃張口結舌，什麼都回答不出來。而陳平則滔滔不絕，講述了一番丞相的作用。周勃很有自知之明，知道自己不是做丞相的料，之後一直由陳平擔任丞相，直到陳平去世以後，他才做了不到一年的丞相。

周勃擔任丞相期間，確實沒有什麼功績，對有才能的年輕博士賈誼一直看不慣，他與一幫老臣聯手，直到文帝把賈誼貶到長沙以後，他才安心。

此外，周勃也沒啥心機，在文帝面前還擺老臣的架子。直到有人告訴他這樣會惹禍，他才知道害怕。後來，文帝要求列侯回到自己的封地，列侯們貪戀京城的繁華，不願離去，找出種種藉口拖延，文帝趁機要求周勃帶個頭，周勃便回到了封地。

被獄吏折磨的將軍

雖然回到了封地，周勃也沒逃脫被捕的災難。漢初的皇帝，最擔心的就是功臣謀反，稍微聽見風聲，便疑神疑鬼。有人舉報說周勃要謀反，文帝馬上下令廷尉去調查，廷尉怕得罪人，一層層推託下去，最後負責調查的是長安縣的官員。

那時候沒有調查犯罪不是疑罪從無，而是把嫌疑犯抓到監獄，先拷打一頓再說，再尊貴的人到了監獄，同樣會受到非人的折磨。周勃自從跟隨劉邦打天下以後，一直是軍隊統帥，雖然當過多年丞相，但一直不是個稱職的官，對監獄的情形更是毫無所悉。因爲不知道怎麼配合，被獄吏狠狠地教訓了一番，還沒用到最嚴酷的刑罰，周勃就挺不住了。最後還是金錢發揮了作用，周勃用一千兩黃金賄賂獄吏，對方幫他出主意，讓他請公主作證。周勃的兒子娶了公主，周勃在監獄裡大概喪失了正常的思維，如此有用的兒媳婦都想不起來。

走公主路線是正確的，公主在太后面前訴訴苦，太后馬上叫來文帝怒罵，說：「絳侯領兵時都沒有謀反，怎可能在自己那麼小的封地裡謀反呢？」漢代皇帝推崇孝道，自己當然不能拂逆親意，被太后怒罵之後，馬上派人赦免周勃，恢復了他的爵位和封地。

周勃回到家，感慨萬千，說自己雖然統帥過百萬軍馬，現在才知道獄吏是如何的權勢逼人！

農民式的狡猾和愚笨

用正常的理性思維來看，周勃是一個很奇怪的人。他沒有多少文化，可你要說他愚笨，他躲避朝中權力傾軋，一點都不含糊；要說他聰明，他回到封地以後，懼怕皇帝派兵捉他，武裝訓練自己的家丁，每次聽到郡守或者郡衛來到封地拜見他，他都會全副武裝，嚴防對方趁機殺自己。

他從來都不想，如果皇帝眞要殺他、抓他，即使他反抗也沒有什麼用處。周勃像憨厚又有些狡詐的農民，喜歡實實在在的東西，沒有遠見，只相信自己看到或聽到的東西。

周勃剛扶持文帝登上皇位以後，上朝時內心十分得意，在文帝面前總擺出架子。袁盎向文帝指出，皇帝對待周勃太過於禮讓了，君王應該保持自己的尊嚴。周勃知道以後，一直痛恨袁盎，覺得對方兄長是自己的好友，竟然不幫自己。後來入獄以後，滿朝文武，包括自己的族人在內，只有袁盎敢替自己說話。他出獄以後，馬上與袁盎和好。

結交朋友方面，周勃的實用觀念很強，他的好友，基本上都是對他有絕大好處的。陳平是戰爭中發展出來的友誼；袁盎是患難之交；還有當獄吏的張湯，因為幫了他許多忙，他也投桃報李，把張湯引入官場。張湯後來成爲漢武帝十分器重的大臣。

出獄之後，周勃老老實實待在封地，最後死在那裡。他的駙馬兒子周勝之與公主感情破裂，犯罪後沒得到特赦，封地被取消。他的另一個兒子，漢代名將周亞夫，後來繼承了他的爵位。

袁盎

【?～西元前一四八年】

品德高尚的權力鬥爭高手

導言

袁盎字絲，西漢楚國人，袁盎的父親原本是個強盜，後來遷居到了北方的安陵。袁盎憑藉哥哥的關係成爲一個宮廷侍衛。他很注意名節，做事有風骨，雖先得罪了周勃，但後來兩人還成了好朋友。這樣的事蹟，發生在袁盎身上的還不少。

袁盎講情理、會說話，因此很受文帝賞識，從這個層面來說，他是中國官員的一個代表，講究和藹而不是團隊的創造力。他善於做人，他的做人謀略向來是種典範。與晁錯的鬥爭中，他處於弱勢，但最後被殺的卻是晁錯，這實在值得深思。

有名士風度的侍衛

袁盎當官的路走得不太順利。呂太后時期，他在呂祿的門下當過舍人，沒有多大的地位，呂氏被滅族以後，他一度失去了工作。文帝上臺以後，他在兄長袁噲的擔保下擔任中郎官，亦即在宮廷內當侍衛，服侍皇帝的日常生活。

周勃滅掉呂氏，是擁護文帝登基的大功臣，又是大權在握的丞相，文帝每次見了他，態度十分恭敬，周勃感到很驕傲，每次下朝都志得意滿。袁盎便對文帝說，陛下不應對絳侯（周勃被封為絳侯）過於謙恭，陛下越謙恭，絳侯越得意，就失去了君臣的禮數。

接著，袁盎又對文帝分析，周勃只是功臣之一，並不是對國家有決定作用的重臣。在呂太后專權時，劉氏王朝眼看著要斷絕，那時候周勃是手握重兵的太尉，也沒為劉氏作出什麼，直到呂太后過世之後，才和其他大臣撥亂反正。

文帝聽了以後，覺得有道理，以後見了周勃，態度越來越嚴肅，周勃不明白皇帝的心意，心裡有些害怕。後來知道是袁盎說的話，相當生氣，私下抱怨說：「我和你兄長袁噲的關係那麼好，你竟然這樣報答我！」

周勃沒多少文化，是個大老粗，實際上不太適合當丞相。袁盎批評周勃的話，是有道理的。後來有人告周勃謀反，周勃被關到監獄裡，他的宗族都沒人敢為他說話。袁盎挺身而出，為周勃辯解，周勃後來被釋放，袁盎出了很大的力，兩人因此成了好友。

純粹的儒家臣子

儒家十分講究人情。曾經有人問孔子，如果父親犯了罪，兒子應該告發嗎？孔子的回答是不應該。當情與法產生矛盾的時候，儒家傾向於情，因為法是由人制定的，人則受制於情的約束。袁盎便是一個純粹的儒家代表。

淮南王是文帝之弟，有一身好功夫，受皇帝的寵信而異常專橫，曾在上朝時殺死一位封侯。袁盎勸文帝適當懲罰一下淮南王，以免他更加放縱，文帝充耳不聞。後來淮南王果然牽扯到一宗謀反案裡，文帝很生氣，準備將淮南王放逐到四川。袁盎這時已是文帝的侍衛長，便勸說道：「陛下平時嬌慣淮南王，等他做了錯事，又懲罰過重。淮南王沒吃過苦頭，四川路途遙遠，如果萬一在路上發生不幸，對陛下的名聲也不好。」

文帝沒聽袁盎的，還是把淮南王流放了。淮南王果然病死在半路上。文帝聽到消息，一面感傷，一面覺得會影響自己身後的名聲，心情很不好。袁盎馬上去見文帝，勸告說：「事情已經過去了，後悔也沒有用，而且陛下有三件表現優良品格的大事，淮南王事件不會影響您的名聲。」

文帝很驚奇，問是哪三件事。袁盎說：「第一件，太后有病，陛下服侍了三年，三年裡陛下從來沒有卸衣睡覺，每次餵藥都親自品嚐，比曾參還要孝順；第二件，呂氏掌權的時候，陛下冒著風險來到京城，這是無比巨大的勇氣；第三，陛下登基以前，先後辭讓了五次，堯舜時代的賢人許由才辭讓了一次。況且淮南王是病死的，是因爲身邊人照顧不周，和陛下沒什麼關係。」

袁盎一席話，哄得文帝馬上高興起來，最後把淮南王三個兒子都封爲王，徹底除卻心病。袁盎從此越加受寵，在朝廷名聲大振。

精通權力鬥爭的高手

在皇帝身邊想一直保持寵信可不是件容易的事，勾心鬥角的事情層出不窮。袁盎受寵，引起了太監趙同的不滿，爲了防止趙同說自己壞話，袁盎想出了一招。

有一次，文帝坐車出行，趙同在車上服侍，袁盎馬上跪在馬車前面，說：「我聽說能和皇帝一起坐在馬車上的人都是英雄豪傑，可現在陛下怎麼和一個身體有殘缺的人坐在一起呢？我們大漢並不缺人才啊！」文帝聽了以後，笑呵呵讓趙同下車。

趙同當眾受到侮辱，文帝也知道他對袁盎肯定不滿，以後趙同說袁盎的壞話，文帝就覺得可能是私人報復。在權力鬥爭中，最重要的是要獲得皇帝的認同。只要皇帝認可你，就可立於不敗之地了。因此，袁盎總是找一切機會顯示自己的忠誠。

有一次，文帝去霸陵遊玩，駕車上山以後，看到西面山坡較爲平坦，想直衝下去，袁盎便緊拉著文帝的馬轠繩不放，文帝問他是不是害怕了，他說：「有錢人家的子孫都不願處於危險的地方，聖明的君主也不做冒險取勝的事情。現在陛下駕著六匹馬的車從山上衝下去，一旦發生危險，怎麼對得起祖宗呢？」袁盎雖然掃了文帝的興，但文帝認爲袁盎是眞忠誠。

除了表現忠誠以外，袁盎還不惜得罪人來博取文帝的賞識。

文帝很喜歡愼夫人，後者經常和皇后同席而坐。一次，文帝和皇后、愼夫人一起去皇家花園上林苑遊玩，侍衛們布置席位的時候，把愼夫人和皇后的位子排在一起，袁盎見了，馬上把愼夫人的坐位拉到後面。愼夫人很生氣，發脾氣不肯坐。文帝也很不高興。回到宮裡以後，袁盎對文帝說：「保持禮節才能和睦相處，皇后和愼夫人地位不同，怎麼能一起坐呢?陛下想對愼夫人好，就更應該注意。呂太后把如意夫人整成『人彘』那樣悲慘的事情就是借鑑啊！」文帝覺得有道理，馬上叫來愼夫人告訴她這個道理，還當面賞賜給袁盎五十兩金子。

因為性格成為死敵

袁盎重情，向皇帝建議時常常得罪人，因此多次被調到外地，不過他對下屬很好。他在陝西當軍官，士兵非常愛戴他。他先後擔任齊王、吳王的丞相，都很注意不得罪人，遇到事情裝糊塗，只是勸戒吳王不要反叛，吳王看他不礙事，對他也十分籠絡。

袁盎做官重視道德，喜歡探討人情世故。有次他從王國請假回家，碰到當時的丞相申屠嘉，袁盎連忙下車拜見，後者在車上欠了欠身子就算打過招呼了。

袁盎回去以後，馬上去拜見申屠嘉，見面之後又請求單獨談話，後者不願意，他就馬上跪了下來，說：「您覺得自己與陳平、周勃這些前輩比起來，誰的能力更強呢？」申屠嘉說自己不如他們。袁盎馬上說了一些文帝如何謙恭，陳平、周勃如何招攬人才的事情，又說申屠嘉能力不如前任，但架子可大多了，這樣下去，難免會有災禍啊！申屠嘉感到袁盎說得有道理，對袁盎馬上尊敬了起來。

袁盎這樣的人，與晁錯的性格完全相反，晁錯較認眞，講究事理而不注重情理。晁錯對袁盎很感冒，覺得他沒有實際的本事，做官也不清廉，還派人調查袁盎接受吳王賄賂的問題。這兩個人成爲死敵，性格上的矛盾占了大半原因。

袁盎與晁錯的爭鬥中，不得理的袁盎扳倒晁錯，並將後者整死也顯得很正常。晁錯若懂得一點人情世故，也不至於落得腰斬的下場。

善於做人的政客

袁盎很會做人。他的一個秘書與他的丫鬟戀愛，袁盎知道了以後假裝不知情。後來有人告訴他的秘書說，袁盎已經知道你和他丫鬟幹的好事了。這個秘書連忙逃回家。袁盎知道以後把秘書叫來，並把那個丫鬟送給了他。吳王造反以前，想殺掉擔任自己丞相的袁盎，恰好袁盎的前秘書負責領兵包圍著他。這個秘書買了很多酒灌醉士兵，趁機放走了袁盎。

吳楚叛亂平定以後，袁盎因病在家休息，整天結交三教九流，其中包括洛陽的大賭徒劇孟。有個富翁對此不解，袁盎告訴他說，天有不測風雲，劇孟雖然是賭徒，但是有眞本事，危急的時候能幫助你。人們都覺得袁盎會做人。

景帝時，袁盎得罪了梁王，後者派人刺殺他，刺客聽說袁盎的名聲以後，不但沒殺袁盎，還勸告他要注意，因爲後頭還有十幾個刺客。但袁盎沒在意，在安陵城門外被殺死了。

晁錯

【西元前二〇〇年～前一五四年】

書生意氣的政治家

導言

晁錯爲潁川（今河南禹縣）人，本來是學習法家思想的，但陰差陽錯，整理了儒家的典籍《尚書》。以此爲跳板，他不斷上書給文帝，發表一連串的改革建議，並引起了當時太子的欣賞。

景帝繼位以後便重用晁錯，後者投桃報李，爲了劉家江山奮不顧身。晁錯的被殺，固然有他不善權謀的因素，但景帝的幼稚糊塗才是最主要的原因。晁錯雖被殺，他的策略卻得到了實行。對後世來說也是借鏡，讓改革的大臣們更加謹愼，爲國家謀劃的同時審視自身，不要重蹈晁錯的覆轍。

學者出身的政治家

晁錯年輕時師從張恢，學習申不害、商鞅等人的法學思想，他的不少同學都在司法部門找到了工作。晁錯除了學習法學之外，文學功底也很深厚，因此在太常寺任職（相當於今天的教育部），掌管祭祀、教育、禮節等事務。

秦始皇的焚書阬儒對漢代的影響很大，導致許多書冊典籍的失傳，漢代因此而有搜集歷代典籍的責任。漢文帝的時候，連著名的典籍《尚書》都搜集不到了。文帝到處尋找，才聽說濟南的伏生懂得《尚書》。伏生是秦朝博士，在遭坑殺前逃回了老家，並在自家牆壁裡藏了一批書，裡面就有部分《尚書》的內容。

晁錯是太常寺的掌故，專門管理歷史的官員，因此被派去濟南和伏生學習《尚書》。晁錯聽不懂九十多歲、年老齒落、口齒含糊的伏生說的山東話，在伏生女兒翻譯解說之下，終於編輯了《尚書》二十八篇。晁錯回到京城，對文帝講述了《尚書》的大致內容，文帝很高興，封晁錯爲太子舍人，後來又升爲太子家令，都是輔助太子的官員。

古代從學者轉爲政治家的例子不少，很多熱心政治的人，往往打著學術的幌子。晁錯對《尚書》的理解應該也很有限，伏生講述得不清楚，晁錯整理出來的書也沒多少人能看懂，伏生的弟子後來又整理了伏生自己的解釋，另外編撰了一大本書；而實際上，伏生的《尚書》是按照記憶和一些殘篇合成的，後來孔子後人從孔家的牆壁裡發現了《尚書》的完整版本，才發覺伏生的謬誤。

熱心法制改革的文學名人

晁錯十分熱心改革，擔任太子屬下官員的時候，寫了

你不可不知的晁錯

▲西元前169年，匈奴侵邊，晁錯向文帝上了〈言兵事疏〉。

▲西元前165年，晁錯向文帝上書〈舉賢良對策〉。

▲西元前157年，景帝劉啓即位，升晁錯爲內史。

▲西元前155年，景帝升晁錯爲御史大夫，晁錯位列三公，並寫了〈削藩策〉，鼓吹削藩。

▲西元前154年，吳王劉濞以「清君側」爲名起兵叛亂，景帝殺晁錯。

〈言太子宜知術數疏〉這篇文章，宣傳治國需要一定的技術，提倡諸多法家思想。他雖被文帝封爲博士，骨子裡卻是法家思想占了主導。

晁錯的文章寫得很有氣勢，當時還有另一位才子——賈誼，他和晁錯的才氣不相上下。漢文帝欣賞晁錯的才華，但又覺得他的理論過於前衛，因此把他派給太子，有讓他再歷練一番的意思。晁錯後來擔任太子家令，是太子身邊的重要官位，太子劉啓也很欣賞晁錯。

晁錯在太子家裡有「智囊」的美稱，因爲他的思想活躍，輔佐太子的同時，經常發表一些文章，比如〈言兵事疏〉、〈守邊勸農疏〉、〈貴粟疏〉和〈舉賢良對策〉等，在當時都有很大的影響，在歷史上也是很出色的政論文。晁錯每次發表文章，都很注重時機，如〈言兵事疏〉是在匈奴侵邊時發表的，關鍵時刻發表關鍵文章，讓晁錯成了當時士大夫階層的名人。

晁錯的〈言兵事疏〉寫得很激昂，文帝也很讚賞，晁錯緊接著又寫了〈守邊勸農疏〉和〈募民實塞疏〉兩篇文章，具體建議如何增強邊防，提議用移民邊疆來守衛國土。晁錯的建議雖然未被文帝採納，但職位卻因上書而一再升遷，在完成〈舉賢良對策〉之後，他的職位就由太子家令變爲中大夫了。儘管文帝未予採納晁錯的主張，但太子對晁錯的文章極爲讚賞。

晁錯的敗招——氣死申屠嘉

年輕的太子劉啓即位以後，馬上重用晁錯，讓他擔任京師的行政主管——內史。而且景帝還經常單獨召見晁錯，當時的丞相是老臣申屠嘉，但皇帝遇到政事需要處理的時候，總是與晁錯商量，申屠嘉完全被拋在一邊。

從減小改革阻力來考量，晁錯應該團結或者拉攏朝中的大臣，申屠嘉是一個從小官吏爬上來的丞相，並沒有多少政治見解，袁盎幾句話就能把申屠嘉說得服服貼貼，原因只有一個——他只關心自己的權勢，並不考慮別的。如果晁錯能像袁盎一樣，多一些拉攏的手段，則改革的阻力就會減少許多。但實際上，晁錯卻選擇了對抗。

申屠嘉一直想打擊晁錯，恰好晁錯的內史府在太上廟——劉邦父親的廟——旁邊，大門開口方向不協調，晁錯覺得行走不便，就在太上廟的圍牆上又開了兩個門。申屠嘉覺得終於抓住了晁錯的把柄，便上奏景帝，要求懲罰晁錯。

晁錯正受景帝的寵信，怎會因此就被殺掉，最後景帝明顯地替晁錯說話，辯解說晁錯鑿開的不是廟的牆，只是廟外面空地的牆。這是明目張膽的包庇，申屠嘉不敢和皇帝爭辯，回到家對自己的舍人發脾氣，說早知道這樣，不如先斬後奏，先殺了晁錯再報告皇帝就好了。申屠嘉一直耿耿於懷，氣悶之下，不久就病死了。

丞相死後，更沒有人能挑戰晁錯的權威，一向不喜歡晁錯的人，比如袁盎，也一直在諸侯王身邊做官。晁錯雖然取得了勝利，但卻把自己置於更大的對立狀態。

火中取栗就要付出代價

晁錯擔任御史大夫以後，感覺皇帝對自己恩寵有加，應該好好回報。當時王朝內部最大的問題，便是諸侯王。當年劉邦爲了鞏固劉家江山，分封了大批同姓王，這些諸侯王在自己的封國內不但可以掌握軍隊，還能開礦山、鑄造貨幣；尤其是齊、楚、吳三王，勢力很大，直接威脅中央的權威。因此，晁錯提出了削藩的建議。

削藩對於中央來說十分有利，問題是處於風口浪尖的人，必然會承受報復。晁錯提出削藩以後，他的父親就坐不住了。他的父親身在家鄉，距離諸侯王更近，感受到的壓力也更大，他從老家趕到長安，勸晁錯放棄削藩。他指出削藩是皇帝的家務事，讓別人家人互相爭鬥，不符合「仁」道，即使削藩成功，穩定的是皇帝的位子，而晁家就危險了。見晁錯不聽自己的話，晁錯的父親回家之後，不久就自殺了。

就晁錯來說，他何嘗不知道自己會面臨什麼樣的處境，但他自恃有皇帝支持，一切即可迎刃而解。晁錯提出〈削藩策〉以後，朝廷經過討論，最後還是採用晁錯的計畫，用雷霆手段開始削藩。首當其衝的便是趙王、膠西王、楚王和吳王，而感覺自身利益受到侵害的諸侯王，則紛紛起來反對。

不懂謀略的代價

吳王劉濞早就想造反，聽到削藩的法令以後，便拉攏了膠西王劉印、膠東王劉雄渠、苗川王劉賢、濟南王劉辟光、楚王劉戊、趙王劉遂六個諸侯王，一起興兵叛亂，史稱「七國之亂」，他們的口號是「誅晁錯，清君側」。

景帝到底太年輕，面對突如其來的叛亂，嚇得不知所措。在此情況下，晁錯竟建議皇帝親征，自己卻躲在京城；在大臣不斷謀反的時代，這樣的建議難免不讓皇帝心裡打顫。另外，晁錯對袁盎的處理也明顯不理性。

袁盎確實接受過吳王的賄賂，但吳王在叛亂之前，本要殺死袁盎，後者千辛萬苦逃了回來，足以表明他沒有參與叛亂的嫌疑。而晁錯在大敵當前，卻想以袁盎早知吳王欲謀反的罪名，來追究其責任。

在這種情況下，景帝聽信袁盎的話，認爲誅殺晁錯便可解決叛亂的問題。因此景帝派官員到晁錯家裡，謊稱皇帝要召見，讓晁錯穿上朝服，坐上馬車去見皇帝；可憐晁錯信以爲眞，等馬車到達長安東市的時候，引路的官員突然拿出皇帝的聖旨，把晁錯給腰斬了。

景帝殺了晁錯以後，吳王仍沒有停止叛亂，景帝這才知道上了當，吳王的叛亂在周亞夫等將領的鎮壓下，三個月就平息了。晁錯雖然死了，但他的主張最後還是貫徹了下去。

賈誼

【西元前二〇〇年～前一六八年】

失敗的文士、政治大家

導言

洛陽人賈誼，是著名的政論家，也是文采飛揚的才子，常被稱爲「賈生」。賈誼在漢文帝初年便成爲博士，短短的時間內，提出了不少極具見解的建議。因爲朝中老一代元老的抵制，他被貶到長沙。儘管如此，賈誼一直不斷地上書，提出相關的政見。

賈誼雖然有卓越政治家的才華，卻長了顆詩人的心靈，同時身體又不好，因爲自己的學生——梁懷王劉揖騎馬摔死，他經常自責痛哭、心情憂鬱，三十三歲的時候就去世了，成爲後世許多詩人緬懷的對象。司馬遷也把他與戰國時代的屈原一同看待。

最年輕的博士

賈誼是一個天才型的人物，秦朝雖然焚書阬儒，但逃脫的博士也不少。賈誼少年之時師從博士張蒼，學習《春秋左氏傳》，同時對莊老學說、詩詞歌賦也有一番涉獵。十八歲時，他的文學天賦就在河南郡名震一時。

河南郡的郡守吳公對賈誼很是看重，讓他拜到自己名下。吳公是秦朝丞相李斯的同鄉，治理政事十分在行，政績全國第一，不久就到朝廷擔任廷尉（相當於現在的最高法院院長）。吳公欣賞賈誼的才華，便把他帶到長安，推薦給了漢文帝，賈誼因此被任命爲博士，當時賈誼年僅二十一歲，是最年輕的博士。

漢代的博士相當於後世的大學士，類似今天政府設置的各個研究院的研究員，一方面研究文化，一方面可以爲政府提供諮詢。古代的博士比今日的研究員更有參政意識。

西漢初年，政府官員多數是憑藉戰功或家族勢力而任命的，文化水準不高，對國家管理沒有什麼概念，基本上沿襲蕭何等人的老路。朝廷徵召的博士，有很多秦朝時候的老博士，大多年紀老邁，不願意出風頭。年輕的賈誼有學識、敢表達，很快引起了漢文帝的注意，把他升爲太中大夫，進入士大夫階層。

你不可不知的賈誼

▲西元前179年，賈誼成爲漢朝最年輕的博士。

▲西元前178年，賈誼寫了著名的〈論積貯疏〉。

▲西元前173年，賈誼從長沙回到長安，寫了著名的〈治安策〉。

忽略老先生的代價

春風得意的賈誼很快便開始自己的改革理想。根據五德終始說——這是當時人們普遍信服的學說，他認爲秦朝既是「水」德，那麼漢朝就應該是「土」德，按照這些規律，再改變相應的禮儀、法制等。

賈誼的設想很完美，但是他忽略了當時的政治環境，文帝當時剛剛繼位，權力還不穩固，再加上當時甫清理了呂氏家族的勢力，很多事情皇帝還需要依靠擁立自己的周勃等老一代的官員。

周勃出身低賤，爲人木訥，以他爲首的一大群官員，比如灌嬰、張相如、馮敬等人，都出身於農村，面對賈誼這樣的少年天才，又是大城市洛陽人，他們自卑而敏感；偏偏賈誼又很驕傲，沒有與他們好好溝通，在他們眼中，洛陽小兒賈誼是不能獲得朝廷大用的。

漢文帝對待老功臣，有依賴也有擔憂，怕他們謀反，賈誼提出讓列侯都回到封地，文帝很快就採納了。很多老臣喜歡京城的繁華，離開之後心裡難免感到失落，因此對賈誼憤恨不已。

漢文帝因賈誼才華出眾，想任命他爲公卿，這個議案剛剛提出，便在朝廷上引起軒然大波，灌嬰、張相如、馮敬等人不但大力反對，還一再詆毀賈誼。文帝是個很注意把握平衡的皇帝，便因此逐漸冷落賈誼，以籠絡老臣。

詩人氣質要不得

賈誼之所以得不到重用，與他自己的性格有很大關係。他太敏感而自傲，詩人氣質太重。

文帝有位寵臣叫鄧通，沒什麼學識，卻幸運地得到文帝的欣賞。文帝做夢夢到一個「黃頭郎」的人幫助自己升了天，醒來之後暗中尋訪，發覺鄧通就是這個人，文帝便讓他跟隨在自己左右。賈誼對鄧通十分鄙視，這是很多文人的勢利眼，不拉攏後者，還經常諷刺對方，鄧通當然也不客氣，同樣說賈誼的不是。

這種情形很好理解，如果一個老闆不時聽到身邊人貶低一位下屬，同時公司內部大批老部下都看不慣這位下屬，他會怎麼想呢？即使他覺得這位下屬很有能力，也會覺得他的人際關係還需要鍛煉。因此，文帝便派賈誼離開長安，去當長沙王的老師。

賈誼沒有受過挫折，被貶到外地讓他敏感的心十分受傷，認爲長沙過於偏遠，氣候潮濕，自己大概活不了多久了。而將心比心，其實賈誼並沒有受多大委屈，很多官員都曾在諸侯王屬地任官，比如袁盎。賈誼沒有檢討自己的缺點，只是一路哀歎，這說明他的人格確實有很不成熟的一面。加上學識不等同於能力，擔當改革大任的官員，絕對需要有能力處理好各方面的人際糾紛，賈誼在這方面，需要歷練的還很多。

在南行路上，賈誼一路展現其詩人氣質，他在湘江寫了〈弔屈原賦〉，把自己比作鳳凰，把別人比作惡人和小人。由此可見，太純潔的人，做不了大事。

賈誼在長沙的時候，這種敏感的心理依然沒有改變。一頭貓頭鷹飛進了他的院子，他都要寫一篇〈鵩鳥賦〉，發一番感慨。這樣的文章是感人的歌賦，但對於改變自身卻無任何幫助，相反的，還會讓人陷入傷感的氛圍不能自拔。

遠離朝廷的參謀

對於一個有學識、有眼光，但卻不善於處理人際關係、執行能力較低的人來說，參謀的職位也許更適合一些。賈誼在長沙，因爲長沙王國較小，又是當時唯一的異姓王，不敢輕舉妄動。賈誼沒什麼事情，便時刻關注朝廷的動向，適時發表自己的意見。

從賈誼在長沙發表的文章來看，他的見解確實周到，但卻不像政治家。一般政治家發表政論時，都會注意能爲自己帶來什麼好處、是否可以執行等，以便獲取相應的權力來伸張自己的政治主張。但賈誼卻沒這方面的心機，基本上就事論事，常常因此得罪人。

周勃被人誣陷，抓入監獄，受到了獄吏的折磨，人格、肉體和尊嚴都受到了摧殘。賈誼對此也十分氣憤，但他的矛頭卻對準了文帝，提出大臣犯罪，不應抓入監獄，而該自殺，以保持朝廷的體面。這種提議很迂腐，不少遭冤枉的大臣也不得不自殺，以表現自己的勇氣。大概也只有賈誼這樣的書生才會這樣提議，而文帝也採納了這個建議。如果說這個建議還不會對賈誼有什麼損害的話，那麼他針對貨幣混亂的建議，就讓他得罪了更多的人。

西漢很多諸侯王可以自己鑄造貨幣，文帝的寵臣鄧通、吳王劉濞鑄造的錢就很聞名，賈誼的〈諫鑄錢疏〉雖然正確，但文帝不願意採納。對於當時擔任一個小諸侯王老師的賈誼來說，發表這樣的文章，實在太不明智。

天才迂腐的一面

灌嬰、周勃等人失勢以後，文帝馬上把賈誼召回長安。從這件事情來看，文帝對賈誼確實是比較看重的，只是任用他需要時機，同時也得看賈誼自己的適應能力。

賈誼回到長安，文帝馬上接見他，兩個人談了大半夜。文帝對賈誼的才華感慨不禁，但仍然沒有起用賈誼，僅讓他擔任自己最喜愛的小兒子梁懷王劉揖的老師。

以文帝對待晁錯的事例來推斷，文帝自身大概沒有改革的衝動，因此把人才儲備起來，爲下一代使用。另外，賈誼雖然官位不高，對他的建議，文帝也採納了不少，不過文帝沒有多少進取心，他考慮的大多是自身的名聲，與賈誼思考國家長治久安不同。因此，賈誼反對封謀反的淮南王兒子為王，但文帝為了表現自己的寬容大度，仍然照封不誤。

賈誼的〈治安策〉論述了經濟、商務、諸侯王、對外關係各方面的問題，不但極有文采，也很實用。尤其關於諸侯王的論述，對漢武帝影響很大。

賈誼確有才華，但為人過於迂腐。梁懷王劉揖騎馬摔死，他便不斷自責，覺得自己沒有盡到老師的責任。另外，賈誼的身體不好，患有糖尿病，當時對此病沒有很好的治療方法，再加上時常哭泣，一年之後賈誼便去世了，年僅三十三歲。

賈誼雖然沒有位列公卿，但他的政治舉措被文帝採納了不少，這在歷史上是不多見的。實際上，賈誼官位不高，或與文帝的不作為有關，漢武帝之時，賈誼的兩個孫子都做到了郡守。

張湯

【?~西元前一一五年】

審老鼠出身的大法官

導言

張湯爲今陝西長安縣人，從小受父親影響，熟悉法律條文，很有法律天賦。因爲偶然的機會，他得到提升，在審理陳皇后巫蠱案件時一鳴驚人，受到漢武帝的賞識，之後與趙禹一起編定《越宮律》、《朝律》等書。

張湯執法嚴酷，但很會做官。他審理案件時，一方面注意法制影響，一方面總拉著儒家經典的大旗，因此很得漢武帝讚賞。作爲御史大夫，張湯參與了漢武帝時期的很多重大改革，比如貨幣改革、鹽鐵國營等。漢武帝對他十分信賴，一度架空了丞相，國家大事基本上是由他和漢武帝一起商量。不過，樹大招風，張湯也因此受到汙蔑，最後不得不自殺。他死以後大家才發現，他的家產都是依靠薪水積累而來，是個難得的清官。

審判老鼠的斷案神童

漢代的縣丞是縣裡頭掌實權的人物，雖然職務比縣令低，但卻掌管一縣的民政、財政、司法、教育等各項工作。張湯的父親曾任長安縣的縣丞，張湯整天跟隨著父親，把縣丞的行爲處事暗中學了不少。

有一天，張父出門，讓年幼的張湯看守家門。年幼被人欺，沒想到連老鼠也欺負人，張湯在家的時候，家裡的肉被老鼠偷吃了。張父回來之後十分生氣，把張湯狠打了一頓。張湯挨了打，馬上找到老鼠洞，一邊用煙燻，一邊開挖，終於捉住了老鼠，老鼠洞裡還有不少吃剩的肉。

張湯把老鼠大打了一頓，然後學父親審訊犯人的樣子，記錄下口供，還核對證據，一套審訊程序和經驗豐富的老獄吏寫的沒有一點差別。張父又驚又喜，以後便讓兒子幫忙寫判案文書了。

張湯雖然算是神童，但他的家庭背景讓他難以因此獲得出路。張父死了以後，張湯依靠父親的關係，在長安縣做了個小吏。

燒冷灶打入權貴圈

長安縣緊挨著首都，所以時常會關押某些重要的囚犯。張湯因此結識了一些權貴。

你不可不知的張湯

▲西元前126年，武帝提拔張湯擔任廷尉，掌管刑罰；汲黯當武帝的面責罵張湯。

▲西元前121年，武帝提升張湯擔任御史大夫。

▲西元前115年，朱買臣、王朝、邊通誣陷張湯，張湯自殺。

周陽侯田勝擔任九卿時，因獲罪被關押在長安縣。張湯沒有嫌棄他是犯人，還利用自己的法律知識盡力幫助他。後來田勝不但被釋放，還被封侯。因爲這段危難之交，他很看重與張湯的友誼，也了解張湯的才華，便到處推薦他，把他引入到權貴圈子裡。

朝中有人好做官，張湯因此職務不斷提升，先後在內史府和寧成兩個部門任職，表現優異，便被推薦給了丞相，工作也調到了茂陵，負責建造皇帝的陵墓，這可是個肥缺。

張湯在各個職位上都表現得很稱職，因此，武安侯田（蚡）擔任丞相時，便延聘張湯做秘書，後來又把他推薦給了武帝，後者讓他擔任御史，主要工作是處理訴訟。

恰好當時發生了著名的陳皇后巫蠱事件，武帝希望能長生不老，對詛咒自己的人極端痛恨，張湯處理案件時雷厲風行，嚴究了所有涉案的嫌疑犯。案子審理完畢，張湯馬上得到了武帝的認可，同時升了官，擔任太中大夫，負責制法。

在這段職務生涯中，他結識了另一位法官趙禹，兩人一起制定了許多法令，來監督官員的行爲。武帝對此很滿意。張湯和趙禹因此都被擢升，前者擔任廷尉，後者擔任少府，照料皇帝的日常生活。兩人的職位都屬於九卿之一，十分尊榮。

具有中國特色的法官

張湯是從底層爬上來的官員，待人接物十分老到，即使面對自己不喜歡的人，也能笑臉相對。在工作上，張湯也從不馬虎，他用心揣摩武帝的心意，力爭讓上下全都滿意。

武帝時代統治的特色是外儒內法，表面上說的是儒家的一套，但實際施行都按照法家路子來。

張湯知道這一點，因此在組建廷尉府的時候，招攬了不少儒士，尤其是學習武帝喜歡的《尚書》、《春秋》等著作的人。對於大案件，總用這些經文來解釋。

上奏給皇帝的案件，他一定把案件的由來以及斷案的依據寫得清清楚楚。如果判罰獲得武帝肯定，他便把判決寫下來，並寫到法令裡面，以備後來參考，同時也顯示了武帝的睿智；如果武帝認爲判罰不公正，他便揣摩武帝的意思，說自己的下屬裡有某某曾經如此建議過，可惜自己沒有意識到，是自己的過錯；倘若某個判決得到武帝的讚揚，他也從不居功，總是如實說這是某個部門的某某寫的，用這樣的方法，他向武帝推薦了不少人才。

張湯手下的官員，有的人執法嚴厲，有的則比較溫和。遇到案件時，他就揣摩武帝的心理，武帝厭惡的人，他就讓執法嚴厲的人主持工作；武帝想要寬免的人，他就讓執法溫和的人處理。因此，他的發落總能讓武帝滿意。

張湯很注意官場禮貌，禮尚往來從不缺禮數，待人接物彬彬有禮。他辦案時對豪強世家特別嚴厲，對待小家小戶則常施恩惠。因此雖然他執法嚴酷，但名聲還不錯。在他的引導下，他手下的酷吏都懂得與經學大師拉關係，丞相公孫弘對此甚爲滿意。武帝對他也信任有加，提拔他爲御史大夫。

武帝的法制專家

漢武帝時期的法制建設任務十分繁重。王國面臨著許多問題，對內需要打壓諸侯王、豪強權貴；對外需要對抗匈奴。北方的匈奴長久威脅著王國的安全，漢武帝之前，一直靠和親屈辱來維持，即使這樣，仍不時會遭到搶掠。漢武帝再也難以容忍匈奴了，覺得和親政策不但未能解決問題，甚至是養虎為患。不過，打擊匈奴之前，先要把朝廷的反對聲音消除。對此，習法的張湯對於漢武帝就異常重要了。

另外，打擊匈奴需要錢，張湯提出許多經濟政策，比如製造銀幣、發行五銖錢，以及由國家壟斷利潤豐厚的食鹽和鋼鐵生意，和許多打壓排擠大商人的法令。張湯提出的方法類似現在的國營企業，效益不高可以想像，但這種手段讓漢武帝賺了不少錢，因此張湯很得武帝的青睞。張湯生病時，漢武帝親自跑去看望，可看出對他的重視程度。

匈奴在漢代總是騷擾一段時間，就跑來要求和親。有次，匈奴人又來提親，儒家博士狄山大談和親的好處，又抨擊漢武帝征討匈奴花費太多，得不償失。張湯馬上指責狄山沒有見識，看不到征伐的好處。為了壓制內部的反對聲音，漢武帝把狄山派去守衛邊塞，後者去了不到一個月，就被匈奴人給殺了。從此以後，再沒有大臣敢提和親了。

清廉法官也有弱點

張湯受寵時間不是很長，他擔任御史大夫七年以後，也被抓了起來。

張湯有一個政敵名叫李文，經常故意找張湯的碴；張湯的心腹魯謁居查訪到李文身上不乾淨，便匿名告發他。李文的案子落到了張湯手裡，他輕易地判了李文死刑，消滅了這個死對頭。因此，張湯對魯謁居十分器重，後者生了病，張湯不但親自去看望，還為他按摩腳。

張湯審理的案件太多，得罪的大臣不少，這些人千方百計打擊張湯。上述事件張湯雖有過錯，不過最多算公報私仇，李文自身也確實有罪。不過，畢竟這讓反對他的人得到了一個突破口。

趙王劉彭祖依靠造鐵發財，張湯提倡的造鐵國營方案得罪了他，他一直盯著張湯，告發張湯與下屬魯謁居關係過於親密。當時魯謁居已經死了，魯謁居的弟弟誤解了張湯，因而揭發張湯與其兄聯手加害李文。因此，武帝派人調查張湯。

這時，張湯的另一個政敵丞相莊青翟也出手了，他指使自己的三位長史，汙蔑張湯與朋友田信一起囤積居奇，利用職權牟利。漢武帝聽了以後很生氣，派人去訓斥張湯。

漢代的法令不僅嚴酷，也很奇怪。官員犯了罪，不管是貪汙也好，什麼都好，如果在皇帝抓他之前能夠自殺謝罪，一般便不會再追究他的責任，因爲大家覺得他還有骨氣。

正是這種習俗，讓張湯不得不自殺。他死了以後，家中財產竟未超過五百金，證明了他的清廉。漢武帝知道了以後，馬上派人去調查汙蔑張湯的人。朱買臣等三個長史都被處以死罪，丞相莊青翟也畏罪自殺。

漢武帝覺得對不起張湯，因此對張湯的兒子張安世多加照顧。張安世後來被封爲「富平侯」，一直受到漢武帝的寵愛。

霍光

【？～西元前六十八年】

私生子兄長帶來好運

導言

霍光字子孟，今山西人，是個典型的好官。他辦事有方，膽大心細，掌管漢武帝的車馬二十多年，從來沒出過錯。當上輔命大臣以後，面對同行的暗算，他異常冷靜，待抓住了上官桀、桑弘羊等人的把柄，才以雷霆萬鈞的手段加以對付。從管理國家這個角度來看，霍光稱得上是個卓越的管理人。

在政治上，霍光理性而又講究方法，在生活中，卻完全兩樣。他對子女較溺愛，其缺點也在於此，子女以及妻子的作爲他雖然知道，但一直幫助他們遮掩，甚至在臨死以前，仍請求宣帝封其兄長霍去病的孫子爲列侯。在他的縱容下，霍家成爲歷史上飛揚跋扈的一個家族，他的家奴馮子都也成爲文學作品中惡奴的代表性人物。

沾了私生子哥哥的光

霍光之所以能夠發跡，緣於其父霍中孺的一次風流豔遇。霍家本是中等人家，霍中孺在平陽侯曹襄家裡做小吏，和侍女衛少兒談起了戀愛，未婚先孕，生下了霍去病。霍中孺工作契約到期，大概因爲兩人身分相差太遠，霍中孺回家另娶了個老婆，慢慢與衛少兒斷了聯繫。後來，衛少兒的妹妹成爲漢武帝的皇后，霍中孺的私生子霍去病因此受到武帝的寵幸，攻打匈奴的時候，他便認了親生父親，把當時只有十幾歲的異母弟霍光帶到了長安。

在霍去病的擔保下，霍光在宮中任侍衛官，霍去病病死以後，漢武帝讓霍光擔任自己的奉車都尉，出行時是保鏢，回到宮裡就擔任侍衛。霍光辦事小心謹愼，擔當侍衛二十多年，從沒出過錯，據說霍光每次出宮，走多少步路，每次落腳在那個位置，始終如一。他因此備受漢武帝的器重，職位也一再升遷。

漢武帝末年，衛太子因遭江充誣陷用「巫蠱」詛咒武帝，被迫發動政變，失敗自殺。漢武帝不得已，只好立年僅七歲的么子劉弗陵爲太子，並找來霍光等人輔佐。作爲輔命大臣，霍光等人的工作並不難，爲了保證劉弗陵的皇位，漢武帝早已壓制了其他諸子

你不可不知的霍光

▲西元前119年，霍光隨霍去病來到長安。

▲西元前117年，霍光擔任漢武帝的奉車都尉，即乘馬車時的保鏢。

▲西元前87年，漢武帝去世，霍光成爲漢昭帝的輔命大臣。

▲西元前81年，霍光組織鹽鐵會議，討論鹽鐵私有化問題。

▲西元前80年，霍光將上官桀、桑弘羊等大臣逮捕並誅滅其家族。

▲西元前65年，霍光死後三年，霍氏被滅族。

的勢力，同時殺掉了太子的母親勾弋夫人，絕了母后專權的隱患。爲了讓霍光明白己意，漢武帝還送給霍光一幅周公輔佐侄子的畫。武帝死後，霍光等人便扶持太子劉弗陵繼承皇位，是爲漢昭帝。

輔命大臣之間的內鬥

漢武帝除去了母后專權的隱患，卻沒法壓制輔佐大臣之間的矛盾。霍光與左將軍上官桀、御史大夫桑弘羊一同輔佐朝政，前兩者還是兒女親家，但因爲權力，矛盾還是產生了。

上官桀家族與漢昭帝的姐姐長公主關係十分密切，長公主有個情人名叫丁外人，上官桀想先爲他謀個封侯，被霍光否決，後來一再把標準降低，霍光都不准許，上官桀覺得愧對長公主，因此怨恨起了霍光。同時，上官桀的孫女是漢昭帝的皇后，上官桀覺得自己與皇帝的關係，比霍光更加親密；御史大夫桑弘羊是漢武帝時期的經濟大師，透過主持國營鹽鐵企業，讓朝廷賺了不少錢，他自認功勞很大，但官位卻被霍光壓了下去，心裡對霍光很是不滿。

漢武帝之子燕王劉旦趁機與上官桀、桑弘羊勾結起來，準備對付霍光。不過他們的手段比較笨拙，用燕王劉旦的名義來揭發霍光造反。燕王劉旦身在外地，如何能知道霍光造反，所以揭發信呈上以後，十四歲的漢昭帝都不相信。

指控失敗以後，上官桀等人準備武裝叛變，由長公主出面請霍光參加酒宴，埋伏士兵暗殺。計畫還沒實行，就走漏了。霍光將涉案的上官桀、桑弘羊、丁外人全部滅族，燕王劉旦聽到消息，也畏罪自殺。霍光頓時威震天下。

推動鹽鐵私有化改革

朝中沒有了反對派，霍光推行了不少改革。漢武帝以來實行的鹽鐵官營制度，將食鹽、鋼鐵進行國有化經營，國家財政雖然獲得了收益，卻損害了個人利益。漢武帝爲了積蓄力量對抗匈奴這樣做，還情有可原，但和平時期繼續這樣的政策，則會讓社會矛盾越來越激化。

霍光改革很注意步驟，雖然在昭帝即位之初他就打算改革，但他富有耐心，先派考察團去各地進行考察，然後組織全國文筆出色、各地推薦的賢良人士來討論。鹽鐵私有化對地方經濟有很大的推動作用，因此，各地推薦來的賢良之士大多支持鹽鐵私有。經過大規模的討論之後，反對私有的桑弘羊雖然阻止召開大會，卻也沒有辦法阻擋私有化的步伐了。

廢掉荒淫的漢廢帝

漢昭帝膝下無子，他死了之後，誰來繼承皇位成了大問題。廣陵王劉胥雖是漢武帝之子，但他只知道練武與遊獵，此外一點也不像王爺。最後，霍光等人選擇了昌邑王劉賀，他是漢武帝的孫子。

劉賀當了皇帝之後，馬上暴露出問題青年的本質，不顧漢昭帝的喪期未過、到處遊玩不說，還勾引先皇的宮女。有人告訴霍光，這位皇帝一向好色，進京的路上就搶了好幾個民女。霍光準備廢掉他，先詢問自個兒親信田延年，查到歷史上有大臣廢掉皇帝的舊例，便開始著手行動。

霍光先召集大臣參加會議，會上提出皇帝過於荒淫的問題，田延年在旁附和，一邊慷慨陳詞，一邊手按長劍，揚言要把反對的人殺掉，最後眾大臣被迫一起去見太后，請求廢掉皇帝。

太后在眾多大臣的請求下，只得同意此事。有了大臣們和太后的參與，廢掉皇帝變得輕而易舉。首先利用太后召見，分開劉賀和他的隨從，隨從們全部抓起來之後，太后一道詔令，就廢掉了劉賀。為了防止後患，霍光把劉賀的兩百多位隨從全部殺掉了。

廢掉劉賀後，霍光需要一個品格優異的皇帝，他想到了漢武帝時期衛太子之孫。衛太子遭誣陷而自殺，因此他的孫子在民間很有號召力，大家都稱其為「皇曾孫」。「皇曾孫」就是後來的宣帝。

溺愛兒女惹來滅族

霍光身材不高，皮膚白皙，鬍鬚很漂亮；他心思周密，為人持重，但對於自己的兒女卻過於溺愛，最後也因此惹來滅族的禍患。

因為所立的皇帝都不是很有勢力，「皇曾孫」劉病在民間生活太久，朝中沒有人脈，不得不依賴霍光。霍光每次上朝，宣帝都恭敬得有些過頭，究其原因，也是霍光權勢使然。

霍光善於用人，但對待自己的兒女也很大方。在他執政時期，他的兒子、女婿，以及他哥哥霍去病的兒孫，都在朝中位居顯位。而要命的是，他的兒女們自恃權勢大，違法亂紀的事情沒少做。霍光的家奴與御史大夫魏相的家奴爭鬥，甚至敢衝到御史家裡，讓御史叩頭認錯。霍光的兒子想不上朝，便派奴僕代替上朝，自己則到外面遊玩。這些都是小事，嚴重的是最後甚至搞到皇帝頭上。

宣帝即位以後，立糟糠妻許平君為后。霍光的老婆想讓自己女兒做皇后，派人毒死了許平君，霍光知道了後，雖然震怒，但仍然爲妻子掩飾。霍光去世後，御史大夫魏相馬上向宣帝揭發這件事情，更指責霍氏過於驕奢。宣帝便把霍系官員都調往外地，慢慢打壓霍家的勢力。霍光的兒女後來知道許皇后被自己母親毒死，心裡擔憂皇帝會報復，也開始蠢蠢欲動，但還沒等謀反便被滅門。

董仲舒

【西元前一七九年～前一〇四年】

影響深遠的文化無賴

導言

董仲舒，今河北棗強人，除擔任了兩次諸侯王的丞相之外，沒任過其他官職。他的影響主要是在思想層面。他對漢武帝建議的「罷黜百家，獨尊儒術」對中國歷史影響深遠。另外，他的「天人感應說」、災異符命說、三綱五常說等對文化都有很大的影響。

但是從現代的眼光來看，這種影響無疑是負面的。王莽利用他的災異符命說成功篡了位，這大概是董仲舒想也想不到的。董仲舒的從政經歷很失敗，晚年專心在家寫作，其著述大多已經失傳。

文化是個面子問題

漢武帝剛即位時，爲了顯示自己求才若渴，便下令讓有才者都來出主意。總共召集了一百多個人，開了一個名叫「賢良方策」的會議。本來漢武帝劉徹以爲只是走個形式，沒想到眞讓他挖出寶來，這個寶就是董仲舒。

景帝的時候，董仲舒就已經是博士。當時的博士專研一本經書，董仲舒就是專門研究《公羊春秋傳》的，實際上這只是朝廷標榜愛好文化的一個點綴。不過董仲舒可不願意做花瓶，他始終想搞點大作爲，而漢武帝的即位正是董仲舒的好機會，他將一些神學思想與陰陽五行學說攪和了一下，一下就編出了一個所謂的理論體系來。

一個現代人，如果他學了點邏輯學，懂得三段論推理，那麼他無論如何也推導不出董仲舒那樣的理論。一個頭腦清楚的人，應該也能辯明董仲舒的理論體系眞是扯淡。漢武帝是個聰明人，董仲舒的一大篇文章裡有四個字讓他感興趣，那就是「君權神授」。於是漢武帝一下子和董仲舒特別親暱，常常和他討論問題，朝廷有什麼爭議，就派遣使者去徵詢董仲舒的意見，寵臣張湯便常擔任使者的角色。

不過漢武帝始終是在利用儒學做幌子，漢武帝主持完「賢良對策」會議以後，大概怕他在朝廷囉嗦，派他到江都王那裡去當丞相，諸侯王的丞相無啥權力，對朝廷也沒什麼影響。江都王是漢武帝的哥哥，是個健身愛好者，身體強壯，但脾氣不大好。漢武帝的用意明顯，即是用董仲舒來磨自己哥哥的性子。

你不可不知的董仲舒

▲西元前134年，董仲舒在〈舉賢良對策〉中提出「罷黜百家，獨尊儒術」的思想。

▲西元前104年，董仲舒死於家中。

▲對漢代的直接影響：官員徵辟制度在他的提議下完成。

影響深遠的神棍

董仲舒對漢武帝的朝政大抵上沒什麼影響，但是對後代的影響就大了，尤其是在文化的觸角，這一點在通俗文化中表現得更明顯。比如《三國演義》中常常描寫某個大將死去的時候，天上就掉落一顆星星，這就是董仲舒的「天人感應說」。

總的來說，董仲舒的思想包括「天人感應說」、「三統循環說」、「災異符命說」、「三綱五常說」等。董仲舒的學說用現代的眼光來看，簡直像是玄幻小說。比如他的災異符命說，認爲一件事情該不該做，需要看有沒有好的徵兆。這些招數，是後代算卦看相的神棍經常使用的；但被漢朝的大學者一本正經地提了出來，還有很多人相信，讓人不得不感慨歷史的荒誕。

仔細想想董仲舒的學習環境就能較理解他了。董仲舒一天的生活基本上多是在書房看書，而且看的都是《春秋傳》一類的書，書看多了，難免會對細節產生想像，比如董仲舒經常提到的白魚落到周武王的船上等。董仲舒因此突發奇想，並由一個奇想推導到另一個。學習過邏輯推理便知道，從一個錯誤的邏輯前項，能夠推理出各種奇怪的結果來。

最可怕的一點則是「罷黜百家，獨尊儒術」，直接造成了幾千年的愚民政策，而後代對董仲舒的評價竟然一直很高。

文化君子最可怕

生活中的董仲舒是一個很呆板的人，呆板到了做作的程度，講究非禮不行、非禮不動的地步。他擔任博士時，需爲學生講解《春秋》，他在自己和學生中間放一個簾子，然後才開始朗讀。他的不少學生跟他學習多年，都沒見過他的面。

董仲舒的家世應該還不錯，據說他爲了學習，好多年都不管理家裡的產業。作爲一家之主，撒手不管事務，老婆、孩子難道都要去喝西北風嗎?不通人情的人，若非愚蠢，便是另有所圖。

董仲舒的圖謀很可能是名，可惜景帝、武帝都是講究務實的皇帝，雖然表面上拉攏他，但都派他到諸侯王那裡去任職。第二次他被派到膠西王那裡，膠西王比江都王更難對付，董仲舒不久就稱病辭職了。

董仲舒是中華文化的名人，但他的貢獻到底有多大呢?他的種種思想到頭來淪爲爭權奪利的工具，成爲文化壓制的工具。對於歷史，他確實影響深遠。

文化黑暗的一面

孔子提倡不以言廢人，不以人廢言；到了孟子，動不動就說辯論對象是禽獸；董仲舒更絕，提出不讓人學習各方理論，只能學習儒家思想。經歷過秦代焚書阬儒之後，文化本已支離破碎，再經董仲舒這麼一折騰，儒家之外典籍的失傳就更多了。

實際上，任何時候，壓制別人思想自由，自己的自由也就得不到保證。董仲舒研究災異符命學說的時候，就差點被自己的學生給殺了。

有次長陵一座宮殿起火了，董仲舒便開始推算這次起火象徵何事，還沒推算完，就有人把他推算的草稿拿給漢武帝看，後者讓董仲舒的學生呂步舒判罰，呂步舒不知這是老師的傑作，認爲做這事的人大逆不道，該殺。幸虧漢武帝赦免了董仲舒，不過他從此不敢再談論災害怪異的事情了。

【西元前四十五年～二十三年】

王莽

依靠虛偽登上皇帝寶座

導言

王莽字巨君，是漢元帝皇后王政君諸多侄子中的一個，沒有權力和地位，他依靠恭儉和勤奮獲得叔伯們的推薦，一步步爬上了高位。如果沒有之後的篡位，他前期的道德與周朝的周公可說沒有什麼兩樣。

王莽在哀帝時權力尚大。平帝時他擔任大司馬，逐步打擊自己的政敵，並培植黨羽。平帝死後，他從諸多繼承人裡挑出兩歲的劉嬰做皇帝，自己攝政，號稱「假皇帝」。後來乾脆廢孺子嬰，改國號爲「新」，並且開始了一連串改革。

王莽的改革，無論軍事、商業、農業等方面，都十分失敗，不但沒有作用，反而加劇了社會矛盾。最後，全國爆發農民起義，王莽也被攻入長安的綠林軍殺死。

道德也是一種武器

王莽的家族雖然顯赫，但他的父親去世太早，王莽自己沒撈到一點好處。也正因爲這樣，當王莽的叔伯兄弟們放浪奢侈、醉生夢死的時候，王莽清貧、謙恭而又勤奮的品格就更引人注目了。

王莽的叔伯們都是王侯，首先賞識到王莽謙恭品德的也是這些人。第一個就是王莽的伯父王鳳，後者因爲生病在家休養，王莽對他服侍得百般周到，端湯送藥不說，一連幾個月沒有脫衣服睡覺。王鳳被感動了，臨死的時候向皇帝推薦王莽，於是王莽得到了官職，開始了仕途生涯。

這樣的經歷，無疑對王莽有其暗示，讓他深深懂得品德的巨大作用。

接下來的四年，他的叔父王商也被他感動，竟然請求把自己的戶邑分封給王莽，在他的帶動下，王莽又一次升官，這時他的權勢已經不小了。除此之外，王莽還被升爲光祿大夫兼任侍中，早晚在皇宮擔任警衛。王莽官位高了，表現更加謙虛有禮。他把自己的車馬衣服送給周圍的人。

同時，王莽比任何時候更懂得表現了。

王莽的哥哥死得早，王莽就撫養他的孩子王光，他把王光送到博士門下學習，並且經常帶著酒肉去看望王光，對王光的老師、同學也噓寒問暖，引得人們一片讚歎。

你不可不知的王莽

▲西元前22年，王鳳臨死推薦王莽，不久王莽擔任黃門郎，展開仕途生涯。

▲西元前16年，王莽在叔父成都侯王商及眾多名士的請求下，被封爲新都侯，食邑一千五百户。

▲西元前8年，王莽升任爲大司馬。

▲西元8年王莽篡位，改國號爲「新」，開始改革。

▲西元17年，爆發綠林起義。

▲西元23年，綠林攻入長安，王莽被殺，劉玄稱帝，定年號爲「更始」。

王莽的虛僞並不是沒有露出過尾巴，只是每次有破綻的時候，他馬上就掩飾起來。有一次，王莽悄悄買了一個漂亮的女奴服侍自己，沒想到被人知道了，他馬上狡辯說是爲一位朋友買的，把這個女奴送給那位朋友。

就這樣，王莽很快就獲得了滿朝文武的信任，王莽的叔叔王根更推薦王莽代替自己擔任大司馬，於是，三十八歲的王莽開始攝政。

欲望有多深，內心就有多狠

自己依靠道德升官，自然可以攻擊別人道德的缺陷，如此反向推理是極其自然的。當時另一個外戚淳于長的官位和聲勢在王莽之上。淳于長很好色，他和許皇后的寡居姐姐偷情，後來還勾引許皇后，王莽馬上義憤塡膺地舉報淳于長，後者很快就丟了官，不久被定爲大逆之罪，死在獄裡。

自己的道德形象要維持，往往意味著別人的犧牲。王莽的欲望越強，表現得往往越狠。

王莽攝政才一年，就因爲權力鬥爭去官了。他回到封地，更加賣力表現自己的道德形象。有次，他的兒子王獲殺死了一個奴隸，這在當時不算什麼大事，然而爲了表現與眾不同，王莽逼迫王獲自殺。王獲自殺以後，王莽的人氣又一次高漲。他在封地待了三年，朝廷官員紛紛上書要求王莽復出。恰好發生了日蝕，按照福瑞災異之說，是皇帝辦錯了事情，因此王莽又回到了京城。

再次掌握了權力的王莽，行事手段更加狠辣，不過他每次辦事，總爲自己找到一個很好的藉口。他逼迫政敵董賢自殺，還命令趙皇后自殺。王莽的一連串舉動過於跋扈，連兒子王宇都看不慣。王宇看到父親相信災異學說，便指使妻弟呂寬在王莽的房子前灑上血跡，沒想到被抓住了。

王莽知道以後，一臉沉痛地說：兒子犯了大錯，好比周朝造反的管叔和蔡叔，自己要大義滅親。於是他把王宇抓起來，逼迫他自殺；並且趁機消滅了不少對手，比如和他作對的衛家以及一些公孫王侯，被迫自殺的就有上百人。

史上造勢之王，依靠宣傳奪天下

王莽是最善於宣傳自己的人。現代民選總統競選時，都要靠自身能力來籌募競選經費，而王莽完全借助朝廷的力量。他殺死兒子王宇時，馬上寫了八篇文章，不但用國家經費來印刷，還要求各級官員努力學習，學得好的還給予獎賞，這就是一種宣傳自己的極佳方法。

歷史上改朝換代無不經過血與火的洗禮，而唯獨王莽，依靠自己超人的造勢宣傳能力，讓滿朝文武都承認他應該做皇帝，而最後他也成功地做了皇帝。

首先，他設法讓女兒成爲平帝皇后的事，就顯露了他善於造勢的一面。當時預選的妃子很多，王莽上書太后說自己的女兒無才無德，不能當皇后。太后當了眞，眞的讓王莽的女兒不參與選拔。王莽暗中指使上千人上書，要求讓他的女兒當皇后。王莽自己假意拒絕，卻暗地製造了一齣鬧劇，最後，王莽十分「不情願」地同意了。於是，王莽女兒不經選拔就成了皇后。

憑藉女兒當上了皇后，王莽一番折騰，讓朝廷把彩禮費用增加到了一億錢，母親、兒子以及自己都得到了封賞。王莽每一次受到封賞，往往先是推辭，同時又暗中運作，讓封賞越來越大。

此外，王莽還很重視福瑞學說，在他掌權之下，各地官員都很聰明地送來很多吉兆，什麼鳳凰、黃龍的好徵兆不斷傳來。

平帝得病以後，王莽學習周公事蹟，向上蒼祈禱，要用自己的生命換來平帝的平安，並同樣把祈禱文密封起來，告誡官員不要告訴別人。

平帝死了以後，王莽利用相術爲藉口，立兩歲的劉嬰做皇帝；同時又讓人上奏，說挖出一塊石頭，上面寫著王莽應該當皇帝。經過一番運作，王莽暫時沒當成皇帝，但權力更大了。遇到事情，他就抱著小皇帝，以周公自居。

很快地，王莽又讓地方官員大造聲勢，說發現許多符瑞，預示著上天希望王莽做皇帝。王莽推辭了一番之後，便假惺惺地說，上天有命，自己不敢不執行，於是他改國號爲「新」，取代了漢朝。

自我欺騙的改革家

王莽能夠成功取代漢朝，有一個重要的原因，那就是很多人認爲王莽能夠改變當時的諸多社會弊病。拋開虛僞的人格不談，王莽也算是個勤奮好學的人。他做事大體上都能從古代找到根據，而且看起來眞有那麼一回事。

取代漢朝之後，他便開始推行改革。他的改革有濃厚的復古色彩。比如說官制，他把上古官制名稱與漢朝官制結合起來，形成了新朝的官制。實際上換湯不換藥，沒有實際意義。

聽起來最理想的大概是土地改革，他參照夏商周時代的井田制，頒布了「王田令」，聲稱天下土地都是「王田」，因此禁止買賣土地。還規定不滿八個男丁的家庭，最多擁有九百畝土地，多餘的要交給國；同時，國家給沒有土地的家庭按照一對夫妻一百畝的標準分配。這樣的改革聽起來很理想，實際上完全行不通，尤其是那些大家族。

此外，王莽的其他改革，比如禁止買賣奴隸，國家壟斷食鹽、鋼鐵等，都沒有收到良效；尤其是貨幣改革，前後搞了四次，但除了爲後代製造一些收藏品之外，也沒有實質的作用。

王莽的最大特點是重「名」，因此在對外關係上，非要把漢朝以前頒發給匈奴的「玉璽」換成印章，結果引發了戰爭，造成一陣混亂。

改革未收成效，他的手下還利用符命學說來爭取私利，甄豐、甄尋父子就是其中的代表，甄尋甚至在自己手上刺上了「天子」兩個字。王莽雖然殺掉了甄尋，但他的性格也更加多疑了。他的孫子王宗讓人摹畫穿著龍袍的畫像，以此製造自己將當皇帝的符命，卻落得被王莽逼迫自殺的命運。

最後的欺騙

當一個國家對道德強調到了極端之時，往往是最沒有道德的時候。中國大陸一九六〇年代起的文化大革命，整天喊著忠誠和道德，實際上卻是漢民族歷史上最黑暗的時期。然而處於那個時期的人，往往還赤誠地相信某種眞。

王莽改革的初期，大概也曾經相信自己眞能改革成功，但到了內外交困之際，各地起義如火如荼，即便是白癡，也該知道自己不是改革家的料。不過爲了欺騙大家，也許更是爲了欺騙自己，王莽依舊導演了很多悲喜劇。

其中之一，便是向上天祈禱，王莽率領著文武大臣到郊外祈禱，抬頭大喊：「老天啊，既然讓我當皇帝，爲何不替我滅掉那些反叛的賊子呢？」還聲稱如果自己眞犯了大錯，就讓雷電劈死。

據說，在祈禱的時候，王莽真的哭暈了好幾次。看來王莽絕對有超級明星的演藝功力。他不但自己哭，還命令學生和老百姓哭，每天早晚各哭一次，哭得出色的人還給官做。不過這齣鬧劇也沒弄多久，綠林軍很快地攻入長安，王莽被一名叫杜吳的商人給殺死了。

梁統

【不詳，約西元一世紀】

一個大世家的崛起與滅亡

導言

梁統字仲寧，今甘肅平涼人，他的家族在西北地方世代經營，在當地很有影響力。西漢末年天下動亂，梁統小心謹慎，最後跟隨劉秀，保住了富貴，家族的影響力更大了。梁氏家族是東漢四大家族之一，梁統的作用不可低估。

梁統之時，梁氏家族行事較謹慎；到了他的子孫，尤其是梁翼時，因爲專權奢侈，在東漢上演了無數千奇百怪的腐敗故事，漢質帝說了他一句「跋扈將軍」，他便謀殺了質帝。後來，梁氏家族被漢桓帝誅滅。

家族經營的威力

梁統的家族可上溯到晉國的大夫梁益，到了他曾祖父時，從黃河以東遷移到了西北地方，他的祖父梁子橋，更往甘肅地區轉移了數千萬的資產。因爲有了家族的世代經營，梁家雖然不算超級顯赫，但在西北一帶，卻是最有勢力的。

西漢末年，王莽篡位加劇了社會混亂，赤眉、綠林起義軍遍地開花，當時梁統剛好擔任中郎將，在西北考察工作。地方官員擔心兵荒馬亂影響安全，便策劃宣布據地一方，組織軍隊保護家園安全。依靠在當地的影響，大家都同意由梁統領頭。

梁統這個人很有亂世生存的智慧，因爲恐懼槍打出頭鳥，他舉出秦末陳嬰因爲老母親在世的理由，強力避免手下口出稱王的提議。在那個時代，一旦稱王之後就難有退路。最後他和竇融一個擔任太守，一個擔任大將軍，在西北開始了武裝割據生涯。因爲只是擔任太守，他便有很多選擇，可以根據情況變化來決定，到底是自己獨行，還是找到一位有實力、有號召力的人去投奔。

家傳政治智慧

梁統家族長期在西北發展勢力，當時西北屬於文化、經濟都較落後的地區，尤其是甘肅一帶，當時叫酒泉，少數民族人口聚集，游牧民族和漢文化農業社會混雜；依靠這個地方，是不可能奪取天下的。正是因爲這個原因，梁統才選擇當一個太守，並積極尋覓值得投靠的勢力。劉秀的異軍突起，以及劉秀本身的血統，讓他覺得是個可以依靠的力量。

經過一番準備之後，梁統以及竇融等人都派遣使者去拜見

你不可不知的梁統

▲西元24年，在西北割據，擔任太守。

▲西元29年，協同自己的割據勢力投奔劉秀，被封爲「宣德將軍」。

▲西元32年，因跟隨劉秀征討有功，被封爲「成義侯」。

▲西元36年，到達京城，改封爲「高山侯」。

▲西元159年，梁氏家族爲漢桓帝所剷滅。

劉秀，表示願意追隨，劉秀當時正在討伐各個割據勢力，看到有人主動投奔，當然極力招攬。梁統因此被封為宣德將軍。劉秀討伐一個割據軍閥隗囂時，梁統馬上整頓士兵，跟隨劉秀一起作戰。

劉秀為了招攬人心，不但沒有削弱梁統家族的勢力，反而封賞他們，梁統與其兄梁巡、弟弟梁騰都被封為侯，而且全部派回西北任職。因為有了梁統等大家族的幫助，劉秀的勢力發展得很快。

梁統家族能得到這麼多的好處，一方面是家族善於投機，另一方面是劉秀為了招攬人心的政治需要；一旦皇帝騰出手以後，兩者的矛盾就會出現了。

梁統對此有清楚的認識。當天下趨於統一的時候，他馬上動身到朝廷去，一方面爭奪最後的果實，另一方面也向朝廷顯示出自己沒有造反的動機。因此，當梁統與竇融到達京城之後，馬上又獲得封賞，同時還擔任了太中大夫，連他的四個兒子也都到中央擔任郎官。

失意未必是壞事

無論如何，梁統並不是劉秀的心腹。所以他在朝廷任官，雖然職位也算顯赫，但是權力不大，也有些說不上話。

作為世家子弟中的佼佼者，梁統頗有些管理才能。東漢初年，法制不完備，對違法亂紀者的懲罰不太嚴厲，梁統因此提出加大處罰力度的建議。梁統的建議書寫得很不錯，結合前代的歷史事實，指出寬待犯罪就是縱容犯罪，請求劉秀加強法制，但是他的言論還是沒有得到重視。三公九卿沒有辦法說他的提議不對，於是便說他的提議並不很急迫，又說法律是長久的事情，不能輕易改動，如此輕易地否決了梁統的提案。

後來梁統又提出了嚴刑竣法的問題，這次他的奏摺寫得更精采，不過送給皇帝以後，便再也沒有了下文。這充分說明梁統不受劉秀的寵信，因此連個回覆都懶得寫。

梁統不受寵，一方面是他半路跟隨劉秀，雖然是政治上的好幫手，但從情誼以及長期合作的契合度來說，都較差一些。因此，梁統很快被放到地方上去做官，他在九江作太守，侯爵名稱也被改為「陵鄉侯」。

在東漢朝廷，梁統在政治上不得意，不過這也未必是壞事，起碼他保持了家族的穩定，同時還有能力在朝廷進一步發展，這已經是了不得的事情了。

家族榮耀靠婚姻

東漢時候，「郡望」——也就是一個家族在地方上的聲望——對於世家子弟來說是十分重要的。一個合格的、優秀的世家子弟，也會對如何獲取家族利益極其用心。梁統也不例外。他在政治上不得意，提議的事情大抵沒有結果，失意之下，他開始了長遠的布局。

梁統有四個兒子，他到朝廷任職時，把兒子拉進了中央政府，他的大公子梁松是運氣比較好的一個，娶了劉秀的女兒舞陰長公主，因此輕易地做到了虎賁中郎，另外，梁松還愛好儒家禮儀，關於修明堂、辟雍、郊祀、封禪之禮都能說得頭頭是道，因此備受劉秀的青睞。但劉秀死後，梁松以權謀私的事情曝光了，全家都受到了牽連。

梁統的另一個兒子梁竦，從小就頗有文采，人品操守也很受推崇，舞陰長公主對他也與眾不同。雖受梁松影響遭貶外地，但他的女兒成了消帝的貴人，還生了一個兒子，就是後來的和帝。

有了和帝，梁家才徹底改變了家族的地位。雖然此前梁竦被誣陷殺死，但和帝繼位以後，梁家開始大發展，尤其是梁竦的孫子梁商，在舜帝時權傾一時，唯尚注意約束自己；而梁商的兒子梁冀就非常專橫了，漢質帝曾形容他是「跋扈將軍」。

梁氏家族在梁冀之時，無論權勢還是奢侈都達到了極致，強占土地、搶掠良民為奴。漢桓帝最後與幾個太監合謀，將梁氏家族連根拔起——梁冀自殺，與梁氏有關係的官員也全都罷免，牽連者多達三百多人。梁冀的家產也被抄沒，拍賣之後，政府得到了三十億，這還不算他的土地和不動產。

魏晉南北朝篇

諸葛亮

【西元一八一年～二三四年】

文人當官的完美理想

導言

諸葛亮是華人家喻户曉、極具傳奇色彩的重要歷史人物，一直備受世人讚譽，幾乎是中國士大夫理想中「齊家、治國、平天下」的完美化身，更被世俗想像神化爲呼風喚雨的神仙人物。

諸葛亮，字孔明，在隆中隱居十年，廣交江南名士。建安十二年（西元二〇七年），劉備三顧茅廬，向諸葛亮請教天下大勢，諸葛亮精闢深刻地提出了著名的「隆中對」。西元二〇八年，曹操大舉南下，劉備大敗。諸葛亮獻計聯合孫權共同抗曹。諸葛亮出使江東，說服孫權。赤壁之戰，孫劉聯軍大敗曹軍。劉備借得荊州，又在諸葛亮輔佐下獲得益州，與魏、吳成三分天下之勢。曹丕代漢稱帝後，劉備於次年成爲蜀漢皇帝，諸葛亮出任丞相，總理國家大事。劉備病危，在白帝城向諸葛亮托孤，諸葛亮盡心輔佐後主劉禪。

諸葛亮輔政後，首先著手恢復與江東的外交關係，接著平定了南蠻之亂，並實行嚴刑峻法，整頓蜀國的內政，在農業方面注意休養生息，發展生產力。西元二二八年，他率軍北伐，六出祁山，終因勞累過度，於西元二三四年重病身亡於前線。

等待時機一飛沖天的臥龍

諸葛亮的祖上諸葛豐曾擔任過司隸校尉（相當於首都刑事局長），父親諸葛珪當過太山郡郡丞（協助郡長掌管行政司法的官員），出身不算高貴。

諸葛亮很小的時候，父親就去世了，一家人依靠叔叔諸葛玄生活。諸葛玄輾轉投靠到他的朋友荊州牧劉表那裡，但他還沒來得及得到任用，就一病不起了。剛滿十七歲的諸葛亮只好帶著小弟諸葛均在隆中村住下來，一住就是十年。

不過諸葛亮也未必是戲文裡唱的那種「散淡的人」，他在等待時機，並且在漫長的隱居生活中結交了諸多因戰亂來此避難的名士，如石韜、徐庶、孟建、崔州平等，建立了一個非常有名望的小圈子。這個小圈子裡的人都很推崇諸葛亮，稱他爲「臥龍」。劉備得知諸葛亮，正是這個小圈子裡的人介紹的，他們爲諸葛亮不遺餘力的展開了一連串宣傳攻勢，促使劉備三次跑到諸葛家去請臥龍先生出山。

士人最妒忌的「三顧茅廬」

「三顧茅廬」的故事，是中國歷史上盛傳的千古佳話，讓無數假隱士和眞文人妒忌得要命。這無疑要歸功於《三國

你不可不知的諸葛亮

▲西元207年結束十年隱居，正式出仕。

▲西元208年聯吳抗曹，赤壁之戰大獲全勝。

▲西元221年劉備稱帝，諸葛亮任丞相。

▲西元223年，受命輔佐後主。

▲西元225年，平定南蠻。

▲西元228年，率軍北伐。

▲西元234年，病逝於五丈原。

演義》的演繹，本來在《三國志》裡關於這件事只寫了五個字：「凡三往，乃見」，但是羅貫中所運用的種種懸疑手法，即便是緊張大師希區考克也要甘拜下風。吊足了劉備和讀者的胃口之後，諸葛亮才從草堂中睡飽了出來，這位用了各種手段讓大老闆三次親自跑到家門癡癡等候的仁兄長什麼樣子呢？——他身高一米八四，面如冠玉，衣袂飄飄然好似神仙，比大老闆劉備足足小了二十歲。

但劉備不因諸葛亮年輕足當自己的子侄就小看他。當然這也要歸功於諸葛亮的自我行銷手段，劉備這麼辛苦，大風雪天跑了三次才見到他，付出的代價太大，當然捨不得一下放棄前功。古代的君臣關係講究忠義，也就是要從一而終，不能隨便跳槽，同那時的夫妻關係差不多。劉備讓跟隨自己的人，包括兩個乾弟關羽、張飛都出去，自己和諸葛亮進了密室談心。諸葛亮見這位名滿天下的劉皇叔傾心吐膽地向自己請教，也覺得自己遇對了先生，於是詳細地向劉備分析了當時的天下大勢，並提出劉備應當採取的對策，這就是歷史上赫赫有名的「隆中對」。

諸葛亮認爲，曹操當其時已擁有百萬軍隊，還挾持了漢天子發號施令，自然無法與他抗衡。而孫氏政權在江東，持續了三代的統治，且地勢險要，麾下有不少賢能，可以跟他結爲聯盟，但是不可能吞併。因此，總體戰略上，應採取聯孫抗曹的方針。諸葛亮特別指出，必須跨有荊州和益州這兩個好地方，再安撫好少數民族，對內修明政事，這樣就可以興復漢室了。

由諸葛亮的這番分析，可見他時時刻刻都在關心天下局勢的變化，並隨時準備參與國家大事，所欠的只是時機問題。劉備聽完隆中對策，高興得不得了，覺得這就是自己一直在尋找的理想參謀。於是君臣一拍即合，搞得劉備的老友及關羽和張飛心裡都老大不爽。

人人都要的大蛋糕

東漢獻帝建安十三年（西元二〇八年），曹操打敗勁敵袁紹後，揮師南下，大舉進攻荊州劉表。劉表恰在那時病死，繼承人劉琮不戰而降。劉備帶著他軍民混合的一萬兵力，在長阪坡被曹軍殺得大敗，狼狽得逃到夏口。但是這一萬名烏合之眾，哪裡抵擋得了曹操的八十萬大軍呢？

就在這危急存亡的時刻，諸葛亮獻計孫、劉應當結爲聯盟，共同抵抗曹操。我們都知道，著名的赤壁之戰指揮官是東吳的帥哥將軍周瑜，跟曹軍硬碰硬的也都是江東名將程普、黃蓋等，但是最大的獲益者卻是劉備。而諸葛亮就是出謀劃策替劉備取得了人人必爭之荊州的關鍵性人物。其實，東吳集團已把目標鎖定於荊州，而曹操也在同一年發現了荊州的關鍵地位，把矛頭指向這個地方。荊州儼然成爲一群飢餓之人眼中的一塊大蛋糕。取得它的關鍵，就是讓還在猶豫不決的孫權下定決心和曹操硬拚到底。

孫權開了個大會，主戰派和主和派爭論不休，諸葛亮出來舌戰群英，採用激將法，說：「要麼你索性覺得自己非曹操的對手，乖乖的投降，要麼就跟曹操絕交，莫要裝出一副友好的樣子，心裡卻不服氣。現在這種時候，你還在考慮要不要打，簡直是自尋死路。」孫權聽了非常生氣，說：「劉備現在才是死路一條，怎麼還不去投降？」諸葛亮回說：「劉備是漢室皇族後裔，天下英雄，怎麼可能向曹操俯首稱臣呢？」孫權果然被激怒，諸葛亮又向他陳述了和與戰的利害得失後，孫權終於決定與劉備結盟，誓死抗曹。

孫權派遣周瑜和程普率兵，與諸葛亮一起去樊口，孫、劉軍隊會師。後來以火攻之計一舉擊敗曹軍，曹操率領殘兵敗將狼狽地逃回北方，再也不敢南窺。這就是歷史上以弱勝強的著名案例——赤壁之戰。這場關鍵性的戰役使得三國鼎立的局面得以兌現，其中的關鍵正是諸葛亮聯孫抗曹的戰略方針。從此以後，曹操專心統治北部地方，加強北方的統一；孫權致力於進一步鞏固江東政權；劉備則得到了人人都想要的大蛋糕——荊州。諸葛亮在劉備差點小命不保的情況下，促成了孫劉聯盟的實現，使得劉備不但性命無虞，還得到了發展勢力的基地。他出山追隨劉備僅僅一年，就顯示出驚人的政治才能，功績之大，絕不亞於在疆場上立下汗馬功勞的大將們。劉備的老部下們本來私下議論諸葛亮年輕、資歷淺，憑什麼得到厚待，如今自然都無話可說，諸葛亮從此成爲舉足輕重的人物。

妙算之中和妙算之外

諸葛亮在赤壁之戰後，又協助劉備征服荊州南部的武陵、長沙、桂陽、零陵四郡，劉備遂成爲荊州一方之雄。但諸葛亮終究因爲跟隨劉備時間較遲、輩分太低，僅僅由軍師（普通參謀）升爲軍師中郎將（副參謀長），軍銜相當於準將。而關羽、張飛早已封侯爲將，至少是中將。

劉備在荊州坐穩小小江山後，開始逐步實施諸葛亮「隆中對」的遠景規劃，因種種機緣湊巧，竟順利取得了劉璋的益州。下一個目標，就是此時正被曹操占據的漢中；經定軍山一役，殺得鎮守漢中的夏侯淵大敗，此後，漢中即成爲劉備揮師北上的前線。占領漢中後，劉備手下的文武百官擁立他爲漢中王，諸葛亮總理軍國大事，相當於丞相。

西元二二〇年，曹操病死，兒子曹丕廢掉苦兮兮的漢獻帝，自稱魏文帝。劉備認爲自己作爲漢室後裔，應當繼承大統，於是在次年稱帝，國號仍為漢，歷史上稱為「蜀漢」。諸葛亮順理成章地成為丞相。劉備當上皇帝後要做的第一件事，就是為在荊州爭奪戰中被孫權所殺的拜把兄弟關羽報仇，御駕親征江東。這完全破壞了諸葛亮苦心經營多年的孫劉聯盟，偏離了「隆中對」的戰略方針。諸葛亮聽到劉備猇亭大敗的消息後，歎息說：「如果法正（蜀國尚書令）還活著，一定能制止這次東征，即使成行，也不至於一敗塗地。」可見諸葛亮並不贊成劉備的行為，劉備雖然聲稱得到諸葛亮如魚得水，實際上兩人想法仍有一定的差距。關羽也一直忽視聯吳政策。

諸葛亮的思想超前，難以被一般短視的人接受。古今中外見解超前的人，命運往往如此。後人神化諸葛亮，描寫他以錦囊妙計指揮前線將軍打仗，呼風喚雨，猶如神仙下凡，唯以諸葛亮的神機妙算，卻也操縱不了事情的結局。

盡力輔佐扶不起的阿斗

劉備吃了大敗仗後，回到白帝城，心情鬱悶，病倒了，向諸葛亮托孤：「我的兒子，你要是覺得他還行，就輔佐他；要是不像話，你就廢了他，自己取而代之。」有人說諸葛亮被劉備感動了，不知從何說起。這番話不愧是一代偽善梟雄的臨終遺言，充滿了不動聲色的猜忌。阿斗是弱智兒童歡樂多，這是大家都知道的事，顯然是劉備不放心，臨死前將諸葛亮一軍，諸葛亮不得不收起任何想法，鞠躬盡瘁、死而後已的輔佐那個十七歲的大嬰兒。

諸葛亮輔政後做的首件事就是重建蜀吳邦交，並獲得了成功。曹魏聞訊開始對東吳用兵，蜀國獲得了整頓內政、發展生產力的機會。諸葛亮推行嚴刑峻法，三年後蜀國大治。諸葛亮既無東顧之憂，農業生產又得到了一定的恢復，於是親自率兵實現「隆中對」尚未兌現的一部分：平定南蠻。蜀漢建興三年（西元二二五年）三月，當蜀漢內部穩定下來後，諸葛亮決定親自率軍南征。經過著名的「七擒七縱」，諸葛亮終於用攻心戰收服了南蠻酋長孟獲。南蠻六郡的地方長官，仍全由土酋擔任，給予充分的自治權，諸葛亮對少數民族的處理政策，具有劃時代的意義，再次顯示出他卓越的政治才能和超前的政治遠見。

蜀漢建興四年（西元二二六年），魏文帝曹丕病死，魏明帝曹叡即位，年僅二十二歲。諸葛亮認爲魏國幼主當政，內部不穩，正是北伐曹魏一統天下，實現劉備遺願和自己一生奮鬥目標的大好時機。不過諸葛亮也很清楚的意識到，曹魏勢力強大，他在著名的〈後出師表〉裡說，不北伐的話，蜀漢也難以長久，與其坐而待斃，不如拚死一戰。可見諸葛亮六出祁山，是知其不可爲而爲之。諸葛亮耗盡心力，食少事煩，積勞成疾，終於累出重病（很可能是肝病），在五丈原嘔血而亡，終年五十四歲。出師未捷，壯志未酬，後人讀書至此，怎麼能不長使英雄淚滿襟呢？

【西元一五六年～二三六年】

張昭

有限忠誠的頑固派

導言

《三國志》爲東吳人物作傳，除孫氏宗室外，寫到的第一個大臣就是張昭。張昭曾被孫策比喻爲管仲，作爲治國的文臣，才幹無疑是第一流的。

張昭字子布，彭城（今江蘇徐州）人，少年好學，是當時著名人物。漢末大亂，張昭避亂江東，孫策親自請他出仕，擔任長史、撫軍中郎將，管理大小軍政、內政。孫策臨死時將弟弟孫權託付給張昭，張昭盡心盡力輔佐孫權，迅速穩定江東民心。張昭生性剛直，屢次勸諫孫權。赤壁之戰前，張昭主和，爲孫權不喜，後一直未拜張昭爲相。但張昭仍堅持直言進諫，經常違抗孫權的意願，雙方每每僵持不下。

孫權稱帝，張昭告老辭官還鄉，潛心著作《春秋左氏傳解》和《論語注》。嘉禾四年，張昭去世，終年八十一歲。孫權素服主持喪禮，贈諡號「文侯」。

三國第一秘書

張昭是著名的才子，自幼好學，擅長寫隸書，博覽群書，尤其專精於《左氏春秋》。他學問好、文章好、書法好，是當秘書的不二人選。張昭的才名，很早就傳了出去，與琅邪趙昱、東海王朗、廣陵陳琳齊名。才子張昭頗為傲氣，身上具有士大夫的獨立精神。十六歲時就被推舉為孝廉，他不去。徐州的長官陶謙想招攬他做官，他也不肯去，陶謙認為他看不起自己，派人把他關了起來。幸好跟張昭齊名的才子趙昱多方奔走，將他營救出來。

漢末黃巾之亂，張昭避亂渡江南下。當時孫策正在江東創業，早就聽說張昭的才能，親自去張家升堂拜母，認張昭的母親作乾媽，這在當時是最親熱的表示。張昭於是出仕，作了孫策的長史（相當於秘書長），管理江東的內政軍務。

張昭不負所托，把江東大後方治理得井井有條，名望更大了，以至於當時北方政要只知道江東有張昭，不知有孫策，每次寫信都把江東的成就歸功於張昭，稱讚個不停。張昭非常緊張，把這些信給孫策看吧，好像在炫耀自己，不給他看吧，瞞著上司祕藏重要書信也不對，弄得進退兩難。孫策知道後哈哈大笑，說：「以前齊桓公把大小事情都交給管仲辦，朝野上下，有什麼事情就找仲父，大家豈不是也把功勞歸了管仲。但齊桓公稱霸天下，後世羨慕得不得了，那今天張昭這麼賢

你不可不知的張昭

▲西元176年，拒絕地方官延攬而被捕。

▲西元200年，受託輔佐孫權。

▲西元208年，赤壁之戰前夕，主和。

▲西元229年，告老還鄉，潛心著書。

▲西元232年，因遣使遼東一事，與孫權起大紛爭。

德，好比管仲，而我有了張昭，不就和齊桓公一樣嗎？」小霸王孫策是個大度聰明人，比眞正的霸王項羽要精明得多。做下屬的最擔心的就是被上司認爲功高蓋主，孫策講這些話無異消除了大家的顧慮。張昭爲報答孫策的知遇之恩，更加盡心盡力。

倔老頭和任性小君主

孫策不幸被刺，臨死前將弟弟孫權託付給張昭。孫權因悲傷過度，整天號哭，不理政事。張昭作爲群臣的表率，告誡孫權說：「你作爲孫策胞弟，應該擔負起兄長未完成的事業，成就江東霸業。現在天下亂成一團，充滿了強盜，你怎麼能整天睡在那兒哭個沒完呢？」親自把孫權扶到馬上，巡視軍營，讓江東軍民知道現在江東之主已是孫權。這才避免了江東局勢因爲孫策的暴卒而出現混亂，幫助孫權順利地度過了最容易出狀況的權力交接期。

張昭仍像之前那樣擔任秘書長，孫權每次出征時，大小政事也都像孫策那樣全權託付給張昭。不過孫權血氣方剛，喜歡打獵，尤其喜歡騎馬射虎，老虎經常衝到孫權面前，攀住馬鞍。張昭看得臉色都變了，教訓孫權說：「你做將軍的怎麼能這樣？當人君的，應該駕馭天下英雄，哪能跟野獸比賽誰勇敢？萬一有什麼不測，就會成爲天下人的笑話。」孫權只好承認錯誤，說自己年輕不懂事。不過他心裡仍然癢癢的，就讓人專門做了一個射虎車，比較安全，但有時候老虎還是會撲到車前，孫權就拿手敲虎頭，高興得要命。張昭每次勸諫，年輕的孫權總是笑而不答，可見嚴肅的老臣和年輕的君主之間代溝相當嚴重。

有實無名的江東丞相

老臣子和年輕氣盛的君主之間最大的一次分歧，出現在赤壁之戰前。建安十三年（西元二〇八年），曹操率領大軍南下，大敵當前，江東集團內部分成了兩派。一派以張昭等老臣爲首，謹愼小心，主張向曹操妥協，不要惹事生非；另一派以周瑜和魯肅等少壯派將領爲首，主張拚死一戰。孫權表面上在兩派之間求平衡，實際上傾向於少壯派，後來被諸葛亮說服與劉備結成聯盟，竟然殺得號稱八十萬人的曹軍大敗。這在張昭的人生中，是一次重大的失誤，也是老成持重的老臣子和少壯君主矛盾的必然走向。

不過張昭一向忠直，孫權也並不因爲他走保守路線就認爲他有投曹的心思。張昭也仍然以長輩之姿，屢次勸諫孫權，不怕惹孫權討厭。孫權常常在武昌釣臺和群臣喝酒取樂，喝得醉醺醺的，命人拿水澆大醉的大臣，說：「今兒喝個痛快，除非誰喝醉了掉在水裡才算完。」張昭本來就生得威風凜凜，這會兒更是板起了面孔，走到外面自己車裡端坐著生氣。孫權派人請他回來，說：「大家一塊取樂，老先生何故生氣啊？」張昭回答說：「以前紂王酒池肉林喝到天亮，也說是取樂呢！」一句話說得孫權很沒面子，只好撤了酒席。孫權畢竟不如孫策，嘴上雖沒說什麼，也依從了張昭的勸諫，心裡終究對張昭的耿直有所不滿。

後來曹丕篡漢後，冊封孫權爲吳王，應當設置一名丞相，百官都認爲非張昭莫屬，不料孫權卻說：「國家現在正處於多事之秋，丞相這個職位職責非常繁重，不算是個優差，別把老臣子給累壞了。」第一任丞相孫邵去世後，群臣再次公推張昭，孫權還是說：「丞相這個職位太累人了，張老先生的脾氣這麼硬，很容易得罪人，這樣對他不好。」最終也沒有讓張昭當上丞相。其實張昭早已經做了一個丞相應該做的事情，忠心耿耿，盡心盡力，孫權卻始終吝於給他一個名分。

越老越辣的薑

孫權稱帝的時候，大宴群臣，稱讚周瑜功勞最大。張昭正要表示祝賀，孫權說：「要是當年依了張老先生的計策，這會兒我已經在要飯了。」說得張昭汗流浹背，沒多久就告老還鄉了。這話正是孫權始終不拜張昭爲相的重要原因，孫權始終沒忘記當年張昭的主和路線。其實以張昭的剛正不阿，絕非一個苟且偷生、貪慕虛榮的小人，他當時的考慮是天下連年戰亂，生靈塗炭，況且強弱懸殊，若能歸順漢室，早日統一天下，並不失爲一件造福百姓的大好事。不過顯然這種思路絕無可能被雄心勃勃、要稱霸一方的孫權所接受，他因而遭孫權在大庭廣眾之下嘲笑。張昭身上，在知識分子的剛直獨立精神中，也混合著一部分知識分子的迂闊，不擅長玩弄權術、取悅君主。

張昭被孫權弄得心灰意冷，把自己手上的事務交接完畢，被孫權封了個輔吳將軍、婁侯的稱號，就回家鄉養老去了。閒著沒事，又有一肚子學問，於是就專事學問，寫作《春秋左氏傳解》、《論語注》。

張昭雖然回家做學問了，老脾氣還是不改，反倒老而彌堅。孫權偶而召見他，張昭還是聲色俱厲，有什麼說什麼。孫權的旨意被張昭駁回後，很是生氣，隔了好長時間沒召見他。後來蜀國使臣來東吳，口才鋒利，東吳百官都說不過他，孫權這時想起張昭來了，嘆氣說：「要是張老先生在這兒，哪裡輪得到蜀國這小子亂講話？」第二天特地去看張昭，張昭也是厲害角色，不見他。搞得孫權只好跪在那兒請罪，張昭才說我看在太后把你託付給我的份上原諒你。倔老頭和任性皇帝之間的拉鋸戰，也算是頂精采的戲碼。

差點被孫權燒死

老頭張昭和孫權之間的拉鋸戰有一次差點鬧出人命。

西元二三二年，遼東太守公孫淵背叛曹魏，向遙遠的東吳示好求援。孫權就派人去遼東封公孫淵為燕王，張昭力勸不可。孫權跟他反復爭論，張昭反而越來越固執，孫權氣得半死，手按自己的佩刀說：「吳國士人進宮的時候拜見我，出宮的時候拜見你，我對你也算是仁至義盡了！但是你每次總在大家面前駁回我的意思，不給我面子，我眞怕自己會控制不住殺了你！」張昭平靜地凝視了孫權許久，才說：「我知道你不會聽我的話，我一再愚忠，是因為太后駕崩前，把我叫到床前，讓我輔佐你。」說著老淚縱橫。孫權把刀扔到地上，和張昭對泣。

不過孫權還是堅持己見，派使者前往遼東，張昭很氣憤，在家裡稱病不去上朝。孫權大怒，派人用土封了張家大門。沒想到張昭居然在裡頭也用土封了自家大門，弄得孫權一點辦法也沒有。可見要論脾氣強硬，薑還是老的辣，孫權還眞不是張昭的對手。

後來公孫淵果然如張昭預言的那樣，殺了吳國使者，孫權悔悟，好幾次派人去張家慰問道歉，張昭還是堅持不上朝。孫權沒法，親自到張家門口叫他，張昭說自己病得厲害。這哪兒像名重一方的老臣和稱霸江東的君主呢，倒像兩個鬧脾氣的老頑童。孫權放火燒張家大門恐嚇張昭，張昭索性關了二門。孫權只好滅了火，還好他沒有頭腦發昏，不然就會重演晉文公火燒介子推的悲劇。孫權可憐兮兮地在張家大門口等了半天，張昭的兒子們才把倔老頭從床上扶起來，孫權趕快把他接到宮裡，拚命道歉。張昭這才恢復了上朝。這樣看來，孫權倒還不失爲一位願意承認錯誤的明君。

張昭相貌威嚴，孫權常說：「我從來不敢和張老先生亂講話。」東吳上下，他最敬畏張昭。張昭才學兼備，壽命很長，活了八十一歲。孫權親自素服主持他的喪禮，料想孫權自少年起由長輩張昭輔佐，經過長時間的鬥氣，此時應該像失去了父親一樣悲痛吧！吳國上下人一直尊稱張昭爲「仲父」，也就是叔叔，張昭的去世，使吳國人民也像失去了親人一樣難過。有學者認爲，以張昭的才幹，僅僅局限於在東吳發展，實是非常可惜的。

周瑜

【西元一七五年～二一〇年】

擊敗曹操的眞正人物

導言

周瑜可能是《三國演義》人物裡被歪曲得最冤的一個，明明是氣度恢弘、雄姿英發的翩翩公子，卻爲了襯托最具人氣的諸葛亮，不幸淪爲氣度狹窄的小人，不單火燒赤壁的大功全被生生安到實際上剛出道的諸葛亮頭上，還被寫成是給諸葛亮活活氣死的。

周瑜字公瑾，爲東吳傑出的軍事家、政治家。他出身世家，相貌英俊，足智多謀，很早就名滿江東，大家喜歡暱稱他爲「周郎」。袁術很欣賞年輕的周瑜，想聘用他當將軍，但周瑜極有識人之明，認爲袁術不會有大成就而加以拒絕。後來他帶領一批人馬協助好友孫策，打下江南數座重要城池，孫策任命他爲中郎將。年輕有爲的孫策和周瑜同時迎娶超級大美女二喬姐妹，做了連襟。

孫策死後，周瑜與張昭一同輔佐孫權，擔任大都督，執掌軍政大權。東漢獻帝建安十三年（西元二〇八年），在曹操大軍壓境的威脅下，周瑜以少數派堅持主戰；並聯合劉備，火燒赤壁，殺得曹操大敗，成爲千古名役。赤壁大戰後，周瑜準備奪取南郡，被曹仁的伏兵射傷，因病死於巴丘，年僅三十六歲。臨終還推薦魯肅接替自己的位置，孫權親自爲他素服主持了喪禮。

優質偶像

周瑜祖上世代爲官，從祖父、從叔都做過太尉，父親是洛陽令，叔叔是丹陽太守，是道地的世家子弟。周瑜字公瑾，瑜和瑾都是美玉，史書上說他「長壯有姿貌」，意思就是身材高大、相貌英俊。《三國志》很少讚許古人的相貌，即便後世戲臺上粉面朱唇的白袍小將趙雲，都隻字未提其容貌，顯然周瑜是一等一的大帥哥無疑。

周瑜和孫權之兄孫策同齡，兩人很早就交好。當年孫策的父親孫堅起兵討伐董卓，把家眷安置在舒縣，周瑜把自家的一座大宅院讓出給孫策居住，兩人經常來往。周瑜曾經升堂拜見孫母，等於認了孫策之母做乾媽，交情非同尋常。孫堅死後，周瑜帶領一批人馬協助孫策攻下了長江中下游許多重要地區，可說是輔佐孫策奠定東吳基業的第一功臣。孫策控制吳郡以後，周瑜被任命爲中郎將，待遇之高，賞賜之厚，無人能與其相比。在孫策的肯定和賞識下，周瑜的個人事業順利地得到開展。

在攻打皖城時，東郊喬公有兩個號稱江東第一、第二絕色的女兒——大小喬。孫策娶了大喬，周瑜娶了小喬，稱得上是郎才女貌，兩對璧人。千嬌百媚的姐妹花，同時嫁給兩個少年英豪，一個雄才大略、威震吳郡，一個風流俊雅、文韜武略，眞是只羨鴛鴦不

你不可不知的周瑜

- ▲西元175年，出生於世族大家。
- ▲西元189年與孫策結識，成爲至交。
- ▲西元198年來到江東，任中郎將。
- ▲西元200年協助孫權，任大都督。
- ▲西元206年，督討麻、保二屯的少數民族。
- ▲西元208年，指揮赤壁之戰。
- ▲西元210年，箭瘡發作而死。

羨仙了。此時周瑜只有二十歲出頭，人稱「周郎」，年輕英俊，出身高貴，跟上司是好友兼連襟，做了高級將領，娶了最美麗的女子，風頭甚健，無怪乎蘇軾寫道：「遙想公瑾當年，小喬初嫁了，雄姿英發。」這樣的人，只有人家妒忌他的份，沒可能自己去妒忌一個剛出道的毛頭，更不可能被人活活氣死。

不光如此，周瑜還很有情趣和藝術修養，他精通音樂，即便是酒後醉醺醺，也能聽出樂曲演奏的失誤。當時流行一句話：「曲有誤，周郎顧。」樂姬們爲了得到周郎一顧，常常故意彈錯，使其他聽曲人苦惱得要命。音樂、犬馬、美食、華衣，可以說是歷代年輕人的時尚愛好，不過這必須有財力、物力的支援，周瑜當然不缺這樣的條件，他的人生可謂美滿：一是年輕，長得又帥，還娶了絕代佳人；二是精通音律，有藝術修養；三是善於領兵打仗，年輕有爲，高官厚祿。但他並不像一般的公子哥那樣縱樂無知，反是胸懷大志，要成就一番大事，而他也的確達到了，成爲了千古風流人物。

愛拚才會贏

建安五年（西元二〇〇年）四月，孫策被刺身亡，周瑜率領大軍從巴丘趕來，和張昭全力輔佐孫權，鞏固當時尚不太穩固的孫氏政權，迅速安定了江東的局勢。兩年後，曹操憑藉官渡之戰打敗袁紹，勢力大漲，兵力超過了當時其他所有軍閥的總和。曹操雄霸中原後，企圖染指江東，於是寫了封信給孫權，逼他送子弟來當人質。孫權緊急召開大會，邀集大臣共商對策。面對曹操的暴力恐嚇，江東的臣子們都猶豫不決，包括老臣張昭和秦松等都沒了主意，只有周瑜堅持不能屈從。

孫權心裡本來也不願意送人質，於是拉了周瑜到母親吳太夫人那裡去面陳利害。周瑜侃侃而談，認爲孫堅、孫策已爲江東政權奠定了基礎，兵精糧多，完全具備了稱霸一方的條件，爲何要受曹操的脅迫送人質呢？一旦送去人質，就必須聽命於曹操，受制於人，更休想像現在這樣在江東南面稱帝了。孫權問：「那怎麼辦呢？」周瑜非常堅定地說：「不能送人質，咱們靜觀其變。如果曹操能用正義使天下歸順，到那時向他稱臣爲時未晚。如果曹操像現在這樣一味使用暴力，必定自取滅亡，到那時，將軍已積蓄了強大的力量，哪裡用得著送人質呢？」

周瑜的意見得到了孫權母子的一致贊同。吳太夫人對兒子說：「公瑾說得好，他和你哥哥同年，只小一個月，我一向拿他當自己的親生兒子那樣看待，你也要像對待兄長一樣敬重公瑾。」於是周瑜的主戰意見得到了孫權的採納，最終沒有送去人質。

東風也愛周郎

建安十三年（西元二〇八年），曹操南下攻打荊州，劉表病死，其子劉琮不戰而降，並乘勝追擊，把劉備人馬打得潰不成軍。那年冬天，曹操又捎了封信給孫權，要和他在吳地田獵，這可能是歷史上文字最爲優雅閒適，而又暗蓄風雷、隱隱滲出殺氣的戰書。其實，曹操的軍隊僅有十萬人，再加上荊州的降兵總共也不過十幾萬人，卻號稱有八十萬大軍。他提出要孫權馬上表態，顯然採用了《孫子兵法》所說的「不戰而屈人之兵」，試圖以巨大的威懾力達到不戰而降的目的，不費一兵一卒，得到江東。

孫權在柴桑口召開了和戰會議，多數部下主降。以張昭爲代表的老臣認爲，曹軍力量過於強大，而江東全部兵力僅有十萬，一旦集中兵力抗擊曹操，山越等少數民族就會趁機作亂，無異於後院起火。而且曹操是藉漢相之名，打著皇帝的旗號來攻打江東的，抗擊天子，在名義上顯得難堪。因此，唯有迎降曹操才是出路。魯肅等年輕一輩則主張抗曹。孫權召回在前線的周瑜商討大計。周瑜極力主戰，分析說，曹操名義上是漢相，實際上是漢賊。他提交了一份可行性報告，指出曹操有四大致命弱點：北部後方尚未完全平定，有後顧之憂；士卒主要是北方人，不熟悉水戰，水土不服，容易生病；八十萬大軍是唬人，實際兵力只有十幾萬；久戰疲憊，遠道而來，戰鬥力必減。江東的基業是孫權的父兄一番血汗打下來的，自然不甘心拱手相讓，周瑜的話無疑堅定了孫權迎戰的決心。孫權用刀砍下桌子的一角，說：「誰再主張投降，下場就跟這張桌子一樣。」他拍著周瑜的背說：「公瑾，人人都在爲自己打算，獨有你和魯肅才是眞心爲我考慮。」

曹軍聲勢浩大，順流而下，在赤壁與孫劉聯軍相遇。周瑜的推測果然沒錯，給了曹軍一次痛擊，逼得曹操退軍江北的烏林。接著，周瑜採取了部將黃蓋的詐降之計（《三國演義》著名的「周瑜打黃蓋，一個願打，一個願挨」之苦肉計，但正史無可考）。黃蓋率領幾十艘裝滿了柴薪、灌滿了魚膏的小船，向曹軍衝去。曹軍以爲是降船，並未防備，黃蓋點燃了小船，借著東南風，火勢頓時蔓延到曹軍的連環船和岸上駐紮的曹營。

曹軍人馬亂成一團，互相踩踏，燒死、溺斃的不計其數。而周瑜指揮若定，正如蘇軾所云：「羽扇綸巾，談笑間，強虜灰飛煙滅。」羽扇，就是羽毛製成的扇子；綸巾，就是青絲質地的頭巾。這在當時是儒將的高雅裝束，而在《三國演義》裡，這身高級將領所穿的休閒裝被通通嫁接到諸葛亮身上去了，赤壁之戰的大功，也硬生生歸了諸葛亮。在赤壁之戰中，周瑜所表現出來過人的膽識魄力和聰明才智，是在嚴重一邊倒的《三國演義》裡也無法全部掩蓋的。這場戰役殺得曹軍大敗，遏制了曹操統一的腳步，可以說，周瑜是形成三國鼎立局面的關鍵人物之一。

短命的帥哥英雄

曹操大敗以後，被迫北撤。周瑜開始實施發展東吳的計畫。他建議占據荊州和益州，與關西馬超結成聯盟，進而據有襄陽，進攻在許都的曹操，達成統一。這個計畫與諸葛亮獻給劉備的「隆中對」有異曲同工之妙，羅貫中給周瑜編派的臨死前長嘆：「既生瑜，何生亮！」雖然於正史無考，但「一時瑜亮」的確是恰當的說法。

周瑜對劉備其人也有很清晰的認識，他向孫權指出：劉備是個亂世梟雄，有關羽、張飛這樣的虎將，顯然不會久屈人下；故建議用華麗的建築和美女消磨他的意志，把他軟禁在東吳。但孫權考慮到曹操仍是最大的威脅，和劉備結成聯盟還是非常有必要的，未採納周瑜的建議。劉備後來聽說了周瑜的這個想法，不禁心有餘悸地說：「我差點死在周瑜手裡。」

周瑜的長期規劃獲得孫權的同意後，便啓程前往江陵，準備奪取益州，但不幸在途中身染重病，逝於巴丘。此時距離赤壁之戰不過兩年，周瑜年僅三十五歲。臨終前他還上書孫權，推薦魯肅。孫權對周瑜的英年早逝，非常悲痛。他親自穿上素服主持周瑜的葬禮，高度評價了周瑜的功績，說在心腹老臣中，只有周瑜的政見和自己最爲一致，他對建立江東政權做出的貢獻，任何人也無法與之比擬。

司馬懿

【西元一七九年～二五一年】

搶曹操家底的人

導言

司馬懿擅長用兵，史載他「兵動若神，謀無再計」，阻擋了諸葛亮的北伐大計。他爲人陰險深沉，謀略權術不在曹操之下，無論官場、戰場都極有手段；尤其演技高超，好幾次裝病裝傻，保全了性命，贏得了時機，隱忍多年，到老年終於獨攬大權。

司馬懿字仲達，出身世族。二十三歲受到曹操徵召，裝病不就。七年後入曹操的丞相府爲官，不久成爲太子曹丕的重要助手，因常獻計策而任軍司馬。關羽進攻樊城時，司馬懿成功勸阻曹操遷都的打算，並出謀劃策，與東吳聯合，借孫權之手殺關羽。但曹操對其始終頗爲猜忌，並未重用他。

曹丕稱帝後，司馬懿大展拳腳，平定蜀國降將孟達的叛變，以守爲攻阻止諸葛亮的六次北伐，因此被魏明帝提升爲太尉，掌握魏國軍事。後出征遼東，平定了公孫淵的叛亂，維護了統一局面。魏明帝病死後，司馬懿與曹爽輔佐幼主曹芳。因受到曹爽猜忌和架空，司馬懿稱病在家，韜光養晦。後伺機發動政變，處死曹爽，掌握了軍政大權。他於西元二五一年去世，其孫司馬炎稱帝後，建立西晉，追尊司馬懿爲宣帝。

兩代演技派高手過招

司馬懿出身於世家大族，世代為官，父親做過京兆尹（即當時的首都洛陽市長），他自幼好學，博聞強記，而且非常有謀略。當時的名士都對他稱讚不已，善於品評人物的崔琰說他聰明能幹、剛毅果斷。司馬懿生逢東漢末年的大亂，也確實很想有一番作為。

建安六年（西元二〇一年），司馬懿被地方上推舉做官，那時他才二十三歲。曹操也聽說了司馬懿的名氣，派人徵召他。司馬懿大概嫌曹操出身低微、名聲不佳，就假裝得了風痹病，動彈不得。曹操自己就是裝病的大師，小小年紀就口吐白沫裝過抽風，精明多疑，當然不信這個年輕人的伎倆，氣得馬上派刺客去偵察他。夜深人靜時分，刺客進入司馬懿的臥室，果然看到他直挺挺癱在床上。刺客還不相信，持劍刺向司馬懿，司馬懿準確判斷出這是曹操派來查看的，在寒光閃閃的利刃下一動不動，終於騙過了老奸巨猾的曹操。

不過曹操還是沒有忘記他，七年後，做了丞相的曹操廣招人才，再次徵召司馬懿。這次曹操已知道司馬懿是個什麼樣的人，對使者說：「這次他再敢玩什麼花樣，就把他抓過來見我！」此時曹操牢牢掌握了政權，司馬懿審時度勢，乖乖的應召了。曹操讓他當丞相府的文學助理，幫助太子曹丕做事。

你不可不知的司馬懿

- ▲西元201年受曹操徵召，裝病不去。
- ▲西元208年，入曹操丞相府。
- ▲西元219年借刀殺關羽，解樊城之圍。
- ▲西元220年，任丞相長史。
- ▲西元227年，平定孟達的叛亂。
- ▲西元231年，與諸葛亮對峙三年，阻止北伐。
- ▲西元249年發動政變，處死曹爽。

曹操一再徵召司馬懿，或有些惺惺相惜之意。他們倆為人都精明好猜忌，善於權變，都是政界演技派大師，光是裝病，中國歷史上就沒幾個人是他們倆的對手。曹操雖然欣賞司馬懿的才幹，但對於這個跟自己有點相像的後輩還是放心不下。而且他還聽說司馬懿有「狼顧相」，就是往前走時回頭看，可以身子不動，臉像狼一樣靈活的轉過一百八十度。大概司馬懿脖子長得比一般人長，且生性多疑，老擔心有人在背後暗算，經常回頭察看，久而久之，就形成了現代心理學所說的條件反射。曹操特意驗證了司馬懿的這個異相，心裡很是厭惡。

曹操還夢見過三馬共食一槽，認為槽與曹同音，這個夢可能預示著司馬氏將奪取曹氏政權。於是漸漸有了殺害司馬懿的想法，他特意告誡曹丕：「司馬懿不可能久居人下，將來定會干預咱家政權。」只是曹丕跟司馬懿關係特別好（司馬懿是太子四友之一），多方維護，使司馬懿免於被曹操所害。司馬懿察覺到曹操的猜忌，馬上施展演技，擺出一副對權勢毫不關心的樣子，天天廢寢忘食的忙著瑣碎之事，曹操這才放心。老奸巨猾的曹操，再次被這位演技派後起之秀騙過去了。

熬到中年終於出頭

司馬懿做的瑣碎工作主要即是實行「軍屯」。由於東漢末年的戰亂，農業生產處於混亂的狀態，經濟凋敝。整頓農業便成為關鍵性的問題。建安二十三年（西元二一八年），司馬懿向曹操提出應當實行「軍屯」，建議軍隊且耕且守。司馬懿還親自到田間和牧場督促農牧業生產，夜以繼日，不辭辛勞；順便消除曹操對自己的戒心，不讓上司把自己視為眼中釘。他在淮河流域大規模屯田，這裡與東吳臨近，具有重要的戰略性。

建安二十四年（西元二一九年），關羽率軍攻打樊城，水淹七軍，大獲全勝。曹操打算遷都河北以避關羽的軍威，司馬懿此時獻計聯結孫權，讓孫權派兵攻打關羽的後方。司馬懿指出，孫劉聯盟表面上親密，實際上疏遠，矛盾重重。後來孫權果然派呂蒙從後路進攻關羽，關羽敗走麥城，後被俘殺害。司馬懿此計，不但借東吳之力解決曹魏的危機，還借刀殺了關羽，一石二鳥，不可不謂高明深沉。

司馬懿雖然做足了功夫，也建了些功勞，但曹操始終沒有完全消除對他的戒心，到死也沒封他做什麼重要官職，最高也就是軍司馬，相當於軍隊的高級參謀。直到建安二十五年（西元二二〇年），曹操患頭風病痛死後，司馬懿才總算等到他的出頭之日，這時他已經四十二歲了。曹丕委任他做一件看似不難、實則重要的事情——擔任曹操的治喪委員會總幹事。司馬懿把曹操的靈柩安然無恙的從洛陽運到了鄴城，功勞很大，所以曹丕繼承魏王以及漢丞相之位後，馬上提拔這位能幹的親信，封他做丞相長史，就是秘書長，從此司馬懿的仕途才算順利開展。

司馬與諸葛的較量

曹丕稱帝後，司馬懿一直是他身邊的核心人物，長期負責曹丕出征或巡遊時留守首都的重任，足見對他的信任和授權。曹丕臨死前把太子託付給四位顧命大臣，司馬懿當然是其中之一。魏明帝繼位後，司馬懿更加大顯身手，平定了蜀國降將孟達的叛亂，顯示了卓越的軍事才能，被人稱讚爲用兵如神。魏明帝太和五年（西元二三一年），諸葛亮率大軍北伐，形勢危急，魏明帝連忙派司馬懿去阻擋諸葛亮。此後三年，就是諸葛和司馬鬥智的時期。雖然司馬懿沒有諸葛亮的神機妙算，但他對蜀軍的軍事判斷是正確的。他認為，蜀軍孤軍深入，戰線拉得太長，糧草供給定有困難，因此諸葛亮每次出征，都希望速戰速決，如果不成功就會退兵。

於是司馬懿決定以守為攻，憑藉天險，固守不出，打持久戰來拖垮蜀軍。諸葛亮屢次出征，都奈何不了司馬懿，便故意派人送一套女人的衣服給司馬懿，羞辱他沒男子氣概，司馬懿為人堅忍，仍不出戰。忍，也是大政治家在權術鬥爭中制勝的重要因素。諸葛亮天天操勞，吃得很少，事無巨細，皆親自過問，終於累出病來，在五丈原嘔血而死。北伐中原失敗，白白成全了司馬懿。青龍三年（西元二三五年），司馬懿因阻擋北伐有功，被提升為太尉，統領全國軍事。

三國奧斯卡老影帝

西元二三九年正月，年僅三十六歲的魏明帝曹睿忽然病重，臨死前將年僅八歲的太子曹芳托孤給司馬懿和大將軍曹爽，叫太子過去抱著司馬懿的脖子，司馬懿連連磕頭，淚流滿面。小皇帝即位後，司馬懿和曹爽共同輔政，後來曹爽在手下的挑撥下逐漸猜忌司馬懿，於同年任命司馬懿為太傅，表面上是升官，實際上是架空，削奪了他的兵權。

矛盾激化後，司馬懿再次施展了他的拿手好戲——裝病，待在家裡不上朝。這正中曹爽的下懷，但可能司馬懿擅長裝病的名聲在外，曹爽頗不放心，特意派心腹李勝去打探情況。司馬懿裝病的本事到了老年已達爐火純青，他躺在床上裝作風癱，兩個丫鬟伺候他喝粥，從嘴角直流出來，流了整片胸口。李勝向他辭行說自己馬上要去本州（在河南）當官了，司馬懿故意聽成并州，氣喘吁吁地說：「并州太遠了，我這麼老了，病得這麼重，以後怕是見不著了，還請您多關照我的兒子們。」說著就掉下淚來。司馬懿這次演戲演得窮形盡相，完全不顧形象，自然順利騙過曹爽，曹爽認定他就是一具只剩一口氣的屍體，用不著防範了。

實際上裝病的司馬懿早就讓自己的兒子安排下一批人馬，散布洛陽，隨時準備行動。嘉平元年（西元二四九年）正月，正是魏明帝忌日，曹爽陪小皇帝去掃墓，離開了京城。司馬懿馬上發動宮廷政變，挾持太后罷免了曹爽，親自率兵阻截他。司馬懿說，只要交出兵權，仍保留曹爽兄弟的爵位，絕不加害。曹爽居然很窩囊的上了當，投降了。大家擁著小皇帝剛回京，司馬懿馬上誅殺曹爽集團，夷滅三族，一時洛陽城血流成河。

司馬懿狠毒隱忍的眞面目，到老終於暴露出來，曹氏的政權果然如曹操擔憂的那樣落入了司馬氏之手。司馬懿病死後，兩個兒子相繼把持朝政，孫子司馬炎最終按著曹丕篡漢的手段，以彼之道，還施汝身，奪取了曹家的天下。

賈充

【西元二一七年～二八二年】

司馬家族篡位的智囊

導言

賈充是魏晉時期的重要政治人物，在正史中往往以奸臣的形象出現，一生順遂，享盡榮華富貴，官職和工資增長速度都是全國之冠。他文思敏捷，精明細心，擅長揣摩上司的心思，仕途極爲暢通；唯一的一次挫折是皇帝任命他領兵滅吳，他不同意，但結果還是大獲全勝，順利滅吳，又連升三級，俸祿高得叫人妒忌，而且闔家大小包括兄弟的孫子，都因爲他而封了爵位。

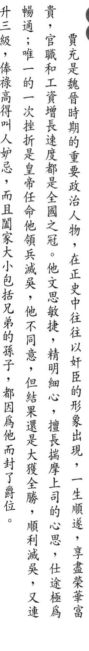

賈充字公閭，平陽郡襄陵縣人。他是司馬氏的心腹，先後輔佐司馬師、司馬昭和司馬炎。前期最重要的事蹟，是在司馬氏奪取政權的關鍵時期下令殺死魏帝曹髦，極受司馬昭的信任和倚重。後來又參與了司馬氏篡魏的密謀，被視爲晉朝開國元勳。

在立儲事件中，賈充判斷準確，擁立司馬炎，又成爲晉武帝司馬炎最器重的大臣。他主持修訂《晉律》，頒布天下後，法律較漢代寬鬆許多，人民減少了動輒得咎的威脅。但沒有人的生活是完美的，賈充也難逃有才無德之譏，朝中大臣看不慣他的人相當多。他的家庭也是一團糟，妻子是超級悍婦加醋罈，因爲妒忌間接害死了自己的兩個兒子，搞得賈充沒了繼承人。不過在賈充的苦心經營下，他的女兒都嫁得非常好，一個就是著名的晉惠帝皇后賈南風；一個嫁給齊王，顯赫至極。

天生當官料

賈充的父親賈逵在曹魏時曾擔任過豫州刺史、陽里亭侯，晚年得子，大喜過望。不過賈逵畢竟年事已高，在賈充的少年時期就去世了，賈充在守喪期間極盡孝道，獲得了大家的好評；之後襲了父親的爵位，順利的進入仕途。賈充可能天生就是適合當官的，他年紀雖輕，處理事情卻很妥當，逐漸從尙書郎升遷到黃門侍郎、汲郡典農中郎將，開始參與一些重要的軍事行動。當時曹魏政權把持在司馬師手裡，賈充跟隨他平息了毌丘儉、文欽的叛亂。司馬師因爲生病，先行返回都城許昌，留下賈充監督軍事，可見此時賈充的地位已非同小可。之後又因爲平叛有功，得到了三百五十戶食邑的豐厚賞賜。

司馬師去世後，弟弟司馬昭繼續執掌曹魏政權，賈充當上了右長史，相當於秘書長。司馬昭剛剛掌權，心裡有點不踏實，擔心大將們議論，就派賈充去察看大將軍諸葛誕有無異變。賈充故意跟諸葛誕談論時事，說：「大家都很希望曹家的天下禪讓給司馬家呢，你怎麼看？」

諸葛誕厲聲呵斥說：「你難道不是賈逵的兒子啊?!你們賈家世代受曹魏大恩，怎可把曹家天下拱手讓人！如果誰敢在首都搞叛變，我拚死

你不可不知的賈充

▲西元260年，下令殺死魏帝曹髦。

▲西元268年，主持修訂《晉律》完成。

▲西元271年，把女兒嫁給太子。

▲西元279年，奉命率軍伐吳。

▲西元280年，成功滅吳。

也要去保護曹魏。」賈充回去對司馬昭說，此人一定不會聽你的話，早點把他調到京城來好控制。諸葛誕果然舉兵反抗，賈充在試探他時也觀察好了他的軍隊，獻計挖深溝建高壘圍困，果然一舉拿下。可見賈充是個非常有心計的人，事事留心。賈充這次又立了大功，加官進爵，食邑增加到一千戶，又當上了廷尉，就是最高法院院長。賈充在法律方面上很有天賦，精明細心，是個一流的大法官，處理案件有擅長平反的美稱。

下令殺死魏帝

司馬氏三代掌權，權勢熏天，魏帝曹髦完全成了傀儡，他又不是劉阿斗那樣渾渾噩噩的弱智兒，而是一個擅長丹青又長相斯文的藝術青年，心裡當然非常生氣，覺得自己早晚要被篡位，以至於喊出了「司馬昭之心路人皆知矣」這樣的名口號。甘露五年（西元二六〇年），曹髦二十歲，年輕氣盛，覺得忍無可忍，於是手持寶劍，率領著皇宮裡的衛兵和侍從們，衝出宮去。這支軍隊只有幾百人，且大半是老弱病殘，一出門就被司馬昭的手下攔住了，雖然隊伍不堪一擊，但畢竟是皇帝親自率領的，司馬氏的手下於情於理處於下風，都打算逃走。

在這關鍵時刻，賈充說：「司馬先生養著你們，正爲了今天的事！還猶豫什麼？」於是太子舍人成濟，就傻乎乎的上前刺死了這位有點悲壯的年輕帥皇帝。事後，司馬昭誅殺了成濟三族，以表明自己絕無參與謀逆弑君的罪事，但是這顯然還是一次「司馬昭之心路人皆知」的行爲。司馬昭對賈充這位重要的幕後推手尤其感激，賈充的食邑再次見長，增加到一千二百戶，工資增長幅度和速度肯定都是全國居冠；至於官職，他統領了首都城外的諸軍。蜀國鍾會叛亂，司馬昭派賈充過去鎮壓，賈充還沒到蜀國，鍾會竟暴卒了。運氣之佳，升遷之快，簡直只有金庸先生筆下的韋小寶可與之比擬。司馬昭越來越信任賈充，軍國大事、朝廷機密都與他商量，賈充很快成爲司馬昭的五大心腹之一。

司馬昭還命賈充制定法律。泰始四年（西元二六八年），賈充主持修訂的《晉律》完成。這部新律把漢代繁複嚴峻的律令由七百七十三萬字壓縮到十二萬字，頒布後百姓減少了動輒得罪的威脅，成爲後世法書的藍本。此時，司馬昭之子司馬炎已取代曹魏，登基做了晉武帝，賈充再次得到重賞，賜賈充子弟一人關內侯，絹五百匹。

說起來，司馬炎的登基，賈充也有很大的功勞。司馬昭當了晉王後，本想把王位傳給次子司馬攸，但賈充卻說，司馬炎寬厚仁愛，又是長子，有人君的品德，因此司馬炎得以繼承爵位。司馬昭臨死前，司馬炎詢問後事，司馬昭說：「眞正知道你的人，是賈老先生啊！」有這層關係在，賈充在司馬炎手下，自然只會加倍的顯赫。司馬炎剛當了晉王，馬上拜賈充爲晉國衛將軍、儀同三司、給事中，封臨潁侯。等他當了皇帝，想到要不是賈充，這一切不可能發生，馬上又封了賈充一大串官職，爵位上升到魯郡公，連賈充的母親也得到了封號，全家榮耀無比。

有驚無險的一點小波折

不過賈充有才卻無德，不能爲人表率，加上太擅長察言觀色，諂媚上司，早引起朝中一些大臣的不滿。泰始七年（西元二七一年），西部和北部一些少數民族武裝反抗，晉武帝很是擔憂，這些大臣趁機勸諫派賈充出守關中。晉武帝認爲賈充文武雙全，足以擔此重任，於是果眞任命賈充爲秦、涼兩州都督。賈充眼看自己要被排擠到外地，氣得半死。臨行前，他的心腹荀勖獻計說：「這次的任命，要推脫的確很難，現在唯有趕快把您的女兒嫁給太子，才能留在京城。」於是荀勖就和賈充的其他幾個心腹一起，在陪晉武帝吃飯的時候故意提起太子的婚事，說賈充的女兒如何賢淑，再適合不過。晉武帝果然心動了。也是賈充的運氣實在是好，又碰上京城下大雪，足足積了兩尺，軍隊無法啓程。於是賈充就順理成章地留下來主持女兒賈南風和太子的婚事。

咸寧五年（西元二七九年），晉武帝準備大舉伐吳，任命賈充爲大都督，統領六軍。賈充這次沒有一味拍馬屁，而是提出了反對意見，上表說：「西部和北部都尚未平定，天下不太平，現在還不是討伐吳國的時候。況且我已經太老了，不堪重用。」晉武帝回答說：「你要是不去，我就自己去。」賈充沒辦法，只好接受了任命。賈充雖然滿心不願意，但晉軍居然一路勢如破竹地滅了東吳。結果，晉武帝又賞賜了他一筆驚人的財富，帛八千匹，食邑增加到八千戶，賈充闔家大小都封了爵位，榮華富貴到讓朝中大臣側目的地步。

賈充年老生病，晉武帝不但派人問候，讓太醫去診治，自太子以下的皇族都時常問候他的病情。太康三年（西元二八二年），賈充病逝，活了六十五歲。賈充一輩子風光順利，享盡了榮華富貴，還幸福平安的死在自家床上。

沒有人是完美的

賈充雖然在官場上一帆風順，位極人臣，但畢竟沒有人的生活是那麼完美無瑕的，他的家庭著實讓平民百姓都有點同情這位權勢熏天的大將軍、大法官。

原來，賈充的老婆郭槐是個超級大醋罈，足以列入古今悍婦榜的前三名。她的驚人事蹟是喝醋喝掉了自己兩個還在襁褓裡兒子的性命。這是怎麼回事呢？

話說賈充的元配夫人李氏是個名門閨秀，端莊賢淑；但是她的父親中書令李豐參與了密謀除掉司馬師的計畫。後來李豐被殺，賈充的李氏夫人也被株連流放到邊疆。賈充便另娶了郭槐，這是個驕橫潑辣的狠角色，對賈充身邊的所有女性都妒忌得要死。她爲賈充生下了長子賈黎民，這孩子三歲的時候，奶媽抱著他在門口玩耍，賈充一進門，黎民就朝他笑，賈充心裡很高興，就拍了自己的孩子一下。郭槐遠遠望見這一幕，馬上認定賈充和奶媽有一腿，居然把奶媽鞭打致死。黎民和奶媽的感情很深，又是吃驚又是想念，很快就病死了。後來郭槐又生了一個兒子，一天，奶媽抱著孩子玩，賈充看見便過去摸了摸孩子的頭。這回郭槐一點也沒汲取上次的教訓，又把這奶媽給活活打死了，搞得自己的第二個兒子也思慕而死，害賈充沒了繼承人。郭槐這種超強的妒忌心理和占有欲，在現代社會中可稱得上是一種心理疾病。

後來，賈充的李氏夫人遇赦回到洛陽，晉武帝特意准許賈充可同時設置左、右夫人，意思是兩個老婆都算正妻，免得懼內的賈充無法面對悍妻。沒想到郭槐一點也不給皇帝面子，一聽賈充的轉告就大怒說：「你修訂律令，輔佐皇帝，都有我的功勞。那姓李的算什麼？敢和我相提並論？」賈充只好回去謝恩，說自己不敢接受這樣的特殊待遇，實際上是怕老婆怕得要死。

賈充爲李氏另外蓋了所房子安身，一般人在這種情況下，都會去看望前妻，但賈充竟然從來不去，李氏生的兩個女兒多次哭著懇求父親去看望母親，賈充仍然不敢去。不過，郭槐雖然不准賈充去見前妻，自己大概出於好奇心理，老早想去看看李氏。沒想到怕老婆奴賈充倒說了句很傲的話：

「她很有才氣，你去看她，還不如不去。」郭槐雖然奇妒，倒是很有自知之明，還真的沒有貿然去見李氏。等到女兒賈南風當了太子妃，郭槐自己覺得很有面子，不怕什麼才女了，才盛裝打扮，氣勢洶洶的去找李氏。

郭槐一見李氏，居然腳一軟，不由自主就給李氏行了大禮。大概這位李氏是名門淑女，美貌與智慧並重，郭槐自慚形穢。後來賈充每次出門，郭槐都派人跟著，唯恐他去見這位出色的前妻。賈充在官場上玩轉權術，平步青雲，一生順遂，對著老婆竟卻一點辦法也沒有，什麼手腕都使不出來，也算是一物降一物吧！

【西元二七六年～三三九年】

王導

與皇帝共坐龍椅的大臣

導言

西晉末年，天下大亂，最後一個皇帝晉湣帝司馬鄴被匈奴擄走，名門之後的王導當機立斷，擁晉王司馬睿在江南建立東晉王朝，輔佐元、明、成三朝，對穩定東晉初期的局勢以及後來南朝的繁盛，發揮了巨大的作用。

王導，字茂弘，小名阿龍，琅琊郡臨沂縣人。他出身世族大家，從小有遠見，與皇室成員司馬睿交好。永嘉元年（西元三〇七年），司馬睿移鎮建業（即建康），王導跟隨他南渡，事事出謀劃策。在王導的一手策劃下，成功打響了司馬睿的知名度，拉攏了傲慢的南方世族。王導制定了一系列行之有效的方針政策，受司馬睿和朝中上下尊稱爲「江南仲父」。大興元年（西元三一八年），司馬睿稱帝，王導成爲丞相。東晉王朝文有王導，武有王敦（王導的從兄），其他重要官職也多在王氏手中，因此而有「王與馬，共天下」的說法。

永昌元年（西元三二二年），王敦攻入建康，被王導大義滅親。晉元帝病死後，明帝即位，王導受遺詔輔政；明帝死，又與庾亮等同受遺詔，一起輔佐幼主晉成帝，成爲三朝元老。他爲政仁厚寬容，極力調和皇室和世族、南北世族之間的矛盾，穩定了東晉的偏安政權，從此開創南北對峙的政局，後來南朝的繁榮遠過於北朝，與王導有莫大的關係。

生長在名臣和皇親之間

王導出身於琅琊王氏這個晉朝最爲顯赫的名門望族，他的族兄王衍官至司空、司徒、太尉，乃是朝中數一數二的重臣，他的祖父和父親也都是西晉高官。王導生活在這樣一個自西漢以來就世代爲官的世族大家，從小就受到嚴格的專業官場訓練。王導小小年紀即表現出高遠的見識，雖然他家族裡的小兄弟們都非常出名，但善於識人的高士張公見到他們後，獨獨稱讚王導說：「這孩子的相貌志氣不凡，以後定是出將入相的人才。」長大一點後，王導很自然地就進入了仕途。

王導自幼和掌握大權的父兄周旋於司馬皇室宗親之中，其中司馬懿的曾孫、琅琊王司馬睿和他特別投契，結成了好友。司馬睿雖是皇族，卻非晉武帝直系，不受重視，名望不高，也沒有實際的兵權。但王導是個卓有遠見的政治家，早在八王之亂初期，他就看出此後天下必將大亂，力勸司馬睿遠離政治權力鬥爭中心，專心培植實力，將來可以利用皇族名分做一番大事業。司馬睿自己雖無多大才能，卻知識人，非常器重王導。永嘉元年（西元三〇七年），司馬睿受命鎮守建業（後改稱

你不可不知的王導

▲西元307年，隨司馬睿南渡。

▲西元318年，擁司馬睿稱帝，擔任實際上的宰相。

▲西元322年，鎮壓從兄王敦的叛亂。

▲西元323年，輔佐晉明帝。

▲西元324年，二次鎮壓王敦之亂。

▲西元325年，輔佐幼主晉成帝。

▲西元328年，平定蘇峻之亂。

▲西元338年，任太傅、宰相，掌握軍政大權。

建康），王導跟著他南渡，一直幫他出謀劃策，司馬睿對他也是言聽計從。

策劃大型公關活動的能手

司馬睿剛到建業時，江南的大世族沒有人把他放在眼裡。當時南北世族之間成見極深，主要是西晉滅吳後，長期排斥南方世族，而現在北方世族避難南下，便也遭到江南顧、陸、朱、張、沈、周等大世族的輕視，被稱爲「傖父」（南方人對北方人的戲稱，意思就是鄉下老爹）。過了一個多月，還是沒有江南世族上門拜會司馬睿。

王導作爲一個老練的政治家，認爲這種情況十分堪憂，必須迅速打響司馬睿的知名度，提高威望，才能聯合南方世族，眞正在江南發展勢力。於是他就策劃了一個大型活動來隆重推出司馬睿，亦即在三月初三的「禊節」搞一個華麗的儀仗隊，務必一鳴驚人。

「禊節」是當時江南的盛大節日，男女老少都會到水邊祈福祛災，非常熱鬧，是個極佳的宣傳場合。事先王導跟從兄王敦商量好，要借助手握重兵的王敦之威名來震懾大家。到了那天，司馬睿以國家元首的規格出遊，乘坐金壁輝煌的肩輿，極具威嚴，一看便有帝王之相，最關鍵的是他身後跟著名將王敦、名臣王導以及一大群北方名士。南方的望族顧榮、紀瞻等看見這種聲勢，非常震撼，紛紛在路邊下拜行禮。

司馬睿一炮而紅後，王導立刻著手進行下一步的回訪活動，親自拜見南方世族裡最年高德勳的兩位名士，請他們出來做官。這樣一來，吳地的士人紛紛跟從，南方世族從此歸附司馬睿，成爲後來東晉政權的重要分子，王導一手策劃的強龍壓倒地頭蛇的活動，圓滿收場。史上用這種大規模的儀仗隊出巡作爲公關手段，獲得地方人物的支持，最終成功建立政權的，王導毫無疑問是第一人。

方言秀取悅南方人

北方和南方世族一直存在很大的矛盾，互相看不起，王導一直努力的想改善雙方關係，聯合南北世族。比如他雖是中原人，卻勤奮自學吳語，並利用各種機會顯示。一次，他聽說南方名士劉惔來訪，那時正值炎夏，就故意在院子裡光著膀子，用肚皮偎著冰涼的石棋盤說：「何乃渹！」「何乃渹」是吳方言，意思就是「好涼快啊！」王導的賣力作秀留給劉惔很深的印象，劉惔回去以後，有人問：「你覺得王導這人怎麼樣？」劉惔說：「沒有特別的，會講幾句吳語。」

國外明星來臺灣演出，也喜歡講幾句：「你好！」之類的。政界、娛樂圈，要博得大家歡心，講方言還是挺討喜的。

由於「北佬」和「南蠻」之間成見太深，王導的努力還是遭到一些挫折。他曾向南方世族陸玩提出要結爲兒女親家，想實現第一樁南北世族之間的通婚，結果陸玩咬文嚼字的羞辱他說：「小山上長不出松柏，香草和臭草不能擺在一起，我不能開亂倫的先例。」

南方世族分爲兩種，一種是文化世族，另一種是武力強宗。後者以周玘爲代表，他一度打算起兵，用南方世族取代北方世族執政，失敗後大病，臨死前對兒子周勰說：「我是被那些北方傖子氣死的，你一定要爲我報仇。」周勰果然與族兄弟周續打算攻打王導，王導派周續的族弟周莛用計平亂後，並未加以追究，對南方世族採用了以南制南的策略，並始終忍讓，對穩定東晉初期的政局產生很大的作用。

與皇帝共治天下

王導爲司馬睿制定了一連串施政綱領，涵蓋了經濟、政治、外交等各方面。司馬睿對王導越來越倚重，稱他爲「朕的蕭何」。王導逐漸成爲江東新政權的實際核心，朝野上下都非常敬佩他，叫他「仲父」，地位、權力、聲望均無人能與之相提並論。

建興四年（西元三一六年），西晉的末代皇帝晉愍帝司馬鄴被後漢劉聰擄走，司馬睿成了晉王朝唯一的合法代表，理所當然的江東政權代理人。西元三一七年底，飽受羞辱的晉愍帝被殺。西元三一八年，司馬睿在建康即位，史稱晉元帝。王導晉驃騎大將軍、儀同三司，也就是宰相。實際上，此時臣強君弱，王導的權力遠大於一般意義上的宰相。在隆重的登基典禮上，司馬睿當眾向王導提出要求共坐御床，接受百官朝賀，王導再三推辭，司馬睿才沒有勉強他。這就是歷史上著名的「王與馬，共天下」。原來，晉元帝除了皇室血統外，沒有別的憑藉，政治上依靠王導，兵權在王敦手裡，重要官職也都屬於王氏。後世有人認爲，司馬睿表面上看似尊王導，實則藉此在表示不滿。

果然，晉元帝在即位當年，就採取了一些較爲嚴峻的措施，打擊地方豪強，走韓非子的法家路線，與王導的「清靜爲政」道家路線大相徑庭。王導雖然勢力很大，但始終沒篡位念頭，不過他看到晉元帝在施政方面與自己存在很大的分歧，也並不讓步。他派出八部從事巡行各郡，表面上貫徹實施晉元帝的政策，但實際上卻推行自己的方針。然而，東晉政權的確建立在南北世族的支持基礎上，如果採取嚴刑峻法，也許能收到一時的效果，但很快會招致反彈。王導努力調和皇室和世族之間、南北方世族之間的矛盾，穩定了東晉政局。但同時也可看出，司馬睿也許是歷史上最沒有權力的開國皇帝。他的舉措跟王導這樣老謀深算的大政治家一比，就如同小孩子鬧脾氣。

大義滅親殺王敦

晉元帝想削弱王氏勢力，於是重用善於逢迎的劉隗和刁協作心腹，並暗中做了一些舉措，包括軍事布置。王導逐漸被疏遠，但他仍態度從容，不以爲意，有識之士都稱讚王導寵辱不驚。但是他的從兄、手握重兵的王敦可不像他這麼沉得氣，王敦本來就是個野心家，這下趁機作亂，在永昌元年（西元三二二年），以清君側、替王導訴冤爲藉口，舉兵攻入建康，殺了刁協，劉隗逃亡。王導贊成王敦清除佞臣小人，但當王敦流露出篡權之意時，王導厲聲反對，維護皇室。王敦無奈，只好退回武昌。

太寧元年（西元三二三年），司馬睿病死，晉明帝司馬紹繼位，王導受遺詔輔政。王敦認爲有機可乘，再次圖謀篡位。這時王敦忽然病重，由兄長王含擔任元帥。王導堅決抵抗，寫信給王含說：「寧作忠臣而死，不願作無賴而生。」派兵殺得王含軍隊大敗。王敦一氣病死，王含父子被殺。王敦雖有謀反罪名，但王導卻因大義滅親、保衛皇室有功而再次升遷，琅琊王氏依舊是江東第一名門望族。

糊里糊塗的三朝元老

太寧三年（西元三二五年），司馬紹也病死，幼主晉成帝司馬衍繼位，王導與外戚庾亮共同輔政。晉成帝年紀不到十歲，誠惶誠恐的崇敬王導，每次見了都向王導下拜，每次下手諭，都寫上

「惶恐言」三個字；詔書中也要添上「敬問」的詞語。做大臣做到好像皇帝的父親一樣的程度，在歷史上算是極爲罕見的了。

但後來由於掌握兵權的陶侃病逝，庾亮接任。他早就不滿王導，這時再也按捺不住了，寫信給一些大臣指責王導年紀這麼大了還不讓位，還一副皇帝老師的樣子。有人勸王導提防庾亮，王導鎮定的說：「我和庾亮休戚與共，謠言應止於智者。就算你說的是眞的，那麼庾亮來的時候我回家當平民好了，有什麼好怕的！」王導雖然一副淡泊寧靜的名士風範，眼看朝中攀附庾亮的人越來越多，王導心裡也有點不平，常常在西風吹起塵土的時候，舉起扇子遮著臉說：「庾亮搞起來的塵土眞是髒死人了！」

王導老了以後，處理政事十分懈怠，常常不打開文書就批准了，朝中議論紛紛，王導卻說：「大家都說我糊塗，後人當思此糊塗。」咸康五年（西元三三九年），王導病逝，終年六十四歲。王導爲官清廉，仁愛寬厚，善於調節各方矛盾，一生輔佐了元、明、成三朝，對穩定東晉局勢發揮了莫大作用。

謝安

【西元三二〇年～三八五年】

比明星更擅作秀的政治家

導言

當歐洲中世紀的上流社會衣香鬢影、追求騎士風範之時，中國的魏晉文人也過著一種優雅的生活，以吟詩作賦、聽琴繪畫爲樂，寄理想於山水，時而瘋狂桀驁，時而平靜沉默，其言談容止爲後世緬懷不已，這就是「魏晉風度」。作爲魏晉風度的代表人物，謝安的謀略、城府、才華，都使他成爲當之無愧的名相。能在普通士人和朝廷之間同時享有如此高的名譽，數魏晉人物，也唯有謝安了。

謝安出身高貴，所謂「舊時王謝堂前燕」，說的就是王家和謝家兩個超級集團，他們幾乎占據了當時東晉政權所有的核心部門，甚至皇上都要讓他們三分。謝安含著金匙出生，但對做官興趣不大，平日遊山玩水，到了四十歲才出仕。一出來便被人當作鳳凰一樣捧著，哪怕是權臣桓溫，亦以有這樣的名士做下屬爲榮。謝安在位不像其他名士浮虛，做了許多實事，尤其是淝水一戰，更是贏得生前身後名。

人生最要緊的是見好就收，打完了淝水之戰，過了兩年，謝安就過世了。但他以個人修養和魅力，成爲東晉貴族子弟的行爲榜樣，留給後人無盡的遐想。專門記錄魏晉人物的《世說新語》中，關於謝安的德行、修養、雅量、容止、言語等，就有一百多個故事，足見他的魅力。

製造聲勢的高手

當普通人還在呀呀學語，四歲的謝安就已表現出才子的潛力，名士桓彝見到他，大爲讚賞，說：「這個孩子風神秀徹，趕得上當年的王東海（王承，東晉初年名士）了。」道出名人堆裡的謝安，硬是脫穎而出，上至宰相王導，下至名流劉眞長、王羲之、王蒙、支遁都對謝安有極高評價。

這樣一個神童，長大了卻沒有選擇同輩人常走的出將入相之路，反倒忙不迭地提前享受退休生涯。他在浙江紹興上虞縣西南四十五里的東山建了豪宅，常常邀兩三知己遊山玩水，以此自娛。

西元三五三年，大書法家王羲之發起了著名的蘭亭集會，謝安亦是這場名流聚會的賓客之一，名聲越發響亮。

常言道「三十而立」，然而早過了三十歲的謝安並不著急，放到今日，這無疑是個紈褲子弟、坐吃山空的二世祖。但在當時，謝安不出仕，反而增添了無盡的神祕感，這讓多少想當官而找不著門路的人生氣，放著這麼好的機會，卻主動放棄，這不是擺架子嗎？

你不可不知的謝安

▲西元353年，參加蘭亭聚會。

▲西元360年出仕。

▲西元372年，化解桓溫軍變危機。

▲西元374年，官拜相位，任尚書僕射兼中書令。

▲西元376年，改任中書監、錄尚書事。

▲西元西元383年，淝水大捷。

太不把普通群眾放在眼裡了。就連朝中大臣也不滿了，接連上疏指責謝安，朝廷因此做出了對謝安禁錮終身的決定。

最後，一向沉得住氣的謝安老婆都著急了，猜不透他玩的是什麼花招。

雖然朝廷對謝安各執一詞，議論紛紛，但當時的名士都對謝安寄予厚望，以至時常有人說：「安石不肯出，將如蒼生何？」謝安當不當官，已經上升到天下蒼生的程度了。姜子牙八十歲當官，此前狼狽不堪，做啥都不行，謝安只是穩坐釣魚臺，卻已經魚兒滿河溝了。

家族的救星

四十歲的時候，謝安終於出仕了，其實也是被逼無奈。弟弟不爭氣，打仗失敗被革職，哥哥又去世了，謝家要想維持榮耀，謝安就必須出馬。其實早在謝安出仕之前，當時的宰相司馬昱（後即位爲簡文帝）已經說了：「謝安既然肯與人一起遊玩同樂，也不會不與人同憂，以後會出來的。」

當時的大將軍桓溫聽到謝安出仕，立即邀請他擔任自己帳下的司馬。這本是平常的應聘，但因爲主角是謝安，引起了朝野轟動，無數人前來觀看這場就任儀式。桓溫自然是最開心的，不管這個名士的裡子如何，至少面子已經掙到了。但無論別人如何炒作此事，謝安依自然如舊，面色如常，爲此，桓溫自豪地對手下人說道：「你們以前見過這樣的人嗎？」

一次，謝安推薦同鄉有才之人做官，人數不少，桓溫頗爲猶豫，但是負責人事的說話了：「將軍也別猶豫了，既然是謝安推薦的，就全部錄用吧。」

這樣優渥的用人環境，謝安想不升職都難，不消幾年，便已快與桓溫平起平坐了。

高明的談判技巧

爲什麼謝安在當時有如此盛名，有比較才有鑑別。比起那時晉朝普遍存在的「清談」之風，相較那些只管清談不幹正事的大臣，謝安做吳興太守時，就已經挖水塘，大興水利建設，他是那種外做清談、內修務實的政治人才。

謝安非常清楚晉朝的境遇。內有權臣桓溫虎視眈眈，外有強敵伺機以待，如何維持兩者的平衡，讓晉朝繼續生存下去，是最大的難題。

西元三七二年，孝武帝繼位。原來滿心期待著皇帝臨終前會把皇位禪讓給自己的桓溫大失所望，便想著進京發動政變；次年，他帶著一批人馬，來到建康城外的新亭，下令召見謝安和王坦之。

當時，不僅京城內人心惶惶，就算有「揚州獨步王文度（坦之字文度）」美稱的王坦之也非常害怕，抖如篩糠，手中的朝板也拿顛倒了，只有謝安神色不變地說：「晉朝存亡，在此一行。」

在與桓溫的會面中，謝安充分發揮了先入爲主的氣勢，以靜制動，他無視四周壓抑的氣氛，對桓溫說：「我聽說有道的諸侯設守在四方，明公何必在幕後埋伏士卒呢？」向來殺伐決斷的桓溫遲疑了，這一遲疑，氣勢已經輸掉了，考慮到謝安的影響力，看到謝安如此鎮靜，只得下令撤除了埋伏，談笑間解除一場政治危機。這場談判，謝安維護了晉朝的穩定和平安，其鎮靜的氣度亦載入《世說新語》，成爲傳世美談。

心理戰術勝於八十萬大軍

論起謝安的鎮靜，其實早已有之。

史書上記載，有一次他和幾位名士坐小船，江上忽然狂風大作，小船在驚濤駭浪中飄搖，眾人都嚇壞了，急叫船夫靠岸，但謝安卻神態悠閒地哼著歌，於是船夫也沒靠岸。過了一會風浪更急了，大家都嚇得站起來，不敢坐著，這時謝安才從容說：「既然這樣，就上岸吧！」而這種鎮靜在淝水之戰中發揮到了極點。

西元三八三年，前秦苻堅以八十萬大軍兵臨城下，而東晉只有八萬兵力以對之，整個朝廷頓時慌作一團，但擔任軍事總指揮的謝安卻依然泰山崩於前而色不變。甚至荊州刺史桓沖怕建康兵力不足，派了隨身親兵三千精銳東下支援，也被謝安拒絕了。桓沖歎道：「謝安這個斯文宰相，根本沒有將才，遲早壞了大事！」

不僅桓沖，戰鬥即將開始之際，大將謝玄心中也是惶惑不安，向謝安請示，但謝安只是說「已經有安排了」，就跑到別墅大宴賓客，謝玄只得跟著去。白天吃喝玩樂，晚上繼續下棋，讓謝玄丈二金剛摸不著頭腦。直到半夜，看到謝玄已經到了爆發的邊緣，謝安才開始分配任務。

爲什麼白天玩樂，晚上幹活，其實這是謝安的心理戰術，之所以拒絕桓沖公開調兵，也是如此。不能不說，運用心理戰術是謝安的擅長，無論是桓溫還是前秦苻堅，都吃虧在這上面。

當晉軍在淝水之戰中大敗前秦的捷報送到時，謝安正在與客人下棋。他看完捷報，便放在座位旁，不動聲色地繼續下棋。客人憋不住，問他有什麼事情，謝安只是淡淡地說：「沒什麼，只是孩子們打了勝仗。」這種鎮定只維持到客人告辭，謝安終於抑制不住心頭的喜悅，跑入內室大笑，碰斷了木屐底上的屐齒也沒察覺。

謝安的這種做法，後世不免覺得有矯情、作秀之嫌。但在當時那種令人絕望的懸殊情況下，這正是最好的解決方式——安定人心，做最好的準備，接受最壞的結果。

風尚指標，潮流人物

當時的東晉，容貌長得好壞對前途頗具關鍵。翻開一部東晉史，儼然就是帥哥史，進入東晉政權核心者幾乎沒有一個醜男，即使面相醜陋者也至少有奇才，可名列史冊。

謝安顯然是才貌雙絕的，《世說新語》關於他容貌、氣度的描述有「風神秀徹」、「弘雅有氣」、「風神調暢」等，頗多褒獎。不僅如此，謝安還是個琴棋書畫無一不精的全才。論繪畫，他收藏了顧愷之的畫，稱讚其畫是「自生人以來未有也」。論書法，曾經跟王羲之學草書，並與其不相伯仲，在行書、隸書方面都有很高造詣。這樣一個人，隱居時是風流名士，爲官時是顯赫宰相，沒有理由不成爲當時的明星人物。

謝安有一位同鄉，因缺少回鄉的盤纏，僅有五萬把蒲葵扇，但又因時令不合無法賣出。謝安不知有意還是無意，就拿了一把扇子，手繪起來當作裝飾，結果京城不論士大夫還是普通百姓都爭相購買，一時扇價倍增，不到一個月，五萬把蒲扇便銷售一空。

扇子要模仿，說話更要模仿，晉朝人因懷念河南故土，常學作洛陽一帶書生詠詩聲調。謝安講話本就帶有祖籍河南腔，但是不湊巧有鼻炎，結果語音渾濁。但他這個四不像的腔調也被人紛紛模仿，爲了發出那種模糊渾濁的調子，大家都捏著鼻子作謝安腔，一時眾人鼻頭均紅紅示人，這就是有歷史記載的「洛下書生詠」。

更瘋狂的事情還有，有一個叫裴啓的人寫了一本《語林》之書，謝安看了覺得有言語不實的地方，就斥之爲「裴氏學」，於是所有人都鄙視這本書，搞得這本書現在已經失傳了，這般威力，比今日的追星族可謂有過之而無不及。難怪南齊時的政治家王儉說：「江左風流宰相，唯有謝安一人而已！」這種影響持續到百年以後，一個叫李白的文學青年對謝安非常仰慕，寫了無數關於謝安的詩歌，此人偶像魅力儼然穿越了時空。

陶侃

【西元二五九年～三三四年】

小人物奮鬥的奇蹟

導言

比起陶淵明，曾祖陶侃的知名度實在略遜一籌，但對於東晉王朝來說，陶侃的重要性卻遠遠超過陶淵明。他是東晉的開國元勳，官至大司馬，封長沙郡公，功勳僅亞於王導，史學家把陶與王相提並論，比作周朝夾輔王室分陝而治的周公和召公。而與王導不同的地方在於，陶侃出身寒門，靠個人奮鬥踏入政壇，四十多歲才謀得一個小縣令，其努力過程是那些貴族無法想像的。如果沒有八王之亂，沒有戰爭引起的局勢動盪，或許陶侃在當時門閥政治的重壓下，終其一生只是個碌碌無能的小吏。幸運的是，戰爭讓他成爲司馬王朝的有力武器和軍事保障。

在東晉複雜的政治權力鬥爭中，尤其是貴族蔑視不屑的眼光中，陶侃透過自己的軍事才能贏得了步步高升，但無論是在做太守還是任大將軍，他都處於高度警惕之中，「小心謹愼」、「細緻縝密」是別人給他最多的評語，也是歷史的評價。在他將近四十年的征戰生涯中，正是依靠這兩點，他打贏了很多場戰爭，同時在政治上站穩了腳跟，打破了「上品無寒門、下品無世族」的藩籬，擠入上流社會的門檻，這在門閥政治發展到頂峰的東晉，無疑是個奇蹟。

晚年的陶侃雖位極人臣，但卻沒有涉入到朝廷權力鬥爭中，其實這是明智的選擇。陶侃深知，只有遠離鬥爭核心，才能保住子孫的前途。無論如何，陶侃是後世所有白手起家的年輕人的奮鬥榜樣，而《世說新語》裡所記載的這個奮鬥者的軼事，是他留給後人最大的財富。

名留史冊的母親教誨

陶侃的母親湛氏很有名，爲了兒子的教育，這位母親可謂煞費苦心。

有一次，同郡舉人范逵遇大雪，剛好寄居在陶侃家，如何招待貴客，陶侃一籌莫展。這時，陶母決定剪掉頭髮換錢用，不僅如此，陶母還揭床鋪，將禦寒的稻草搬來餵范逵的馬。要知道在古代，講究「身體髮膚，受之父母，不敢毀傷」，陶母這樣做，可是很大的付出和奉獻，「截髮留賓」自此成爲千古美談。

後來，陶侃做了一個小官，有人跑去送一陶罐醃製的小魚給母親。陶母把魚甕封好交給來人，回信責備陶侃說：「你做官，把官家的東西送給我，不但沒有好處，還會增加我的憂慮。」

這些事蹟留在《世說新語・賢媛》和《晉書》裡，陶母由此得名，與孟母、歐陽母、岳母一起

你不可不知的陶侃

▲西元296年，來到洛陽尋找機會。

▲西元300年，補任武岡縣令。

▲西元303年爲南蠻長史，大破張昌起義軍。

▲西元314年，滅杜弢義軍失敗被免職，旋而復職。

▲西元325年，任荊州刺史。

▲西元328年，被推爲各路晉軍盟主，討伐蘇峻。

▲西元332年，任大將軍。

▲西元334年因病去世，享年七十六歲。

被尊爲中國古代「四大賢母」。

抓住每一次機會

今日看來，陶母的舉動確實有些瘋狂，爲了招待客人吃頓飯，不惜付出這麼大的代價，但這種付出卻爲陶侃的前途埋下了最好的伏筆。

放到現在，這也是最上等的待客之道，「截髮留賓」之後，范逵離開時，陶侃又追出去送了一百多里路。范逵極爲感動，爲了表達心意，臨別時問陶侃：「你想當官嗎？」陶侃一看機會來了，趕忙回答：「想是想，就是沒有門路。」范逵沒有白白吃喝，特地向廬江太守張夔推薦了陶侃，並稱讚其母是多麼的賢德，有這樣的母親，兒子絕對出色。在當時沒有科舉，「推薦」是寒門改變自身命運最好的途徑，就這樣，陶侃被召爲督郵，即代表太守巡行屬縣的小官。

陶侃做官相當盡職，對張夔的知遇之恩更是傾心報答。張夔老婆有病，需要從幾百里的地方請醫生，當時正有大風雪，一干幕僚下屬面面相覷，只有陶侃說：「我對您就像對待自己的父親，您的夫人就像我的母親，怎能有父母生病兒女還不盡心的呢？」遂挺身而出，冒著風雪請來了醫生。

後來，長沙太守萬嗣路過廬江，見到陶侃，陶侃的接待工作做得特別到位，虛心熱情，謙恭周到，讓萬太守大爲驚訝，臨別時對他說：「你日後定會成名。」隨後不久，陶侃即被張夔舉爲孝廉。靠這種身分，西元二九六年，陶侃來到洛陽，開始找機會認識上流社會。

小人物的發跡史

洛陽不比廬江，陶侃的身分和容貌就是問題。身分寒微不說，陶侃還是少數民族，容貌與漢人大爲不同，這使得他的求職過程極爲艱辛。陶侃明白自身的劣勢，唯有投靠世族，才能在官場上站住腳，爲此，他特地去求見司空張華。但張華卻非常疏遠，不怎麼搭理他。陶侃倒也非常耐心，多次求見，不以爲意，終於得到了張華的垂青，做了郎中。

雖然陶侃的才華普遍得到承認，但因爲出身問題，還是被瞧不起。當時預章國郎中令楊晫與陶侃一起去拜訪中書郎顧榮，一位世族子弟當場就發難：「怎麼與這樣的人在一起？」有人推薦陶侃的才華，也經常遭到非議。

在洛陽待了五、六年，陶侃依然毫無作爲，而西晉的內亂愈演愈烈。洛陽內外已成爲兵家必爭之地，江東貴族紛紛返家避亂。此時的陶侃認識到，在洛陽的這種門閥政治下，他是難於出人頭地的，必須到新的地方尋求發展。此時恰好在別人的推薦下，陶侃補任武岡（荊州南部）縣令。這算是一個小有職權的官職，雖然陶侃已經四十多歲了。

若非戰爭，陶侃很可能永無出頭之日，非常態的年代就要用非常規的手段脫穎而出。陶侃在鎭壓張昌起義軍的過程中表現出非凡的軍事才華，讓西晉皇朝抓住了一根救命稻草。荊州刺史劉弘也十分欣賞陶侃的能力，認爲他將會繼承自己的偉業。果不出劉弘所料，因爲鎭壓張昌起義有功，陶侃被封爲東鄉侯，食邑千戶。此後更當上了荊州刺史，眞成了劉弘的繼任者。

謹慎行事，深謀遠慮

從一無所有，靠母親截髮招待賓客做到小吏，再從縣令做到刺史，權傾一方，但難得的是，陶侃不僅沒有「人一闊，臉就變」，反更爲低調謹慎。

別的將領打仗勝利，自然是按照軍銜分賞，而陶侃與眾不同，凡是有所繳獲，都分給士卒，自己分毫不取；衝鋒陷陣就身先士卒、義無反顧。武將多外向粗放，但陶侃無論做什麼事，都有詳細長遠的計畫。

陶侃戰績的不斷增加，引起了當時的大貴族王敦的疑忌。爲了削減陶侃的軍事實力，王敦把陶侃派到偏僻的廣州任職。

廣州遠離京城，按說這個職務就是閒職，有人或許就在此養老了，但年近半百的陶侃依然思謀著東山再起。爲了防止自己精神懈怠、意志消沉，陶侃想了個方法：每天一早，他親自將一百塊磚頭運到室外，傍晚時分，又把磚頭一塊塊地搬回室內，每天都堅持這樣做。這種舉動讓陶侃的部下覺得既荒唐又可笑，但陶侃另有一番道理：「大伙都在準備恢復中原，可現在生活過於安逸，恐怕今後難以擔當大事，所以要不斷上進！」這就是「生於憂患，死於安樂」的陶侃版本，由此，陶侃愈發出名了。

因爲自小出身貧苦之家，陶侃不像其他士大夫講求清談，相反對此非常厭惡。在其他世族看來，他節儉慳吝到極點，不懂吃喝玩樂，根本就是個「農民」，但在某些時候，農民的「節儉」作風又發揮得恰到好處。有一次，工人在製造戰船時，留有許多木屑和竹頭，本來掃掉也就完事了，但陶侃下令造船的工人，把這些木屑和竹頭全部掃起來收好。當時大家只覺得麻煩，忍不住心裡抱怨。第二年春天，一連下了幾天大雪，積雪融化時，地面又濕又滑很難走。這時候，陶侃叫人把原先收藏的木屑拿出來鋪在路面上，行人走起路來果然方便許多。幾十年後，桓溫爲荊州刺史。伐蜀造船時，缺少釘子，陶侃儲藏的竹頭又發揮了作用。

小到竹頭木屑，大到設城駐兵，陶侃行事考慮都異常愼密細緻，所以後世有人稱讚他的仔細謹愼，甚至能與諸葛亮媲美。

政治風雲變幻，我獨巍然不倒

平定了大大小小的叛亂，陶侃逐漸進入東晉王朝的政治核心。但是滿朝文武，像他這樣靠自我奮鬥出身的人實在太少了，不是姓謝就是姓王，都是權臣貴族。陶侃必須在變幻莫測的政治風雲中，既維護自身安全，同時一展抱負。「牆頭草，隨風倒」，雖然形容陶侃有點不堪，但在當時，對陶侃這樣一個沒有貴族出身的高級將領而言，卻是非常重要。

最初，陶侃與一個權臣華軼關係不錯，侄子陶臻還當了華軼的參軍。但隨著華軼與司馬睿矛盾越來越尖銳，陶侃也有所變化，最後終於背棄了華軼，後者兵敗被殺，陶侃也官升龍驤將軍、武昌太守。儘管這有違忠義，但在當時，司馬睿是貴族，地位高於華軼，時人並不覺得有何不妥。

陶侃與貴族王敦的關係更是一波三折，恩怨夾雜。是王敦發現並任用陶侃，但也是他對陶侃的屢立戰功感到特別不安，屢次起了殺心。幸虧陶侃與周訪有姻親關係，後者的權力亦不能忽視，王敦才改變主意。這在陶侃的政治生涯中無疑是非常驚險的一次經歷，連夜逃出的陶侃見到周訪，一向嚴謹的他也不免放聲大哭，說：「如果不是你支援我，我早就不行了。」

世族們不會允許一個寒門總攬東晉朝權的。陶侃明白自身處境，做任何事情總不能完全放手，當然更不敢輕易侵犯世族權益。但這種小心謹愼爲陶侃贏得一個風光的晚年，當其他爭權奪利的貴族或死或貶，黯然退場，陶侃以七十六歲高齡善終，並得無數追贈，不能不說是個奇蹟。當然，從他最初的奮鬥，在軍中四十一年，衝破門閥政治，當上東晉炙手可熱的荊州刺史，成爲一代名將，整個人生即是一部傳奇。

王猛

【西元三二五年～三七五年】

捉虱作秀選，擇明兩不誤

導言

魏晉十六國時期，後人以「五胡亂華」稱之。彼時少數民族異軍突起，強烈威脅到北方的東晉，但也正是這個時代，無數人才風起雲湧。這些人中最有成就者，皇帝莫過於苻堅，其功績和心胸都足可以和三國的曹操相比，甚至某些方面遠遠勝之。而苻堅之所以取得如此大的功績，大部分是因爲他的首席謀士兼好兄弟王猛。

東晉時期，世族統治發展到巔峰，所謂「上品無寒門，下品無世族」，彼此界限明顯，涇渭分明。王猛的出身雖寒微，卻非常懂得經營自己，做好學問、通曉國家大事之後，他不像一般寒士那樣爲了一個芝麻官汲汲求之，而是找個地方隱居起來，以積極入世的姿態過出世的生活，尋求有心人的垂青。直到碰見苻堅，王猛大刀闊斧，整頓吏治，提倡漢化，發展生產；並南攻荊州，北伐涼州，滅了前燕和前涼，幾乎將長江以北都占領了，連鮮卑的慕容垂都俯首稱臣。這時的前秦達到了頂峰，占據了中國的大半個版圖。

如果王猛未死，前秦不會遭遇淝水之戰，其南下滅晉達成統一將是遲早的事。從某種意義上說，王猛改變了歷史。後世對於王猛的評價也很高，歷史學家范文瀾認為，王猛是苻堅最親信的輔佐，在將相群中也是第一流的將相，而柏楊更認為王猛乃超越諸葛亮之人。

要釣就釣大魚

王猛是有為青年努力奮鬥的好典型。論出身，王猛實在很一般，父母都是普通百姓，因為戰亂四處逃避，家中沒有半點資產，成年的王猛只好靠賣簸箕為生。但儘管從事低微的職業，王猛絲毫不自卑，心比天高，對瑣細之事不甚關心，更不屑於與俗人打交道，這種想法和作派時常遭到貴族子弟的輕視和恥笑。

當王猛四處遊學、推銷自己時，還是碰到了兩三個知音。後趙的徐統覺得這個年青人有點奇異，便想讓他做功曹。但王猛卻拒絕了，因他自覺有濟世之才，怎甘做一個小小的軍曹。王猛不遇到名主誓不甘休，絕不低就，乾脆跑到華陰山隱居起來。

西元三五四年，荊州鎮將桓溫北伐，擊敗苻堅，駐軍灞上，老百姓前呼後擁，爭著犒勞。正在隱居中的王猛聽到了這個消息，也跑來看桓溫。在桓溫面前，王猛

你不可不知的王猛

▲西元354年，與桓溫會談。

▲西元356年，見苻堅，三十一歲出仕。

▲西元357年苻堅稱帝，王猛被任命為中書侍郎。

▲西元361年，一年連升五級。

▲西元366年，攻東晉、伐羌族、戰前涼取得勝利。

▲西元369年，敗前燕。

▲西元372年，委任一切軍國大事裁奪之權。

▲西元375年，積勞成疾而亡。

毫不恭敬，相反地，還一面在破舊的粗布衣服裡捉著蝨子，一面縱談天下大事，滔滔不絕，旁若無人。史書上記載王猛英俊魁偉，雄姿英發，為人謹嚴莊重，深沉剛毅，但這次亮相，帥哥顯然早有計劃，不惜自毀形象。

王猛的目的達到了。這種看似不雅的行為，頗有魏晉名士風度之味。桓溫見此情景，心中暗暗稱奇，脫口問道：「我奉天子之命，統率十萬精兵仗義討伐逆賊，為百姓除害，而關中豪傑卻無人到我這裡來效勞，這是什麼緣故呢？」王猛直言不諱地回答：「您不遠千里深入寇境，長安城近在咫尺，而您卻不渡過灞水去把它拿下，大家摸不透您的心思，所以不來。」其實桓溫心裡打的不是統一的算盤，而是保存實力，東晉稱權。王猛一語即中，讓桓溫刮目相看，當即發出橄欖枝，希望他成為自己的幕僚。

但在這個絕好的機會面前，王猛又一次拒絕了，桓溫不是理想的輔佐對象。他還要繼續等待，直到他碰見了前秦的苻堅。

法制社會的誕生

苻堅當了新朝皇帝，此時的王猛只是中書侍郎，在一堆大小官員間並不顯眼。而到基層始平縣擔任縣令的工作成績，徹底讓王猛為苻堅了解而賞識，走上了光明的仕途大道。

始平地方不大，但名氣卻很大，因為這裡的豪門貴族太多了，大官滿街走，而一個初出茅廬的王猛，出身寒微，怎敢在太歲身上動土？但王猛不僅動了土，還殺一儆百，到任沒多久就把一個官吏鞭笞至死。這下子可捅了婁子，於是到處都是上訪告狀的，還有人立即就把王猛捉了直接送到京城面聖。

苻堅心想，「這人，本以爲是個賢人，怎麼一上任就大開殺戒？」於是親自審問。王猛卻不慌不忙：「治亂世要用重典，如果不能除掉那些殘暴之徒，誰還敢爲國家賣命呢？我可不是一個酷吏。」領導者的氣魄就在這時展露出來，苻堅不再追究，還升了王猛的官職。而王猛並沒有就此甘休，當了首都治安長官，又開始拿太子黨開刀。

光祿大夫強德是強太后之弟，是苻堅的舅舅，領軍將軍的弟弟，乃首都一霸。王猛一上任就拘捕了他，進上奏章請求處理，沒等回覆，強德就已陳屍街市。苻堅見到奏章後迅速派使者來赦免強德，但爲時已晚。不僅如此，幾十天之間，被處死和依法黜免的權貴、豪強、王公貴戚有二十多人，震撼了朝廷上下。王猛的鐵腕政策徹底讓百姓和貴戚都明白了法制的威嚴。

這種轉變讓苻堅也極爲震驚，連連感歎說：「我到如今才知道天下有法律了！」

超級CEO

在古代，宰相在中央政府中扮演的角色，就相當於一個大公司的總經理、CEO（首席執行官）。但古往今來，在政治和軍事才能兩方面都突出的宰相實在太少了，王猛是箇中翹楚。無論文武，他都表現出傑出的才能。在階級森嚴的統治秩序下，王猛爲苻堅創立了薦舉賞罰制度，制定了新的官吏考核標準。雖然沒有後代那樣先進，但在當時已是很大的進步了，招來許多貴族的不滿。

王猛規定，凡是由地方官長分科推薦的孝悌、廉直、文學、政事的人才，必須上報中央，朝廷對被薦者一一加以考核，合格者分授官職；所薦人才名實相符者，則薦舉人受賞，否則受罰；凡是中級以上官吏，必須學有所長，掌握一門手藝，如果不通一經一藝，統統罷官爲民。這在那個講求武力至上的年代，提高了廣大群眾的智力水準，改善了官員的管理素質，給底層士人一個改變命運的機會。僅此一方面，前秦便超出競爭對手東晉不少。

更難得的是，王猛還是一個鐵血宰相、天才性的軍事家，在統兵征戰中表現出卓越的軍事才幹和大將風範。從西元三六六年起，他率軍攻東晉荊州，討伐叛亂的羌旅首領斂岐，一紙書信退張天錫的大軍，十幾個人入虎穴，生擒李嚴。截擊斬苻柳，攻拔陝城……簡直數不勝數，掃清了通往中原道路上的障礙。

更著名的是與前燕一戰，王猛以少勝多，以五萬軍隊對三十萬大軍，從早上一直打到正午，前燕軍崩潰，王猛取得了決定性勝利。出征前，符堅對王猛說：「我率大軍隨後就到。」王猛卻說：「滅前燕不需勞動陛下，請陛下備好難民營，收留因戰爭而逃亡的百姓就行了。」其自信可見一斑。歷史上作爲智囊，而有如此軍事成就的實在太少了。

難得的君臣模範

歷史上很難見到像苻堅和王猛關係如此密切的君臣。上級和下級之間有無眞正的友誼，是個經常被討論的話題，但在王猛和苻堅這裡，這問題卻得到了肯定答案。

王猛強烈打擊權臣，自然樹敵無數，一個叫樊世的豪強，當眾辱罵王猛，而爲了徹底樹立王猛的地位，苻堅就殺了樊世。在權力上，苻堅更是毫不吝嗇，絲毫沒有顧慮，前燕滅亡後，苻堅爲獎賞王猛，任命他爲都督關東六州諸軍事、車騎大將軍、冀州牧，領兵鎮守鄴城，並聽任他在六州範圍內便宜行事，郡守、縣令也由他自行選任，只須在事後向吏部通報即可。王猛推辭不受，多次上書，苻堅說了著實令人感動的一番話：「我和你的關係，在道義上是君臣，其實比骨肉還親，齊桓公有管仲，劉備有諸葛孔明，但朕覺得咱們的關係比他們更好。你幫我幹活，是分擔我的憂愁啊！」此後苻堅又派人多次說服王猛，王猛不得不答應了。

西元三七二年六月，苻堅讓苻融接替鎮守鄴城，把王猛調回京師，委任為丞相、中書監、尚書令、太子太傅、司隸校尉，授予王猛一切軍國內外大事的裁奪之權。所謂「一人之下，萬人之上」就是如此了，苻堅對王猛無比信任，王猛也不負重托，給了苻堅一個強大的前秦帝國。

但好景不長，西元三七五年六月，王猛積勞成疾。苻堅心急如焚，親自為王猛祈禱，並派侍臣四處祈禱。王猛的病情略有好轉，苻堅又欣喜異常，下令特赦死罪以下的囚犯。但到了七月，王猛終於不治而亡，苻堅三次臨棺祭奠痛哭，並對太子苻宏說：「看來蒼天是不想讓朕統一天下，為什麼這麼快就奪走了朕的王猛？」王猛死後，苻堅按照漢朝安葬大司馬大將軍霍光的規格，隆重安葬了王猛，並追諡他為武侯。

為什麼苻堅和王猛的關係如此密切，最重要的一點在於他們彼此信任，可能這也正是少數民族的豪爽之處，比起漢族統治者的猜忌和多疑，王猛無疑是幸運的。很多人把王猛和苻堅的關係與劉備和諸葛亮相比，但正如苻堅自己所說，他們的關係實在強過前者太多，如果在歷史上做一個君臣模範關係排名，王猛和苻堅絕對可以名列前三組。

王猛一死，苻堅等於少了定心丸，後來的淝水之戰，大敗而歸，就是因為沒有聽從王猛臨死前的忠告，「若王猛在，則天下必歸秦矣」——此句只能成為鏡花水月。

朱異

【西元四八三年～五四九年】

才華橫溢的千古奸臣

導言

在南朝宋、齊、梁、陳四個朝代中，論皇帝做得最舒服而長久的，莫過於梁武帝，長達四十八年之久。但這樣一個帝王，最後卻落得餓死的下場，論起原因，不能不提他寵信的臣子——朱異。因爲偏信臣子而誤國，在歷史上這絕非第一次，只不過這一次更加淒慘悲涼。

南朝時因爲戰亂頻生，門閥政治雖已不那麼森嚴，但平民想要有所作爲還是非常困難的。朱異的平步青雲，與皇上的喜好有很大關係。梁武帝喜歡佛法和下棋，而這正是朱異擅長的，由此一路升遷，直至高位。

梁武帝做了四十八年的太平皇帝，就是在信任侯景上犯了大錯，這也正是朱異一生犯的最大罪過，沒有他的逢迎和推波助瀾，武帝或許不會那麼痛快的認同侯景。當文武百官都在勸諫武帝不要信任侯景，朱異不僅不聽，還把奏章藏起來，不讓武帝看到。在武帝和朱異的眼皮底下，侯景的叛亂勢力一點點強大起來。西元五四八年，侯景打著「清君側」的旗號，聲稱朱異奸佞驕貪，蔽主弄權，人人痛恨，得而誅之。一時間，引發群起而攻。緊急局勢之下，朱異抵不住眾人的口誅筆伐，羞慚而亡。

雖然朱異犯了這麼多錯誤，還在大兵臨城之時死去，但梁武帝並未怪罪，反而給了許多追謚，梁這下不亡不行了，因爲大臣們的心都徹底寒掉了。朱異躲得了梁滅亡的悲劇，卻無法躲過後世的評價。幾百年後，唐太宗和魏徵談論何謂明君、何謂昏君，朱異不幸成了負面教材，因爲梁武帝就是因爲偏信朱異，才在臺城被軟禁餓死。政治方面不行，朱異可稱道的是他在講解經書和下棋方面的才華，但這點才藝在太平盛世可以升官，在亂世只能誤國。

不良少年VS博學名士

朱異的成長過程是個典型「浪子回頭」的故事。小時候，朱異一直由外祖父撫養，調皮聰明，外祖父倒也不避諱，直接誇獎他：「這個孩子可不是普通人，以後肯定會成爲這個家的支柱。」當時，大家對這句話並不很相信，因爲年少的朱異聰明是聰明，卻有個非常糟糕的嗜好——聚眾賭博，同鄉人都認爲這是個禍害。敘述至此，任誰都會認爲朱異是個小混混，最多不過靠賭博稱霸一方。

但是等朱異長大後，出乎所有人意料，他徹底地轉性了，開始明理讀書，讀了四書五經，尤其對《禮記》、《易經》尤爲

你不可不知的朱異

▲西元503年，二十歲到首都，見尚書令沈約。

▲西元504年，特別提拔爲揚州議曹從事史

▲西元540年，在儀賢堂爲梁武帝講解《老子義》，傳爲盛事。

▲西元547年升爲左衛將軍，領步兵。

▲西元548年，侯景發動叛亂。

▲西元549年，憂鬱而死。

精通。更難得的是，朱異不是書呆子，他涉獵文史，兼通雜藝，博弈書算，無一不通。這種成就無疑是驚人的，翻遍史冊，大凡英雄人物都有個光輝無比的童年，難得的是朱異硬是靠自我的力量，修成爲一名全才。

二十歲的時候，與其他滿懷夢想的年輕人一樣，朱異進京謀職，但與其他寂寂無名的寒士不同，朱異的名聲早已經傳入京城高官的耳朵裡。別人到處拉關係、走後門，想見高官而不得，朱異卻已獲得了尚書令沈約的面試通知。在這次單獨面試中，同是才子的沈約對朱異惺惺相惜，跟他開玩笑說：「你這麼年輕，卻爲何貪得無厭。」朱異還不明白怎麼回事。沈約解釋道：「天下的學問才藝不過文藝棋書，你都占有了，眞夠貪心的啊！」可見當時朱異的名氣之大，能力之強。

以棋子平步青雲

京城閒居的日子沒有多久，隨著梁朝的建立，朝廷不再固守門閥之限，廣求賢能。五經博士明山賓也拜倒在朱異的才名之下，特別上表推薦，把朱異誇得前無古人、後無來者，稱他「年紀輕輕，德備老成」、「器宇弘深，神表峰峻」。這就引起了梁武帝的好奇，特別讓朱異前來解說《孝經》和《周易》。年少時打下的學問基礎此時發揮了功用，朱異的超常發揮贏得了皇帝的滿意，武帝特別讚揚說：「朱異確實『異』啊！」於是朱異開始步入仕途，不久又兼太學博士。後累遷中書郎、散騎常侍、右衛將軍，加侍中，可謂一帆風順。

當然，這是歷史的記載，實際上，朱異的仕途如此平坦，與講解經書固然有關係，它爲贏得皇帝好感打了底，但眞正加深朱異和皇上關係的，可是下棋。梁朝是圍棋的黃金時代，梁武帝是個多才多藝的人，下棋、卜卦、書法、騎射，樣樣精通。在這所有的愛好中，武帝尤其喜歡下棋，且大力提倡，使得當時出現了「天下唯有文藝棋書」的奇特景觀。

「楚王好細腰，宮中多餓死」，說的就是上有好之、下必從之的事情。梁武帝愛與臣下通宵達旦地下棋，精力旺盛得讓對手難以招架。這時候便突顯出朱異的重要性。幾十年間，朱異無可爭辯地憑藉自身棋藝，成爲陪皇帝下棋的固定班底；他還幫助皇帝編了一套《棋品》的書，分爲三冊，登記在冊的著名棋手有二百七十八人，朱異自然屬於棋界上品。

阿諛奉承也是一種境界

朱異是個很能幹的人，據歷史記載，無論是方鎭改換、朝儀國典、詔誥敕書等大事，他都可以處理；無論多少資料堆在面前，他一邊看、一邊就能下決斷了。而除這些本事之外，朱異最擅長的就是揣摩上意，按武帝所喜辦事。

西元五四七年，梁武帝做了一個夢，夢見中原牧守紛紛從屬地趕來歸降，舉國爲之歡慶。第二天一早，梁武帝就召見當時官至中書舍人的朱異，向他詳細述說了自己的夢境，並告訴朱異說：「我平生很少做夢，一旦做夢，皆有應驗。」朱異明白了皇上的意思，故意裝出十分驚訝的神情，說道：「那我要恭喜陛下了，這是天下一統的預兆啊！」

剛好，此年三月，東魏大將侯景派人前來接洽投降。這個人臭名昭著，名聲也不好，群臣紛紛反對，武帝有點不悅，又是朱異揣知皇上心意，力勸蕭衍納降侯景：「您的偉大，誰不仰慕？只是他們沒有機會表達心意，現在侯景帶著土地歸降，實在是天意，如果拒不接納，恐怕會斷絕後來之望，還是別懷疑了。」當時，武帝年過半百，已聽不得那些反對言論了，他十分滿意朱異的上奏，不僅決定收留侯景，還用高規格待遇來迎納侯景，禍根也就此埋下了。

朱異身處權力核心，從未與武帝有過悖離，深得寵任。為此，某位大臣很是好奇，特別詢問有何訣竅，朱異笑著說：「其實並沒有什麼訣竅，只是遇事順從皇上，不同他爭論罷了。當今皇上如此聖明，何必用自己的淺見陋識去干擾他呢？」最後還不忘阿諛，可見功力之高深。

弄權欺主，誤國誤己

朱異真正掌權，是從西元五二五年開始，直到去世，在權力中心一共待了二十五年，占據梁武帝執政期的一半還多，受到的恩寵更是無人企及。武帝收藏的寶貝，手工織就的金縷屏風、珊瑚鈿、玉柄麈尾拂塵、七寶澡瓶、沉香鏤枕，都賞賜給了朱異。

晚年的武帝，對佛教產生了濃厚的興趣，沉浸在自己創造出的太平盛世幻境之中。與梁武帝自命節儉、一心向佛相比，朱異不折不扣地與奢侈和浪費相伴到底。奢侈和浪費還不是大罪，朱異致命的錯誤是沒看到或假裝忽視侯景勢力的坐大。雖然鄱陽王蕭範多次密奏朝廷，並拿出了確鑿的證據證明侯景要反，但都被朱異頂了回去：「鄱陽王怎麼就不讓國家容下侯景這一個客人呢！」到了後來，甚至壓住不報。面對侯景的囂張和跋扈，武帝還表示了佛家的仁慈：「貧窮人家招致五個、十個客人，尚可使人人歡喜。朕就你一個客人，還有人那麼多怨言，這是我的過失啊！」

雖然朱異為侯景做過那麼多工作，但侯景顯然並不領情。西元五四六年，距離投降不過一年，侯景就在壽陽造反。當侯景大軍眼看即將越過采石（石頭城，東吳大帝孫權建築的江防工事）直逼首都時，武將首領羊侃建議梁武帝發兩千精兵占據有利位置，侯景自然瓦解。關鍵時刻，又是朱異出來阻擋：「侯景必然沒有渡江之意。」武帝當然聽朱異的話。即便是英武如羊侃，也長嘆道：「這下子徹底失敗了！」

當侯景渡過長江，整個朝廷還在歌舞昇平，突逢變故，簡直亂作一團，只能進入戒嚴狀態。沒過多久，皇帝的禁宮臺城淪爲侯景團團包圍下的孤城。

這種危急時刻，朱異倒走上激進路線，或許是爲了洗刷恥辱，證明自己也是忠君愛國之人，非要頂風出兵。羊侃反對：「現在如果派出去的人少，不能破敵，只能白白挫銳氣；如果人多，一旦失利，城門道路受限，兵退之時必然導致大量傷亡。」但朱異逞能，就是不聽，帶領了一千多名將士出戰。可悲的是，還沒等到與侯景正面交鋒，梁軍扭頭就跑，爭著過橋，僅落水就淹死了七、八百人。

這下子，朱異徹底羞慚了，在憂鬱和恐懼中死去。但到這種關頭，武帝仍沒有意識到他和朱異的錯誤，還破格追贈朱異爲尚書右僕射。

隋唐宋篇

高熲

【?～西元六〇七年】

被砍頭的忠臣

導言

高熲爲隋朝第一名臣，唐太宗甚至認爲隋朝的興亡與高熲的輔佐、被罷黜及至冤死有莫大關係。高熲字昭玄，一名敏，少年時即展現出過人才華，文武雙全，精明能幹，被當時的北周宰相、亦即後來的隋文帝楊堅延攬後，很快地表現出卓越的軍事才能，成爲楊堅最得力的助手。

楊堅稱帝建隋後，高熲任尚書左僕射兼納言，成爲實際上的宰相，人稱「眞宰相」。高熲通曉世務，竭力輔佐隋文帝，在政治、經濟、軍事等各方面都有建樹。他引薦人才，修訂隋律，提出「輸籍法」，增加了國家稅收；尤其重要的是，作爲元帥長史（參謀總長）統率大軍用計滅陳，實現了南北統一。

隋文帝楊堅對他極爲倚重，讚揚備至，但楊堅性好猜忌，因爲廢立太子問題，君臣產生矛盾。高熲又因故得罪皇后獨孤氏，屢被皇后羅織罪名，終被免去宰相職位，後遭誣告有司馬懿之心，廢爲庶民。隋文帝死後，楊廣即位，起用高熲，但高熲因攻陳時殺死美女張麗華，且不主張立楊廣爲太子，曾與之結怨，最終被殺。

高熲文韜武略，才華蓋世，以天下爲己任，爲隋朝的開國大業立下了不世奇功，最後卻死於猜忌、毀謗，實在是千古奇冤。

楊堅的第一心腹

高熲應算是胡漢混血的後代，身上有鮮卑族血統。他的父親高賓，做過北周大司馬獨孤信的僚佐，被賜姓獨孤氏。而獨孤信的女兒後來成爲隋文帝楊堅的皇后，所以兩家關係一直非常好。

高熲從小就很聰明，善於辭令，十七歲入仕途，很快立了戰功，文武雙全的名聲傳了出去。當時楊堅擔任北周宰相，北周皇帝是個只有六、七歲的小孩，楊堅獨攬大權，已有了自立爲王的打算，正是用人之際。楊堅看中了高熲，高熲高興地接受了他的招攬，說：「我願受你的差遣，即使你的大事不成，我全家被殺，也不後悔。」楊堅聽了大喜過望，任他爲相府司錄（機要秘書）。

不久後，尉遲迥舉兵反對楊堅，楊堅想派心腹崔仲方、鄭譯、劉訪去監軍，先後被他們以各種藉口推辭，眼看前線軍心浮動，楊堅愁眉不展。就在這時，高熲自告奮勇，連母親都來不及告別，就上火線燒掉了軍隊後退用的橋梁，迫使軍隊孤注一擲、奮勇作戰，大破尉遲迥的軍隊。這次高熲在楊堅急需用人之際挺身而出，並進

你不可不知的高熲

▲西元580年討伐尉遲迥，嶄露頭角。
▲西元581年，成爲隋朝第一位實際上的宰相，開始攻打陳朝。
▲西元589年，率軍攻入陳朝都城建康。
▲西元599年，被誣告免官。
▲西元604年，被楊廣起用。
▲西元607年被殺。

一步顯示出他的軍事才能，很快成爲楊堅最信任的手下，進位柱國（軍團司令），封義寧縣公，遷相府司馬（副秘書長）。

開皇元年（西元五八一年），楊堅稱帝，建立隋朝。高熲任尚書左僕射兼納言，這是輔佐皇帝處理軍政大事的樞要位置。隋朝官制沒有設立宰相，高熲就是實際上的宰相，他在這兩個位置幾近二十年，人稱「眞宰相」。楊堅喜歡直接叫他的賜姓「獨孤」，表示親密。高熲在朝臣中的地位最高，但他非常謙遜，要求讓位給蘇威，楊堅初始同意，沒過幾天說：「高熲能舉薦人才，這樣也應該受到封賞啊！」於是又讓他官復原職。高熲經常坐在朝堂北面一棵大槐樹下待命，後來修整庭院時本要砍了這棵樹，楊堅特意囑咐要留著這槐樹給後人看，高熲當時受重視的程度堪稱朝中第一。

殺美女得罪楊廣

高熲也的確當得起隋文帝的倚重。他能文能武，通曉世務，非常能幹。在政治上，他和其他幾名大臣一起修訂了法律，減輕原本北周繁雜的刑罰，取消一些酷刑，爲後世所沿用。他還善於推薦人才，隋代名臣蘇威、楊素、賀若弼、韓擒（虎）等，都是他引薦的。在經濟方面，他提出了「輸籍法」，減少了各級官吏對國家稅收的克扣。在軍事方面，高熲是平定陳朝的參謀總長。能者多勞，高熲每天要辦的事情太多了，以至於他喜歡在退朝以後，在床邊放一個盆，盆裡裝滿粉末，可以在上面隨時記下他想到的事情，方便第二天去辦。

統一南北是楊堅建立隋朝後日思夜想的頭等大事，他向高熲詢問平陳的辦法。高熲提出，可用疑兵之計，就是故意趁南方農忙時節做出攻打的假樣子，等陳朝廢農起兵便馬上撤退，讓陳朝產生懈惰心理，疏於防範，然後就可以一擊而勝。這計策乍看像「狼來了」的軍事版，卻收到了實效。在此期間，陳宣帝病死，高熲擺出高姿態，宣稱遵守古禮，不攻打正在服喪的人，班師回朝，但實際上也無非是兵不厭詐，藉此麻痹陳朝。開皇九年（西元五八九年），五十多萬隋軍大舉伐陳，共分三路，由晉王楊廣統領，不過楊廣當時年僅二十一歲，並無作戰經驗，實際指揮權在老謀深算的高熲手裡。

隋軍所向無敵，高熲很快領兵攻入陳朝首都建康，楊廣趕快派人通知他留下陳後主的寵妃張麗華，高熲說：「以前姜太公蒙面殺妲己，今天我也不能留這種妖姬。」從此得罪了楊廣，楊廣變色說：「古人說『無德不報』，我將來一定好好回報高先生！」

大走下坡路

平陳後高熲被封爲上柱國（一級上將），晉爵齊國公，賞賜極爲豐厚。楊堅還特意對他說：「有人說你伐陳後要造反，我已經把他斬了，咱們君臣的關係，不是那些綠頭蒼蠅能離間的。」皇帝這樣示好，搞得高熲非常惶恐，一再辭讓官爵。楊堅下詔說：「高熲是上天賜給我最好的臣子，別廢話了。」不過這樣還是堵不了那些妒忌得發狂的人的嘴，仍是有人進讒言，楊堅反而把他們給廢黜了。他對高熲說：「獨孤啊，你就好像一面鏡子，越是被磨礪，就越是明亮。」看來以人爲鏡的比喻倒是唐太宗從隋文帝那裡偷師的，只是意思更深了一層。楊堅有時出遊，命高熲留守京城，回京就大加賞賜。高夫人生病，楊堅居然親自去探望，又賞錢，又賞絹，還賞了千里馬。不但如此，還把太子楊勇的女兒嫁給了高熲的兒子。

隋文帝和高熲此時達到了最親密的階段，不過伴君如伴虎，皇帝翻起臉來，比薄倖男子更快。到了開皇末年，高熲開始失寵，大走下坡路。說起來高熲自己沒什麼緋聞，但他最後冤死卻和女人脫不了關係：其一，是前面提到的殺死大美女張麗華，得罪了好色的楊廣；其二，便是隋文帝的皇后獨孤氏。獨孤皇后家裡跟高熲家是世交，關係非常好，獨孤皇后美貌與智慧並重，算得上是女中豪傑，但生性奇妒。隋文帝有一次見到尉遲迥被俘入宮的女兒，很是喜歡。獨孤氏知道後氣得發狂，背著楊堅殺了這宮女。隋文帝大怒，然他的處理方式很奇怪，沒有廢后或是責罰皇后，而是自己離家出走，騎馬跑到山谷裡亂闖。高熲連忙飛騎趕上，苦苦勸諫：「陛下乃是九五至尊，怎麼能為了區區一個女人，連天下都不要了呢！」隋文帝被勸回了皇宮，後來也與獨孤氏和好了，但是高熲卻順了哥情拂嫂意。獨孤氏知道高熲說自己僅是區區一婦人，從此懷恨在心，找機會就要修理高熲。

這時候太子楊勇也逐漸失去隋文帝和皇后的歡心，他較偏好公子哥兒的玩意、愛享受，但楊堅是苦幹型皇帝，看不慣。晉王楊廣卻知道投合父親的心思，假裝自己節儉不愛娛樂（後來大家都知道並非這麼一回事）；而楊廣小時候就很聰慧，長得也好看，特別受獨孤皇后的寵愛。隋文帝有一次就徵求高熲的意見，高熲跪倒說：「長幼有序，太子是長子，不能廢！」獨孤皇后知道了，越發想把高熲除掉。高熲的夫人去世了，獨孤后就勸隋文帝幫高熲另娶，高熲淚流滿面推辭說：「臣已經老了，每天退朝後，也就讀讀佛經打發日子，不打算再娶。」後來高熲的愛妾生了個兒子，隋文帝很為他高興，獨孤皇后卻說：「陛下以後怎麼還能信任高熲呢？他上次當面欺騙您說不再娶，心裡明明喜歡自己的妾，多奸詐啊！」隋文帝從此開始疏遠高熲。

開皇十八年（西元五九八年），隋文帝打算征高麗，高熲勸阻，但文帝堅持己見，還請高熲再次出馬擔任元帥長史（參謀總長），輔佐么子漢王楊諒出師。結果因為大雨，疫病流行，無功而返。獨孤皇后是個擅於羅織罪名的人，又在隋文帝面前說：「高熲本來就不願意去，你偏偏強迫他去，我就知道會是這樣的結果。」高熲因為楊諒年幼，一般都是自己決策，不怎麼理會楊諒的意見。楊諒懷恨在心，回來就在獨孤皇后面前哭著說：「我差點被高熲殺了。」隋文帝聽後更加忿忿不平。

逃不掉的砍頭命運

不久後，上杜國王世積因事被問成死罪，審理的時候，又牽涉到高熲。文帝原就想給高熲弄個罪名，這回就不顧朝中大臣的聯名上書，免了高熲的官職。但他們這時還有舊日情分，隋文帝到兒子秦王家裡去，召高熲陪著一起吃飯，高熲當然很唏噓，悲不自勝，獨狐后這會倒也流了淚，而隋文帝卻指責高熲自以為功勞大。看來又是自古最忌諱的功高蓋主定律。

然高熲的霉運還沒完，有人告密說：「高熲的兒子對高熲說，以前司馬懿也在家託病不上朝，後來得了天下，父親今天雖然倒楣，但可焉知非福呢！」這犯了當皇帝的頭條大忌，隋文帝本就多疑，馬上把高熲廢為庶民。高熲從一人之下、萬人之上跌落雲端，成了平民百姓，但他反而歡然無恨，胸襟之豁達，遠過於常人。因為他剛做宰相的時候，母親曾告誡他說：「你如今富貴已極，只差砍頭了，一定要小心！」從那時起他就時常擔心禍事的降臨，他的屢次辭讓官爵，與此也不無關係。這次被廢，他以為終於可以保住腦袋了。但是不久後隋文帝死去（很可能活活死在楊廣手裡），楊廣繼位，重新啓用高熲。他早就對高熲心懷不滿，這次可能就是要找機會殺高熲。高熲仍然直言不諱，故被楊廣羅織罪名誅殺了。

高熲文武雙全，忠心耿耿，以天下爲己任，他做宰相的二十年間，朝野上下無不推服。高熲的冤死，讓天下人都感到惋惜。他平時做事非常謹愼小心，所有的奇策密謀以及時政措施都沒留下，實在是非常可惜的事情。

【西元五九四年～六六九年】

李勣

最會作秀的大將軍

導言

李勣算是民間演義裡歪曲得最厲害的人之一，他是唐代名將之首，用兵如神，但在《隋唐演義》裡卻成了老道士徐懋功，變成諸葛亮、吳用之類手無縛雞之力的軍師型人物。

李勣出身富豪之家，自幼好武，十七歲參加瓦崗軍起義，很快嶄露頭角，屢立戰功。後隨李密降唐，跟從李世民先後平定王世充、竇建德、劉黑闥等等，功勞顯赫。唐太宗即位後，任命他爲并州總管，不久平突厥，安定了唐朝北疆。他在并州十六年，社會穩定，被李世民稱讚爲國家長城，官拜兵部尚書。唐高宗即位後，召回被唐太宗故意外貶的李勣，封爲宰相。總章二年（西元六六九年）以七十八歲高齡壽終，一生極爲順利。後人說到唐代名將，必稱英、衛（李勣封英國公，與他齊名的李靖封衛國公）。

大少爺自願做了小強盜

李勣，本姓徐，名世績，字懋功。唐高祖賜姓李，本來的徐世績就變成了李世績，高宗永徽年間，又為了避太宗李世民的「世」字名諱，改成單名一個「績」字。所以，徐世績、李世績、李勣，都是同一個人（本文為了行文方便，通稱李勣）。

李勣，曹州離狐（今山東東明東南）人，出身於山東豪強家庭，家裡非常有錢，傭人成群。他和父親徐蓋一樣都是樂善好施之人，喜歡做慈善事業。不過李勣並非那種貪圖享受、什麼也不懂的二世祖，他眼看隋朝末年天下大亂，當機立斷，要自己掌握未來的命運。大業十二年（西元六一六年），翟讓在瓦崗（今河南滑縣南）聚眾起義，李勣也來加入。李勣這時才十七歲，卻已經很有想法，他勸翟讓說：「這裡是咱們的家鄉，鄉親都彼此認識，不好打劫，不如去宋、鄭兩州，那裡離運河近，商船特別多，去搶劫生意人，就夠咱們兄弟過活啦！」翟讓認為他說得很有道理，果然在運河上搶了無數財物，隊伍迅速膨脹。

瓦崗軍的發展勢態良好，吸引了越來越多的豪傑，如王伯當、單雄信等都當了小頭目，李密當時參加叛亂失敗，也亡命來此加入。李勣見李密的名號更響、領導能力更強，就勸說翟讓讓位給李密，可以擴大影響力。李密成為瓦崗軍的最高統帥，非常受擁戴。後來李密和翟讓之間產生矛盾，義寧元年（西元六一七年），李密在人勸說下用計殺死翟讓，身為翟讓部下的李勣在這場突如其來

你不可不知的李勣

▲西元616年，十七歲加入瓦崗軍。

▲西元619年，降唐。

▲西元627年任并州總管，坐鎮北方。

▲西元630年，大敗突厥。

▲西元641年任兵部尚書，大敗薛延陀。

▲西元650年，任宰相。

的變故中，脖子被亂兵嚴重砍傷。雖然李密將李勣扶入帳中，還親手為他上藥，並讓李勣分領了翟讓的舊部，但李勣的心裡還是很受傷。

面面俱到的獨門絕技

武德二年（西元六一九年），李密被在洛陽稱霸的王世充擊敗，本想去投靠鎮守黎陽的李勣，但聽到旁人說：「李勣當年被砍傷脖子，差點死掉，現在去投靠他，他一定還在記仇。」李密左右為難，在自殺未遂的意志崩潰之時，入關降唐。李勣全面接管了李密的勢力範圍，東至於大海，南至於長江，西至汝州，北至魏郡。

有一天，他的軍營裡來了一個神祕的客人——李密的部下魏徵。魏徵本來是個道士，和李勣、單雄信都是老朋友，那會已在唐高祖李淵手下當了秘書丞，來勸降李勣。李勣同意歸降，不過他也不是純粹的武夫，頗有一番頭腦，他當即說：「我不能上表，我的部下和土地都是李密的，要是我拿主子的功勞去換取富貴，那是我的羞恥。讓李密獻給唐皇帝吧！」於是他做了個報表，詳細記錄了手下的錄州縣名數及軍人戶口，派人獻給李密。唐高祖見李勣沒有給自己的降表，只有給李密的信，感到怪異，聽使者說完李勣的意思後，非常高興，稱讚李勣是個好臣子，封他做黎陽總管、上柱國，加右武侯大將軍，封曹國公，賜良田五十頃，並入住長安城的一流豪華區域。李勣這人的獨門絕技不是他的武藝，而是他能隨時祭出雙重標準，把本來矛盾的事情處理得面面俱到，人人滿意，他投降投得新舊主子都非常滿意，自己也名利雙收，可不是人人都能做到的。

不久，李密叛唐被殺，李勣上表請求收葬李密的屍骸。高祖准許，將李密遺骸送到李勣的屬地黎陽。李勣穿上重孝，三軍縞素，爲李密舉哀，安葬於黎山；又命令手下建了特別高大的墳墓，建完了，才脫下喪服，朝野上下都稱讚他的義氣過人。李勣用他的獨門絕技，再次獲得了兩面的榮耀。

法場活祭老哥們

武德二年（西元六一九年）十月，竇建德軍大敗李勣，抓走了李勣的父親李蓋，李勣本已突圍而出，但因老爸做了人質，只好返回投降，竇建德仍派他鎮守黎陽。李勣對唐朝倒是忠心耿耿，內心計劃先多立戰功獲得竇建德的信任，再伺機歸唐。他主動出擊王世充，立下赫赫戰功，竇建德果然對他放鬆了防範。於是李勣在武德三年（西元六二〇年）正月趁機跑掉了。有人勸竇建德殺死李蓋，竇建德倒也是條漢子，說：「李勣本來就是唐臣，只不過被我抓了起來，他不忘本朝，是個忠臣，他老爸又有什麼罪過？」

李勣這次歸唐後，一帆風順，協助秦王李世民，一路勢如破竹，接連平定了劉武周、王世充、竇建德等人，大獲全勝，勝利返回長安。李勣英勇善戰，論功行賞時，名列諸大將的首位，獲得和秦王一起身披黃金甲祭祀太廟的殊榮。

李勣幫李世民破王世充時，他的昔日好兄弟單雄信早就是王世充手下的一員驍將了。單雄信有個外號叫「飛將」，武藝高強。

一次，李世民巡視戰場時，與單雄信相遇，單雄信挺槊直刺李世民，差點把秦王捅落馬下，幸好尉遲敬德及時趕到，躍馬大呼，橫挑單雄信，這才使眞命天子倖免於難。王世充戰敗降唐後，手下十幾員大將包括單雄信在內都被問成死罪。李勣拚命向李世民推薦單雄信的勇猛善戰，並願意以自己的財產官爵贖回老哥兒們的性命。

大概因爲之前差點死在單雄信手裡，李世民堅決不准。李勣只好號哭著退下，去大獄向單雄信訣別，單雄信埋怨他說：「我就知道你辦不了這件事。」李勣無言以對。行刑前，李勣在法場生祭單雄信，哭著說：「我以前跟兄長結拜，發誓同生共死，但是我已經以身許國，沒法同時兼顧國家大義和兄弟義氣，況且我死了，誰來照顧兄長的老婆、孩子呢？」於是取出佩刀，從大腿上割下一塊肉，請單雄信吃下，說：「希望你吃下我的肉，讓這塊肉伴隨兄長入土，就當作我沒有辜負從前的情分！」單雄信果然吞了李勣的肉，兩人大哭永別。隋唐英雄之間的男兒義氣，的確感人。不過這也是李勣再次用雙重標準，處理了國家和兄弟感情之間的矛盾。

大將勝過長城

貞觀元年（西元六二七年），李世民登基後，任命李勣爲并州總管，坐鎮北方對付突厥。三年後，李勣趁唐朝正和突厥頡利可汗議和，和另一位大將李靖分道突襲突厥，在突厥軍毫無防備的情況下，殺得對方大敗投降，穩定了唐朝的北方。這也是李勣兩面手法的一次成功運用。

李勣坐鎮北方十六年，唐朝邊疆太平，唐太宗大贊李勣的功勞遠勝長城。唐太宗任命李勣爲兵部尚書，還未赴京上任，繼突厥而起的漠北薛延陀眞珠可汗又趁機造反，李勣被委任爲朔州行軍總管，追擊薛延陀，俘虜了五萬多人。李勣用兵如神，且攻下城池後，所得財物都分給部下，自己一點都不貪財，執法又非常嚴格，因此下屬都願意爲他賣命。

他還有知人善任的名聲，一發現人才，立刻加以禮遇，會邀請人家到自己房間裡談論不休，經他引薦的，後來大半都當了大官。他在戰場上選將，有個特殊嗜好，喜歡挑選看起來頗有福相的人，人家奇怪，他解釋說：「長一副薄命相的，得不了功名，而且會危害到我的軍隊，怎麼能派出去打仗？」看樣子他會比較喜歡臉圓圓的胖子將軍。

李勣回朝後，忽然生了場大病，醫生說要拿鬍鬚灰當藥引。唐太宗長著漂亮的鬍鬚，平時很以此自得，他聽說此事後，馬上自己剪下鬍鬚，命令手下燒成灰給李勣和藥。古代中國講究身體髮膚受之父母，不可輕易損傷，唐太宗居然親自剪下「龍鬚」，給臣下做藥引，李勣感動得磕頭都磕出血來，唐太宗說：「我是爲了國家著想，不煩深謝！」

貞觀二十三年，唐太宗李世民病重，故意把李勣遠遠的貶到甘肅去，對太子說：「你對李勣沒什麼恩典，現在我故意貶他，等我死了，你再把他召回來，讓他當宰相，他定會爲你出死力。」果然唐高宗即位後馬上召回李勣，任命他爲尙書左僕射，也就是宰相，李勣一直是高宗最忠心的臣子。李勣爲人深沉謹愼，善於趨避，永徽六年（西元六五五年），高宗打算廢掉王皇后，立武則天爲后，朝廷的顧命大臣都表示反對，只有李勣一言不發。高宗私下詢問，李勣說：「這是陛下的家事，用不著問外人。」二十九年後，李勣的親孫子徐敬業反武則天失敗，武后下令把李勣的屍骨從墳墓裡挖出來。這是行兩面政策、一生順利的李勣萬萬沒有料到的。

【西元六七八年～七四〇年】

張九齡

校對出身的宰相

導言

張九齡主要從政於開元年間，這是唐朝的全盛時期；開元後期也是由盛轉衰的起端，在這個由治世向亂世的轉變中，張九齡是個關鍵性的政治人物。

張九齡，字子壽，自稱出生於嶺南蠻荒之地，是中國歷史上首位擔任宰相的南方人。他早慧，才德過人，二十多歲經由科舉進入仕途，但是只做了小小的九品文官，基本上是按部就班，逐漸升遷到宰相。

張九齡賢明剛正，敢於直言進諫。在相位期間，他整頓吏治，重視基層鍛煉，主張沒有擔任過地方官的，不應擔任中央重要官職，並提出恢復府兵制，加強中央對軍隊的控制權，在政治、經濟、軍事各方面都卓有建樹。不但如此，他還是唐代著名詩人，一度被認爲是文壇領袖，留下了「海上生明月，天涯共此時」等被世人廣爲傳頌的著名篇章。

從校對員到宰相

張九齡祖籍韶州（今廣東省韶關市），祖父和父親做過縣令、縣丞一類的地方官。他天資聰敏，很小的時候就擅長寫文章。十三歲那年，他做了一件異於常人的事情，上書給廣州刺史王方慶，地方大員讀完後大爲讚賞說：「這孩子前途不可限量。」可見張九齡十分早熟，少年時期就頗有抱負。張九齡並非出身於世族大家，頂多算是中級官僚家庭，不過自武則天執政以來，一般庶族也可以透過科舉進入仕途，張九齡就是透過這樣一條路，才艱難取得功名。

張九齡二十多歲時考中進士，考官、著名詩人沈佺期特別欣賞他，所以他的名次很高。不久後，張九齡在嶺南遇到了被流放經過此地的宰相張說，張說看了張九齡的文章，大加讚許，把他看成自己家族裡的子侄輩，這對後來張九齡進入仕途奠下了良好的機緣。

幾年後，張九齡被授予校書郎的官職，算是正式進入了官場，不過這只是個負責校對圖書的九品文官，等於從公務員的最基層做起，這時張九齡已經三十歲了。張九齡做了好幾年校對工作，一直無法升遷，心裡鬱悶，寫了不少詩來抒發自己懷才不遇的心情。好在時來運轉，太子李隆基選拔天下文士，親自策問，三十五歲的張九齡脫穎而出，被提拔爲右拾遺（八品）。雖然品級僅小升一級，但這個職位可直接諷諫朝廷政事，所以還是大有可爲的。

你不可不知的張九齡

▲西元690年，十三歲上書給廣州刺史，受到稱讚。

▲西元702年，二十五歲中進士。

▲西元716年，主持修建大庾嶺，促進嶺南經濟發展。

▲西元733年，任宰相。

▲西元734年，任中書令，兼修國史。

▲西元737年，罷相被貶。

張九齡的才華逐漸嶄露，尤其擅長品評和選拔人才，當時吏部舉行考試，常常讓他主持考定等級，每次都非常公允。因此開元八年（西元七二〇年），張九齡被提拔爲司勳員外郎，專門掌管官員的勳級、賞賜級別之類的事務。

這時李隆基已登基爲唐玄宗，張說也從流放地回來當了中書令（宰相），張說仍然非常器重張九齡，還跟他認了同宗，常常稱讚他的文學才華說：「張九齡是後輩詞人之首。」張說在唐玄宗面前推薦過張九齡，說他可以勝任集賢院學士（朝廷顧問）。張說去世後，唐玄宗想起張說的話，召張九齡當了秘書少監（管理圖籍的副館長）、集賢院學士。到了開元二十一年（西元七三三年），張九齡被任命爲中書侍郎、同中書門下平章事，做到了宰相職位，不久升爲最高官職的中書令。

張九齡出身低微，且來自嶺南（唐代的廣州還屬於蠻荒之地），以「進士」身分逐漸晉升到中書令，這是前所未有的事，他不但是中國歷史上由「進士」到宰相的第一人，也是南方籍的第一任宰相，因此被後人讚譽爲「自古南天第一人」。

賢相鬥不過奸臣

張九齡雖然才德過人，他這個宰相卻當得異分艱難，原因是當時承平已久，唐玄宗幾成了個沉湎酒色、怠於政事的昏君，張九齡又是個極爲正直的宰相，事無巨細都據理力爭，這就與被小人包圍的唐玄宗形成了衝突。同樣是忠言直諫，張九齡遠遠沒有魏徵那般幸運，而最大的矛盾緣自李林甫。

李林甫是唐室宗親，長著一副柔和可親的面孔，實際上則奸詐狡猾，善於迎合主子們的心意。

他被人稱爲「口蜜腹劍」，當面說好話，背後出拐子，專門暗箭傷人。當時玄宗寵愛的武惠妃陰謀廢掉太子李瑛，好讓自己兒子繼承皇位，李林甫最善於迎合，兩人一拍即合，結成一黨。

張九齡堅決不同意廢太子，武惠妃祕密派近身宦官牛貴兒前去遊說張九齡：「有廢就有興，您幫了我們，以後這宰相位置就坐得長長遠遠的了！」張九齡怒斥，立即上奏，玄宗聽了也很震驚，因此一直到張九齡罷相，太子始終安然無恙。這招致了武惠妃和李林甫的嫉恨，不時在玄宗面前講張九齡的壞話。

李林甫本來就不學無術，對張九齡的學問非常忌憚，這下更是變本加厲的針對張九齡。張九齡以直道事君，經常有逆耳忠言，漸漸導致了唐玄宗的厭煩。而李林甫在宮裡到處布下情報網，時時刻刻刺探皇帝的心意，總能迎合玄宗的旨意，玄宗越來越耽於他的甜言蜜語。由於天下太平，玄宗心生懈怠，只想好好享受晚年清福，故打算拜李林甫爲相。張九齡極力勸阻，上奏說：「宰相關係到國家安危，李林甫不是社稷之臣。陛下要是任命他爲宰相，恐怕以後要爲社稷擔憂了！」唐玄宗不悅，張九齡只好謝罪退下。

開元二十五年（西元七三七年），玄宗罷張九齡而拜李林甫爲相，後世有人認爲這就是唐朝由盛轉衰的分水嶺。李林甫在相位十九年，由「開元盛世」進入了「安史之亂」，正應了張九齡的政治預言。

雖殺身而何忌

開元二十四年（西元七三六年），唐玄宗打算任命牛仙客爲尚書。牛仙客無啥學問，本來是管內務的，相當於後勤部長，李林甫自己也不學無術，就在玄宗面前極力推薦牛仙客。

張九齡反對說：「此事萬萬不可。尙書是重要官職，大唐以往都用曾任宰相的人做尙書，要不然，也是做過要職、富有德行和聲望的人才能擔任。牛仙客原本不過是個小官，沒什麼從政經驗，忽然任命他擔任這麼重要的職位，天下人會如何議論呢？」

玄宗想想有道理，就說：「那麼封他個爵位吧！」

張九齡說：「太宗以來，本朝制度便只封賞有功之臣，陛下一定要賞賜牛仙客的話，金帛也就可以了，封他土地、官爵是不合適的。」

唐玄宗終於大怒，說：「你嫌牛仙客出身微寒？你自己門第很高貴嗎？」

九齡一聽，連連頓首請罪，但仍堅持己見，說：「臣是來自嶺南蠻荒之地的孤賤之人，的確不如牛仙客來自中原。但臣出入臺閣，掌管誥命多年。牛仙客不過是個邊陲小吏，目不識書。韓信不過是淮陰一介武夫，尙且羞與小人同列。陛下要是堅持任用仙客，臣實在以此爲恥。」

玄宗聽了很不高興。第二天，李林甫趁機趕來挑撥離間說：「牛仙客可是個宰相之材呢，怎麼當不了尙書？張九齡是文員出身，拘泥於古書，因此有失大體。只要有才識，何必一定要有文才學問呢？天子用人，有何不可！」

玄宗於是堅持任用了牛仙客。張九齡自己也意識到屢次惹玄宗不悅，早晚會被李林甫加害，趁著玄宗有一次賜自己白羽扇，作了一篇賦，最後兩句是：「只要能在適當的地方發揮作用，即便有殺人之禍也不在乎。」可見張九齡對自身處境也很清楚，但他始終堅持氣節，的確十分符合史書上讚美他的評語：「直氣鯁詞，有死無二，彰善癉惡，見義不回。」

後來唐玄宗居然還讓牛仙客當了宰相，但他實質上不過是李林甫的走狗，只會唯唯諾諾，下屬請示意見時，他只會說：「照老樣子辦。」沒有半點處理的辦法，完全不是當宰相的料。如此，朝政等同被李林甫一手操縱，變得越來越昏暗了。

唐玄宗最後悔的事

安祿山還在邊境上當小軍官的時候，有次入宮奏事，一副桀驁不遜的德行，張九齡就對一個大臣說：「這個小蠻子，一定會搞得北部邊境大亂。」可以說是目光奇準。開元二十四年（西元七三六年），安祿山率軍討伐契丹，犯了冒進的錯誤，落得大敗，被范陽節度使張守珪綁起來押送到京城問罪。張九齡說：「張守珪必須要嚴格執行軍法，安祿山不能免去一死。」但唐玄宗赦免了安祿山的死罪。張九齡堅持說：「安祿山狼子野心，面有逆相，應馬上殺死，以絕後患。」唐玄宗很不高興的回道：「不要誤害忠良。」居然放虎歸山，把安祿山放回邊境，當白衣將領，並在四、五年後得到重用。到天寶十年（西元七五一年），安祿山已控制了三個重要軍鎮，擁兵幾十萬，占全國軍馬三分之一以上。

天寶十四年（西元七五五年），安祿山聯合心腹史思明等公然叛國，強大的唐朝自此進入長達八年的「安史之亂」，逐漸走向衰落。唐玄宗倉皇逃往四川，終於想起了賢相張九齡是何等忠直，不禁老淚縱橫，寫下兩句詩追憶並懺悔：「蜀道鈴聲，此際念公眞晚矣；曲江風度，他年卜相孰如之！」這會兒後悔已經來不及了，以後再任命宰相，沒有人一個人及得上曲江公張九齡！張九齡生前，風度蘊藉，唐玄宗十分欣賞，每次要任官時總要問一句：「此人風度比張九齡如何呢？」

唐玄宗派使者去張九齡的故鄉韶州祭奠他，並厚賞了他家人。此時距離張九齡去世已滿十五年了，可見張九齡英明有決斷，做出了正確的政治預測，可以說是先知先覺，後世甚至有人神化了張九齡，說他很懂面相學。

房玄齡

【西元五七九年～六四八年】

宣武門事變的策劃者

導言

貞觀之治是後世人人嚮往的太平盛世，也是歷代有抱負的統治者希望達到的目標。唐太宗李世民作爲中國歷史上罕見的明君，正因創造了這番成績。而一代良相房玄齡，跟隨李世民長達三十多年，作爲李世民最信任的左右手、貞觀群臣之首，在唐太宗即位後，擔任一人之下、萬人之上的宰相之位將近二十年，他發揮的作用也是不容低估的。

房玄齡，字喬，齊州臨淄人，隋朝時曾任隰城尉。李淵父子起義後，房玄齡自謁李世民於渭北，兩人一見如故，房玄齡立刻被委以重任，成爲李世民親信。他長期隨軍征戰，爲李世民謀劃並搜羅人才，與杜如晦齊名，爲李世民最重要的兩位參謀，世稱「房謀杜斷」。房玄齡爲李世民策劃了著名的「玄武門之變」，助他奪得皇位。唐太宗即位後，評定他爲一等功臣，後任尚書左僕射，即宰相，統領百官，掌政達二十年，恩寵不衰。他爲唐太宗選拔人才，適才而用，並制定國家律令，參與國史的修纂。貞觀一朝的重大方針政策，房玄齡都是重要的謀劃者和執行者。

小小時政評論員

房玄齡出生於累世官宦之家，祖先自北朝後魏以來即為官，父親房彥謙是名學者，曾做過隋朝的涇陽縣令，為官清廉。房玄齡自幼機敏，又在良好的家庭環境裡耳濡目染，故博覽群書，擅長寫文章，寫得一手好字。在政治敏感度上也酷肖其父，經常作出精闢的時事評述。隋朝開皇年間，房玄齡跟著父親來到京城長安，當時天下河清海晏，大家都以為隋朝一定可以長治久安，房玄齡當時還年輕，眼光卻很犀利，悄悄對父親說：「隋文帝本無啥功德，是篡位得來的天下，幾個兒子互相搶奪皇位，現在看起來雖然太平，但滅亡是翹足可待的。」房彥謙聽了大驚，阻止兒子說這種話，但是心裡非常贊同。房玄齡小小年紀，便已留心政事，且看得十分透徹，一語中的。

房玄齡年僅十八歲就被地方推舉為進士，授官羽騎尉。他到吏部應試時，主管人事的吏部侍郎高孝基以善於識人著稱，問對之下，對他的才華很是驚訝，說：「我看過的人太多了，卻從來沒見過像這少年郎這樣的，他日後一定能成大器。」

決勝於玄武門

隋朝義寧元年（西元六一七年），李淵父子起兵，李世民屯兵渭河以北地區。房玄齡扶杖叩謁李世民於軍門，兩人一見如故，李世民馬上

你不可不知的房玄齡

- ▲西元596年，十八歲被地方推舉為進士。
- ▲西元617年，叩謁李世民。
- ▲西元626年，策劃發動玄武門之變。
- ▲西元629年，開始負責監修國史，任丞相。

授予他記室參軍（機要參謀）的職位。房玄齡自認遇到了知己，從此竭力輔佐這位年僅十九歲的英才。李世民每次征戰獲勝後，大家都去搶奪珠寶珍玩，只有房玄齡先爲秦王收羅人才，從此李世民麾下文臣武將，濟濟一堂，皆願爲他拚死效力。

房玄齡在李世民即位之前立下的最大功勞，就是和杜如晦一同幫助李世民密謀發動玄武門之變，奪得帝位。世人所稱道的「房謀杜斷」，史書上沒有具體事實的列舉，但房玄齡的善於謀劃、杜如晦的處事決斷，在玄武門之變中的確得到了極大的發揮。

唐高祖選定的繼承人是長子李建成，唯自太原起義以來，功勞最顯赫的是次子李世民。武德四年（西元六二一年），李世民平定王世充凱旋長安時，身披黃金戰甲，帶領手下二十五員大將，風頭甚健，太子李建成看得眼裡冒火，心裡作酸，感覺到二弟帶來的極大威脅。兄弟間的矛盾，很快演變成權勢之爭，發展到性命攸關的地步。

一天，李世民在大哥家裡吃完飯回家，心臟絞痛，吐了好幾升的血，顯然是中毒，幸好經過搶救而未身亡，但也引起了秦王府一片恐慌，沒有一個人提得出可行辦法。房玄齡對李世民的大舅子長孫無忌說：「太子和秦王之間的矛盾已沒法調解了，爲了國家安定衡量，應該效法周公（指周公大義滅親殺死管、蔡）。」長孫無忌說：「我正有如此想法，但不敢說出來。」李世民於是召見房玄齡和杜如晦，商量進一步事宜。

李建成也在密謀殺害李世民，知道房、杜二人是秦王府的厲害腳色，就唆使唐高祖將他二人驅逐。李建成和么弟李元吉早就結成一黨，準備在餞別元吉出征的宴會上殺死李世民。元吉還以征戰爲名，要求借調秦王府大將尉遲敬德。事態緊急，李世民密召房、杜。房、杜此時到秦王府去，就是抗旨，只好喬裝成道士混進去。在房、杜二人的策劃下，李世民次日就發動著名的「玄武門之變」，射殺大哥和四弟。唐高祖只好立秦王爲太子，沒過多久，自己的皇帝寶座也坐不穩了，索性讓位李世民。李世民登基後，改元貞觀，即是一代英主唐太宗。

皇帝的大總管

唐太宗即位後，自然要論功行賞，他認爲房玄齡、杜如晦等五人功勞最大，列爲第一等。就連在戰場上衝鋒陷陣、立下汗馬功勞的大將如尉遲敬德、程知節、秦叔寶等人，名字也不在其中。太宗叔父淮安王李神通認爲房、杜不過是刀筆之吏，表示不服。李世民回答說：「玄齡有籌謀帷幄，定社稷之功，好比漢代的蕭何，應當功列第一。」

貞觀四年（西元六二九年），房玄齡任尙書左僕射，行宰相之職。他連任相位近二十年，盡心盡力，居然從未被權勢腐蝕，反而越做越小心，實在非常難得。史書上稱讚他總管政府各個部門，日日夜夜精誠謹愼，唯恐有一件事情沒做好。唐太宗對他信任備至，交給他用人大權。房玄齡首先對中央官員審核後進行了優化處理，精簡機構，裁汰冗員，最後只留下菁英六百多人。他善於發揮下屬的優點，對同僚十分寬厚，聽說別人做了什麼出色的事情，就高興得好像是自己做的一樣。房玄齡對下屬從來不求全責備，不以自身長處去看待他人，而且不以出身貴賤區分他人。這樣的用人原則在當時是非常難得的，使得滿朝充盈著樂觀進取的精神，工作氣氛健康良好。人人稱他是「良相」。

房玄齡事無巨細，務必親力親爲，他不僅主管人事，查問司法得失，還要知道兵庫裡盔甲的數量，連裝修皇宮都要過目，每天忙得要死，連唐太宗都看不下去了，有次對他說：「你做了宰相，應當爲朕察訪賢才，你每天處理幾百件案子，哪有空啊？」於是命令房玄齡的手下多擔些瑣細的工作，丞相只針對軍國大事做決策便成了，皇帝親自干涉，才把這位有強迫症的完美主義宰相從繁重的工作中稍微釋放了一點。正因爲房玄齡作爲百官之首能以身作則，網羅來的天下英才在他這位勤懇的大總管之帶領下共同輔佐唐太宗，才有了萬世景仰的「貞觀之治」。

房玄齡在修訂律令方面，也出力不少。他力求寬平，刪繁就簡，斟酌古今，免去前代諸多的苛酷刑法，比如廢除了斷腳趾的肉刑，改爲流放。房玄齡主持修訂的唐律，奠定了中國現存最爲古老、完備的刑事法典《唐律疏議》的基礎，對後世影響極大。

備受尊寵的晚年

唐太宗因房玄齡德高望重，屢次升官，加授太子少師，以教諭太子。房玄齡十分惶恐，要求解除宰相一職，被唐太宗駁回，但他仍不敢去當太子的師傅，大家都稱讚他的謙虛。貞觀十六年（西元六四二年），房玄齡又升了一次官，他覺得自己當宰相已長達十五年，女兒成爲韓王妃，兒子房遺愛娶了高陽公主，過於顯貴，再次要求離休。太宗特地派使者勸諭他說：「國家忽然沒有了您這樣的良相，就好像人失去了兩隻手。」房玄齡只好留任原職。

貞觀十九年（西元六四五年），唐太宗堅持親征高麗，命房玄齡留守京師，委以重任。貞觀二十二年（西元六四八年），房玄齡年老體衰，病情漸重。太宗將他召入皇宮，君臣相見，流淚不止。太宗特意要他留在宮裡養病，每聽說玄齡病情好轉，就非常高興；聽說病情惡化，就憂心忡忡。房玄齡見太宗對他如此尊寵，在病重之際，上表勸諫太宗不可強攻高麗，太宗看完後，非常感動，說：「房玄齡病得這麼重，還在爲國家擔憂！」在他臨終的時候，太宗親臨病榻，握手話別，特別詔令皇太子與他訣別，並當著房玄齡的面封其子房遺愛爲右衛中郎將、房遺直爲中散大夫。房玄齡病卒，享年七十歲。

杜如晦

【西元五八五年～六三〇年】

十八學士首席代表

導言

古代的良相並不算多，說起唐代的良相，後人必首推房玄齡和杜如晦。房玄齡善於謀劃，杜如晦長於決斷，兩人配合無間，共同輔佐李世民，開創「貞觀之治」。

杜如晦，字克明，京兆杜陵（今陝西西安東南）人，祖上世代擔任北周和隋朝的顯官。他從小機敏過人，進入仕途後做了一個小官，但很快自動離職回家。李世民進入長安時，如晦也被招入帳下，從此跟隨李世民四處征戰，參與軍國大事的決策。他以辦事幹練有決斷著稱，與房玄齡齊名，人稱「房謀杜斷」；後升遷至陝東道大行臺司勳郎中，並入李世民特設的文學館，被尊爲十八學士之首。

因爲李世民功勞顯赫，遭到太子李建成猜忌，太子黨羽毆打杜如晦，導致皇位爭權釀成流血事件。李建成欲削弱李世民勢力，唆使唐高祖驅逐杜如晦和房玄齡出秦王府。不久房、杜二人潛回秦王府謀劃玄武門之變，事成後升任太子左庶子。

唐太宗登基後，拜杜如晦爲兵部尚書，封蔡國公，後改任吏部尚書，總監東宮兵馬事。貞觀三年（西元六二九年），杜如晦任尚書右僕射，與房玄齡擔任左右相，共同輔佐唐太宗，四海升平；同年冬，不幸染病，於翌三月病逝，年僅四十六歲。

李世民差點錯失杜如晦

杜如晦，京兆杜陵人，出身名士之家，祖上世代爲官。曾祖和祖父都在北周當過大官，祖父杜果則官至隋朝工部尚書，父親杜吒曾爲隋朝昌州長史。杜如晦從小聰明穎悟，喜歡讀書，好談文史，機敏果斷。他去吏部應試，當時以善於識人著稱的吏部侍郎高孝基，曾稱讚過房玄齡定會出人頭地，也非常器重杜如晦，說他有應變的才能，將來一定是國家的棟梁。杜如晦後來果然如高孝基所預言的，成了唐朝一代名相，有感於高孝基的知人之明，特意爲他立碑作紀念，也算是不忘舊。但在當時，杜如晦和房玄齡一樣懷才不遇，只做了個小縣城的縣尉（負責保安）。他眼見隋朝政局飄搖，又覺得沒前途，不久就棄官回家了。

李淵父子太原起義後，李世民進軍長安，杜如晦家離長安很近，很快被引爲秦王府兵曹參軍（人事參謀），後來升爲陝州行軍總管府長史（地方軍總司令部參謀長）。秦王李世民是唐高祖次子，在起義中功勞最大，身邊追隨著一大批能幹的文臣武將，自然引起太子李建成的嫉恨。

李建成擔心秦王府人才濟濟，日後對自己不利，於是以朝廷名義外調了大批秦王幕府中的文武人才，將其派到外地任職。李世民擔心自身力量被削弱，就跟心腹謀士的房玄齡商量，房玄齡說：「府中的官員被抽調的雖多，但都不算可惜。只有杜如晦聰明有見識，是王佐之才。您要是安於當秦王，無啥大志，那是用不上杜如晦的，但若要經營天下的話，非此人不可！」李世民醒悟過來，大驚說：「你要是不說，我差點失去了這個人才！」連忙上表奏請留下杜如晦，唐高祖批准，這才把已調離的杜如晦追回。

杜如晦從此跟隨李世民左右，和房玄齡一起輔佐李世民，征伐四方，參與每場戰役，參與軍國機要之事，成爲李世民智囊團中的核心人物。兩人處理秦王府的公務，能辦的當即就辦，從不堆著公文不批，而且辦事公允，下屬們都心服口服。房玄齡善於出謀劃策，杜如晦機敏幹練，遇事善斷，兩人配合得天衣無縫，形成赫赫有名、威力無窮的「房謀杜斷」組合。

十八學士首座

唐高祖武德四年（西元六二一年），李世民率軍生擒夏王竇建德，逼降鄭帝王世充，李淵爲了表彰李世民的特殊功勳，特設天策上將府，封他爲天策上將，官位在諸位王公之上。李世民雖僅有二十多歲，卻極有遠見，認爲四海已漸漸趨於穩定，建設時期即將來臨，便及時由武略轉向文治，在西宮修建文學館，延攬四方文士，號稱「十八學士」。

李世民邀杜如晦坐上十八學士的首座，與房玄齡並列，其次有虞世南、于志寧、蘇世長、薛收、褚亮、姚思廉、陸德明、孔穎達、李玄道、李守素、蔡允恭、顏相時、許敬宗、薛元敬、蓋文

你不可不知的杜如晦

▲西元618年入秦王府，跟隨李世民。

▲西元621年，位列十八學士之首。

▲西元626年，參與策劃發動玄武門之變。

▲西元627年任兵部尚書，封蔡國公。

▲西元628年，改任吏部尚書。

▲西元629年，擔任宰相。

達，蘇勗，這十八位學士以六人爲一班，輪流值班，共同研討學問，商定國家大計。李世民每天忙完公務，就到文學館和學士們一起學習，常常討論到深夜才入寢。

這批學士受到非常優厚的待遇，李世民還特意讓當時的名畫家閻立本爲十八學士畫像，讓褚亮（褚遂良的父親）題寫了讚語，並很珍惜的收存起來，一時滿朝傳頌這樣的盛事，天下文人都對文學館十分嚮往，認爲一進入文學館就等於「登瀛洲」（瀛洲是著名仙島，相當於登龍門）。

李世民以戎馬起家，又年輕氣盛，居然願意每天晚上跟著一幫中年學者讀書討論，孜孜不倦的上短期進修班，被後人大大稱讚。可惜這個由房玄齡、杜如晦主持的一流進修班的課程、作業等，都沒有流傳下來，不然對後世政治家定會產生極大的影響。這十八學士實際上就是李世民的智囊團，李世民正是在他們的策劃協助下，成功地從父親兄長手裡奪得皇位，君臨天下。

太子黨痛打杜如晦

李世民戰功顯赫，又有十八學士以及一批武將協助，太子李建成對此早已不滿。兄弟間的權力之爭，很快上升爲武力衝突，代表事件就是杜如晦被痛毆。李建成和最小的四弟元吉結爲一黨，走後宮路線，結交唐高祖寵妃，以枕邊風左右父皇。甚至傳出了兩位皇子與張婕妤、尹德妃等私通的緋聞。李世民平定洛陽後，后妃們向他索要珍寶、土地，李世民公事公辦，不予理會，得罪了后妃。

一次，杜如晦騎馬經過尹德妃之父阿鼠的府第門口，阿鼠的家童強逼杜如晦下馬，杜如晦沒照做，立刻被拖下馬，痛打了一頓，還折斷了一根手指。阿鼠怕世民向高祖告狀，先讓尹德妃向高祖告狀說：「秦王手下驕橫，凌辱臣妾家人。」高祖偏聽信，責備世民說：「你的手下對我的妃子尚且如此，對待百姓就更不用說了。」李世民極力辯解，高祖始終不信。杜如晦白白斷了手指，在李氏兄弟的流血衝突中成爲第一個受害者。

在李世民於李建成處吃完飯中毒嘔血後，雙方的矛盾終於激化。秦王府的謀士憂心忡忡，卻沒有辦法，擅長謀劃的房玄齡建議爲了國家大事應該不拘小節，存亡關頭，不如殺死太子。李世民召杜如晦商量，杜氏到後立即做出決斷，主張先發制人。與此同時，李建成和李元吉也在加緊步伐，建成忌憚房、杜二人，對元吉說：「秦王府裡我們要小心的人，唯有杜如晦與房玄齡。」於是他多次在李淵面前說壞話，高祖終於下旨，驅逐房、杜二人。接著，李建成和李元吉密謀在餞別宴會上殺害李世民，世民處境險惡，只好派人去召房、杜二人回秦王府商量對策。房、杜非常爲難，因爲有聖旨不准他們進秦王府，抗旨乃是死罪。李世民解下佩刀對尉遲敬德說：「你再去約他們，再不願來，就取了他們首級。」左右都是死，二人只好喬裝打扮成道士，混進秦王府。在他們的策劃下，李世民第二天就發動了著名的玄武門之變，奪得皇位。

短暫的房杜左右相組合

唐太宗即位後，論功行賞，杜如晦也被列爲五位一等功臣之一，拜兵部尚書，封蔡國公，食邑一千三百戶。貞觀二年（西元六二八年），改任吏部尚書，翌年升爲尚書右僕射，與房玄齡同任左右丞相，共同輔佐唐太宗處理朝政。李世民勵精圖治，進行了一連串改革措施，房、杜二人作爲他的左右手，配合默契，在制定國家的典章制度、任命和考核官吏等各方面都發揮了很大作用。

每次在太宗面前議事，玄齡見如晦不在，定說：「如晦來了才能做決定。」等如晦來了，一一審讀房玄齡的方案，選擇其中最可行的，再由太宗責成決策。房、杜二人，形成了人才的合理搭配，將偏才組成了最有效的全才型國家高層，開創了有名的「貞觀之治」，後人論唐代良相，首推房、杜。

可惜的是，就在這年冬天，杜如晦染病辭官，太宗下詔給他原薪在家養病，經常派人問候，派名醫前去診治。杜如晦的病情加劇後，太宗除了讓皇太子到杜家去探視，還親自到杜府，難掩悲傷地流下眼淚。但即便天子如此關心，也已回天乏術，杜如晦不久就去世了，年僅四十六歲。太宗痛哭不已，三天沒上朝，特意寫手諭給虞世南說：「朕與如晦，君臣二人情深義重，如晦不幸早逝，我心裡悲痛，你要體察我的心意，好好爲如晦寫一篇碑文。」後來，太宗有一天吃到一種瓜，覺得非常美味，頓時回憶起杜如晦，就停下來不吃，留下那一半派人送到杜如晦靈前。可見杜如晦在太宗心目中分量不輕，可惜英年早逝，不然必定還有一番作爲。

魏徵

【西元五八〇年～六四三年】

給皇帝挑毛病的人

導言

貞觀之治，是唐太宗李世民和群臣集體的功勞，而唐太宗本人對手下眾多文臣武將，給予最高評價的，是並未立下任何戰功的魏徵。魏徵在中國歷史上創造了君畏臣的先例，樹立了諫官的最佳榜樣，成爲君主一面不可或缺的鏡子，有時還負有放大鏡和顯微鏡的作用。魏徵前後爲唐太宗提出了兩百多條意見，總共達「數十萬言」，上到國家政策、下到皇帝的私生活，無所不包，爲貞觀朝起了良好的監察匡正作用，李世民最後成爲歷史上少見的明君，魏徵功不可沒。

魏徵少年時當過道士，參加了瓦崗軍，初始並未受到李密的重視。後隨李密歸降唐朝，因成功勸說李勣降唐，才逐漸有了名氣。後來被唐高祖的太子李建成器重；做了太子洗馬。玄武門之變後，李世民即位，提拔魏徵爲諫議大夫，爲自己提意見。魏徵生性耿直，前後陳諫二百餘事，得到了太宗的信任和倚重，升爲尚書左丞。他提出了「兼聽則明，偏信則暗」，「君，舟也；民，水也；水能載舟，亦能覆舟」等爲後世重視的先進觀點，他撰寫的〈諫太宗十思疏〉，據說是現在韓國企業家的必讀書。

四十六歲才遇到真命天子

魏徵，字玄成，出生於北周靜帝二年（西元五八〇年），他的父親魏長賢曾擔任過北周的縣令。魏徵出生後一年，楊堅就篡周稱帝，建立了隋朝，不久後魏長賢就過世了。魏徵幼年喪父，因此生活相當窮困，但他志向遠大，極其好讀，什麼類型的書都喜歡讀。由於家裡沒什麼資產，又不願去種地，他就出家當道士。

解決了生活問題後，魏徵借助道士身分作掩護，結交許多江湖中人，眼界漸開，開始特別注意學習縱橫家的學說。他的朋友元寶藏是隋朝武陽郡丞，在隋末大亂中舉兵起義，邀請魏徵擔任機要秘書，掌管文書。元寶藏寫給李密的往來信件，都出自魏徵之手，李密每次收到元寶藏的信都讚不絕口，知道是魏徵寫的以後，馬上把他召了過去。魏徵胸懷大志，向李密提出十條建議，但此時李密領導瓦崗軍，形勢一片大好，志滿意得，雖覺得魏徵的建議還不錯，卻沒有採用。

後來掌握隋朝大權的王世充進攻李密瓦崗軍，地位還較低的魏徵，主動對長史（秘書長）鄭頲提出一些重要建議，被譏笑爲老生常談，大怒拂袖而去。李密果然兵敗，魏徵跟隨李密降唐。李密並沒受到唐高祖李淵的重視，魏徵作爲李密的二、三線手下，自然也沒被文臣武將濟濟一堂的大唐朝放在眼裡。於是魏徵又一次主動出擊，自己

你不可不知的魏徵

- ▲西元617年，加入瓦崗軍。
- ▲西元618年，跟隨李密入關降唐。
- ▲西元626年被李世民延攬，開始一生的事業。
- ▲西元633年擔任侍中，進入尚書省。
- ▲西元636年主持編纂周、隋等史，後世評價甚高。

要求去和平勸降李密的老部下、擁有大片土地和兵力的李勣。魏徵果然像他崇拜的縱橫家們一樣，不費一兵一卒，僅僅用唇舌筆墨就幫唐朝得到了大片疆域，初步打響了知名度。不過人怕出名，另一個軍閥竇建德聽說了魏徵的才幹，馬上抓走魏徵，擔任自己的起居舍人（爲上司記錄言行舉止的秘書）。兩年後竇建德被李世民打敗，魏徵終於回到首都長安。

太子李建成久聞魏徵的才名，任命他爲太子洗馬（秘書主任）。當時秦王李世民的功業蒸蒸日上，嚴重威脅李建成的皇位繼承人地位，魏徵經常勸太子要早點建立軍功，縮小和李世民之間的差距。不過天命所歸，玄武門之變中，李建成終被李世民殺死。李世民派人把魏徵叫了過來質問說：「你爲何離間我們兄弟？」大家都捏了把汗，然魏徵神情自若的說：「皇太子要是聽了我的話，哪至於有今天的禍事？」如果一個心胸狹窄的主子聽了這種回答，肯定把魏徵推出去斬了，不過李世民到底是不世出的明主，不但沒責罰他，反而禮遇有加，任命他爲自己的詹事主簿（機要秘書）。從此，換過好幾個主子、年屆四十六歲的魏徵才算是遇到了眞命天子，他的事業在中年以後，終於進入了正途。

為皇帝挑毛病的終身事業

李世民即位後，任命魏徵爲諫議大夫，這是專門爲皇帝提意見的職位，魏徵從此老實不客氣的開始了爲皇帝挑毛病的事業，成爲這一行前無古人、後無來者的最出色人才，爲中國歷史樹立了一個諫官的典型。

唐太宗初登基，躊躇滿志，勵精圖治，常常把魏徵帶到寢殿裡，跟他討論自己爲政的得失。魏徵本有經國濟世的大才，性子又耿直，無所顧慮，有什麼說什麼，唐太宗這會兒努力要當好皇帝，欣然採納魏徵的意見。魏徵自覺遇到了知己之主，愈發知無不言、言無不盡。唐太宗這個時期的確是個從諫如流的明君，還特意消除魏徵的顧慮說：「你前後勸諫了我兩百多件事，如果不是至誠爲國，哪裡做得到呢？」魏徵向唐太宗提出了二百多條意見，嚴格監督君主的言行，這是爲後世大大稱道的。試想，誰敢向上司提出十條以上的意見呢，更何況是掌握生殺大權的皇帝？

這一年，魏徵被升爲尚書省左丞（四品），由於他未在李世民平定天下、爭奪皇位的戰役中做過任何貢獻，又恰恰相反是敵對陣營裡的重要人物，卻得到太宗如此的信任，升官快速，難免遭到一些人的妒忌，汙蔑他跟親戚結黨營私。太宗命御史大夫溫彥博調查此事，溫彥博查無證據，不過仍對太宗提出：「魏徵作爲國家官員，必須注意自己的言行，他自己不檢點，所以才遭到別人的誹謗，應該受到譴責。」

太宗派溫彥博去責備魏徵，並說：「從今天起，你要檢點自己的言行。」魏徵對唐太宗說：「君臣投契，看起來就如同一個人一樣，這才能把國家治理好。要是整天講究形式、檢點行爲，國家的興亡可就難說了。」太宗改口說：「我懊悔了。」魏徵趁機繼續進諫說：「我希望陛下讓我當良臣，不要讓我當忠臣。」太宗奇怪的問：「忠和良有什麼不一樣啊？」魏徵說：「良臣讓自己獲得好的名聲，君主得到好的聲譽，子孫世代相傳，福祿無疆。忠臣就像比干一樣，自己被殺了，君主得到惡名，國破家亡，光他自己得到了一個忠臣的空名。二者相去甚遠。」唐太宗覺得魏徵說得很對，送給他許多賞賜。魏徵利用唐太宗心存愧疚的機會，表明了本身的政治抱負，說明自己並非一味死諫的人物，而是希望造成雙贏的結果，這就完全消除了唐太宗的猜疑和顧慮。

史上最強的說服術

魏徵之所以能成爲中國歷史上最成功、最出名的諫官，在於他驚人的說服術。第一步，要給君主洗腦，先向唐太宗灌輸納諫的重要性。

有一次，唐太宗問魏徵：「當君主的，怎麼才能做到『明』？犯了什麼錯會被人叫『暗』呢？」魏徵馬上說：「兼聽則明，偏信則暗。」魏徵還反復對唐太宗引用荀子的話說：「君主，好比船，百姓，好比水，水可以載舟，也可以覆舟。」意思就是，別以爲做了皇帝就可以亂來，看看隋煬帝，百姓要反你的時候，就是皇帝也照樣砍頭。一番話搞得唐太宗很緊張，起了危機意識，不敢爲所欲爲。

第二步，向唐太宗闡明君臣關係，君臣之間就像頭和四肢，頭雖然高高在上，也得有四肢才能構成人體，君主雖睿智，亦須借助大臣才能實現統治。並特別指出說，爲首者，如果事事自作主張、不納諫，是難能成功的。

他還引用孟子的話說，如果上位者視下屬爲手足，下屬當然把他看得重要；如果上位者視下屬爲犬馬，下屬就會把他當成普通人；如果上位者視下屬爲糞土，下屬就會把他當成敵人。這些見解放在今天的職場和人際關係裡，仍有其深沉意義。唐太宗從此就乖乖的聽魏徵不厭其煩的提意見，經常對大臣們說：「我要管的事情太多了，你們不爲我提意見，我是處理不好的。我做錯了什麼，一定要指出來。我是和你們一起治理國家的。」

洗腦成功後，魏徵仍很注意提意見的方式，極有策略，絕不是像比干那樣死諫，拿自己的生命撞南牆。據說，有一次唐太宗得到一隻非常英武的鷂鷹，太宗得意洋洋的架在胳膊上玩，忽然看見魏徵遠遠走了過來，心想這老頭定要怪他玩物喪志，趕緊把心愛的鷂鷹藏到懷裡。魏徵假裝沒看見，嘮嘮叨叨地向他彙報了半天工作。等魏徵事無巨細的彙報完了走開，太宗一看，那鷂鷹早就悶死了。

史書上說魏徵其貌不揚，但是膽識過人，每次進諫，即使搞得唐太宗有時大發龍威，魏徵還是非常鎮定，什麼表情也沒有。魏徵不停的勸諫，到後來居然讓唐太宗形成了一種條件反射，開始自我約束，威力實在非同小可。有一次唐太宗想去京城近郊打獵玩，行裝都已經準備好了，卻一直沒去。魏徵聽說後，問起此事，唐太宗說：「怕你說我勞民傷財，想想還是不去了。」

唐太宗永失一鏡

不過，魏徵也不是每次都成功的，勸諫了那麼多次，總有幾次碰上皇帝心情不好，讓唐太宗很受不了。一次唐太宗退朝回到內殿，氣得吹鬍子瞪眼的說：「我早晚殺了那個鄉巴佬！」好在皇后長孫氏非常賢德，忙問是誰。太宗說：「魏徵又當眾侮辱我，讓我下不了臺，我哪還有皇帝的威嚴！」長孫皇后趕快退下，一會兒換好朝服整整齊齊的出來，隆重的向太宗行禮道賀，太宗問：「妳這是幹什麼?」皇后說：「我聽說明君手下才會有正直的大臣，如今魏徵那麼耿直，那是因爲皇上聖明啊!所以我要慶賀。」

魏徵也知道自己從的是刀尖上跳舞的事，他有一次對太宗說：「實在是陛下鼓勵我有什麼說什麼，我才敢這樣，如果陛下完全不接受我的意見，我哪裡敢屢次冒著拂龍逆鱗的危險呢!」（傳說龍的喉嚨那兒有逆鱗，一碰就會殺人。）所以魏徵自己也是很明白的，但還是直言不諱，實在非常難得。

魏徵因爲敢諫，又善於修史，後來被太宗封爲鄭國公，知門下省，等於做了宰相之一。魏徵因爲年老多病，多次請求離休，太宗總是不許，對大臣們說：「我登基以前，四處征戰打天下的時候，房玄齡功勞最大。貞觀以後，敢不停的獻上忠言，安國利民，幫我糾正過錯的，只有魏徵一個人啊！」魏徵六十四歲去世，太宗親自到喪禮上慟哭，並在後來臨朝時當眾悼念說：「以銅爲鏡，可以整理衣冠；以古代爲鏡，可以知道歷代的興替；以人爲鏡，可以明白自己的得失。如今魏徵去世了，我失去了一面鏡子！」

狄仁傑

【西元六三〇年～七〇〇年】

神探法官的原型

導言

狄仁傑，在小說《狄公案》和據此改編的一系列影視作品裡，是個斷案如神的神探，同包青天一類的人物。歷史上的狄仁傑除了的的確確擔任過聞名全國的一流大法官外，還文武全才——文能治國輔政，一直被毒辣難纏的則天女皇器重，到死都是宰相；武能鎮守邊疆，擊退契丹。他是武則天當政時難得的正直官員，一度宦海沉浮，不過倒是做什麼都甚爲出色，縣長做得百姓在他活著時候就建造了生祠（紀念堂）。任宰相後，武則天對他十分器重，直至臨終，對武則天朝的弊政做了一定的匡正。武則天時代上承貞觀之治，下啓開元之治，千古名相狄仁傑功不可沒。

狄仁傑，字懷英，唐代并州太原（今太原南郊區）人。他出生於官僚家庭，少年時就進入仕途，表現不凡；在一次被人誣告後，反而得到上司的賞識，從此進入法律界，逐漸升遷到一級大法官的位置。狄仁傑是個工作狂，一年內就處理了前任積壓許久的諸多案子，釋放了上萬個冤枉的無辜百姓，頓時名揚海內外，成爲明鏡高懸的神探級青天大老爺。因此得到武則天的賞識，在武則天稱帝後，做了宰相，備受重用。

真實的神探狄仁傑

狄仁傑出生於官宦之家，祖父狄孝緒任唐太宗貞觀朝尚書左丞，父親狄知遜官至夔州長史。他從小便受到嚴格的訓練，少年時參加明經科考試及第，順利進入仕途。

狄仁傑剛出道便表現不凡，擔任汴州參軍時，被人誣陷，這時的工部尚書閻立本（著名的畫家宰相）作為中央考察大員巡視河南，受理此案；他不但發現狄仁傑是清白無辜的，還發現了狄仁傑德才兼備，大讚他實在是「滄海遺珠」，馬上舉薦他爲并州法曹參軍，狄仁傑從此進入了法律界。狄仁傑被人誣告後反而得到意外的提拔，大概說明狄仁傑實在才德過人，即便在走霉運時都掩蓋不了他的閃閃金光。在任期內，狄仁傑逐漸通曉了兵法、刑罰、吏治等各方面典章制度，對他一生的政治活動植下了良好的根據。

狄仁傑才能賢德的名聲逐漸傳到唐高宗那裡，儀鳳元年（西元六七六年），被擢升爲大理丞（最高法院的推事），掌管國家刑法大權。他到任僅一年，就判決了以前積壓的幾千件案子，牽涉到一萬七千人。他公正廉明，明察善斷，英明果決，一下子名聲大振，朝野上下無不推崇這位斷案如神的大法官。大家熟悉的《狄公案》裡那個包黑子一樣的青天大老爺狄仁傑，就是從他的這段經歷中化出的。

狄仁傑絕不徇私枉法，爲了維護法律，甚至敢於犯上直諫。一次，左威衛大將軍權善才、右監

你不可不知的狄仁傑

▲西元676年，任大理丞（大法官），《狄公案》的藍本。

▲西元691年，成爲宰相。

▲西元692年，被來俊臣誣陷下獄。

▲西元697年，從地方上被重新起用爲宰相。

門中郎將范懷義兩位將軍誤砍了昭陵（唐太宗墓地）的柏樹，高宗大發脾氣，下令立即把他們倆處斬。狄仁傑上奏說：「國家已經制定了明確的法律，根據法律，兩位將軍不該判死刑。」高宗怒道：「他們害我做了不孝子，非得要處死！」狄仁傑堅持說：「按法不該判死刑而一定要判死刑，就因為誤砍了一棵柏樹？處死了兩位將軍，後世會議論陛下究竟是個什麼樣的君主？我不敢陷陛下於無道！」唐高宗頓時悔悟，免了二人死罪，從此狄仁傑名震京城。

狄仁傑的當官技巧

後來，狄仁傑被提升為度支郎中（財政部司長），唐高宗偕武后出遊，派狄仁傑做知頓使（負責皇帝旅遊事宜的特派員），先去布置途中食宿。皇帝的旅遊路線必須經過「妒女祠」，當地傳說，若是衣著華麗的人經過妒女祠，定會導致風波，當地的長官并州長史李沖玄就下令幾萬民夫重新修築御道，以此取悅皇帝和皇后。狄仁傑不以為然，說：「天子巡遊，風伯會來吹去塵土，雨師會來灑濕道路，何得要避開妒女？」於是使幾萬人免去了沉重的勞役，避免了勞民傷財。唐高宗聽說後，稱讚說：「狄仁傑是真正的大丈夫！」狄仁傑既巧妙的稱讚了皇帝，又造福了百姓，上下兩邊的心都俘獲了，實在是非常有技巧。

武則天稱帝建立周朝後，任命狄仁傑為地官（戶部）侍郎、同鳳閣（中書省）鸞臺（門下省）平章事，也就是入閣成為宰相之一，不過，為時很是短暫。一次女皇故意試探狄仁傑說：「你政績很不錯，不過有人在我面前說你壞話，你想不想知道是誰說的？」狄仁傑說：「陛下要是認為臣子什麼地方做錯了，臣當然會改；陛下要是明白臣子沒什麼過錯，那是做臣子的幸運。誰說過我的壞話，我不想知道。」連武則天都認為狄仁傑實在是個忠厚長者，胸懷坦蕩。

狄仁傑版「越獄」

狄仁傑雖然德才兼備，但這次當宰相的時間卻很短，因為當時正處於恐怖時期，滿街瀰漫著告密風氣。狄仁傑當宰相一年後就被酷吏頭子來俊臣誣告為謀反。根據當時的法律，一經詢問馬上認罪的人，可以免去死罪。來俊臣審問狄仁傑的時候，大概狄仁傑當過大法官，對官兵（即便是來俊臣這種類似特務的）對待犯人的心理摸得很透，馬上回答說：「現在是大周朝，我是唐朝的舊臣，甘心被殺死，我的確參與了謀反。」來俊臣果然非常滿意，狄仁傑免去了皮肉之苦。不過狄仁傑雖然辦事不失圓通，大節上仍傾極端，有人跑來跟他說，只要牽連另一位官員入獄，就可以減刑，狄仁傑馬上拒絕，並說：「皇天后土，我死都不做這樣的事情！」說完用頭猛撞監獄裡的柱子，血流滿臉，把來勸他的人嚇了個半死。

狄仁傑不愧是斷案如神的大法官，應對的辦法相當多，他趁著獄卒不注意的時候，偷偷拆被單，寫了個狀子，藏在自己的棉襖夾層裡，對獄卒說：「天氣已經變熱了，請你把這件棉襖交給我的家人，拆掉棉絮再送回來。」獄卒也就傻乎乎的把棉襖交給狄仁傑的兒子狄遠光了。狄遠光看到狀子，馬上上訴。武則天親自召見狄仁傑說：「你怎麼沒有謀反卻承認了？」狄仁傑說：「不承認的話，早就被虐待死了。」於是武則天釋放了狄仁傑等人，狄仁傑運用自己的機警死裡逃生，居然活著從來俊臣的閻王殿裡出來了，這大概是萬分之一的機率，不過他還是被貶了官，到地方上去做縣令。

硬要管女皇的家務事

狄仁傑以他的宰相之才，在地方上當縣長，自然做得有聲有色，百姓感恩戴德。後來契丹騷擾河北地區，武則天趕緊又召狄仁傑出來，他兵不血刃，打退了契丹。因此歷史上的狄仁傑是個文韜武略的全才，是塊在哪兒都能閃閃發光的眞金，不僅是野史小說裡的神探而已。武則天爲了表彰他的功勳，親賜紫袍、龜帶，親筆在紫袍上題寫了「敷政術、守清勤、升顯位、勵相臣」十二個金字。神功元年（西元六九七年），狄仁傑被召回中央，很快恢復了宰相之職。

聖曆元年（西元六九八年），武則天的侄子武承嗣、武三思好幾次派人遊說武則天，要求當太子。大臣李昭德等勸武則天說，姑侄沒有母子那麼親，應該立廬陵王李顯爲太子。狄仁傑長期跟武則天相處，對這位女皇帝了解得很透徹，也乘機加了把料說：「陛下要是立自己的兒子爲太子，那千秋萬歲，一直可以享受兒子在太廟給您的配食；要是立了侄兒，那可從來沒聽說過侄子當了皇帝在太廟祭祀姑姑的。」武則天有點煩惱，說：「這是朕的家事，你別摻和。」狄仁傑是塊硬骨頭，不屈不撓的說：「當皇帝的人，家及四海，什麼事情不是陛下的家事！我是宰相，怎麼能不管？」武則天最後聽從了狄仁傑的意見，召回廬陵王立爲皇嗣，延續了唐祚，沒落到武家子侄手裡。後代史學家都盛讚狄仁傑恢復唐室的功勞。

武則天暗戀狄仁傑？

狄仁傑文能當宰相，武能破契丹，還很會舉薦人才。武則天讓他推薦一個宰相之才，狄仁傑就稱讚說地方官張柬之有才德，武則天提拔張柬之當了洛州司馬（副州長）。過了一陣子，武則天又讓狄仁傑推薦將相之才，狄仁傑說：「我上次推薦的張柬之，您還沒任用呢！」武則天說已經把他提升了。狄仁傑說：「我推薦的人才，是當宰相的，不是當司馬的。」張柬之終於被調到中央，後經過幾番升遷，果然當了宰相，不過他那時都快八十歲了，武則天倒也沒嫌他老。

狄仁傑死後，老宰相張柬之發動宮廷政變，擁戴中宗恢復了唐朝國號，可以說，狄仁傑再次為恢復唐室做出了間接的貢獻。狄仁傑先後舉薦了姚崇、桓彥範等幾十位精明能幹的官員，這些人後來都成為唐代中興名臣。有人稱讚狄仁傑說：「天下的桃李，都在您的門下啊！」狄仁傑回答說：「我推薦賢才是為了國家，不是為了我自己。」狄仁傑就是這麼一塊鐵板，對他講恭維話都很有難度。

武則天對狄仁傑的信任和倚重是所有臣子都望塵莫及的，她經常親熱地叫狄仁傑為「國老」，而不稱呼他的大名。狄仁傑脾氣硬，喜歡當著武則天的面在朝廷上就大聲爭論，武則天以女皇之尊，且以暴烈出名，倒經常屈從他的意見。狄仁傑好幾次要告老光榮離休，武則天總是不批准。狄仁傑每次來朝見她，她都阻止狄仁傑行禮下拜，說：「看見你下跪，朕的身子先痛了起來。」武則天怕狄仁傑年紀大了，不能過度操勞，還特意告誡朝中官員：「不是一等一的軍國大事，就不要拿去煩狄先生。」久視元年（西元七〇〇年），狄仁傑病故，武則天傷心痛哭說：「從此朝堂都空了！老天為什麼這麼早就奪走我的國老啊！」武則天以女上司如此寵信男下屬，被後來愛嚼舌根的八卦小說家大大編派，硬說狄仁傑長得很帥，武則天一輩子都暗戀著他，被他凜然正氣的拒絕了。狄仁傑的正氣凜然是公認的，至於其他的，就於正史無考了。

【西元六五〇年～七二一年】

姚崇

女皇提拔的年輕人

導言

後人常以「開元盛世」和「貞觀之治」並提，也把開元時期的宰相姚崇、宋璟比作貞觀時期的房玄齡、杜如晦。

姚崇，原名元崇，因爲與一個突厥造反的首領同名，便改叫元之；又爲了避「開元」年號之諱，改爲單名崇字。姚崇一生歷任武后、睿宗、玄宗三朝宰相，這在中國古代殘酷的政治鬥爭中實屬罕見。他最大的功績在於奠定了「開元盛世」的基礎，他在唐玄宗即位之初就提出了著名的十條建議，掃除了政治積弊，社會風氣爲之丕然一變，被譽爲「救時宰相」。

當眾為武則天哭泣

姚崇自幼文才出眾，經由科舉進入仕途。他精明能幹，一帆風順，不斷升官，在武則天當政時期做到了夏官郎中（相當於兵部司長），深受狄仁傑賞識。此期契丹人不斷騷擾唐朝北疆，由此兵部顯得特別重要，事情也繁雜。姚崇十分幹練，把千頭萬緒的事務都處理得清清楚楚。武則天得知後，欣賞有加，提拔他做了兵部侍郎（相當於國防部副部長）。故武則天對姚崇有著知遇之恩。

神功元年（西元六九七年），武則天詢問群臣：「爲什麼周興、來俊臣負責審理案件的時候，有這麼多人謀反，他們兩個死後，反而不再聽說有人謀反呢？」姚崇很直接的指出：「以前那些被問罪的人，都是在酷刑逼供下被迫自誣的，就這麼屈打成招，結了案。陛下也曾派人複查，但是複查的人也害怕酷吏，爲了自保，誰敢翻案呢？所以家破人亡的人比比皆是，不知道有多少忠良之士成了冤鬼！」不過姚崇並不是那種一味直諫的人，批評完弊政後，他圓滑的說：「現在那些兇惡的酷吏都被陛下除掉了，朝廷內外再也沒有人謀反了，對此我可以用全家人性命擔保的。」武則天其實自己也知道之前過於殘酷，殺人太多，聽完姚崇的話後高興的說：「以往的宰相都喜歡順水推舟，害我成了個濫行刑罰的皇帝。」對姚崇大加賞賜。姚崇敢這樣說話，當然是在比較了解武則天此時心態的前提下，但仍不失爲一個有膽有識、有擔待的臣子。

後來，宰相張柬之等發動宮廷政變，逼迫武則天退位給中宗並移居上陽宮。唐祚得以延續，群臣都十分高興，在中宗的率領下慶賀，唯獨姚崇流下了眼淚。有人責備說：「怎麼能在今天哭呢？你要惹禍的。」姚崇說：「我昨日參加了你們剷除凶逆的行動（指殺死武則天的倖臣張易之、張昌宗兄弟），那是盡我做臣子的職責，今天我因爲舊主離開而哭泣，也是做臣子的節操，就算因此獲罪，也是心甘情願的。」可見姚崇雖然被人罵過滑頭，但也有性情中人的一面。後來姚崇果然受到

你不可不知的姚崇

▲西元713年，被唐玄宗任命爲宰相。

▲西元716年，堅持治理山東蝗災。

懲罰，被調離中央，到外地去做刺史。有人認爲，其實這就是姚崇在耍滑頭，因爲他意識到宮廷鬥爭還沒結束，就藉此遠遠逃離政治漩渦的中心。

對唐玄宗提出「十誡」

唐睿宗即位後，姚崇被任命爲宰相。這時，太平公主干預朝政，想和太子李隆基爭奪皇位。太平公主是睿宗之妹，武則天最疼愛的小女兒，長相、性格都像有乃母之風，也想像母親那樣當女皇帝。姚崇和宋璟一直支持太子，主張太平公主和幾個掌握兵權的諸王應該遷居到外地。公主得知後大怒，太子李隆基也亂了陣腳，只好指責二人挑撥皇族關係，請求嚴懲，二人被貶爲刺史。

不久，睿宗禪位給太子，剛即位不久的唐玄宗馬上召見姚崇，想任命他爲宰相，姚崇說：「我有十點建議，如果陛下做不到，我就不當宰相。」等於將了皇帝一軍。姚崇提出的「十誡」是：

一、不能繼續執行嚴刑峻法，必須行仁政。

二、今後幾十年不求邊功，對外不黷武。

三、宦官不可干預朝政。

四、皇親國戚不能在政府的要害職能部門任職。

五、不得法外開恩，一切依法辦理。

六、杜絕官員向民間的一切亂胡亂要索行爲。

七、禁止大興寺廟。

八、君臣之間以禮相待，不得狎昵輕侮。

九、不忌諱臣子的直言進諫。
十、嚴禁外戚專政。

這十點可以說是刀刀見血，切中當時政治的弊病，足見姚崇時時刻刻都對國家大事非常留心。唐玄宗聽完，也震驚不已，馬上全盤接受，正式任命姚崇為宰相，並將這十條建議作為開元年間的施政綱領，宰相姚崇自然就是最好的推行者。從此，一掃政治積弊，國泰民安，「開元盛世」的繁榮景象，姚崇功不可沒。

宰相鬥蝗蟲

開元四年（西元七一六年），山東地區蝗蟲成災，當時官員百姓都認為蝗災是上天降罪，不可以捕殺。大家都在焚香膜拜，眼睜睜看著糧食被蝗蟲吞掉。姚崇引用古書上的事證說，之前有過成功的例子，蝗蟲是可以捕殺的，並提出了具體的捕殺辦法。唐玄宗還有點猶豫，說：「天降蝗災，是因為不修德政，殺蝗蟲會惹惱上天，帶來更多的蝗蟲。」姚崇據理力爭說：「民以食為天，不能任由蝗蟲吞食糧食，現在災害這麼嚴重，已動搖國家之本了，請陛下三思。」終於說服了玄宗。但滿朝官員還是堅持往前的看法，認為不能殺蝗蟲。玄宗下命令說：「誰要是再反對，馬上處死。」朝廷特派捕蝗使到各地監督滅蝗工作，頗見成效。

不過朝中還是不斷有人反對捕殺蝗蟲，說唯有修德才能停息上天的怪罪。還有人專門寫書攻擊姚崇，說蝗蟲是埋掉一隻會長出十隻，而且蟲卵大得像米粒，鋪天蓋地，上天怪罪，蝗蟲只會越埋越多，只能積德免災，而現在大開殺戒完全是背道而馳。姚崇以自己的官爵為擔保，力排眾議，堅持滅蝗，才使山東老百姓免於饑荒之苦。在迷信思想占主導地位的時代，姚崇勇於衝破樊籬與蝗蟲抗爭到底的決心毅力令人佩服。

死姚崇算計活張説

姚崇能在殘酷的政治鬥爭中連續擔任三朝宰相，當然不是靠政績、能幹就可以的。他目光鋭利，看人奇準，而且很會玩弄權謀，搞小動作整政敵。張説也是唐玄宗時的一代名相，詩才橫溢，曾提攜過張九齡，但和姚崇的關係就不是那麼好。姚崇還在外地當刺史的時候，當時已是宰相的張説聽説唐玄宗有意任姚崇入相，曾指使別人彈劾姚崇。姚崇當上宰相後，張説擔心遭到報復，就去玄宗的兄弟岐王那裡活動。姚崇得知後，故意在一次散朝後，獨自一瘸一拐的落在最後，唐玄宗看在眼裡，就問：「怎麼了？」姚崇回答說：「腳崴了。」（崴：指走路向外傾斜）玄宗慰問說：「痛嗎？」姚崇說：「我的痛苦不在腳上。」玄宗問他說這話有什麼緣故。姚崇說：「岐王是陛下的兄弟，張說是宰相，他們經常一塊活動，我很替陛下擔心，我的痛苦在心裡啊！」之後張說果然被罷相，貶到外地當刺史去了。

姚崇七十二歲高齡時病重，臨終前對兒子們說：

「張丞相一向與我不和，嫌隙很深。不過這個人喜歡奢侈，尤其喜歡珠寶珍玩。我死了以後，他畢竟是我老同事，肯定回來參加喪禮。你們好好擺放我平生收藏的寶貝，羅列在帳前，要是他看都不看一眼的話，你們就完了，肯定要有滅門慘禍。要是看了，你們就安全了，趕緊把這些東西都送給他，請他爲我寫篇碑文。拿到碑文以後，馬上謄寫好了呈給皇上，準備好石頭，馬上鐫刻。張丞相反應比我遲鈍，幾天後一定後悔。要是他派人來取回碑文假裝說要拿去改改，就說都已刻好，皇上都知道了。」

張說果然來了，對著姚崇生前收藏的珍玩看了好幾遍。姚崇的兒子就照著老子的錦囊妙計辦了。張說收了東西，沒幾天就寫好了碑文，他本是一代文宗，這篇碑文寫得非常好，大家都說沒有更好的文筆了。過了幾天，張說果然派人來拿回文章，說是要修改。姚崇的兒子就帶使者去看刻好的碑文，並說已經稟告皇上了。張說氣得吐血，說：「死姚崇還能算計活張說，我今兒才知道我的才能遠遠不如姚崇。」

宋璟

【西元六六三年～七三七年】

以道義服人的宰相

導言

宋璟爲河北人，出生在官宦世家，七代祖父曾擔任後魏的吏部尚書。他少年時期就中了舉人，有一手好文筆。爲人剛正又講究道義，歷任武則天、中宗、睿宗及玄宗四朝，打擊武后的男寵、與武三思對立都出於道義的考量，也因此出了大名。

宋璟能出名，與武則天對他的賞識和保護有很大關係，等到睿宗即位時，他彈劾太平公主，卻沒了上層的保護，因此被貶到偏遠地方任官，據説廣州人能建造磚木結構的房屋，正是宋璟教會了他們。也許是地方官的經歷讓宋璟成熟了起來，説話辦事不再幼稚衝動，因此得到了玄宗的賞識和信任，他在玄宗朝爲官多年，後來退休時，玄宗仍發給他全額的薪水。退休後他在洛陽養老，享年七十五歲。

以道義服人

宋璟的道義感很強。武則天時代爲了打擊異己，大用酷吏，各個大臣都膽戰心驚。有次，張易之誣告御史大夫魏元忠有謀反言論，並拉上張說作證明。張易之是武則天的寵臣，張說怕得罪他；但要違心誣衊魏元忠也感到心裡不安。擔任監察御史的宋璟就鼓勵他，說道義和名聲最重要，要堅持正義，如果因此被貶了，我一定會爲你呼救，至少會和你一起死。張說被他的言詞感動，終未做僞證，魏元忠因此得救。

宋璟的道義與其家教有一定關係，一般來說，世家子弟對道義的追求較強烈。唐代道義感很強的官員並不多，武則天把持朝政，按照儒家的道義來說是絕對不能容忍的，但是要反抗武則天，個人所面對的壓力太大了。人生總是有些矛盾的地方。

武則天對宋璟這樣剛正的官員十分欣賞，不久還升任他爲御史中丞，相當於今日的檢察總長。

打擊女皇的男友

宋璟對武則天不敢說什麼，但對於她養的小白臉男友，總不留情地打擊。張宗昌得到了武則天的寵幸，興奮得不得了，大概以爲自己可算是皇上了，於是請相面師來看相，看自己是龍還是蟲。

這件事在當時是可判謀反罪的。宋璟對此不依不饒，武則天求情也被他以不合法理而拒絕，不

你不可不知的宋璟

▲西元700年宋璟中舉，年僅十七。

▲西元710年，宋璟官拜吏部尚書，掌管官員任免，因爲十分公道，被大家讚賞。

▲西元716年，擔任刑部尚書，不久代姚崇擔任宰相。

得已，武則天讓他把張易之、張宗昌兩位男友抓走了。宋璟帶走人以後，馬上開始審訊並判了死刑，還沒等實行，武則天的特赦令就來了。宋璟後悔不止，說早知道這樣，就先打爛這兩個傢伙的腦袋。

武則天想要調節宋璟與二張的關係，讓二張向宋璟道歉，宋璟拒絕見面。二張是武后的寵臣，當時一般的大臣紛紛討好他們，而宋璟卻對他們深惡痛絕。二張被武則天封爲三品官，宋璟不過六品，但他對二張從不假辭色；二張多次想要與宋璟搞好關係，都自討沒趣，便對宋璟生了殺心。二張想等宋璟去外地時，趁機彈劾；沒想到武則天三次讓宋璟去外地，宋璟都以不合法制而拒絕了。武則天見他有理有據，也不留難。二張不得已，買了殺手直接行刺，都被宋璟躲了過去。不久，二張死了，宋璟也沒了危險。

挑戰寵臣武三思

宋璟的性格很耿直，只要覺得自己占了理，便天不怕地不怕。中宗時，武三思與韋皇后偷情，在朝中呼風喚雨，偏偏在宋璟這裡碰了好幾次釘子。宋璟還喝斥他說：「太后（武則天）已讓兒子恢復皇位，你應該回家去過你的日子了，怎麼還能出來干預朝政，你看過漢朝呂氏弄權被殺的故事嗎？」

後來終於有個大膽的人控告武三思與韋皇后私通。武三思十分惱怒，皇帝也覺得沒有面子，命令把告狀的人殺掉。宋璟據理力爭，認爲需要仔細審查，不能這麼殺人，並且對皇帝說，「要殺掉告狀的人，就請先殺掉我；否則，我絕對不接受這個命令。」皇帝沒有辦法，只能把告狀的人流放到嶺南。因爲挑戰了武三思的權威，宋璟受到排擠，被貶到地方擔任刺史。即使如此，他的個性也沒什麼改變。

踢到鐵板上了

性格決定命運，宋璟的性格也決定了他的命運。睿宗之時，宋璟被任命爲吏部尚書，管理官員任命。宋璟之前的幾位吏部尚書，在權貴的干預下，預先任命了兩年的官職，仍有許多官員等著官位。宋璟上任以後，連同幾位吏部侍郎，把官員任命程序重新梳理了一番；雖然因此得罪了不少人，但因行事公正，別人也沒辦法打擊他。

當時宋璟已任宰相，太平公主想學習武則天獨攬大權，便鼓動宋璟改立太子，被宋璟嚴詞拒絕，他說太子是宗廟社稷的主人，本身又有功勞，怎能質疑他的地位？

不但如此，宋璟看不慣太平公主宮干預朝政的行爲，還聯合姚崇一起向睿宗上書，請求把太平公主等人趕出首都。可惜睿宗沒有採納。相反的，太平公主等人利用這次機會，藉口宋璟失禮，把他貶到了偏遠的楚州。權力之爭實際上很難有正義，即使有正義，正義也未必能夠戰勝邪惡。宋璟之前因爲有武則天、中宗的撐腰，一直沒有遭遇大妨礙，現在睿宗被太平公主等人影響，宋璟馬上倒楣了。

學會了拍馬屁

太平公主當時想要廢掉的太子隆基，就是後來的玄宗。玄宗繼位以後，宋璟的官位便一路飆升，其中雖因犯錯貶了一次，但很快又升爲刑部尙書。

經過一番挫折之後，宋璟也學會了如何與君主說話。一次玄宗出巡，路過河南時因爲道路狹窄，車馬擁擠在一起，玄宗發了脾氣，下令免去當地好幾個人的官位。宋璟就對玄宗說：「陛下年紀還很輕，現在就因此怪罪兩個大臣，將帶來很不好的影響。」玄宗聽了，就不再追究這件事情。

宋璟又對玄宗說：「陛下因爲生氣責備了大臣，因爲我的話就免了他們的罪；他們肯定會對陛下不滿，而認爲我是個好人。所以不如現在讓他們等朝廷的處理，然後陛下再赦免他們的罪，他們就會感謝皇上了。」玄宗當時年紀還輕，聽宋璟說的話不但合理，而且句句都爲自己考慮，便更器重宋璟了。

宋璟爲人雖然剛正，但也很少傷及無辜。當時有個叫權梁的人造反，造反以前爲了籌備武器等，藉口家裡舉行婚禮向很多人借了債，後來權梁被抓，那些借錢的人也被牽連了。宋璟分析了事情的來龍去脈，放了數百個被冤枉的人。

後來，玄宗去泰山巡視，把宋璟留在京城主持各項事務，還讓宋璟給自己一些建議；宋璟馬上老老實實寫了一大堆，玄宗看了，讚歎地說：「這些話眞應該作爲座右銘啊！」

在軍事戰略上，唐代的邊鎭一直是個大問題，宋璟在玄宗初年便看到這個問題，因此一向對邊將採取壓制政策，以免他們坐大。可惜他的政策沒有得到徹底的執行。

宋璟退休以後，玄宗到了洛陽，宋璟便在路邊迎接，玄宗也派人去看望他。君臣關係一直很好。

李林甫

【？～西元七五二年】

搞衰盛唐氣運的宰相

導言

有人認爲李林甫是唐朝，甚至是整個古代中國社會由盛轉衰的第一罪人：唐玄宗前期重用姚崇、宋璟、張九齡等良相，達到了「開元盛世」的頂峰，後期罷張九齡而任用李林甫，自此由治世轉向亂世，終於釀成「安史之亂」的大禍，唐朝從此一蹶不振。

李林甫無德無識，善於拉關係，靠鑽營上位，靠權術保住相位長達十九年之久。他外表和善可親，言語甜美，最善於揣摩別人的心思，順著別人的意思說話，假裝幫人出主意，實際上背後極會搞陰謀迫害，著名的成語「口蜜腹劍」便是從他而來。他本是唐朝皇室的旁支，不學無術，靠關係進入仕途，收買宦官、妃嬪，探知唐玄宗動靜，迎合唐玄宗旨意，成爲當時的三位宰相之一。成功獲得相位後，他竭力排斥比自己能幹的官員，張九齡、裴耀卿、李適之等名臣相繼被他使盡手腕排擠。他堵塞言路，威脅諫官，導致所有諫官不敢上書言事；利用酷吏羅織罪名，打擊迫害政敵。爲了鞏固地位，他拚命推薦胡人將領，因爲他們文化水準普遍不高，戰功再顯赫也當不了宰相，直接導致安祿山一人兼三地節度使，安史之亂，實由李林甫而起。

機關算盡的鑽營之路

李林甫是唐朝皇室宗親，曾祖父是高祖李淵的堂弟長平肅王李叔良，和玄宗李隆基算族兄弟。

李林甫從小就不愛讀書，不學無術，甚至在當了宰相之後寫帖子祝賀同僚老來得子，還會把「弄璋」寫成「弄獐」，等於恭喜別人得了個毛粗的小獐子，但他年輕時就很會跑關係了，這個本事並不需要從書本中得來。他一開始在宮廷羽林千牛衛隊（禁衛軍）裡當了個低微的隊官，沒什麼前途，於是絞盡腦汁要另謀出路。他馬上想到自己的舅父姜皎和當朝宰相源乾耀是姻親，便托從小就疼他的舅舅向源乾耀謀個郎中的小官。源乾曜很不給面子的說：「郎中是有才能、有品德的人才能擔任的，哥奴（李林甫小名）哪裡是做郎中的料？」可想見李林甫青年時在親戚間的名聲和評價。

李林甫此路不通，便轉而巴結朝中紅人御史中丞宇文融，宇文融正被朝中君子孤立，二人各有所需，一拍即合。開元十四年（西元七二六年）李林甫由宇文融引薦，也做了御史中丞，進入了朝廷權力中心。不久李林甫另攀高枝，進了吏部當侍郎，在他這種小人眼裡，吏部如同官爵大賣場。一次，玄宗之兄寧王李憲來見李林甫，拿出名單，要李林甫優先考慮，李林甫不問好壞，馬上答應，只說：「必須去掉其中一人，以示公正。」李林甫就用這套手段一箭雙雕，既贏得了公平的名聲，又巴結了皇親國戚。

你不可不知的 李林甫

- ▲西元726年，透過巴結做了御史中丞，進入權力中心。
- ▲西元734年，成爲三位宰相之一。
- ▲西元736年，扳倒賢相張九齡。
- ▲西元752年，居相位長達十九年後病逝。

善於利用女人的力量

據說李林甫長得白面長鬚，極會修飾打扮自己，嘴巴又甜，最善卑躬屈膝；這樣的人，自然很討女人歡心，他也深知這一點，男女關係也算是往上爬的一條快捷之路。他私通侍中（宰相）裴光庭夫人，這裴夫人本是武則天侄子武三思之女，武三思雖然倒臺了，可是玄宗最親信的太監高力士卻是出自武三思家。開元二十一年（西元七三三年），裴光庭去世，李林甫想得到宰相之位，透過裴夫人在高力士面前苦苦哀求。高力士面對舊主人的請求，不好回絕，但也不敢明著來，就暗中幫忙。宰相宋璟告老還鄉，唐玄宗有意讓韓休爲相，高力士便把消息透露給李林甫。李林甫趕緊跑去向韓休報喜，先期透露升遷的喜訊，是官場中拉交情的祕方，正人君子在高興之餘也會上當。韓休從此改變了對李林甫的看法，還投桃報李的推薦了他。

李林甫透過裴夫人，還和當時最受玄宗寵愛的武惠妃攀上了關係，因武惠妃是武三思的侄女。李林甫透過女人間的八卦探知，武惠妃的兩個兒子壽王和盛王因爲母親的關係也得寵於皇帝，太子李瑛的地位岌岌可危，而武惠妃最愛的就是壽王。李林甫馬上收買了個小太監向武惠妃表露忠心，說自己願意保護壽王登大位。武惠妃自然非常感激他，李林甫在皇帝身邊布下了枕邊一只好棋子。武惠妃從此常在唐玄宗面前稱讚李林甫，日子久了，自然就記住了李林甫這號人物。

這樣，李林甫內有武惠妃枕邊風，外有韓休保舉，果然在開元二十二年（西元七三四年）被任命爲禮部尚書，入閣爲副相，成爲朝中三宰相之一。

良相奸臣大PK

另外兩位宰相，一位是才識過人、剛正忠直的大詩人張九齡，另一位是博通經史的侍中裴耀卿，只有李林甫沒什麼學問和資歷，故又妒忌又心虛。再加上唐玄宗要任命李林甫之時，張九齡曾勸諫說：「陛下要是讓李林甫當了宰相，恐怕國家會有災難。」李林甫知道以後，從此懷恨在心。

李林甫的學問、才德比起他們二人來，是拍馬兒也趕不上了，但他另有一功，即是善於迎合上頭。他不光是心思靈敏，自己揣摩皇帝的意思，而且到處撒錢，收買了無數太監、宮女，包括皇帝的馬夫、御廚一個不落，在宮裡建立了牢固的情報網，唐玄宗的一舉一動樣樣摸了清楚。唐玄宗跟他商量事情，他每次都能順著皇帝的意思，簡直就是皇帝肚子裡的蛔蟲，嘴巴又像抹了蜜似的，馬屁拍得唐玄宗舒服極了。

但張九齡完全不是這樣，他憂國憂民，每次都耿直進諫，據理力爭，搞得唐玄宗有時很不爽。當時天下承平已久，唐玄宗只想享享晚年的清福，覺得國泰民安，沒什麼可憂慮的，竟任由李林甫找了個罪名牽連張九齡，罷免了兩位良相。朝中上下，無不看得心驚膽戰。

固寵持久戰

天寶元年（西元七四二年），唐朝改變官名，牛仙客爲左相，李林甫爲右相。牛仙客是李林甫一手提拔的無用小人，只會對李林甫唯唯諾諾，沒什麼威脅。此人不久後就病死了，唐玄宗任命皇族李適之當了左相。李適之以精明強幹著稱，每天迅速果斷的處理公務，很少有滯留的公文。

李林甫感到自身地位受到了嚴重的威脅，便變著方法陷害他。

有一次，李林甫故意告訴李適之說：「華山下面有金礦，皇上還不知道，你去報告皇上，他一定很高興。」李適之雖然能幹，性格卻很豪放，有點粗枝大葉的，覺得這是好消息，沒多想就去跟玄宗說了。玄宗果然龍顏大悅，還告訴了李林甫。李林甫裝模作樣的說：「我早就知道了。但是華山是龍脈所在啊，不能在那兒施工啊，所以臣一直不敢說。」玄宗頓時覺得李林甫忠心耿耿，考慮周全，責怪李適之草率魯莽，命令他以後上奏什麼都要先跟李林甫商量。李適之無法施展手腳辦事，更深刻意識到李林甫的爲人，爲求自保，索性辭去相位。李林甫略施手腕，就把目標敵手給生生逼走了。

李適之一走，李林甫便又舉薦了一個不學無術、只會裝神弄鬼的陳希烈擔任左相，從此獨攬大權，一個人坐在家裡決策國家大事，陳希烈只消在公文上簽個字而已。李林甫既已爬到了一人之下、萬人之上的權力頂峰，接下來要做的就是固位了。他的法寶便是蒙蔽皇帝、排斥異己，打倒一切勝過自己的人，並在朝廷上下布滿暗樁。

李林甫不擇手段的隔絕了唐玄宗和文武百官，不許任何人在皇帝面前說三道四。他召集諫官開會，公然說：「你們看看皇帝儀仗隊裡的馬兒，牠們要是安安靜靜的，就有上等飼料，相當於三品官的待遇，只要哪一匹馬叫了一聲，馬上就被拉出去，後悔也來不及了。」很明顯要大家萬馬齊喑。有一個諫官不理會李林甫的威脅，堅持進諫，李林甫立刻把他貶到外地去做縣令。從此諫官們只拿工資，誰也不敢向皇帝進諫了。

天寶元年，唐玄宗在宮裡設宴，看到兵部侍郎盧絢騎馬經過勤政樓下，讚美說：「這人風度眞好。」李林甫的情報系統馬上把這件事稟告給他，他擔心盧絢會受重用，就找盧絢的兒子過來說：「皇上可能會派你父親去兩廣一帶，你父親要是不想去那麼遠的地方，我給你一個招——讓你父親自己告老還鄉。」盧絢果然中計，被李林甫順勢貶爲華州刺史，但李林甫還不放過他，給他安了個身體欠佳、不理州事的罪名，再次被降職，務必打到潛藏敵人毫無還手之力爲止。

同年，唐玄宗無意中想起了被貶到外地的官員嚴挺之，便問李林甫：「嚴挺之現在在哪兒呢？這人可以重用。」李林甫馬上又開始活動，召嚴挺之的弟弟過來說：「皇上很想念你哥哥，你哥哥也挺想調回京城的，我現在幫你們想了個計策，你替你哥哥上奏，說自己生病，要求進京看病。」李林甫拿到奏摺以後，交給玄宗說：「嚴挺之年紀大了，又生了重病，只能給他個閒職了。」玄宗歎息良久，果然派嚴挺之養老去了。

李林甫不擇手段的打擊政敵，討好玄宗，牢牢保住相位十九年之久，竟得以壽終正寢。但他自知作惡多端，時刻擔憂刺客，在家裡修了無數重鐵門和牆壁，每天晚上睡覺要換好幾個地方，連家人也不知道他到底在哪兒，過得連老鼠都不如。

李泌

【西元七二二年～七八九年】

從神童到四朝元老

導言

李泌是中國歷史上一位傳奇人物，他實現了傳統士大夫出則爲帝王之師、入則爲高人隱士的終極理想。他小時候就表現出異於常人的聰慧，甚至帶有神仙色彩，年僅七歲就因其天才被唐玄宗召見，許爲神童，得到許多名臣的器重和寵愛。李泌長大後果然不負眾望，成爲肅宗、代宗、德宗三朝實際上的宰相。

李泌字長源，祖先是遼東襄平（遼陽）人，從小生活在長安。七歲就會寫文章，因蒙唐玄宗召見，成爲舉國著名的奇童，從小就和朝中大臣甚至宰相交往。他在唐玄宗、肅宗、代宗、德宗四朝都得到皇帝的器重，更在後三朝發揮了宰相的職能，在平定安史之亂及李懷光、李希烈叛亂中都是參謀總長，厥功甚偉。他還爲唐朝建立了良好的周邊關係，整頓人事，在政治、經濟、軍事、外交各方面都做出了卓越的貢獻。

超級小天才

李泌是中國歷史上罕見的早慧神童，他的智商遠遠高出於孔融、駱賓王、司馬光等著名的神童，讓梨、吟詩、砸缸等行爲也許在每一朝都會出現在幾個聰明懂事的七、八歲小孩身上，但李泌的才能，也許只有十二歲就做了宰相的甘羅才堪與之比擬。李泌七歲時即以擅長寫文章而著稱，那會兒其他同齡的孩子還在玩泥巴，他的天才之名居然傳到了唐玄宗那裡，特地把他叫到宮裡，一試之下，金口稱他爲神童。而在《太平廣記》裡，李泌七歲蒙唐明皇召見的事蹟被添上了更多的傳奇色彩。

開元十六年（西元七二八年），唐玄宗大設宴席，放了個非常高的座位，讓人上去進行演講辯論大賽。結果一個九歲的孩子叫員俶的，穿著儒生的衣服登臺，口才非常犀利，一幫大人都說不過他。

唐玄宗龍顏大悅，把員俶叫過來問：「還有沒有像你一樣聰明的孩子呢？」結果員俶回答說，他的表弟李泌才七歲，那才叫聰明呢！玄宗叫人趕快到李家去把小神童抱過來。李泌進宮的時候，玄宗正與燕公張說下棋，一見李泌，馬上說：「這孩子跟剛才那個演講比賽小冠軍很不一樣，一看就是國家的棟梁之才。」於是讓張說試試李泌的才學。

你不可不知的李泌

- ▲西元728年，七歲蒙唐玄宗召見，全國聞名。
- ▲西元756年，出仕輔佐唐肅宗，成爲布衣卿相。
- ▲西元763年，平定安史之亂後歸隱。
- ▲西元768年被唐代宗召爲翰林，再次出山。
- ▲西元787年，被唐德宗任命爲宰相。

張說讓李泌用動靜方圓寫首詩，李泌猶豫著說題目太浮泛了，張說打比方道：「方若棋盤，圓若棋子，動若棋生，靜若棋死。」李泌對道：「方若行義，圓若用智，動若騁材，靜若得意。」

這哪像一個七歲孩子說的話，簡直是個神仙寶寶。玄宗果然非常高興，張說也湊趣說，這奇童是太平盛世的祥瑞，好比天上降下麒麟與龍。不過玄宗覺得孩子年紀太小了，馬上封官不利於他的發展，於是只囑咐李泌的父母好好教導。只不過這件事在朝廷上下傳開了，李泌一下子成了全國聞名的超級小天才。大臣們爭相請李泌到家裡和自己的孩子一起玩，大詩人賀知章等人也很器重他，而名相張九齡居然還和他成了忘年交，張九齡乾脆叫他「小友」。

皇帝的神仙弟弟

李泌七歲就出了大名之後，好在沒有像別的神童那樣泯然眾人，他繼續深造，泛讀經史，精通《易經》，尤其擅長寫詩。不過他不屑於參加科舉取得功名，而是走了一條非常奇怪的道路。他常常在嵩山、華山、終南山等隱士道士聚集的地方遊玩，學習神仙不老術。而在傳說中，他小時候身體特別輕盈，可以站在屏風上，有道士預言說他十五歲就會白日升天，弄得他父母親戚都非常緊張，生怕失去了這個寶貝孩子。一旦空中傳來異香和音樂，李家的血親馬上對著大罵，因為傳說神仙降臨的時候就會伴隨香氣和音樂。

到了李泌十五歲那年的八月十五，果然李家的屋子裡笙歌處處，彩雲飄蕩在他們家的庭院裡。李氏全家大小，如臨大敵，大家拚命把蒜啊韭的搗爛，搗了好幾大桶，等著異香、音樂出現，馬上衝過去澆大蒜汁。傳說神仙怕大蒜，從此李家再無異香和音樂的騷擾，保住了這個聰明的孩子。這當然只是傳說，不過李泌小時候的確有點神祕色彩，說不定眞的有人預言他會成仙，以至於影響到他少年時就開始學習道家的一些法術。

天寶年間，這個不走尋常路的少年獻給唐玄宗一篇文章，議論國家大事。玄宗看到這篇文章，記起這個早慧的天才，於是召他進宮做了待詔翰林（候補翰林），派去太子東宮。李泌小時在皇宮裡大出風頭之時，就和太子李亨一塊兒住過兩個月，如今兩個小孩子都已長大成人，仍很談得來。據說，唐玄宗本來想賜給李泌官職，被李泌拒絕了，玄宗還是希望這個異常聰明的青年能給太子帶來一些好的影響，所以讓他跟太子做朋友。後來，李泌寫感遇詩，奸相楊國忠本就妒忌他和太子關係好，現在有了下手點，馬上奏上一本，說李泌寫詩譏諷時政，捏造文字獄，把他排擠到外地去了。李泌憤然隱居深山，專心研究《易經》。

皇帝在李泌肩頭哭泣

安史之亂爆發，玄宗倉皇逃往成都，太子李亨匆忙即位，是爲肅宗。當時太子身邊文臣武將還不到三十個人，沒有一個人能挽救國家於危難之中，這時肅宗想起了他的布衣之交李泌，正要派人去找他，這位神仙弟弟彷彿跟他有心靈感應似的，從河南深山裡飄然而至。

肅宗激動萬分，馬上把李泌引到臥房裡長談天下大勢，李泌不但精通易學道術，兵法也是一等一，侃侃而談道：「應該讓李光弼攻河北，郭子儀出兵河東潼關，陛下領大軍進駐陝西鳳翔以尋找機會光復長安。如此形成包圍圈，敵軍攻打我軍的前方，我們就去攻打他們的後方，敵軍折回來援救後方，我們就攻打他們的前方，如此可讓敵軍疲於奔命，我們直搗敵軍老巢范陽。」肅宗聽完大悅，立刻就想授予李泌宰相之位，李泌堅決不接受，說自己跟皇帝做朋友，榮譽遠高於做宰相。此後李泌以一介平民，不時出入禁宮與皇帝討論國家大事，權力榮耀果然大過宰相。

有一次，肅宗出行，李泌陪侍在御輦旁邊，大家都指指點點的說：「穿黃袍的是皇上，穿白衣服的就是那個著名隱士。」肅宗想想影響不太好，就藉這次機會硬讓李泌穿上尊貴的金紫官服，終於封他做了元帥行軍司馬（軍師、參謀總長）。元帥就是肅宗的嫡長子廣平王李俶。肅宗稱讚李泌說：「你侍奉過太上皇，當過我的老師，現在又成了廣平王的軍師，我們父子三代眞是多虧了你啊！」評價極高，李泌稱李亨爲朋友，肅宗本人卻認爲李泌乃是自己的老師，那是帝王之師，可說是中國士大夫的終極夢想。

平定安史之亂，收復兩京，參謀總長李泌功不可沒。從肅宗曾倒在李泌肩膀上哭泣這一點可以發現，肅宗是個挺軟弱的男人，他基本上事事都受寵妃張良娣和宦官李輔國的擺布，自己沒什麼主意。因此李泌平定大敵後，馬上請求離去，以免被妒忌自己的李輔國加害。李泌說自己有「五不可留」：「陛下遇臣太早，陛下任臣太重，寵臣太深，臣功太高，跡太奇。」李泌歸隱的姿態非常高傲優美，實現了中國文人「事了拂衣去」之飄逸瀟灑的理想。

披著神仙外衣的能幹宰相

寶應元年（西元七六二年），太子即位爲代宗，六年後派人去衡山召李泌出仕，任命他爲翰林學士，禮遇甚厚。權臣元載恨李泌不依附自己，故意跟代宗說應讓李泌做地方官，下基層鍛煉再回到中央。元載被誅後，代宗召回李泌，不久又被新權臣常袞排擠，說現在南方凋敝，需要李泌這樣的人才。李泌第二次被排擠出中央，當了杭州刺史，政績出色。

大曆十四年（西元七七九年），德宗李適即位，逢涇原之變，被迫逃到奉天（陝西乾縣），朝中混亂，德宗想起李泌，覺得現在只有他才能幫助自己穩定局勢，於是在貞元三年（西元七八七年），拜李泌為中書侍郎、同中書門下平章事，相當於做了宰相。

李泌為何屢次拒絕當宰相，卻在這個時候終於同意了呢？史學家認為李泌之前堅決拒絕，主要還是避禍，而在朝中大亂的形勢下，已經到了非李泌做宰相不可的地步了，所以他還是答應了。

李泌做了宰相後，立刻開始忙碌，與他做隱士時判若兩人。他整頓吏治，一方面裁汰冗員，另一方面建置戶部別貯錢（貯備資金），提高了國家官員的俸料（薪水和配給，也就是增加公務員收入），還開創了手力課（加班費），所以滿朝文武都非常高興，大大提高了工作積極性和效率。他還順利處理了大唐和回鶻、吐蕃等的外交關係，產生了深遠的影響，是唐朝外交政策的主要決策人。李泌等於一人兼任總長、外長、財長數職，非常能幹。所以史學家認為李泌的求仙問道，乃是在亂世自我保全的一種謀略，他為自己製造的神祕面紗，其實是一層保護殼。貞元五年（西元七八九年），李泌病逝，享年六十八歲。

李德裕

【西元七八七年～八四九年】

絕對君子的黨爭頭目

導言

李德裕字文饒，今河北趙縣一帶人，出生於大官宦世家，他的祖父李棲筠、父親李吉甫都是唐代著名大臣。李德裕先後在唐憲宗、穆宗、敬宗、文宗、武宗以及宣宗六朝任職。李德裕是「牛李黨爭」裡李黨的領袖人物，因爲黨爭的關係，他多年被排斥在朝廷之外，雖然在地方上做了不少貢獻，但總受到壓制。

武宗時期，他擔任了六年的宰相，幫助武宗討平了澤潞五州，解決了回鶻叛亂，消除了宦官擅權問題，又限制佛教，是晚唐時期難得的有才華人物。武宗去世以後，牛黨又占據上風，他因此被貶到海南島，當時海南十分荒僻，不但他死在此地，其子除了李燁之外，都死在了海南島。

君子也有可恨之處

按照世俗的評價，李德裕絕對君子。但一般來說，君子可能很有作爲，卻不是生活中的好朋友，這與他們喜歡堅持原則，甚至到了不知變通的地步有關。李德裕也有這方面的毛病。

李德裕出生於官宦大家，交往的朋友基本上都是世家子弟。他認爲世家子弟比經過科舉考試的寒門子弟更適合做官，這一點，從經驗角度來看也有一定道理，但要因此而否定科舉考試公平選拔的意義，就顯得過頭了。可惜李德裕認準了這一點，對科舉考試百般挑剔。

唐武宗時，一些權貴在科舉考試舞弊，被武宗貶到外地去。不少公卿子弟一時不敢去考試，李德裕當時頗能說上話，便對武宗說，科舉太嚴格，有才華的世家子弟都不願參加，而參加科舉的寒門子弟，根本不知道朝廷的禮節規矩。並要求廢除科舉，重新啓用薦舉制度。

李德裕這樣的言行，與他自己未參加科舉，依靠家世直接當官有很大關係。以其他道德層面來衡量，李德裕絕對是個風骨坦蕩的人，甚至他的政敵私下裡都欽佩於他，但君子要是犯了錯誤，也更有殺傷力，因爲人們會更尊重甚至跟隨他的錯誤。

黨爭渦裡沒好人

晚唐的一大政治問題爲黨爭，尤以「牛李黨爭」爲最，其中的牛是指牛僧孺，李就是李德裕。李德裕無論在邊庭擔任節度使，還是在朝廷任職，所表現出來的政治正義、公正感，都值得肯定，但一旦牽扯到黨爭，也往往失去理智。

李德裕擔任宰相的時候，皇帝突然中風了，牛黨官員鄭注、

你不可不知的李德裕

- ▲西元832年（文宗時），擔任兵部尚書，第二年任宰相。
- ▲西元834年被排擠出朝廷，擔任鎮海節度使。
- ▲西元840年，武宗即位，入朝任宰相，是他一生最巔峰的時期。
- ▲西元849年（宣宗時），死於被貶之地崖州，就是今天的海南島。

王守澄知道一個好藥方，送給皇帝吃，皇帝果然病好了。王守澄趁機推薦自己人李訓當官。李德裕馬上用李訓曾經犯過錯來反駁，並且悄悄打手勢制止旁邊人說話，沒想到被皇帝看到了。

武宗曾與李德裕談論朋黨的問題，討論什麼政治團體算朋黨？什麼不算？李德裕說爲了私利而勾結的團體算朋黨，不爲私利的就不算，因此孔子的三千學生就不算。但李德裕自己與牛僧孺爭鬥時，很多時候都暴露了私利，有時甚至讓人感到雙方都處於一種負氣狀態，行爲處事好似頂牛，完全不像朝廷大員。

李德裕有次接任牛僧孺擔任淮南節度使，到任之後，明知府庫有八十萬貫金錢，卻告訴皇帝說剩下的錢只有四十萬貫，其餘的錢被牛僧孺的部下給貪汙了。牛僧孺當然不服氣，官司打到皇帝那裡，並要求詳細調查。李德裕沒辦法，只得把前任的財務全部清查一遍，報告說：各個節度使的慣例就是把前任剩餘的金錢當一半上報，另一半的錢是備用的；還翻出所有的財務清單，說牛僧孺在任時貪汙的數額最多，自己只是襲用官員的前習，完全一副寧死也要拉一個墊背的架勢。皇帝對此沒有辦法，只能都不治罪。

精通俗事的貴公子

除了黨爭和一點小問題之外，李德裕算得上一個完美的人。作爲世家子弟，他不但對朝廷禮儀制度十分熟悉，對人情世故也拿捏得恰到好處。

他初當官是依靠家庭關係作了個校書郎，相當於現在的小秘書，後來又到地方上擔任掌書記，類似今日地方官員的智囊參謀。後來他自己掌管地方事務的時候，施政措施都很得力。唐敬宗昏庸奢侈，他一方面下旨讓地方不要亂送禮，一方面又不斷向地方索要各種奢侈品。李德裕在浙江任職的時候，敬宗就向他索要大批高級胭脂水粉和綾羅綢緞，而當時的浙江並不出產胭脂水粉。李德裕向敬宗上書，委婉地講述太宗、玄宗時期節儉的故事，然後又從經濟上算帳，認爲皇帝要得太多，浙江的財力供應不足。

李德裕的文筆特別好，大概正因爲如此，貪婪的敬宗沒再讓浙江進獻綢緞。在上書勸諫之外，李德裕也利用自己的文筆，希望能夠調到朝廷爲官。不過當時牛黨正處於上風，李德裕就一直在地方任職。

在地方上，李德裕的表現也很出色。唐代崇尚道教，不少人利用符水騙錢，李德裕毫不猶豫加以剷除。他擔任四川節度使時，一改前任扶持西南土人的政策，這種政策一度讓土人攻進四川。他加強防禦設施，繪製險要地方的地形圖，加強軍隊建設，並且利用水力運輸，合理調整後勤運輸路線。經過李德裕的治理，四川軍力大振，吐蕃大將望風投降，原本李德裕準備一鼓作氣進攻吐蕃，解除唐代的邊患；可惜牛僧孺處於黨爭之患，竟自毀長城，強行命令遣返吐蕃降將，與吐蕃簽訂和約。

拋開黨爭不談，從個人能力上來看，李德裕超過牛僧孺甚多，也正是因此，李德裕重新回到了朝廷。

遇到好上司才能立大功

李德裕很有才華，但因爲得不到信任，在地方上也一直沒幹成大事。直到武宗時，他才取得了皇帝的信任。想得到上司的信任，就要適時表現自己的能力。李德裕熟悉邊疆事務，一次，回鶻發生饑荒，党項幾個小部落想渾水摸魚，趁機上書說要替朝廷討伐回鶻。一些不明情況的官員還贊成。唯李德裕分析雙方實力，認為這些小部落都不可靠，不如先借糧食給回鶻，一動不如一靜。

後來回鶻發生內亂，其中一支兵馬就嚇得党項部落屁滾尿流。武宗也認識到李德裕確實有才幹，於是誠心向他請教。在李德裕的策劃下，唐代出奇兵擊敗了回鶻。之後，李德裕又勸告武宗放棄華而不實的安西、北庭都護府，因為大唐不知如何治理這些邊遠地方，從這些地方也得不到好處，對於內患嚴重的晚唐來說，放棄絕對是明智的。

邊疆沒有憂患之後，李德裕幫助武宗治理藩鎮割據問題。當時澤潞節度使有脫離朝廷的傾向，李德裕力主武宗討伐，最後討平了澤潞五州，朝廷的威嚴一下子增長起來。在進行軍事規劃的時候，李德裕趁機革除了一些宦官擅權的陋習。在李德裕和武宗的努力下，唐代一度出現了中興的跡象，可惜武宗太愛道術，慢慢失去了進取之心。

政客的真正風采

現在人一般對政客充滿不屑，實際上，政客是人類社會中最有權力的人物。法國某位總統曾有名言：「權力是最好的調情劑。」美國總統之所以能成為世界矚目的人物，也是因為他的權力。現在的政客一般很少進行專門的訓練，在唐代，對官員的要求非常嚴格，尤其是相貌、風度、談吐等方面，基本上，每個官員都有明星相，而李德裕則是其中最出色的。

李德裕的辦事能力很強，即使在朝廷用兵之時，他一般在午後就能處理完全天的事務，而之前很多宰相在此非常時刻，常常要連夜加班。武宗每次起草詔書時，常常指名李德裕親自來寫，並且說，只有李德裕寫得最妥貼。

李德裕風采翩翩，言行舉止得體而又有魅力，他曾經撤銷了兩千多名郡縣官吏，惹來許多怨恨，即使如此，人人都敬重他的威名。李德裕任宰相的時候，曾駁回一個叫丁柔立的官員任免書，後來李德裕被流放，擔任左拾遺的丁柔立仍爲他上書喊冤，他的感染力可見一斑。

李德裕的氣質有溫和的一面，也有威嚴的一面。尤其在威嚴感這一方面，是古代官員最講究的。唐宣宗即位時，李德裕在大殿主持禮儀，宣宗後來對身邊人說：「他每次看著我，都嚇得我毛髮聳立。」

李德裕的威嚴在死後還有威懾力。他在海南島過世以後，他的政敵令狐綯連續兩晚夢到李德裕和自己說話，嚇得不得了，覺得是對方的屍體未運送回京之故，在滿朝都是牛黨勢力的情況下，仍然硬著頭皮上書，把李德裕的遺體運送了回來。

來俊臣

【西元六五一年～六九七年】

史上第一大特務頭子

導言

來俊臣是中國歷史上最著名的酷吏之一，「請君入甕」一詞的創始者。他是女皇武則天爲了鞏固自身政權、對付政敵而提拔重用的市井無賴，歷任侍御史、左御史中丞。

來俊臣，雍州萬年（今陝西西安）人。少年時即兇惡陰險，因告密發跡，受到武則天信任。他和其他酷吏勾結，羅織罪名誣告他人，前後殺了一千多家人。他編寫了《羅織經》，作爲誣告無辜、陷害他人的理論指導，傳授給手下，成爲後世官場陰暗的祕密小冊子。當時酷吏競相用酷刑折磨犯人逼供，來俊臣是其中佼佼者，他發明了一整套刑具和刑罰方法，往往在審訊前展示刑具，令犯人一見魂飛魄散，招認自己不存在的罪狀。武則天在洛陽麗景門設置推事院，由來俊臣主管，凡是進了這個門的人，一百個裡也活不下來一個。所有官吏人人自危，每次上朝前都得與家人訣別。來俊臣因受賄及搶占他人妻女事發被貶官，後欲羅織罪名誣告武氏諸王和太平公主，反被誅。仇家爭相啖來俊臣之肉，須臾而盡。百姓互相慶賀，都說：「從今天起終於可以睡安穩覺了！」

從地方無賴到中央特務頭子

來俊臣的身世很混亂，他的父親來操是個賭徒，私通朋友蔡本的老婆，後來贏了蔡本一大筆錢，蔡本拿不出來，來操順勢娶了已懷孕的老情人，進門沒多久就生下了來俊臣。來俊臣較之他老爸是有過之而無不及，爲人兇惡陰險，反復無常，完全不工作，整天在地方上作惡，是個無賴流氓之輩。他見武則天鼓勵大家告密，胡人索元禮因爲告密有功，迅速被提拔去管理「制獄」（特別刑事法庭），心裡羨慕，於是也學樣開始羅織罪名，誣告親王大臣，果然得到武則天的嘉獎，認爲他很忠心，授予他侍御史的職務。來俊臣開始接替他曾羨慕過的索元禮管理「制獄」，他的殘暴遠過於前任，審理案件時，覺得不中意便馬上株連，前後殺死了一千多戶，少說也有好幾萬人。

不久，來俊臣被任命爲左臺御史中丞，他很快與幾個臭名昭著的侍御史侯思止、王弘義、郭霸、李仁敬等混在一起，同惡相濟。他們糾集了幾百個無賴，每次要誣告官員時，就讓無賴們在全國各地同時告密，千里相應，控告的事狀互相吻合，上上下下都被瞞過去，甚至還有不少人認爲：「來俊臣審案，便可獲得實情。」武則天於是特意在麗景門設立了推事院（審案的機構），專讓來俊臣管理，只要進了麗景門，一百個人裡也活不了一個。有人戲稱麗景門爲「例竟門」，意思是說凡是進了這個門的人，一定玩完。

你不可不知的來俊臣

- ▲西元690年，因告密發跡。
- ▲西元691年，任左臺御史中丞，害人無數。
- ▲編寫《羅織經》，是酷吏的寶典。
- ▲西元691年，請周興入甕。
- ▲西元697年被殺，屍體讓仇家吃盡。

御史臺本來只彈劾官員、不審理案件，但武則天出於不可明言的目的，在御史臺下專門設立了推事院，成爲獨立的刑審系統。來俊臣的行徑令人髮指，但這是武則天爲了鞏固自身統治而實現的恐怖手段，來俊臣不過是她的工具，朝中大臣也沒有人敢說什麼，唯有歎息。

來俊臣後來入《舊唐書・酷吏列傳》，也成爲中國歷史上最有名的酷吏。不過「酷吏」一詞，始自司馬遷的《史記・酷吏列傳》，本來是指用法過於嚴酷的官吏。司馬遷寫酷吏，其用意在於透過一批漢武帝重用的酷吏，來間接批評漢武帝的嚴刑峻法。武則天任用來俊臣等人的所作所爲，更接近後世的特務機構，而非僅止於酷吏。

整人的祕密小冊子

來俊臣還與其黨羽朱南山等人，編纂了一本《羅織經》，共幾千字，有條理地按內容分列成細目，詳細陳述如何布置羅織犯罪者的事實和緣由，作爲陷害人的指導手冊、告密的典範，傳授給手下照著去編造罪狀、安排情節，陷害無辜。它實際上就是有系統的「整人經」、「害人經」，可說是一代酷吏作惡的告白，集中了中國幾千年來的邪惡詭譎的積澱、詳細描述了如何識別各色人等，諂媚上司而欺壓下屬，抓住權力以控制政敵；如何謀劃陷害他人，屈打成招，還記載了其所發明的各種酷刑。他們具有瘋子的智慧，整人有結構、有組織，害人有層次有步驟，受害人只能一步一步陷入深淵，沉入無間地獄，冤沉大海，永無翻身之日。

據說來俊臣的酷吏前輩周興臨死之前，看了這本書以後自嘆弗如，覺得自己死在來俊臣手裡無話可說。連武則天看到這本書以後都說：「這樣的機心，朕也不如他。」於是起了殺來俊臣的心。

後來李宗吾因爲學到本書的精華才寫了著名的《厚黑學》，成爲官場祕笈。

讓人聞風喪膽的酷刑

來俊臣每次審犯人，不管案情輕重，動不動就拿醋灌進犯人的鼻子，關到地牢裡，或者更殘酷的，把犯人放到大罈子裡，外面圍上燒紅的鐵鍊，並且不讓人吃飯，囚犯們餓得只好吃自己身上的衣服。囚犯們睡在糞便垃圾中，受盡苦楚，除非到死的那一天，否則永遠都逃不出來俊臣製造的人間地獄。每逢上頭頒發赦令，來俊臣定先派遣獄卒殺光所有重案犯，然後才宣布有赦令。

來俊臣讓人做了一整套枷鎖，大大小小有十個尺碼，各有名目，分別叫做：定百脈、喘不得、突地吼、著即承、失魂膽、實同反、反是實、死豬愁、求即死、求破家。看名字就知道是讓人求生不能、求死不得的恐怖刑具，犯人一碰到就招認，嚇得失魂落魄，連死豬都會發愁。還有的大枷上加了鐵籠頭，可在地上像車輪一樣滾動，犯人戴上一會後便窒息昏死過去。

來俊臣花樣翻新，再發明創造的酷刑有：用橫木串連犯人手腳，再朝一個方向旋轉，叫「鳳凰曬翅」；用繩子綁在犯人腰部，固定好，再向前使勁反拉脖子上的枷，叫「驢馬拔椿」；讓罪犯跪在地上，捧住大枷，然後往枷上壘磚瓦，叫「仙人獻果」；讓犯人站在高高的木臺上，用力拖拉犯人脖子上的大枷，叫「玉女登梯」。還有將人倒掛起來，在頭上掛石頭；拿鐵箍套住腦袋，在腦袋和鐵箍中間層層釘楔子，直到腦漿迸出。各種殘酷手段，無所不用其極，爲人類史上罕見。

古今中外不人道的殘酷刑訊手段，其目的都是摧毀嫌疑犯的肉體和精神，得到所誣的供詞。來俊臣刑訊逼供前，都會先陳列好各種血淋淋的刑具，帶被誣告的人參觀，看得人犯魂飛魄散，精神崩潰，再清白的人不管什麼誣告也都招認了。因此，來俊臣想誣告誰有罪，誰就不得不招認，少有人能逃過劫數。武則天認爲他非常能幹，重賞他高官厚祿，此風一開，酷吏們拚命比著誰的手段更殘暴，滿街充斥著告密的人。官員們個個擔心自己會受到來俊臣的暗算，一旦落入他的手裡就會遭遇滅門的悲慘結果，因此每次上朝前，都會跟家人訣別說：「不知道還能不能再相見？」

迫害狂兼色情狂

來俊臣害人成性，如果只是消滅政敵、排斥異己，那是官場慣例，並不足爲奇，但他前後定罪冤殺了一千多戶人，保守估計有好幾萬口人，那就不是簡單的擺脫政敵而已了。從史書記載來看，他不但喜歡瘋狂迫害別人，而且不斷搶占他人妻女，是個典型的迫害狂兼色情狂，可能是他的雄性荷爾蒙分泌過多，達到病態程度，需要各種變態途徑加以發洩。他看上了誰的妻子，就千方百計地奪取，最擅長的手法自然就是指使他的爪牙羅織罪名加以誣告，然後採用酷刑迫使別人認罪，這樣便可順利霸占別人的妻妾。《歷代通鑑》記載說，自宰相以下，來俊臣都登記姓名，按順序奪取他們的美貌妻妾，甚至連人家的母親也一併汙辱。可見他的變態已達到瘋狂的境地，令人髮指，他還喜歡自我吹噓採花漁色的本事。

來俊臣聽說西蕃酋長阿史那斛瑟羅家裡有個漂亮婢女，善於歌舞，就指使黨羽羅織罪名，誣告斛瑟羅要造反，想得到那個婢女。未料有幾十個酋長聯合起來到來俊臣的刑部大院裡，拿刀當場割掉耳朵、劃花自己的臉，大聲喊冤，用流血手段把事情鬧大，才迫使來俊臣沒有滅掉斛瑟羅的族。來俊臣沒得到異族美女，鬱悶了好久。這大概是來俊臣少有沒得手的時候。在當時，可能必須娶個醜妻才能保住自己的人身安全，娶個漂亮老婆，不知什麼時候就會被來俊臣這樣喪心病狂的小人看中，把人整到滅族爲止。

屍體被仇家吃光

有一天，武則天下了一道密旨，命令來俊臣審理周興謀反案。周興是酷吏前輩，陰險狡詐，和來俊臣不相上下，來俊臣想了半天，終於想出一招妙計。他請周興到家裡吃飯，問他：「最近的犯人老是不認罪，您有什麼好方法沒有？」周興說：「這個容易，弄個大缸來，在外面用炭燒得滾燙，讓犯人進去，什麼事都會承認的。」來俊臣聽完，馬上叫人拿了大缸出來，燒好了火，對周興說：「有人密告老兄造反，請您到這個大缸裡去吧！」周興嚇得連連磕頭，什麼罪都認了。這就是成語「請君入甕」的典故由來。不過武則天看在周興爲自己出力不少，免了他的死罪，改爲流放，但他仇家太多，在路上就被人殺了。

周興下場如此，來俊臣比周興則要慘得多，當然也是罪有應得。來俊臣因爲受賄、占人妻女被降了職，急於做點大案出來翻身，而他居然打起了武后娘家人武氏諸王以及她最寵愛的女兒太平公主的主意，想羅織罪名搞倒他們，自非人家的對手，倒被這些當權派反告。萬歲通天二年（西元六九七年），來俊臣被斬殺於洛陽街頭，死時四十七歲。死後無數仇家爭著咬他的肉，一下子就被吃光了，還把他的眼睛挖出來，剝下面皮，剖開肚子，挖出心肝，踐踏成泥。大家都互相慶賀說：「從今兒起，才算是可以背貼席子睡安穩覺了！」武則天得知天下人這麼痛恨來俊臣，爲了收買人心，下詔列舉他的罪行，誅殺他的全族，說是「以雪蒼生之恨」，話說回來，其實來俊臣也不過是武則天用來鞏固政權、消滅政敵的工具而已。

高力士

【西元六八四年～七六二年】

武藝高強的一級太監

導言

高力士原名馮元一，今廣東高州人，是名臣之後，因爲牽連到謀反案件被閹入宮。後被宦官高延福收爲養子，從此易姓爲高。二十四歲那年，他認識了唐玄宗李隆基，從此便與李隆基掛了鉤。

玄宗初期，高力士立下了不少功勞。他身高六尺五寸，文武精通，其眞實的個人形象，也應該稱得上颯爽英姿。但因爲種種原因，他被定格爲一個奸佞猥瑣、諂言媚上、恃寵弄權，小丑一般的人物。

高力士的一生，從貴族家公子到死囚犯，再到小太監，先後歷武則天、玄宗、肅宗、代宗等四朝皇帝，親歷了唐王朝由盛而衰的歷史轉折過程，算得上一段傳奇。他的政治手段十分高明，能取得玄宗的信任，幾十年間呼風喚雨，也需要很高的謀略。對於開元天寶時期的政治生活，乃至有唐一代的歷史發展，都產生了極大的影響。

遭遇悲慘的貴公子

高力士的曾祖馮盎曾經擔任高州總督，被封爲耿國公，是朝廷的封疆大吏，他的父親馮君衡就比較差勁了，不過做了個小小的潘州刺史，還是依靠祖上的軍功世襲來的。後來牽連到一樁謀反案裡面，馮家被抄，高力士（當時還叫馮元一）也差點沒命，因年幼而被閹成了太監。當時他剛剛十歲。

入宮之後，馮元一的命運好了一點，武則天喜歡他長相清秀、聰明伶俐，因此讓人專門教育他。馮元一便在武則天左右服侍，但或因仍不習慣下人的身分，犯了小錯，被武則天趕出了宮。

幸虧另一個太監高延福把他收爲養子，從此改叫高力士。高延福是武三思的人，高力士經常在武三思家來往，武則天見了，又把他招進宮。經過一番挫折的高力士變得更加乖巧謹慎，也更會說話，更懂得察言觀色，他的謀略也就在宮廷之中培養而成了。

雖是太監，但高力士卻是個勇猛過人的人，完全未因喪失了男性性徵而變得懦弱。他不但弓馬嫻熟，在三軍陣前也毫不膽怯，這或許正是玄

你不可不知的高力士

▲西元694年，全家被抄。

▲西元708年，與當時的臨淄王李隆基相遇，成爲後者心腹。

▲西元710年，助李隆基滅韋皇后、安樂公主。

▲西元712年，助李隆基發動政變，殺死太平公主。

▲西元742年，被封爲冠軍大將軍、右監門衛大將軍，渤海郡公。

▲西元755年，安祿山、史思明發動叛亂，第二年，高力士在馬嵬坡勸玄宗殺楊貴妃。

▲西元760年，高力士被發配到今日湖南黔陽縣。

宗後來屢次封他爲將軍的原因之一吧！

真實版的「韋小寶」

高力士與唐玄宗李隆基的關係，頗似《鹿鼎記》中的韋小寶與康熙。不過高力士比韋小寶更有政治眼光。當李隆基還是臨淄王時，高力士即看好他的政治前途，而李隆基也很欣賞高力士的能力，把他當成心腹。高力士便一心巴結李隆基。

當時韋皇后弄權，李隆基發動政變，殺掉韋皇后，高力士立下了功勞。政變之後，睿宗重定，李隆基成了太子，高力士也跟著升官，做了朝散大夫、內給事，掌管宮內百事，這可不止是一個太監的職責了。

其後三年，高力士又幫助李隆基發動政變，殺死太平公主及其黨羽。事件之後，高力士又升了官。不但如此，高力士還很受玄宗信任，玄宗直接稱呼他將軍，而且一些不太重要的奏表，都讓高力士處理。

與韋小寶不同的是，高力士並非不學無術，而且他眞是個太監，皇帝不用擔心他有什麼不軌。高力士的地位相當於《紅樓夢》中的王熙鳳，只要巴結好唐玄宗一人，便可以逍遙自在。實際上高力士也很像唐玄宗的家人，而且是個掌握實權的家人。各個公主，甚至太子對他都恭敬有加。據說太子曾呼其爲「二兄」，公主、駙馬輩的人物則以「爺」、「翁」來稱呼他。

而作爲太監的高力士也娶了一個呂姓女子做老婆，他岳母去世的時候，王公大臣紛來祭奠，葬禮場面異常龐大。可見高力士的影響力。

不走政治路線，改打感情牌

雖然政治觸覺很敏感，但在玄宗面前，他卻打起了感情牌。這一手，與他的身分十分契合。作爲太監，高力士再有才華，也不可能出任宰相，而且天下也少見永遠得到信任和寵信的宰相。打感情牌，反可更長久地得到皇帝的欣賞和信任。高力士情感投資最著名的例子就是楊貴妃。

西元七三七年，唐玄宗寵愛的武惠妃病死，後宮數千宮女，沒有一個能使玄宗滿意。除了是個睿智的皇帝外，唐玄宗還是個很有才華的音樂人，能自己作曲，他最欣賞的女人也是多才多藝。

高力士爲了討唐玄宗的歡心，便向唐玄宗推薦了壽王妃楊玉環。楊玉環懂音律，也很聰明，還擅長歌舞，甚得唐玄宗的傾心。高力士對楊貴妃也是百般討好。不過等到安史之亂時，高力士在馬嵬坡毅然勸唐玄宗賜死楊貴妃。這不但是他政治覺悟高，善於權變，也說明楊貴妃一直是他奉承玄宗的工具。

感情牌打好之後，高力士以家奴的身分處理政治問題，即使面對錯綜複雜的政治問題，也顯得遊刃有餘，而唐玄宗也樂於聽取高力士的意見。當時掌握大權的大臣邊將們，比如李林甫、韋堅、楊國忠、安祿山、高仙芝等人，也都懂得與高力士維持和諧關係。對唐玄宗來說，一些事情自己不露頭，讓高力士去做，也靈活得多。

天寶十一年，李林甫死後，安祿山、哥舒翰、安思順三個矛盾甚深的人一起來到京師，爲了調和矛盾，唐玄宗特意命高力士代爲設宴，想使三人和解。雖然未達目的，但由於高力士的出面，哥舒翰對安祿山的怒罵未作回擊，才使矛盾沒有進一步激化。

李白戲弄高力士是自取

高力士在民間的形象很不好，其中最大的原因和大詩人李白有關係。人們幾乎都認定，因爲高力士的擅權專橫，毀壞了李白的大好政治前途。事實是否眞的如此呢？

李白生性灑脫，喜歡擊劍，替人打抱不平，他的理想應是做一個游俠。即使在取得唐玄宗欣賞之前，他也從未顯露出做個政治家的抱負。從他的詩歌來看，他欣賞的人是旅遊文學家謝靈運。對於政治家，他經常提到的是謝安，但看重的不是對方的政治手段，而是他瀟灑的行事風格。

李白這樣的人，本來很難得到皇帝的賞識。幸虧唐玄宗愛好譜曲，而李白恰是個天才詩人。因此李白沒有經過考試，透過朋友關係，見到玄宗，馬上便混到翰林院了。

李白戲弄高力士的故事也確有其事。根據《新唐書・李白列傳》記載：李白在侍奉玄宗的時候喝多了，趁著醉意，讓高力士爲自己脫靴子，因此得罪了高力士。高力士記恨在心，便在楊貴妃面前挑撥，提到李白的詩「一枝紅豔露凝香，雲雨巫山枉斷腸，借問漢宮誰得似，可憐飛燕倚新妝」中所用的典故，是在諷刺楊貴妃。因此李白一直難以重用。

不過，就實際情形分析，李白並沒做好參與政事的準備。最起碼，一個政治家如何能夠整日喝酒？而且後來李白也是自己請求歸隱。然李白雖是浪漫之人，但也有政治抱負，絕非只圖做個御用塡詞作家；而對於玄宗來說，李白最好的位子就是爲他塡詞。李白在感到絕望的情況下，以此來取得解脫。高力士也許很嫉恨李白，但李白的政治前途卻未必是因爲前者而斷送，李白自己應擔負最大的責任。

皇帝不急，太監也不急

高力士雖「權傾內外」，但並未達到把持朝政的地步。他干預朝政的途徑，基本上是以煽風點火、推波助瀾的方式來進行的。在唐代，政事基本上由宰相把持。唐玄宗沉湎酒色、陶醉於往昔文治武功之時，朝政多由李林甫、楊國忠把持。唐代迫切的問題是邊鎮力量過於強大。對於這個情況，唐玄宗不著急，高力士自然也是。

不過，高力士倒是向玄宗反映過幾次。據說唐玄宗曾問高力士，讓李林甫當宰相，是否合適？高力士勸告玄宗莫把權力給別人。不過當他看到玄宗不高興，馬上認錯道歉。

玄宗初期，宰相宋璟就對邊鎮力量強大充滿憂慮。安史之亂以前，高力士也曾對玄宗提出過。不過大概看到玄宗都不擔心，高力士也沒放到心上。畢竟，他最大的事情就是讓玄宗心情舒暢，除此之外，就是爲自己聚斂財富。對於一個太監來說，能做到高力士這一步，已經很不錯了。

高力士對唐玄宗一直忠心耿耿，因爲他的一切都由玄宗而來。他被流放到湖南以後，終於被赦免，在返回長安的路上，一聽說兩位皇帝都死了，馬上精神崩潰，也死在路上。享年七十三歲。他的陵墓，緊挨著玄宗的陵墓。

趙普

【西元九二二年～九九二年】

半部論語治天下

導言

趙普原籍幽州薊縣（現在的北京），因爲少時經歷了很多叛亂紛爭，讀書不多，從小學的是如何做個小吏。後來，趙普位極人臣，學歷便顯得有點低了，連宋太祖也意識到了這一點，就經常勸他讀點書。趙普虛心聽取意見，每次回家就關起房門，從書箱裡取書誦讀；第二天上朝處理政事，總是十分得當。趙普死後，人們才發現他的書箱裡只藏了一部《論語》，而且只翻看了一半。於是趙普「半部論語治天下」的說法便不脛而走，成爲當時最大的新聞。

從某種程度上來說，實戰經驗有時強過書本經驗。比起許多書生，趙普的官運無疑是亨通的，三次入相，經歷太祖、太宗兩代政權之更替。爲保全自己，西元九九二年，趙普三次上表以年老多病，請求辭官；但太宗仍下詔慰留，並加太師銜、封魏國公，享受宰相待遇。當年七月，趙普走完了生命歷程，終年七十一歲。宋太宗派員治喪，贈尚書令，追封眞定王，謚號「忠獻」。

歷史中的趙普留給我們的是多面和複雜性，他有時是嚴厲正直的諫官，雪夜決策、杯酒釋兵權，但其收受賄賂、隨波逐流、見風轉舵，同樣引來無數非議。從某種意義上來說，趙普是典型的官吏代表，在強權體制中發揮自己的才能，但以身家性命爲重，他從來不是眞英雄，只是一個在多變的封建君主威嚴下，戰戰兢兢、遊走其中的官吏。

善於揣摩上意的部下

西元九五九年，後周世宗去世，由遺孀佐幼主宗訓即位。當時趙匡胤執掌護衛皇帝之禁軍，擔任殿前都檢點要職。西元九六〇年春，傳契丹勾結北漢入寇。匆忙之間，趙匡胤率軍北征，兵行開封東北四十里之要道陳橋驛時，將士託故不行，將趙匡胤灌醉，然後以杏黃龍袍加身，這就是歷史上著名的「陳橋兵變」。由此，趙匡胤統一中原，建立大宋。

在舊史的記載中，總說趙匡胤是被迫的，看似是軍人起鬨。但事實上，這應是場精心策劃的布局，而當時擔任軍中謀略的趙普無疑發揮了關鍵的作用，他做了趙匡胤心中想做而又不便明言的事。這些事是弄刀舞槍、迷信武力的將領所無法想出來的。爲什麼趙普如此理解趙匡胤？其實兩人從小就認識，據《宋史》中的〈太祖本紀〉、〈趙普傳〉記載，趙普幼時與趙匡胤同學，是關係匪淺的幼時同伴，趙匡胤酷愛舞槍弄棒，趙普則「少習吏事」。在這些之外，趙普之所以和

你不可不知的趙普

▲西元964年，任宰相。

▲西元970年，宋太祖親探病中的趙普。

▲西元976年貪汙事發，逐漸失去太祖信任；同年太祖逝去，太宗繼位。

▲西元981年，重新拜相。

▲西元983年，因故罷相。

▲西元987年，封山南東道節度使，封許國公。

▲西元992年，三次辭官不成，病逝。

趙匡胤關係如此之堅固，更重要的是智謀、經驗的相輔結合。

有人認爲，此次政變，趙普應該是獲得首功的。唯眞正論功行賞時，除了一批原本地位重要的將領晉升要職以外，爲了安撫人心，趙匡胤不得不繼續重用舊臣，趙普僅得了個右諫議大夫、充樞密直學士的一般官職。但趙普的業績是太祖看在眼裡，誰不喜歡從基層慢慢做起、穩紮穩打、又不居功自傲的屬下？趙普官居高位只是時間的問題。

雙面宰相

封建時代，不乏有新王朝之開國君主殺功臣、奪兵權的事。趙匡胤更明白，自己本即是部將擁立，所以他必須提防二次「陳橋兵變」。如何才能長治久安，趙普提出了「稍奪其權、制其錢糧、收其精兵」的方針。「杯酒釋兵權」即是第一步，然後改變權力結構中的獨立性，一切都必須依附君權而運轉。

應該說，趙普提出的這套方針、方略，確實在宋初達成了加強中央君主集權及其軍、政、財、文權力分立，防止藩鎮和地方各自爲政，改變了五代十國時期武臣專權、政變頻繁的局面，使宋朝成爲一個高度中央集權的國家。然而這套方針反過來又成爲宋朝長期「積貧」、「積弱」、冗員過多的重要原因。畢竟，趙普考慮的是維護君權，而非國家的眞正強盛，這也正是後世爲之詬病的要因。

但從另外一方面，趙普還是有剛毅果斷、正直嚴厲的一面。他曾經想要授予某人任官職，但太祖不接受。第二天，趙普堅持不懈，又上奏此事。如此這般，皇帝大怒，把奏摺撕碎扔到地上，但趙普面色如故，黏補縫合，又像之前一樣上奏。皇帝終於答應了，後來被舉薦的人也成爲名臣之一。針對如何處置官員，趙普留下一段著名的話：「刑罰用來懲治惡人，獎賞用來酬勞立功者。刑罰與獎賞，是天下人的刑罰與獎賞，不是陛下一人的刑罰與獎賞啊，哪裡能夠因爲高興、討厭而獨斷！」起初，太祖對此不理，但趙普採取了一向的「跟人」政策。皇帝進宮，趙普站在宮門旁，許久不離開，直到皇帝同意他的請求。

敢與皇帝稱兄弟

這是一個在史書有載並流傳甚廣的故事——「雪夜論天下」。

北宋初年冬天的一個夜晚，兩位不速之客先後來到一座深宅大院，燒肉飲酒，秉燭夜談，一個平定天下的統一大略就這樣誕生了。兩位來者是北宋開國皇帝趙匡胤和其胞弟趙光義，大院的主人就是趙普。

這個故事體現出宋代君臣濃厚的人情味。據傳，趙普的夫人燒得一手好菜，其中特別有滋味的是一款烤肉，趙匡胤兄弟二人百吃不厭。趙匡胤管趙普的夫人叫「嫂嫂」，當了皇帝後也未曾改口。每年有四、五次都要駕臨趙普家，一進門便叫「嫂嫂」做烤肉來解饞，親切隨和。關於這對君臣朋友的故事還有很多，雖然也有紛爭和陰謀，但與其他朝代的開國君臣比起來，少了一些血腥。

從此可看出，趙普對於如何在公私之中維持微妙的平衡，在保持對皇帝敬重的同時，又比別人多一些親密，分寸拿捏得十分到位。而這些「新聞」在當時的流傳，更有利於鞏固趙普在皇朝不可動搖的地位。

背靠大樹好乘涼

「功高蓋主」是所有開國大臣會面臨的問題，趙普亦不例外。隨著權勢的增大，趙普的野心也在不斷膨脹。

西元九七六年，宋太祖到趙普家，突然發現廊下堆有海貨十瓶。打開一看，全是小顆粒的瓜子黃金，趙普只好坦白說明，這是吳越王錢俶送來的。太祖接著便說了這樣酸酸的話：「錢俶大概認爲國家大事全由書生來決斷，所以送給你金子。」這件事看似沒有下文，但趙普已經引起了皇帝的猜疑。

起了疑心，太祖的眼裡自然會發現趙普更多的缺點。趙普違反禁令，私運木材擴展府第、有官員冒充趙普名義經商等，問題最後竟然發現趙普違反宰輔大臣間不得通婚的禁令，娶樞密使李崇矩之女爲妻。於是宋太祖便設副相與趙普分掌權力，並監督相權，不久又貶趙普爲河陽三城節度使。

趙普亦不是省油的燈，所謂東邊不亮西邊亮。當太祖的路走不通，他開始籌劃新的復出方案。

西元九七六年十月，宋太祖崩，弟趙光義（避匡字諱）即位，是爲宋太宗。關於這段兄終弟繼的歷史，流傳有「燭影斧聲」的疑案。如何爲「聲援」新任皇帝，漂白其出身以鞏固皇權，老臣子趙普又一次發揮了關鍵作用，也因此再度拜相。

當時，軍中一度有謀立太祖長子趙德昭之說，爲太宗所忌，故趙德昭遭太宗怒斥而自殺。宋太祖父子之死，引起宋太宗異母弟趙廷美之悲憤自危。事實上，宋太宗自己弟承兄業，但對於自己弟弟卻忌諱得很。趙廷美一再被貶，抑鬱不得志的趙普開始積極活動起來。他向宋太宗密陳，皇太后遺書由自己書寫，製造所謂「金匱之盟」的僞證，聲稱杜太后臨死前，命宋太祖傳位於其弟光義，由趙普起草誓書，藏之金匱。他又乘機說貶往洛陽的趙廷美毫無悔意，不能使之居於洛陽。於是宋太宗又貶趙廷美至房州涪陵小縣。

趙普的這番密陳，第一，證明太宗承兄位，乃合乎祖宗遺旨；第二，擁護太宗傳子不傳弟；第三，爲太宗清除趙廷美繼位之威脅。這幾點就讓趙普與宋太宗結成了特殊的關係，立即獲得司徒兼侍中的職位，兩度任相。但此帶來的結果是趙廷美以三十八歲盛年夭折，宋太宗長子趙元佐因替趙廷美不平而成終身之疾。

因爲有了「金匱之盟」，趙普從太祖舊臣的地位一躍而起，變成太宗重臣，太宗眾子也以和他結交作爲日後成爲太子的重碼。但也因爲如此，趙普有了一生最大的汙點，雖長壽善終卻不落好評。

寇準

【西元九六一年～一〇二三年】

越老越倔強的宰相

導言

寇準是北宋的傳奇人物，他的剛直機敏，他的一貶再貶、幾起幾落，現在都是個話題，可以算是風頭甚勁，四世無雙。許多文學作品戲稱他爲「寇老西兒」，但與文學、戲劇中那個詼諧、幽默的搞笑形象相比，眞實的寇準其實命運坎坷。

他前半生順遂平安，一旦進入政治集團核心，其命運如同當時内憂外患的北宋王朝，起伏不定、風雨飄搖；加上皇帝軟弱，奸人層出不窮，導致寇準幾次遭罷貶，最後亦潦倒而終。作爲宋朝有作爲的名相，他對宋遼關係產生久遠影響，甚至可說因爲有了寇準，保住宋遼百年和平。宋太宗十分讚賞寇準，高興地說：「我得到寇準，像唐太宗得到魏徵一樣。」由此可見他在大宋智囊團中占有的地位。但是寇準可相當於魏徵，宋太宗卻非唐太宗。寇準生活在一個軟弱無能的朝代，註定其無法大展拳腳，全面發揮才能。

用實力說話

少年寇準聰明好學，年僅十九歲就考上了進士，接著便當了巴東縣令（四川奉節），年少得志，春風得意，這不僅在當時，也是此後少見的。十九歲就要管理一個偏遠荒僻的縣城，不啻是個重大考驗。但事實上，這個書生讓所有人刮目相看，他善於調查研究，在巴東一代做了不少好事，至今當地還遺有不少紀念寇準的亭碑。當時宋太宗雖然皇位得的不怎麼光明磊落，但在延攬人才方面做得倒還可以，於是被稱爲「寇巴東」的寇準不久便上調東京（河南開封），在中央任職，展開了京官生涯。

二十八歲的寇準眞是書生意氣，勇往直前。史書曾記載，有一次他報告一事給皇帝，陳述厲害。由於忠言逆耳，太宗聽不進去，生氣地離開了龍座，轉身要回內宮。寇準卻扯住太宗衣角，勸他重新落座，聽他把話講完。從這一點來說，一個初出茅廬的新人竟敢在大老闆發怒離開時，拉著他衣服不讓走，直到問題解決。當時，這可是冒著殺頭的危險，現在又何嘗不是以身犯險。所以，寇準三十一歲就擔任了同知樞密院事（即副宰相），眞正是青年才俊了。

你不可不知的寇準

▲西元980年，十九歲中進士，放任歸州巴東縣令。

▲西元992年，任參知政事（副宰相）。

▲西元997年，被貶爲鄧州知州。

▲西元1004年，再度入朝爲相。

▲西元1006年，被罷相。

▲西元1018年，再度出任宰相。

▲西元1022年，爲小人陷害，貶作司户參軍官，次年去世。

成也剛直，敗也剛直

性格決定命運，寇準的「剛直」和「堅持」在皇帝高興的時候可算是優點，但不高興時就面臨著危險，這是集權統治的悲哀。

西元九九六年，宋太宗和寇準爭論一件事情，寇準力爭不已，直到第二天依然沒有休止。這一次，宋太宗火了，辱罵寇準：「麻雀和老鼠尚且懂得人意，你怎麼不懂呢？」加上被宋太宗稱爲「小事糊塗，大事不糊塗」的宰相呂端，對皇帝說什麼寇準「性剛自任」，宋太宗終於將寇準逐出中央，調到鄧州（河南鄧縣）去當個小小知州。

這是寇準仕途上的初次失利。其實深究起來，太宗深知寇準的才幹和秉性，外放的目的，只是想讓他收斂老道一些。但是寇準一走，周圍很多大臣是很開心的。原因很簡單，寇準當時負責人事管理，也就是各級官員的考核、獎懲、罷免，要做好這些選拔任命工作，須從高官重臣做起，而皇帝身邊的人就是突破口，難就難在這裡。這項工作做好了得罪人，做不好則沒有業績。這個「刺兒頭」一走，自然皆大歡喜。

但寇準走了，皇帝又開始想念他，有時會問左右的侍從：「不知寇準在青州過得如何？」而侍從的回答也很有趣：「寇準在那裡過得好著呢，不煩皇上擔心。」看來不僅大臣，連宦官們也不喜歡寇準。

寇準更厲害的一點在於，他從不利用姻親關係說事。其妻宋氏是宋太祖開寶皇后的幼妹，即便這樣一個名門之後，對寇準的仕途也沒有影響。所謂恃才傲物，說的就是寇準這種典型。

力主抗遼第一人

西元一〇〇四年，寇準再次進京，被任爲宰相。這是他第一次擔負這個重任。此時已非宋太宗當政，而是其子眞宗。眞宗之所以任用寇準，是因當時遼國大舉南侵，戰火迫在眉睫，宋朝江山動搖，只能任用剛性之臣。寇準當時幾乎是孤軍奮戰，當時的參知政事王欽若是江南人，主張遷都金陵；樞密院事陳堯叟是四川人，提議遷都成都。宋眞宗本來就無心抗敵，更表現得惶恐不安。只有寇準堅決支持抗敵，最終以少數壓倒多數。

不僅如此，寇準特別要求：爲了鼓舞士氣，爭取更大的勝利，眞宗必須渡過黃河，親臨前線！這項過分的要求在緊急狀態下未被以「犯上」論處，反被批准了。其實更大的原因是眞宗就是一個沒有主意的人，誰表現得最強硬自信，他就會聽從。

怯弱的宋眞宗在寇準的督促下終於決定親征。但統治集團內部仍有不少人對抗敵無啥信心，甚至當時另一位宰相畢士安也以抱病在身、太白星白天出現對大臣不祥等爲藉口，不願隨駕北征，還對寇準敦促眞宗親征說三道四。眞宗親征路可謂困難重重、頻生事端，一會兒要打道回府，一會兒不願過河，寇準如同在「驅趕」眞宗步步前行。

當眞宗出現在澶州北城樓上時，城下北宋兵民歡聲雷動，氣勢頓生百倍。遼國大軍兵臨城下卻難以破城，眼見續戰無利，便想講和。於是雙方使節祕密往返，訂立了史上著名的「澶淵之盟」。

從積極抗遼到澶淵之盟，寇準功蓋群僚，有目共睹。王安石也曾在詩中歌頌：「歡盟從此至今日，丞相萊公功第一。」唯功勞太大也埋下了禍端，尤其人多的主降派，更把寇準看作眼中釘。

自古小人最難防

戰事一旦稍平，小人就紛紛浮出水面。參知政事王欽若——這個曾被寇準斥之爲「罪可斬首」的妥協派首領，一回到京城就活動起來。一次退朝之後，他乘機對眞宗說：「《春秋》一書都把城下之盟視爲恥辱。而澶淵之盟實際上正是城下之盟，您難道不覺得這是一種羞恥嗎？況且寇準老催您上前線，太不拿皇上當回事了！」這樣的話說到了眞宗的心坎。從此，眞宗對寇準就冷淡起來。沒過多久，寇準被免去相職，到陝州去做知州，僅做了一年多宰相。

還有一個人更不能忽略，就是丁謂。丁謂可算是寇準一手提拔起來的，曾任參政事（副宰相之職）。他的能力沒有寇準強，風頭也沒有他足，但在做人方面卻比寇準強百倍。有一次中書省聚餐，羹湯灑在寇準的鬍鬚上，丁謂看到後非常殷勤，忙不迭地爲他擦拭，寇準笑著說：「參政事是國家的大臣，竟要爲長官擦拭鬍鬚嗎？」丁謂聽了，心裡十分羞愧。

寇準不需要人的奉承，但有人需要，尤其是皇上。丁謂逢迎的對象瞄準了最高統治者，以僞造所謂「天書」、大造道觀及編造祥異之事等，把宋眞宗抬到了神的地位。有一次，宋眞宗與大臣們一起釣魚，宋眞宗釣不著魚，丁謂竟作詩，說是「鶯驚鳳輦穿花去，魚畏龍顏上釣遲」。千穿萬穿，馬屁不穿，宋眞宗極吃這一套，對王欽若與丁謂的上奏及行事，簡直到了言聽計從的地步。

宋眞宗病重，曾與寇準商量由誰繼位的事。丁謂與劉皇后勾結，不僅罷了寇準的相位，且將其逐出東京。於是寇準遭到了第二次罷相，這一次僅僅做了一年宰相。

至剛則易折

老子說：「至剛則易折。」這句話用在寇準身上最合適不過。當初寇準剛當宰相的時候，一個跟他相交的官員還在成都做官，他對自己身邊的人說：「寇公治國奇才，可惜他的學術和做人的修養不足。日後若沒有長進，則必然命途多舛啊！」結果沒過多久，寇準果然被貶。

寇準二次罷相時，臣僚們怕丁謂，都不敢去見寇準，只有一個叫王曙的敢以「朋友之義」去爲寇準餞行。而另一個李迪，更對寇準罷相氣憤不已，堅決不與丁謂共事。

兩度爲相、兩度被罷，深受迫害。但寇準卻不後悔、不悲觀。在雷州時，他「暇則誦讀，賓至笑語」，毫無精神負擔。所謂如人飲水、冷暖自知，別人覺得貶官是奇恥大辱，但寇準卻過得挺開心。雷州的日子應是寇準過得較舒服的一段生活，平常草草應付完公事就吃喝玩樂。歐陽修曾批評「寇公之禍，以老不知止耳」，有對的一面，但從另一個角度來說，偌大的北宋，懦弱的朝綱，需要的就是這樣一個剛性之人。

寇準逝世後，他的夫人曾入宮啓奏，請求朝廷撥款搬運寇準靈柩。結果撥款僅夠運到洛陽，他的妻子只好把靈柩運到洛陽安葬。途經湖北公安時，老百姓懷念寇準的功德，以竹子插地，掛物祭祀，最後生筍成林，以爲神，故爲他立祠，視其竹爲「相公竹」。十一年後，眞宗之子仁宗爲寇準昭雪，歸葬下邽，終得善終。

王安石

【西元一〇二一年～一〇八六年】

理想主義改革家

導言

宋神宗時期，王安石以一種前所未有的改革姿態出現在宋朝的政治舞臺上，似疾風暴雨，橫掃一片，但這場暴雨來得快、去得也快，不久便在現實的打擊下以失敗告終。

作爲中國歷史上最有名的改革家，王安石和他的這場新政更像是一場獨角戲，跟隨者寥寥，後來更是競相倒戈；支持者更少，從最高統治者到底層百姓，都對實驗結果十分不滿；反對者自始至終存在，且氣勢日益高漲。

唯一值得慶幸的是，王安石作爲一個詩人和散文家的身分，未因其變法而丟。相反，因爲他的務實，用改革家姿態寫出來的散文和詩歌，更具有一種開拓灑脫的氣質，因此得到眾人的欣賞，哪怕是他的政敵，對此也不得不敬服。

對於後世來說，王安石新政是個太過複雜而難以評價的事物，有人認爲，它延緩了宋朝的衰敗，爲大宋輸入新血；反對者則認爲這場變革太過激進，給原處風雨飄搖中的大宋狠狠一擊，後患無窮。但無論如何，作爲史上難得變革的發起者，王安石讓人們記住了他。

基層鍛煉很重要

與別的官員一味待在京城、渴求皇帝垂青不同，王安石總是屢次謝絕朝廷的提升，直到西元一〇六〇年，年屆三十九歲才來到京師任職，所以留給人非常神祕的印象：年少得志卻放棄大好機會，自願下放到天高皇帝遠的地方。其實這倒不是刻意爲之，而是當王安石高中進士之際，另一位改革派范仲淹正好擔任副相，在仁宗的動員下，上了〈陳十事疏〉，發動「慶曆新政」，銳意改革，但這次新政很快就失敗了。這次失敗的前人之鑑讓王安石意識到，如按一般官場慣例在京謀求翰林院等接近中樞的官職，或許能得到較快升遷，但卻會失去走入民間的機會。而從少時開始，王安石就是個目標異常堅定的人，他希望運用己身所學，爲這個日益衰敗的帝國增加一些力量，尤其是財政和吏治。

一〇四七年，一位年輕縣官來到鄞縣，開始了自己基層的改革試驗。水利與農桑齊抓，同時興辦學校、勸民入學，就這樣，一顆政治明星冉冉升起。一〇五一年，在鄞縣政績的鋪墊下，王安石被任命爲舒州（今安徽中部）通判，同時不可不提的是朝內歐陽修、曾鞏等文人同道的提攜。這也是當時北宋官場的風氣，所謂互通有無，文人相合，不僅適用在文學上，同官場亦是，更何況王安石確實

你不可不知的王安石

- ▲西元1042年，二十一歲進士第四名及第。
- ▲西元1058年，上〈萬言書〉，痛陳弊端，要求變法。
- ▲西元1070年任宰相，推行變法。
- ▲西元1074年，辭退。
- ▲西元1075年，復任宰相。
- ▲西元1076年再辭相位，退居江蘇南京。
- ▲西元1086年變法失敗，不久抑鬱而逝。

做出了成績。

此後，王安石又有一次去京城面試的機會，但王安石的眼光顯然更遠、更開闊，他以母親年老、弟妹當嫁、家境貧寒等諸多理由拒絕應試，在別人看來有沽名釣譽之嫌，但王安石更看重的是自己的基層試驗還未完成，他繼續探索著自成的救國良道。

無心插柳柳成蔭，王安石的這種舉動無疑爲自己贏得了許多注意和好感，大家都在好奇，這是個什麼樣的人？政績甚佳，卻不貪慕功名，何時能在京城一見呢？

一場眾說紛紜的變革

一〇五九年，宋朝任命三十九歲的王安石爲直集賢院；幾經辭謝，十八年後，王安石開始了京官生涯。次年，朝廷以其善於理財，改任命他爲三司度支判官，這是個掌管財政預決算收支的要缺。這正是王安石需要的官職，他需要進入國家政權中心，而財政就是國家的核心。

「改革」必須取得最高統治者的支持。於是一〇六〇年五月，王安石寫了一篇洋洋灑灑的〈上仁宗皇帝言事書〉，這就是後人爲之傳頌的〈萬言書〉。在這篇政論文裡，王安石充分發揮了自身文采，深刻分析對北宋中期的內外形勢、問題和改革之道，爲此後的變法做了一次完美的總動員。

但是王安石的激情遇到了冷水，那時的仁宗已經垂垂老矣，沒有精力來聽取、幫助王安石實現這龐大的行政改革計畫。從仁宗到短暫的英宗時代，王安石一直在等待機會。終於，一〇六七年正月，英宗逝世，十九歲的神宗趙頊即位。一個雄心勃勃的年輕皇帝碰到一個蓄勢待發的熱血臣子，會是什麼情況？尤其這年輕皇帝在太子時已讀過王安石的〈萬言書〉、〈上時政疏〉等政論文章，對其傾慕已久。二人一拍即合，相見恨晚，直覺彼此都要做一番大事，來改變這個陳舊的皇朝。

王安石很會鼓舞人心，他說神宗的榜樣是古代的堯、舜、文王、唐太宗，而自己願意像周公、魏徵一樣輔助明君開創大業與勵精圖治。這一席談話奠定了「熙寧變法」的思想基礎，也奠定了王安石與宋神宗推行變法的政治基礎。

改革通常要面臨無數的紛爭，從一開始，這場新政就不被人看好。與王安石齊名的歐陽修也指責說他在青苗取息高出「周官」一倍時，是打著先王之名，而行聚斂之實。

而最糟糕的地方在於，宋朝的皇帝都是猶豫不決、優柔寡斷，神宗在最初的熱情過去之後，也同樣有這個問題。儘管王安石回答過神宗關於「天變不足畏，人官不足恤，祖宗之法不足守」的質疑，但神宗並沒有眞正堅持自己的想法。西元一〇七四年，河北鬧了一次大旱災，一連十個月沒下雨，群情激憤。有一個官員趁機畫了一幅「流民圖」獻給宋神宗，說旱災是王安石變法造成的。宋神宗看了這幅流民圖，竟夕不眠，示之後宮，后妃飲泣，神宗只好被逼停止新法。

王安石眼看新法沒法實行下去，氣憤得上書辭職。宋神宗也只好讓他暫時離開東京，到江寧府去休養。

一個理想主義者的失敗

古來改革家易犯的毛病就是不會做好人際關係，勇往直前之餘，沒有回頭看一看四周潛伏的危機重重。王安石就是一個理想主義的改革家。其實，早在王安石變法之前，其餘臣子並不是沒有意識到變革的重要性，但他們不像王安石如此激進，與王安石比起來，曾經的激進派也變成了保守派，這無疑爲他樹立了無數的敵人。

王安石在基層的經驗確實豐富，但他所具備的是一個首席執行者的智商，EQ其實非常欠缺。一〇七一年，開封知府韓維報告說，境內民眾爲了規避保甲法，竟有「截指斷腕者」。宋神宗就此事問及王安石，不料王安石竟回答：「這事雖離譜，但就算是真的，也沒什麼了不起！那些士大夫尚且不能理解新法，何況老百姓！」神宗皇帝聽了頗爲不悅地說：「民言合而聽之則勝，亦不可不畏也。」王安石聽了仍是不以爲然，因爲在他看來，就連士大夫之言都可不予理睬，更何況是老百姓！王安石如此極端看問題，難怪人們都稱他爲「拗相公」。

王安石在變法過程中，一貫我行我素，導致朝中大臣多與他決裂。這當中有人原本是他的靠山，如韓維、呂公著等人；有人原本是他的薦主，如文彥博、歐陽修等人；有人原來是他的上司，如富弼、韓琦等人；也有人原本是他的朋友，如范縝、司馬光等人。雖然他們都曾算是較了解王安石的人，卻也因不認同王安石的某些做法而被逐一趕出朝廷。特別是司馬光，念在與王安石共事數年的交情上，曾三次寫信給王安石，勸他調整自己的治國方略。可惜王安石就是執迷不悟，導致司馬光最後與他分道揚鑣，終身不再往來。

蘇東坡在王安石落難之後寫詩給他，說「從公已覺十年遲」，同時他也承認，正因爲天意要託付「非常之大事」，才產生王安石這樣的「希世之異人」。所謂「異人」，可能近乎後世所說的偏執狂人。

無情無趣，但憂變法

王安石留給後人的不僅僅是他的變革狂想、五彩詩文，還有許多令人捧腹的奇聞軼事。他的儀表邋遢、著衣骯髒、鬚髮零亂，不修邊幅的樣子在當時可謂登峰造極。

據說他從不更換穿著的長袍。有幾個朋友特意試驗了一次，在澡堂中將他的舊袍換成新的。王安石將新袍子穿上，若無其事。在他看來，衣服只是衣服罷了。他也從不挑食，朋友曾以爲他愛吃鹿肉絲，但事實上只因鹿肉絲剛好離他最近而已。朋友們把菜的位置調換了，將鹿肉絲放在離他最遠處，結果王安石只吃靠近他的菜，對桌上的鹿肉絲視若無睹，全然不知。自然，他對金錢更是熟視無睹。他當宰相時，領到俸祿，就交給弟兄們，聽憑他們花費。

這樣一個沒有情趣的老先生，如何打發退休生活？別人可將餘情寄之山水，歌以詠志，但從宰相權峰跌下來的王安石，並不眞正是輕鬆而無憂無慮的。他想的依然是民生和新政。

一〇八四年秋天，王安石兩次上疏神宗，請求批准將自己築於蔣山的半山居園屋捐爲寺院，同時又將自己俸祿與兒子死後的賜銀所購置的田產也捐爲寺產。而王安石，曾經顯赫一時的宰相，只能在江寧城中租屋而居，眞正做到了兩袖清風，視金錢如糞土。

給王安石打擊最大的是一〇八五年三月，神宗病逝，哲宗即位，司馬光執政，幾盡罷新法。當王安石聽到自己爲爲富國謀的「免役法」也被罷去的消息，非常憂愁，一個月不到，就鬱鬱而終。

司馬光

【西元一〇一九年～一〇八六年】

皇帝教科書的作者

導言

史學界向來有「兩司馬」之說，一爲司馬遷，一爲司馬光，二人如雙峰對峙，在史學上占有重要的地位。但比起司馬遷，司馬光的光環卻要黯淡一些，或許是因爲司馬遷坎坷的身世，或許是因爲司馬遷創造了史學上的無數第一，而司馬光晚生幾百年，資料零散，傳著少見。但不論如何，史籍當中，只有《資治通鑑》能與《史記》相提並論，司馬光留給人們的印象不僅是一個反對變法的保守派，更是一個偉大的史學家。

在許多人還懵懵懂懂的時候，童年的司馬光已因砸缸救人的行爲轟動全國，成爲當時風頭最健的童星。他十九歲做進士，當史官、諫官，可以說前途光明。轉折是從王安石變法開始，當司馬光遇到王安石，當保守派遇到改革派，會有什麼樣的局面，鬱悶的司馬光只得暫時退出政治鬥爭的漩渦，專心致志地編寫史書。這樣倒好，東邊不亮西邊亮，一部《資治通鑑》成就了司馬光。

命運從來都是那麼弔詭，在司馬光對政治幾乎意冷心灰，距離生命終結還有一年的時候，由於神宗的去世、新帝的登基，這個曾經最大的保守派又被迎回了首都，登上了權力的頂峰。雖然已經高齡六十六歲，但司馬光卻大刀闊斧，一股腦兒地把新法全部廢除，終於了結自己的心事。次年，他就病逝了。此後，雖然改革派又重新登臺，對司馬光頗多非議，奪去封諡，砸碎其「忠清粹德」石碑，但《資治通鑑》的成就和偉大，誰也無法否認。

幼教典範

大凡名人，幼時都會表現出很多不凡之處。當然，這些「不凡之處」不外乎愛好學習、珍惜時間、孝敬父母之類。而司馬光的「不凡」在於他臨陣不慌，「凜然如成人」，關鍵時刻發揮作用，一舉成名。這是一個大家熟知的故事，說的是司馬光和一群小夥伴玩捉迷藏，一個孩子不小心掉進水缸裡，其他孩子都嚇跑了，只有司馬光急中生智，搬起一塊大石頭，砸破水缸，水流出來後，那個孩子得救了。

「落水、砸缸、獲救」，多麼流暢的動作，看似簡單，但發生在一個七歲（有版本是五歲）的孩子身上，卻令人稱奇。靠口耳相傳，「司馬光砸缸」一下子就流傳起來，人人稱頌。有位畫家還把這個故事繪成圖畫，名曰《小兒擊甕圖》，刻版一印再印，成爲暢銷京都汴

你不可不知的司馬光

▲西元1038年，十九歲中進士。
▲西元1065年，進龍圖閣直學士。
▲西元1066年，撰《通志》八卷奏呈，頗受英宗重視。
▲西元1070年，不同意變法，堅辭樞密副使之職。
▲西元1071年，判西京（今河南洛陽東）御史臺，居洛陽十五年，專意編《資治通鑑》。
▲西元1084年，書成。
▲西元1085年拜相，廢除新法。
▲西元1086年，因病去世。

梁和西京洛陽一帶的宣傳品。

不靠祖蔭靠實力

家庭教育很重要，這一點從司馬光砸缸便可看出。論起家學淵源，司馬光的祖父司馬炫最高的官職是縣令，父親司馬池做過兵部郎中、天章閣待制（屬翰林學士院），官居四品，宋仁宗時，朝廷提升他爲諫官，但司馬池不爲所動，還是拒絕了。爲此，宋仁宗說：「大家都願意往上走，唯獨你想著往後退，眞是難能可貴。」

一〇三八年，司馬光十九歲，這時的他做出了一個重要決定：放棄保送，直接參加大會考。這個決定在當時可謂驚人。按照古時官制，祖父或者父親當官時，朝廷會根據其官職，恩選不同人數的子孫直接做某個級別的官，稱爲「恩蔭」，這也是許多寒門子弟極爲羨慕之處。但司馬光非同尋常的地方在於他放棄了特權，自願和天下寒士參加科舉，並一舉高中進士甲科，糾正了人們所謂「少時了了，大未必佳」的成見，將少年輝煌延續到底。

歷代皇帝的教科書

司馬光的名字與《資治通鑑》緊緊聯繫在一起。他四十歲時展開《資治通鑑》的編修工作。開始時候，他將這部書定名爲《通志》，也沒想做得太大，直到西元一〇六六年，英宗看了《通志》的前八卷，認爲這是前所未有的史學著作，進而提出具體要求，即內容可以記錄國家興衰，體例爲編年史，專爲皇帝提供治國經驗的教科書。宋朝的皇帝雖然抵禦外侵不行，但在歷史、文學、繪畫等方面具有較高的天賦和鑑賞能力。

西元一〇六七年，宋英宗去世，宋神宗繼位。儘管年輕的神宗皇帝不同意司馬光的政治意見，但卻對他的史書編撰工作非常堅持，不僅賜書名為《資治通鑑》，並賜寫了序言。就這樣，在兩朝皇帝的全力支持下，史上第一部為皇帝寫的教科書正式運行。

書集中了當時史學界的名家，既有通才，又有專才。為了更用心的編寫史書，司馬光遠離官場，待在洛陽一個破舊的園子裡，十五年裡付出了他全部的精力和心血。夏天悶熱難堪，灑下的汗珠把書稿都浸濕了。後來，他請匠人在書房裡挖了一個大深坑，砌上磚，修成一間簡陋的「空調房」，埋頭編書。以〈唐紀〉部分為例，原稿長達六百卷，比定稿後的《資治通鑑》還要長出一倍。司馬光通覽刪節，最終定為八十一卷，前後用去了四年時光。為此，司馬光筋骨疲憊，視力減退，牙齒脫落得所剩無幾了。

經過十九年的努力，西元一〇八四年，《資治通鑑》終於成書。這部史書記載了周、秦、漢、魏、晉、宋、齊、梁、陳、隋、唐、後梁、後唐、後晉、後漢、後周十六個朝代，時間長達一千三百六十二年，共計二百九十四卷，約三百多萬字。書成之後，僅存放在洛陽的殘稿就堆滿了兩間屋子。

《資治通鑑》印行後，不僅當世的人看了稱讚不已，後世亦給予高度評價。清代史學家王鳴盛稱「這是天地間不可無之書，也是學者不可不讀之書」。不得不提的是，毛澤東對《資治通鑑》尤為喜歡，一生讀了十九遍之多，線裝的書上寫滿了眉批和心得。

節儉模範

搜索宋朝歷史，似乎少有一個大官像司馬光那樣節儉，他對自己苛刻到了極點，在今日絕對是清廉的典範。司馬光經常說的一句話是：「穿衣不過爲了禦寒，吃飯不過爲了充腹。」他自己過著「食不敢常有肉，衣不敢純衣帛」的生活。在這樣的境遇下，同事去他家吃飯，結果因爲太窮，招待不起好酒好菜，只提供一碗熱湯，搞得此人四處散布言論，以後可不能去司馬家吃飯，吃都吃不飽。

不僅對自己要求嚴格，司馬光對待朋友、兒子也是如此。一個闊友請司馬光吃飯，看到這個人吃得如此奢侈，司馬光當即與其斷絕來往。對待兒子，司馬光專門寫了一篇文章〈訓儉示康〉。經司馬光一手教導，按歷史記載，兒子司馬康出門時，路人從其容貌舉止，即使不認識也知道他是司馬光的兒子，由此可見司馬光之教育嚴格。

司馬光的妻子去世後，家裡沒有錢辦喪事。皇上派人送來白銀十斤，司馬光立即派兒子送了回去，說：「葬妻是家事，豈能動用國家的錢財。」錢是送回去了，但清貧的司馬光無以爲葬，拿不出爲妻子辦喪事的錢，只好把僅有的三頃薄地典當出去，這就是著名的「典地葬妻」故事。

人格的力量是巨大的，司馬光曾評價自己說：「我沒有什麼過人之處，只是平生的所作所爲，皆問心無愧！」所以時人多說，如果人人做官都像司馬光，國家會昌盛，百姓會安居。

最風光的政治明星

神宗病逝後，高太后執政，保守派重新上位，在洛陽隱居十五年的司馬光應高太后之召回到開封，遭到群眾的熱烈圍觀，人多得連馬都難以前進，大家爭著拉馬的轡頭，對他說道：「您千萬別回洛陽，在這裡輔助天子，給百姓一條活路吧！」入宮的時候，連冷靜的衛兵也拍手稱快：「這才是眞正的司馬相公，我們的司馬相公回來了。」

在洛陽十五年，司馬光的名氣不但未減，反而更如日中天。一次，司馬光去拜訪朋友，結果附近百姓聞風前來，有的甚至爬上樹和房子，以至於將樹枝和房上的瓦都踩壞了。這家的傭人想勸阻，結果他們卻說：「得意什麼，我們看的可不是你們家主人，我們想欣賞的是司馬相公的風采！」不知這是否是當年宋朝大事記裡最瘋狂的一筆。

一〇八六年秋，一代「朝臣典範」司馬光油盡燈枯，終年六十八歲。太皇太后和哲宗往去弔唁，追贈司馬光爲太師、溫國公，謚號「文正」，賜碑「忠清粹德」。噩耗傳出，京城裡做工的、務農的都停下工作，跑去弔唁，甚至有千萬人，就像親生父母死去那樣悲傷；都城和周圍地區都畫了司馬光的遺像祭祖，吃飯時必定爲之祈禱，致使當年司馬光的畫像暢銷狂賣，畫工大賺一筆。因爲道德上的完美無缺，司馬光成爲孔門的第三個聖人，位列孔子、孟子之下，同樣在孔廟享配。這在歷史上可說罕見。

蘇軾

【西元一〇三七年～一一〇一年】

合格才子、不稱職的政治家

導言

提到蘇軾，大凡有點文化底識的人都知道。在中國的文學史上，蘇軾的地位如此高然，後人幾乎無法超越。而與其高然的文學地位相比，蘇軾的官途卻是坎坷多舛，一貶再貶，他身處宋朝激烈變革的年代，經歷朝臣關係最爲複雜動盪的時期。

當官難，做京官更難。正當壯年之時，蘇軾看到王安石新政的一些弊端，無法容忍，因而外貶；但是當新黨式微，保守勢力拚命壓制王安石集團的人物且盡廢新法後，蘇軾又認爲新法中的優質部分需要保留，因而又被保守勢力所排斥。至此，蘇軾是既不能容於新黨，又不能見諒於舊黨，因而再度自求外調。

蘇軾以龍圖閣學士的身分，再次到闊別了十六年的杭州當太守。蘇軾在杭州的最大政績便是修了一項重大的水利建設，在西湖旁邊築了一道堤壩，也就是著名的「蘇堤」。蘇軾在杭州過得很愜意，自比唐代的白居易。但沒過多久，王安石再度執政，他就又被召回朝。但不久再因政見不合，被外放潁州，最後貶到嶺南荒蕪之地。

詩必窮而後工，蘇軾的文章一直被後人稱頌，與其坎坷的宦途不無關係。但與多數一心想當官的政客不同，蘇軾被貶之後，還是採取比較樂觀的態度對待人生。蘇軾一生受儒、釋、道三種思想，入世時以儒家思想爲主，且奉儒而不迂執。其出獄後有一段時間受佛老思想影響頗深，以「平常心」對待一切變故，順乎自然的生活態度，這種曠達反映到詩文，就是一個瀟灑樂觀、卓爾不群的文人，讓無數後來者神往無限。林語堂說：「一提到蘇東坡，中國人總是親切而溫暖地會心一笑。」更可敬的是，蘇軾不僅在詩、詞、文方面成績卓越，就是書法和繪畫亦是讓人絕倒，從這個意義上來說，蘇軾眞是千古第一人了。

一門三學士

西元一〇五七年，年僅二十一歲的蘇軾與父親蘇洵、弟弟蘇轍一道入京參加考試，當時任主考官的是歐陽修，小試官爲梅堯臣，歐陽修讀到蘇東坡的〈刑賞忠厚之至論〉，興奮地拍案叫絕，感歎道：「我應該讓路給這個人，讓他出人頭地。」此後，歐陽修又對兒子說：「三十年後，將沒有人再談起我，人人都會談論蘇東坡。」歐陽修當然是謙虛之詞，但也足見蘇東坡文章之妙。

你不可不知的蘇軾

- ▲西元1057年，二十一歲中進士。
- ▲西元1071年，因反對王安石新法，出任杭州通判。
- ▲西元1079年犯「烏臺詩案」，受盡凌辱。
- ▲西元1082年，被貶期間，寫下〈前赤壁賦〉。
- ▲西元1086年，哲宗繼位，重被召入。
- ▲西元1089年，任杭州太守。
- ▲西元1093年，新派掌政，接連貶往英州、惠州、儋州。
- ▲西元1100年，徽宗繼位，得以召還。
- ▲西元1101年，因病去世。

有這樣的高分作文，蘇軾在三百八十八名學子中名列榜首，成爲狀元也是意料之中，而其弟亦在考試中名列前茅。宋仁宗知悉之後，專門回去對皇后說：「今天我已經爲子孫後代選了兩位宰相。」一篇文章得一個宰相，這可比現在的公職高考狀元強太多了。

與此同時，儘管蘇洵未中，但是經歐陽修推薦，仍授予官職。一時間，蘇氏父子名震京城，成爲最有名的父子三人組合，「一門三學士」就這樣流傳下來。

溫和堅定的改良主義者

北宋腐敗政局唯一的好處是能令有志向的年輕政治家們精神爲之一振，革故鼎新，很多人都在摩拳擦掌。蘇軾亦不例外，爲京官之初，他就連續提了「豐財」、「強兵」、「擇吏」多條改革意見。與王安石恨不得把舊體制全盤扳倒的激進不同，蘇軾是漸進的溫和改良派，但在當時非此即彼的情形下，蘇軾頭上的帽子就是「舊黨」。爲此，蘇軾被新黨排擠，他特別申請外調，出京做地方官，但依然沒能逃開政治漩渦。對於新法實行中的一些流弊，蘇軾自認不能欺天負心，就寫了一些與新法有關的詩文。

西元一〇七九年，因被言官何正臣、舒亶、李定晦彈劾爲「包藏禍心」、「毀謗朝廷」，時任湖州知府僅三個月的蘇軾，突然被逮捕送交御史臺論罪。

負責審理此案的御史中丞李定等人，挖空心思從他的詩文中尋找「證據」，在被關押的四個月又十二天，蘇軾被提審十一次之多，且慘遭凌辱。就連蘇軾在杭州做太守時，興沖沖去看錢塘潮，回來寫了詠弄潮兒的詩也被荒唐地解釋爲「反詩」。這就是有名的「烏臺詩案」，烏臺指的是御史臺，因爲漢代御史臺外的柏樹有很多烏鴉，所以人稱御史臺爲「烏臺」，也戲指御史們是烏鴉嘴。

其實，宋代的輿論控制總的來說還算開明，但蘇軾卻偏偏經歷了這場浩劫。本來，蘇軾在獄中已抱了必死的心理準備，但幸運的是，因爲太皇太后正身患重病，神宗想大赦天下爲她求壽，太后卻說：「不必赦天下兇惡，放了蘇軾一個人就行了。」其實，神宗還是比較愛惜人才的，只是想挫挫他的銳氣，於是關了不久就把他放了，貶到黃州當團練副使，這才有了千古絕唱〈念奴嬌・赤壁懷古〉，還有著名的前、後〈赤壁賦〉。

是文人而非政治家

中國的政治家往往也是文人，按說，文學本該是純潔的，但官員是由科舉選出的，所謂一篇文章定終身，而蘇軾面臨的選擇太少，只能陷入政治的染缸中，無法脫身事外。

蘇軾雖然憑藉一篇文章獲得仁宗的歡心，但他在權術方面其實是個低能兒，換言之，他缺乏政治家的八面玲瓏和見風轉舵。王安石實施新政，有很多人反對，但更多的人是牆頭草，看風向而定，而蘇軾則是不分場合地在公開場合反對新法，當然成了新黨的眼中釘。更滑稽的是，新黨說他是保守黨，可蘇軾又不完全贊同保守黨的想法，所以他就變成兩頭不討好。

一〇八六年，司馬光任宰相，蘇軾被召回京城，回京不到一年，就連升了三次官。這其實是他東山再起的絕好機會，但是蘇軾更多的考慮是留利去弊，沒有考慮黨派之爭。不久，蘇軾竟成爲黨爭的犧牲品，被一貶再貶，先是貶爲建昌軍司馬，惠州安置；未到惠州又貶爲寧遠軍節度副使，仍到惠州安置。蘇軾在惠州度過兩年謫居生活，接著以六十多歲高齡，又被改貶爲瓊州別駕昌化軍安置，即被流放到海南島。這裡可是歷代貶官最遠的地方，由此可見其「不可救藥」。

其實，蘇軾也是明白自己的。一次，蘇軾指著自己的腹部問身邊的人：「你們有誰知道我這裡面有些什麼？」有人說：「都是文章。」有人說：「都是見識。」只有侍妾朝雲笑說：「學士一肚子的不合時宜。」蘇軾聞言擊掌大笑，讚道：「知我者，唯朝雲也。」

兄弟情深

自古有「文人相輕」、「兄弟鬩牆」之說，但蘇軾和蘇轍這對兄弟卻是非常友愛，無論仕途顯耀還是窮困潦倒。二蘇兩房大小近百餘口聚居一處，度過了許多難關，爲此，《宋史》專門稱讚，這是近古罕見之事。

蘇軾與弟弟的詩文往來占了他詩作的很大比重，每到一處，都有詩文寄給蘇轍，那首著名的〈水調歌頭・明月幾時有〉亦是蘇軾懷念蘇轍之作。而在二人唱和的文章中，以「夜雨對床」爲話頭的詩時常出現，承載著二蘇期待有一天能夠退隱官場，共同在雨夜讀書的夢想。自蘇軾、蘇轍以此爲約，後人便多以「夜雨對床」爲兄弟事，用「如東坡與子由」，形容手足情深。

多情才子總風流

有了文人，就不免有各種風流韻事。一個什麼緋聞都沒有的文人在古代是無法想像的，畢竟紅袖添香、詩酒風流也是許多文人夢想得到的。從這一點來說，蘇軾滿足了大眾對他的想像，既專情又多情，惹得無數少女爲其情根深種。蘇軾懷念亡妻逝世十周年的〈江城子（十年生死兩茫茫）〉，纏綿悱惻，寫出了夫妻之間生離死別最撼人心魄的一幕，許多人評價為中國悼亡詩詞第一。

蘇軾的第二任妻子王閏之是王弗的堂妹，嫁給蘇軾時能以十一歲的年齡差距去做填房，大概更多是出於崇拜和敬佩之情。不幸的是，二十五年後，王閏之又病逝了，蘇軾的情感再受重創，「淚盡目乾」。他發誓二人生則同室，死則同穴，王閏之死後百日，蘇軾請他的朋友、大畫家李公麟（龍眠）畫了十張羅漢像，再請和尚為她誦經超度往來生樂土時，將此十張足以傳世的佛像獻給了妻子的亡魂，並在十一年後，由蘇轍將二人埋在一起，實現了生則同室、死則同穴的誓言。

不得不提的還有朝雲，她十二歲時在杭州成為蘇軾侍女，長大後才被蘇軾收為侍妾，還為蘇軾生過孩子。朝雲不僅是蘇軾的侍妾，更是他的知音，在蘇軾後期不斷貶官的困苦生涯中，他只帶了朝雲和一個兒子來到海南。但就是這樣一個女子，依然早早在蘇軾之前病逝了。據說，朝雲在唱蘇軾〈蝶戀花．花褪殘紅〉時淚流滿面，哽咽難語，而朝雲逝後，蘇軾也終生不再聽此曲。

但是，在這三個人之外，蘇軾的妾不在少數，「白馬換妾」的故事是蘇東坡的追隨者不願提及但也無法迴避的汙點。那時蘇東坡被謫於黃州，一個同事提出用白馬換他的小妾春娘，蘇軾慨然應允，然而，春娘卻無比剛烈，不願被當作畜生一樣買賣，下階觸槐而死。蘇軾的多情也有殘忍冷酷的一面。

最有生活情趣的人

蘇軾之所以讓無數的後人崇敬和偏愛，除了他的才華蓋世，還因為他的智慧和曠達。他一好吃，就傳出東坡肉、東坡肘子、東坡豆腐……等，至今還是許多餐館的招牌菜。他對書法的造詣，他對繪畫的領悟，作賦塡詞、琴棋書畫、參禪論道、交友遊玩，舉凡種種，彷彿這世間沒有他不涉獵的領域，並且每個領域都做得有聲有色，靈動鮮活。

李清照曾評價蘇東坡的文章：「東坡什麼事情都不用十分力。古文、書、畫是這樣，詞也是這樣。」但或許就是這樣，一切處之泰然，才使得蘇軾成爲大家。即使發配到了嶺南，地方荒遠偏僻，生活艱苦，蘇東坡還是隨遇而安，以能吃到荔枝爲樂，不得不讓一干反對派又氣又恨。

千古文人東坡夢，蘇軾的生活狀態是每個中國知識分子的理想。出則兼濟天下，退則修身養性，集儒、釋、道於一身，這就是爲什麼幾千年後林語堂專門寫《蘇東坡傳》的原因，儘管時間已悄然過了千年。

岳飛

【西元一一〇三年～一一四二年】

被自己人殺掉的民族英雄

導言

南宋是個尷尬的朝代，北宋至少曾經繁華燦爛過，而南宋從誕生之日起就萎縮低靡，堪稱是最軟弱的王朝，面對金人，一直都是乞求低憐的姿態，熬過了九個皇帝，終於抵不住元兵的侵襲，走向滅亡。岳飛就是出生在兩宋交接這樣一個風雨變幻的年代，在南宋一百五十餘年的黯淡歲月裡，他如流星刹那劃過，僅僅一瞬間，便隕落了。

與眾多文臣不同，岳飛是難得文武雙全的英雄人物，在他短短的三十九年生命中，幾乎參加了當時大大小小的戰役，對內鎮壓流民起義，對外抵抗金人侵略，才三十多歲就統領岳家軍，直抵金人腹地。說岳飛是南宋小朝廷最有效的武力保障，絲毫不爲過，比起「中興四將」其他三位將軍，岳飛出身農家，年紀最輕，升遷最快，是當時最耀眼的軍事將領。

可惜，岳飛面對的是一個極其腐敗的朝廷，投降派的比例遠大於主戰派，在高宗趙構的指使下，秦檜一手策劃了陷害岳飛的陰謀，致使這位將領不得不撤兵，打道回府，丟掉唾手可得的勝利。如果岳飛沒有死，如果岳飛將戰役進行到底，南宋的歷史會否改寫，是後人經常猜測的話題，但是歷史不能假設。一一四二年，連罪名都沒有，岳飛被以「莫須有」罪匆匆處決。直到二十年後，朝廷才下令為岳飛平反昭雪，官復原職，並以五百貫的高價購求岳飛遺體，不可謂不悲！

此後的南宋，在年年進貢和屈辱的諂媚中繼續存活，當高宗趙構當了幾十年的太平皇帝，不知道會否想起那個讓自己暫得太平的岳飛，畢竟岳飛的勝利給了朝廷一個和談的資本。

我行我素，不走尋常路

西元一一〇三年，岳飛出生了，傳說那天，嬰兒啼聲驚醒了一隻停在茅屋上的大鳥，大鳥張起雙翼，在天空中飛鳴起來，故父親岳和給兒子取名為「飛」，字「鵬舉」。按照章回小說的說法，這就是「大鵬轉世降英雄」。更神奇的事情還在後頭，岳飛出生不久便遇到黃河決口，驚慌之間，岳飛母親抱著他跳進一口大瓦缸裡，竟然有驚無險，順水漂到岸邊。

或許是因為出身貧寒關係，又遭遇亂世，岳飛不像大部分年輕人那樣熟讀四書五經，走科考之路，而是選擇了習武。這在當時不啻於一個招人白眼的舉動，自古以來，朝臣多由文人擔當，武將的地位遠遠低於文臣，就是一代名將狄青在當上高官之後依然備受同僚輕視，只能自歎「但少一進

你不可不知的岳飛

▲西元1122年，初次從軍。

▲西元1127年，以越職上奏罪名而被奪軍職。

▲西元1129年，以功屢升「授眞刺史」，成為中級武官。

▲西元1131年，改任神武右副軍統制，由雜牌軍成為朝廷直系軍的一部分。

▲西元1134年，升為清遠軍節度使。

▲西元1136年，升任湖北、京西宣撫副使，成為「中興四將」之一。

▲西元1139年，作〈滿江紅〉，次年朱仙鎮大捷。

▲西元1142年，被以「莫須有」罪賜死。

士出身耳」。

岳飛初師從本地槍手陳廣，此後他遇到了武林高手，才眞正揚名立萬，成爲「一縣無敵」。說起周侗，在武術史上可謂是赫赫有名，教過的弟子都是響叮噹的角色，盧俊義、武松、林沖，更有甚者，還有小說將他列爲黃藥師的師父。在這樣一位師父的教導下，岳飛別說「一縣無敵」，就是全國無敵都有可能。

難得一見的軍事天才

十九歲那年，帶著滿身的武藝和母親親手烙上的「盡忠報國」，岳飛開始了不凡的戎馬生涯。一開始，岳飛就因作戰勇敢，升爲從八品武官。但接著，這個熱血青年就開始不顧自己的身分，上書高宗趙構，反對南逃，力請趙構返回東京，親率六軍北渡黃河。這大大地觸怒了趙構，辦了岳飛越級上書的罪名，將他革職了。

短暫的挫折沒有影響到岳飛的前途，更重要的是，當時的南宋內憂外患，急需軍事人才，三個月後，岳飛就復出了，輾轉於朝廷各大將領門下。據歷史記載，岳飛小時不僅喜歡武術，還喜歡讀《左傳》，這爲他成爲一個文武雙全的將領打下了良好的理論基礎。

西元一一二九年，由金將兀術統領的金兵再次南侵，長驅直進，高宗被迫流亡。岳飛見形勢危急，率軍堅拒金兵，在牛頭山設下埋伏，此次伏擊戰，共殺死金軍大小將領一百七十多人，南下金兵全軍覆沒。岳飛大獲全勝，收復了江南大鎮建康。岳飛自此威名遠揚，被升任爲通州鎮撫使，並建立起抗金的軍隊「岳家軍」。而這一年，他才二十七歲。

一一三三年秋，皇帝趙構將岳飛召到首都，親自書寫「精忠岳飛」四個大字，製成錦旗賞賜給他，同時還要在京城為他建造府第。但岳飛拒絕了：「大敵未滅，我還沒有安定下來的打算。」趙構聽見這種話自然非常開心，就問他：「你覺得天下何時可以太平？」岳飛回答：「文臣不愛錢，武將不怕死，即可天下太平。」頓時讓趙構刮目相看。

西元一一三四年，岳飛充分發揮了軍事家的才能，善用騎兵和步兵的特點，擊破敵軍防線，收復了襄陽府及唐、鄧、隨、郢州、信陽六郡，捷報傳到臨安，朝野一片歡騰。高宗於八月二十五日升岳飛為清遠軍節度使，湖北路荊襄、潭州制置使。宋開國以來，節度使未嘗輕易授人。此前，南宋節度使只有劉光世、韓世忠、張俊三人矣。這一年，岳飛三十二歲。

西元一一三五年，高宗再次召見岳飛，並封其為武昌郡開國侯。同年六月，岳飛奉命平定了洞庭楊麼，僅用八天時間，一舉獲勝，收編六萬降軍入岳家軍，擴充了抗金力量。

別人用幾十年完成的戰功，岳飛創造了十年的奇蹟，所謂坐著火箭升遷，不過如此！

權謀勝於戰績

《宋史》評論說，像韓信、彭越這樣的名將，古往今來並不少見，但如果論起像岳飛這樣文武全才、仁智皆備來，則很罕見。但這樣的將領，高宗並沒有珍惜，作為一個皇帝，他重視的是自己的身邊人，比如秦檜。岳飛天天在外面奔波殺敵，首先在距離上遠離最高統治者，更關鍵的一點是，論起政治權術、揣摩上意，岳飛還是個小學生。比起秦檜等人，他不僅幼稚且天真，總以為只要自己奮力殺敵，收復失地，就能讓皇帝滿意。

隨著岳飛的軍力越來越強，「岳家軍」的名聲越來越大，讓世人人皆知其威名時，作爲皇帝的趙構心裡又是怎麼想的，估計岳飛從未思量這個問題，也根本不會朝那個方面想。但是有了太祖黃袍加身的前車之鑒，趙構自然害怕「歷史重演」，面對這個手握重兵的武將，必須想著提防。

據歷史記載，一一三七年，岳飛曾上書皇帝冊立太子，這也犯了大忌。文官上書談這個問題還可原諒，你一介武夫不好好打仗，管起這檔事來，究竟是何居心？趙構當即不假以辭色地呵斥道：「這種事情不是你所應當干預的。」

岳飛和趙構的想法從未有所交集，一個想的是打敗金人，洗刷恥辱；一個想的是偏安一隅，只求溫飽。岳飛的軍功只是求和的資本，一到所謂的利害關頭，趙構想著的是如何卸磨殺驢的問題。危機種種埋下，似乎岳飛是不得不死。

前方打仗，後方投降

西元一一四〇年五月，金人撕毀和議，再次南侵，岳飛又率軍奔赴前線。隨著金兵在川陝、兩淮等地的進攻相繼受挫，宋軍進入反攻。

郾城大戰，是岳家軍與金兵進行的最大規模的一場決戰，完顏兀術兵團十二萬人，號稱「不敗兵團」，岳飛軍團的兵力僅有八萬人，且改編自散兵游勇。但就是這場戰爭，岳飛粉碎了「拐子馬」、「鐵浮圖」不可戰勝的神話，使驕橫的金軍徹底崩潰，他們發出了「撼山易，撼岳家軍難」的哀歎。岳飛正想利用天時地利，渡過黃河，繼續收復失地，在進抵距汴京僅四十五里的朱仙鎭後，他對部下說：「直抵黃龍（今吉林農安，金故都），與大家一起痛飲。」

此時的金兵猶如驚弓之鳥，當完顏兀術帶著金兵離開東京的時候，有個書生攔住他的馬，說：「大王別走了，岳飛馬上會撤兵。」兀術心感奇怪，問那個書生：「岳飛用五百騎兵打敗我們十萬大軍，東京怎麼守得住？」書生說：「朝廷裡有權臣，大將要在外面立功是不可能的。不是岳飛要撤軍，而是他家皇帝要撤軍。」兀術聽了，恍然大悟，馬上掉轉馬頭，帶兵回到東京。

這個書生說得不錯，後方的高宗和秦檜幾乎同時發出了十二道金牌，催促岳飛班師回朝。岳飛仰天長嘆之餘，只能流淚說道：「我十年之功，廢於一旦，不是我不稱職，實在是權臣秦檜耽誤了皇上！」

讓岳飛沒想到的是，等待他的還有進一步的迫害。岳飛回朝才三個月，就被抓起來，身受酷刑。從這一點來說，趙構遠遠不如完顏兀術，後者至少還對英雄惺惺相惜。西元一一四二年，岳飛身受酷刑折磨，知道自己根本沒有申辯的機會，他在獄中悲憤地寫下「天日昭昭！天日昭昭！」八個大字，被賜毒酒而亡。

儘管宋太祖趙匡胤曾立過一項誓約，禁止殺大臣和上書言事的人。因此，宋代的確很少殺大臣，最多不過流放。但誰也沒想到，一條「莫須有」的罪名，竟讓岳飛悲憤而亡。更可怕的是，岳飛死後全家被抄，長子岳雲處死，其餘若非充軍嶺南，即是逃之夭夭，甚至下屬也被株連罷免或處死。而在秦檜的高壓之下，除了韓世忠將軍外，朝中沒有一人為岳飛奔走喊冤。

一代軍事天才就此倒下，南宋從此一蹶不振，收復中原失地變成一個遙遠的夢想。

文天祥

【西元一二三六年～一二八三年】

懦弱宋朝的血性英雄

導言

北宋的繁華已散盡，戰戰兢兢的南宋在四面強敵的包圍下繼續存在了一百多年，當它的生命走到盡頭之時，卻出現了難得的一位民族英雄——文天祥。在這樣的一個亂世，文天祥似乎是註定的悲劇人物，力挽狂瀾不得只好以身殉國，以血肉之軀成就一曲〈正氣歌〉。看到他這樣一個淒涼而又悲壯的結局，誰能想到文天祥當年的意氣風發？二十歲狀元及第，本該是錦繡前程，但不幸的是，文天祥生活在宋代，碰上的是一代懦弱君主，遭遇的是奸臣弄權，只能被罷斥。

亂世出英雄，元朝軍隊的入侵給了文天祥復出的最好機會，但也讓他走入了悲劇的宿命。南宋朝廷的腐敗讓無數官員走的走，逃的逃，降的降。一次議事，太皇太后召集臣子，甚至只有六個人，偌大一個國家到了這個地步，不可不謂可笑。與這些官員相比，文天祥更像是異類，三遭貶謫，兩舉義旗，孜孜不倦爲南宋朝廷謀得一條生路；即使四年被囚，多次求死，往昔的皇帝、同事都來勸降，文天祥依然予以拒絕。他從來不是所謂「識時務」的「君子」，只是個忠於理想和信念的人。

一個人無法改變歷史，當四十七歲的文天祥死去時，宋朝徹底滅亡了。而對於後世，留給人們印象最深刻的就是兩首詩歌——〈過零丁洋〉和〈正氣歌〉。

偶像派，也是實力派

據史書記載，文天祥「體貌豐偉，美晰如玉，秀眉而長目，顧盼燁然」。這樣一位英武男子，難得的是不以外貌出眾為恃，反而虛心向學，自小便有成為英雄的雄心壯志。據說，文天祥有一次在學宮中見到本鄉名人歐陽修等人的遺像，聽到他們忠心報國為民的事蹟，心中十分欽佩，說：「一個人死後若不能被祭祀供奉在他們中間，就不能算大丈夫！」

西元一二五六年，年僅弱冠的文天祥赴臨安應試，還未到皇帝殿試的地步，文天祥出眾的才華已引起禮部官員的注意，主考官譽之為「忠君愛國之心堅如鐵石」，名列第七。真正讓他光芒四射的正是殿試場合，面對集英殿上高高在上的宋理宗，文天祥不打任何腹稿，就天災頻繁、人才匱乏、兵力薄弱、虜寇入侵四個問題侃侃而談，一下子震住了年邁的理宗，為衰敗的南宋王朝增添一點光亮。

理宗對文天祥的現場發揮給予了高度評價，就這樣，文天祥一躍成為當年的文科狀元。

你不可不知的文天祥

▲西元1256年，二十歲中狀元。
▲西元1270年，得罪奸臣被罷斥。
▲西元1275年，組織義軍。
▲西元1276年，任右丞相兼樞密使，赴元營談判被扣留，而後逃出。
▲西元1277年，為元兵所敗，隻身逃脫，後被捕，寫下〈過零丁洋〉。
▲西元1283年，囚禁四年後被殺，年僅四十七歲。

工作、遊戲兩不誤

雖然年少風光，但文天祥的宦海生涯並不是很如意。或許是因爲鋒芒太過顯露，不久就被罷官回家，賦閒五年，直到一二六九年，才被任命知寧國府（今安徽宜城），此後不久又奉調入朝，主管製造武器，又兼崇正殿說書等職。

一旦有機會接近皇帝，文天祥不改諫客本色，常常借題發揮規勸皇帝。而當時的度宗皇帝十分寵信宰相賈似道，對其言聽計從。這樣一個流氓宰相，文天祥自然不放在眼裡，結果又被免了職。免去職務再度歸隱，文天祥倒落得個自在。據明代朱國楨在《湧幢小品》中記載，文天祥在罷職家居期間，最喜歡在潺潺的溪流中，邊洗澡邊和好友喝酒下盲棋，在水面下棋，彼此冥想，行弈決勝負。這要放在魏晉，足稱風雅。

不僅賦閒如此，就是做官的時候，文天祥也是歌姬如林，一天到晚喝酒聽歌。所以學者南懷瑾才說：「研究文天祥的生平，上半生風流放誕，花花公子。」

歷史的奇妙之處就在這裡，若沒有戰爭，或許文天祥會像一般名士，邊做諫官邊享受人生，但當危難關頭、外敵入侵，文天祥反而顯出了別人沒有的大義。花花公子生涯結束了，取而代之的是戎馬倥傯。

明知其不可而為之

一二七四年六月，元軍忽必烈大舉進攻，南宋告急。十二月二十日，南宋主政的太皇太后發出

〈哀痛詔〉，號召各地迅速組織勤王之師抵抗蒙古軍隊的來犯。

一二七五年正月，年屆四十的文天祥接到了〈哀痛詔〉以及朝廷令他「疾速起兵勤王義士」的專旨，而這時南宋各軍隊對此持觀望態度，回應號召的不過僅文天祥和另外一位將領。

此時的文天祥簡直是孤注一擲，他把母親送往惠州交弟弟奉養，並捐出全部家產充作義軍費用，在江西境內徵集義士糧餉。友人勸他說：「你以這萬餘烏合之眾，去抵擋元朝三路大軍，何異於驅群羊而搏猛虎。」但文天祥卻說：「國家一旦有急難，徵召天下之兵，卻無一人一騎入關。我之所以不自量力，準備以身相殉，就是為了使天下的忠臣義士能因此聞風而起，這樣才可能保住江山社稷。」事實上，在文天祥的號召下，江西一帶各路英雄豪傑和少數民族紛紛前來投奔。到了四月，一萬多義師集中在吉安整裝待發，但朝中掌政者右丞相陳宜中卻說文天祥「猖狂」，要他繼續留守江西。直到七月間，朝廷覺得臨安空虛，才頒旨催促文天祥率兵入京。

雖然南宋朝廷對待文天祥的態度經常變化，但文天祥不以為意，依然為它的存亡努力奮鬥。

一二七六年正月十八日，元軍大將伯顏兵臨皋亭山，左相留夢炎早已投降叛變，剩下的大臣寥寥可數，本來，王室要派右相陳宜中去元營談判，但陳自知談判的後果不利，當天晚上便逃之夭夭。偌大一個朝廷，只剩下文天祥一人。

生死幾度浮沉

起義幾經失敗，文天祥無力也無法扭轉整個南宋朝廷徹底潰爛的情勢，他人生的後四年，即是面對元軍無休止的勸降，然後拒絕。

在《〈指南錄〉後序》中，文天祥記錄了自身的二十二次死亡，五坡嶺被俘，文天祥服下了二兩「冰片」，竟然未死，昏迷中被俘；押解北京途中，文天祥絕食八天，也未死。面對將士、同僚、朋友、兒子、母親紛紛倒下，其實，比起痛快的死去，生存是更艱難的一件事情。

一次，元兵將文天祥押去見將軍張弘範。張弘範欽佩文天祥的骨氣，以禮相待，向他勸降。但文天祥不理睬，於是他就把文天祥軟禁在軍營中。當時，另外一位抗敵將領張世傑正領兵在山抗擊，張弘範知道張世傑最欽佩文天祥，便叫文天祥寫信招降張世傑。文天祥說：「我自己無力救父母，難道可以教別人背叛父母嗎？」張弘範反復威脅利誘，文天祥便將〈過零丁洋〉給了張弘範，當張讀到「人生自古誰無死，留取丹心照汗青」，亦歎道「好人、好詩」，從此不再難爲他。

而此時的降帝趙顯被封爲瀛國公，皇后、太皇太后都封了爵位，大批上都得到了較好的安置。唯有文天祥仍拒不投降，苦苦掙扎。

此後，文天祥被軟禁在北京的會同館，遭遇忽必烈安排的五次勸降。首當其衝就是留夢炎原南宋左丞相對文天祥現身說法，進行勸降；文天祥一見留夢炎便怒不可遏，留夢炎只好悻悻而去。接著是宋恭帝趙顯來勸降，文天祥北跪於地，痛哭流涕地對趙顯說：「請您打道回府！」趙顯只好無功而返。元朝丞相孛羅親自開堂審問文天祥，文天祥只有一句話：「但求早死！」元世祖大怒，於是下令將文天祥的雙手捆綁，戴上木枷，關進兵馬司的牢房。「汙下而幽暗」，每日「水氣、土氣、日氣、火氣、人氣、穢氣」，破敗陳腐。但文天祥「以一氣敵七氣」，在獄中寫下了著名的〈正氣歌〉。

宋朝最後的祥瑞

一二八二年八月，在一次談話中，元世祖忽必烈和丞相談論起用人問題，問議事大臣：「南方、北方宰相，誰是賢能？」群臣答：「北人無如耶律楚材，南人無如文天祥。」於是，忽必烈想起了還在頑固抵抗的文天祥。從中可看出元人的愛才之心，相比之下，宋朝的滅亡也是必然結局。

元世祖下了一道命令，打算授予文天祥高官顯位。留夢炎此時又跳了出來，說：「文天祥在南人中太有聲望，如果讓他當官，怕有東山再起的危險。」但是忽必烈顯然比那些時刻擔心王位不保的南宋皇上更有自信，他考慮的是文天祥太過執拗，如何才能讓他改弦易轍。

一二八三年元月八日，元世祖召見文天祥，親自勸降。文天祥對元世祖仍然是長揖不跪。元世祖倒也沒有強迫，仍舊問他：「你在這裡的日子久了，如能改變心意，我可以讓你坐上丞相之位。」文天祥依舊回答：「我是大宋的宰相。國家滅亡了，我只求速死，不願意這般苟活。」

西元一二八三年正月九日，文天祥被押解到柴市口刑場，向南方跪拜，說：「我的事情完結了！」於是引頸就刑，從容就義。據說忽必烈馬上就後悔了，傳諭赦免文天祥，但已經來不及。多年後忽必烈還在感歎：「是眞男子也。」

「英雄」贏得的不僅是自己人的尊敬，甚至敵人也對他們緬懷不已。文天祥用自己的生命徹底實踐了儒家的仁義道德，成爲後世膜拜但而難以超越的標竿。

秦檜

【西元一〇九〇年～一一五五年】

從革命青年到千古漢奸

導言

秦檜的名聲一直不好，因他賣國求和、陷害忠良、貪汙腐化。雖說宋代的巨奸有好幾個，但與秦檜相比，簡直是小巫見大巫，如果評選最貪婪狡猾、罪惡最大的官吏，秦檜絕對是毫無爭議，名列榜首。近來雖屢有爲秦檜翻案的聲音抬頭，但都被公眾輿論予以強烈打壓。秦檜已然成爲「賣國賊」的代名詞，奸臣的符號永遠地烙印在他的身上。

許多人不知道的是，秦檜可是個狀元，但因名聲太壞，史家亦爲之避諱，從不提起。這個南宋前期的狀元和文天祥相比，雖同是狀元，但一個選擇賣國求榮、逢迎主上的道路，一個卻是誓死上諫，爲國但求一死。

在秦檜的一生中，一一二七年「靖康事變」不僅是國家命運的轉捩點，個人命運也隨之發生重大變化。隨著北宋的滅亡，秦檜和主子一起被劫持到金國，開始了恥辱的生涯，他爲了生存，主動與金人示好，地位拂搖直上，三年後又莫名其妙重新南歸，另起了權力生涯。秦檜兩次拜相，前後加起來有十九年時間，他是高宗的得力助手，爲這個朝廷的苟且偷安貢獻了一份力量。

西元一一五五年，權傾一時的宰相秦檜逝去了，臨死前加封爲建康郡王，死後又諡爲「忠獻」，追贈爲「申王」。孝宗時，遭秦檜的奸惡，但還未改變爵諡。直到宋寧宗時，秦檜叛國投敵案才得到處理，追奪了他的王爵，改賜「繆醜」。一忠一醜，可見歷史之多變。

曾經也是革命青年

誰都知道秦檜是最大的投降派，且因主張議和，害死了抗金英雄岳飛。唯歷史的奇妙之處在於，秦檜亦是靖康年間有名的主戰派。

一一二六年，面對金人直逼首都的攻勢，徽宗傳位欽宗，當起了太上皇，還忙不迭打起了議和的招牌。朝廷的這次議和，秦檜持反對態度。據《宋史・秦檜傳》記載，欽宗派他隨張邦昌去跟金人講和，秦檜道：「此次行程就是衝著割地去的，與我最初的想法背道而馳，不是我的心意。」爲此三次呈上辭章給皇上，終於沒去。後來朝廷集百官討論割地求和的事情，秦檜也是三十六個反對派之一，可見他當時是堅決反對割地求和的。

汴京失守，徽、欽二帝淪爲俘虜，金人命令宋朝百官推立異姓爲王以代宋。眾人既不願趙氏江山就此易主換代，又懼金人與張邦昌的權勢，誰也不敢有異議。唯有秦檜大膽站了出來，上書金營希望保留宋室，反對立張邦昌，這篇文章充分發揮了他的文采，寫得鋪張華麗。這封上書爲秦檜在

你不可不知的秦檜

▲西元1115年，中狀元。
▲西元1127年，北宋滅亡，與皇帝一起被擄到金國。
▲西元1130年，與妻子回到南宋。
▲西元1131年，做宰相，後被罷。
▲西元1138年，重新拜相。
▲西元1155年，病逝於任上。

大宋贏得了好名聲，但也因此而讓金人知道了他，把他擄了去，和徽、欽二帝一起押往北方。

亡國奴的日子絕對是不好受的，在現實的苦難面前，秦檜似乎「開竅」許多，剛寫了反對立張邦昌的長文，他轉而代宋徽宗趙佶起草了一份投降書，雖然這一紙賣身契並未改變他階下囚的境地，卻引起了金國上位的注意。

撈足政治資本

當那些王公貴族被流放到偏遠之地，唯獨秦檜卻被留在元帥府，先充「任用」，後來還當上了參謀，儼然成爲座上賓，出謀劃策，勸降那些不肯歸順的宋人。

一一三〇年，秦檜突然從金朝回到南宋朝廷，自稱是殺了看監的金兵而乘舟逃回。這毫無疑問地引起朝中一片譁然，爲什麼只有他能逃回來，還能帶著老婆？何況來回幾千里路，如何逃過路上的層層盤查？但秦檜之前堅拒求和，力主抗戰的姿態給了很多大臣良好的印象。看來之前的鋪路確實很需要。

更重要的是，秦檜向高宗提出：「我有一策，可聳動天下。」引起了高宗的興趣，這個所謂的奇策就是「如果想天下無事，南自南、北自北」，強烈地向高宗表示出要爲宋金議和效力的願望。應該說，這個馬屁拍得很到位，深得高宗之心，秦檜立即被任命爲禮部尚書。高宗甚至把秦檜比喻成蘇武，忍辱偷生，爲國效忠，他說：「我得了秦檜，就高興得睡不著覺了。」

玩弄政治的老手

既是奸臣，對權術方面自然精通。一次，秦檜的妻子入宮，聽太后說這幾天太子魚很少，秦妻自以為表忠心的時機到了，就說自己家很多，要奉獻一百條。結果回到家中，告知秦檜卻被制止，秦檜對此事非常謹慎，與謀士反復商量，才決定送去一百尾與太子魚相似的青魚。太后收到魚後，輕蔑地說：「我說這娘子粗俗，果然如此。」其做人小心，由此可見一斑。

秦檜的官署中有株石榴，每次結果，秦檜都暗自把數目記在心中。一次秦檜照例去數果實，卻發現少了一個，他不聲張，默數暗記於心。一天，等下人都到齊了，秦檜下令砍掉這顆石榴，只聽一個小廝說道：「味道很不錯呢，砍了太可惜。」秦檜轉頭便說：「是你偷吃了我的石榴。」

不僅對待下人如此，對待同僚，秦檜更是有過之而無不及。他當宰相的第一年，先除去最大的抗戰派岳飛，接著收拾所有曾經反對過他的人。與人在朝堂議事，大家慷慨陳詞，每有反對意見，秦檜當面不說什麼，背地暗暗記下，然後找準機會，一擊即中。

南宋初年賢相趙鼎當初提拔過秦檜，在秦檜及其黨羽的攻擊下，趙鼎屢被貶謫，最後全家流放到海南島，晚景淒慘，長子和幼子都死在流放地。不僅如此，凡是與趙鼎要好的朋友、屬下，無不閒廢或下獄。秦檜還令當地守臣每月要上報一次趙鼎的存亡情形。趙鼎明白秦檜是要逼他死，嘆道：「秦檜非將我逼死不可，我若不死，還不知要連累多少人，連你們也要遭害。」遂絕食而死。

秦檜獨占相位十九年，越到晚年，越隻手遮天，以「謀逆」罪將五十三名士大夫關進監牢，若非他死得早，這些人必死無疑。

牢牢把握輿論工具

秦檜不僅擅弄權術，還非常懂得言論的重要性。興文字獄、禁私史和野史是秦檜控制民意並引導輿論導向的重要手段。當時有人作〈牡丹詩〉，內有「寧令漢社稷，變作莽乾坤」，張元幹作詞〈賀新郎〉，將秦檜之流比爲「狐兔」；吳元美作〈夏二字傳〉，藉罵蚊蠅以討伐秦檜；胡銓作詞〈好事近〉，將秦檜當國比爲「豺狼當轍」。對於眾人的亂言譏諷，秦檜將密探遍布全國，只要察覺，立即送到監獄，有不少官員因詩文中的一字一句，被定爲訕謗罪而下獄。

更重要的是，秦檜深知史官的重要性。他一坐上宰相之位，立即安排兒子秦熺掌握撰史之權，主持編修建炎至紹興十二年的日曆，而紹興八年到十一年正是岳飛抗金戰功足以彪炳史冊的時候，秦檜自然不願如實記載，岳飛沒有捷報，要不掩埋事實，要不隱藏功勞，此外則故顛倒事實、虛構事端加以誣枉。而他首次罷相以來的詔書、章疏、時政之中不利於自己的內容，也盡數毀棄。

不僅是秦熺，秦熺之子亦爲史官，三代史官，秦檜的算盤打得可謂精妙，導致南宋這段歷史極爲混亂蕪雜，爲後世研究帶來了諸多難解疑點。

字不如其人

一般來說「書品即人品」，諸如「字如其人」、「書爲心畫」等說法也司空見慣。但在秦檜身上，這條定律卻完全失準。

秦檜的字相當不錯，書法家鄧散木先生對此曾有評論：「筆筆圓渾，氣勢開展，轉折處時有晉人法度，論天資、功力，都在二蔡（蔡襄、蔡京）之上。」按照他的書法功底，本應列入宋四大家，但因其「奸臣」名氣太響，只好讓位於小奸臣蔡京了。

為何秦檜的字寫得那麼好，有他自身的原因，多半是因「投上所好」。宋徽宗首創「瘦金體」，對書法頗有研究和心得，有這樣一個熱愛的上位者，下屬還不認眞學習練字？在仿照宋徽宗「瘦金體」的基礎上，秦檜特別創造出一種獨特字體，工整畫一、簡便易學，然後他開始用這新體字謄寫奏摺，自然引起了徽宗趙佶的注意，下令秦檜將其書寫範本發往各地，要求齊一按範本字體書寫公文，雷厲風行，這一改革措施很快得到了推廣，並留承了下來，成了今日印刷時常用的「宋體」。

終身釘在恥辱柱上

秦檜對後世的影響之大，連姓氏辭典中凡涉及秦姓，都予以迴避；文學創作中，一味地貶低他，誰敢為他翻案，就會招致眾口一詞的打壓。民間對秦檜的抨擊更是不遺餘力。河北東南部有一種吃雞頭的方法，叫「剁秦檜兒」，就是把腦殼挑開，把雞腦剔出，送入口中。此法起自何年，尚無可考。還有一種食物，把麵粉製成秦檜夫婦的模樣，揉併在一起放在油裡炸，名為「油炸膾」或「油炸檜」即為「油條」，或直接稱其為「油炸鬼」。由此足見歷史對秦檜的判定。至於岳飛墓前永遠跪著的秦檜夫婦塑像，遭千人唾罵，就不必說了。

祖宗這樣，連累後人也不得安生。南宋寧宗年間，金兵又一次南犯，老將軍趙放推薦一個叫秦巨的人才，立即遭到眾人反對，原因很簡單，秦巨是秦檜的曾孫，結果遭到趙放的駁斥，最終還是要秦巨做了官。秦巨也是憋著一口氣，一到任上，就發動軍民修繕防禦工事，作好迎敵準備。當十萬金兵來犯時，他親自登城與敵人拚殺，後寡不敵眾，他率全家七口，投入烈火中捐軀。

從政治上看，秦檜是成功的，享壽而終；但歷史的力量終究不可低估，在世人的心中，他永遠要跪在那裡，永不得翻身。

元明清篇

耶律楚材

【西元一一九〇年～一二四四年】

以占卜聞名的政治家

導言

耶律楚材字晉卿，號湛然居士，契丹族人。他先在金朝爲官，燕京被破後跟隨了成吉思汗；因爲通曉天文，在預測占卜上很有一手，獲得成吉思汗的信任，蒙古的許多制度都是出自他的手筆。窩闊臺時期，他仍受到重用，爲窩闊臺制定了君臣禮儀，跟隨後者滅掉了金朝，並且建議不要屠城，保全了金朝首都一百四十七萬人的性命。窩闊臺去世以後，乃馬眞皇后掌權，耶律楚材一方面缺乏應對新主子的辦法，一方面因乃馬眞皇后的政策十分多變，朝政問題多多，耶律楚材憂憤之下，於五十五歲時死去。

一心做官的長鬍子

耶律楚材是遼朝東丹王突欲的八世孫，他的父親是金朝的宰相，很受金世宗的信任。耶律楚材三歲的時候父親去世了，他在母親教育下長大，博覽群書，知識廣博。

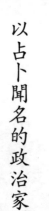

上層家庭大多以做官爲目標，耶律楚材也不例外。當時金朝對官員子女做官有優待，丞相的子女只要經過考核，就可以成爲中央部門的官員。在這種優待官宦子女的政策下，耶律楚材很快便進入了尚書省。

蒙古滅金以後，金朝的大部分官員都沒有任何心理障礙地加入了蒙古政權，耶律楚材也是如此，儘管他當時已經是金朝的左右司員外郎，相當於今天中央某部門的部長。成吉思汗召喚他時，他欣然應召。

耶律楚材身長八尺，身高約現在的一百八十公分以上，一臉長鬍子，十分漂亮。成吉思汗見了以後非常喜歡他，知道他原本是遼人以後，便對他說：「金滅了遼，我就滅掉金爲你報仇吧！」耶律楚材回答說：「我的祖父、父親都是金的大臣，做臣子的怎麼能以自己的君主爲敵人呢？」成吉思汗對他的回答很滿意，便親切地叫他「吾圖撒合理」，即蒙語長鬍子的意思。從此，遼人耶律楚材順利進入蒙古政權的上層。

耶律楚材固然一心想做官，但在那個戰亂的年代，要求官員絕對忠誠亦是一種苛求。而且家天下的封建時代，一個君主能夠占有天下，又怎麼能排斥另一個人重新占有天下呢？天子，不過是兵強馬壯者而已。

通曉天文的預言師

成吉思汗不但是個絕代的軍事統帥，還是一個鐵桿占卜師，每次出征，他

你不可不知的耶律楚材

▲西元1215年，成吉思汗召見耶律楚材，拜他爲左右員外郎。

▲西元1234年，蒙古滅金，耶律楚材反對屠城，保全了汴梁人的性命。

都要親手燒一個羊胛骨來判斷吉凶。耶律楚材也善於占卜，因此很快就獲得了鐵木眞的青睞。

耶律楚材很聰明，他知道何時該說一些鼓舞人心的話。古代的占卜，很多情況下類似於今天的政治宣傳，戰爭之前，藉此告訴戰士們戰鬥必然會獲勝。所以占卜的責任，就是要將這些話，說得令人信服。

成吉思汗征討回回國的時候，祭旗的那一天，突然下起了大雪，積雪達到三尺深，而且當時還是夏天。這種反常的氣候讓成吉思汗和士兵都感到不安。耶律楚材分析說：「炎熱的夏天下雪，有水氣，這可是克敵制勝的好兆頭。」一句話，就讓成吉思汗拋開了心結。

有一年冬天，打雷聲很大。按照古代的說法，東雷陣陣，預示著某個君王即將死去。成吉思汗本身是君王，當然感到疑慮。耶律楚材一口咬定，這暗示著回回國王要死在荒郊野外。耶律楚材的這個預言實際上非常取巧，回回國王正在領兵，而且馬上要被擊敗了，當然很可能被殺死。後來果然如此。

耶律楚材成爲一個預言大師，還在於他通曉天文。當時西域的曆法學者預測五月十五日有月蝕，耶律楚材推算之後認爲沒有，後來月蝕果然沒有發生。第二年，耶律楚材推算出十月會發生月蝕，西域的學者認爲不會，但仍發生了，耶律楚材的威望因而提升。

成吉思汗崩逝時，指著耶律楚材對窩闊臺說，這是上天賞賜給我們家族的人才啊！在窩闊臺時代，耶律楚材得以一直受到重用，與此有很大關係。

治理天下的工匠

蒙古政權大多重視武力，有個善於造弓箭的常八斤就質疑：「耶律楚材這樣的書生有什麼用？」耶律楚材回答說：「造弓箭都要選擇工匠，打天下難道就不需要治理天下的工匠嗎？」對於不善於治理國家的蒙古人來說，耶律楚材這樣的大臣顯得格外重要。攻克西夏時，士兵都去搶奪金銀財寶，唯耶律楚材則專門收集圖書典籍和藥材。戰亂之後，屍體來不及掩埋，傳染病盛行，耶律楚材收集的藥材救治了很多士兵。

蒙古人的統治十分殘暴。征服之後，即使在燕京，治安也很不好。士兵常常假扮強盜出去搶劫，甚至在晚上拉著車去富人家裡索要財物，不給就殺人。耶律楚材要求嚴厲處理這些事情，後來抓著了一批這樣的盜賊，裡頭都是蒙古官的親屬或子女，因此說情的人絡繹不絕，耶律楚材力主公開審判，並且殺了十多個人，才平定了人心。

耶律楚材對蒙古的一大貢獻就是奠定了窩闊臺的帝位，這對於中央權力不大的蒙古政權來說，有其積極意義。窩闊臺以前，蒙古貴族見了大漢不用行跪拜禮，此後也開始實行。蒙古人的法律很含糊，耶律楚材重新制定了十八項法規，要求官民都要遵守。不過蒙古政權對於腐敗官風一向放任理，即使是窩闊臺，也沒有取消官員對上級貢獻禮物的制度，耶律楚材多次勸說，也沒有效果。

和皇帝相頂的奧祕

現在的官員一般都不敢頂撞上司，古代敢與皇帝頂撞的官員也少之文少，而頂撞還得到認可的就更少了，耶律楚材就是少數敢與皇帝相頂並得到讚賞的人。

耶律楚材敢與皇帝相頂，有一個條件——他知道皇帝的為人，並取得其信任。耶律楚材掌管行政時，收繳了大量白銀、糧食，且建立了稅收制度。取得了如此成績以後，耶律楚材才敢挺起腰桿。

另外，在個人品德方面，耶律楚材對自己要求嚴格，對政敵卻十分寬宏。官員咸得卜曾經誣陷過耶律楚材，後來咸得卜犯法，耶律楚材是主審官，他不但沒有落井下石，反而以即將對南方發動戰事為由，建議暫時擱置咸得卜。這讓窩闊臺認為他重公事、輕私仇，印象分數大增。

有了這些作底，耶律楚材在皇帝面前說話更有分量。元朝滅金時，按照蒙古人的習慣，守城如有抵抗，一旦攻克便要屠城。金的首都汴梁被圍困了很久，按照慣例便要屠城，耶律楚材強烈建議不要如此。並勸窩闊臺說，汴梁內有不少能工巧匠，如果都殺掉，肯定是國家的損失。就這樣，保全了汴梁城內一百四十七萬人的性命。

耶律楚材雖然敢於頂撞，但他也十分明智，蒙古的稅收為承包制，很多富翁承包某地的稅收，朝廷便什麼都不管，而承包稅收的商人，往往比官員更狠毒。對此，耶律楚材也提過意見，但蒙元一代，這個政策基本無啥改變。而耶律楚材看到無法可施，也就不再堅持。

跟錯主子做不了事

耶律楚材對窩闊臺十分忠誠，後者病重時，耶律楚材認為大赦天下有利於窩闊臺的病情，皇后想自己去發布赦免令，耶律楚材堅持要有窩闊臺的命令才行。最後，還是等窩闊臺點頭同意之後，才發布赦免令。

過度忠於一個主人，必然會得罪其他人。窩闊臺去世之後，乃馬眞皇后掌握了權力，她對耶律楚材反感不已，因爲後者總是違抗她的意志。而耶律楚材對剛剛掌握權力的乃馬眞皇后也確實不夠尊敬，在朝廷上，他與皇后一系的官員爭辯。皇后重用回回人，想把首都遷移到西面，耶律楚材發揮自己預言大師的威力，力主說不會有大事發生，一動不如一靜。

乃馬眞皇后不重用耶律楚材，後者也得負部分責任。他總自稱爲太宗窩闊臺服務三十多年，擺出一副功臣的面孔，且處處提著窩闊臺的名號，讓乃馬眞皇后很不悅。試想，一個公司的新老闆，聽到屬下不斷提到前任老闆如何如何，自然也會感到不愉快。

乃馬眞皇后掌權時期，耶律楚材大抵是被閒置一旁的。後來耶律楚材去世，有人說他貪汙了不少錢，乃馬眞皇后還眞的派人去調查，幸好耶律楚材本身清廉，除了大量書籍、古董之外，眞金白銀沒有多少，這才免了一難。同時，崇尚清官的人們對他也甚爲懷念，今日北京頤和園裡仍有他的祠堂。

劉秉忠

【西元一二一六年～一二七四年】

蒙古人的大管家

導言

劉秉忠字仲晦，原名劉侃，號藏春散人，今河北邢臺人。劉秉忠出身官宦家庭，其家族曾先後爲遼、金效力，蒙古滅金之後，他又爲蒙古人服務。如用今日的道德來衡量，他可是一個完全的漢奸。

忽必烈還是藩王時，劉秉忠就跟隨旗下。他爲忽必烈制定了漢化政策的全綱，並隨之討伐過雲南和南宋。蒙古統一全國之後，劉秉忠又爲忽必烈制定了各種國家制度，監督建造了大都城，可說是元朝的開國大功臣。

求官有道的和尚

劉秉忠的祖先是遼朝的官員，金滅遼以後，又在金朝擔任官職，自從他的祖父劉澤在河北一帶做官，劉家便在河北邢臺定居了下來。成吉思汗崛起以後，派木華黎攻占河北，建立了都元帥府，劉秉忠的父親被任命爲統領，先後在多個地方做官，據說是個好官。不過蒙古人統治之初，執政異常粗暴，即使是好官，也好得有限。

劉秉忠相貌清奇，從小就非常聰明，記憶力驚人。他入世很早，十三歲時在木華黎的元帥府做人質，十七歲的時候開始工作。他的第一份工作是在邢臺節度使（當時河北的地方政府）擔任秘書，做一些抄寫的工作。做了一段時間以後，他覺得這樣的工作很難出人頭地，自己家族世代做官，自己要不做官，要不就隱居，因此他毅然辭職，到當地的武安山隱居去了。

實際上，隱居是古代文人所常用追求名望的方法。唐代時，皇帝重視道教，終南山上有不少學道教的士人假裝隱居，以便獲得皇帝的青睞，直接做官。後人稱呼這種方法叫「終南捷徑」。蒙古人當時也很重視道教，劉秉忠隱居，實際上就是走終南捷徑的老路。

隱居不久，劉秉忠就到天寧寺出家當了和尚，在寺院中做一些文書工作，法號子聰。當和尚有個好處，是可到處免費旅遊，只要當地有寺院，就掛單去白吃白喝。劉秉忠文筆優秀，學識淵博，天文地理、三教九流的東西懂得不少，很快就成爲一個遠近聞名的和尚。

劉秉忠在雲中地區遊歷的時候，海雲禪師去拜見忽必烈，順便拉劉秉忠陪往，見了忽必烈後，海雲禪師未得到重視，倒是劉秉忠入了忽必烈的眼，留他在藩王府內。劉秉忠就此步入仕途生涯。

忽必烈的首席謀士

劉秉忠跟隨忽必烈的時候，後者還只是個藩王，成吉思汗去世後，由蒙哥繼承汗位。在蒙古，藩王之間比的是實力，忽必烈管理的地方大多屬於原來漢人的地域，爲了鞏固己身勢力，他開始大量任用漢人。劉秉忠即是在這個階段獲得了重用。

劉秉忠在忽必烈府中任職幾年之後，他父親過世了，忽必烈賜給他百兩黃金來辦理喪事，待守喪期一滿，馬上又把他招了回來。回到忽必烈身邊以後，劉秉忠馬上上書，講述用漢人制度治理國家的好處，指出「在馬背上打天下，不能在馬背上治天下」的道理，又從稅收、國家的長治久安方面來論述，打動了忽必烈。當時河北地區在戰前原有上萬戶人家，但經過戰亂，只剩下數百戶人口。要想安定局面，絕不能繼續毫無顧忌的殺戮，劉秉忠的提議中肯可行，成了忽必烈執政綱領的參考。

蒙哥死後，忽必烈與親兄弟競爭汗位，在北方打了好幾年惡仗，最後之所以能勝出，即是因為他實行漢化政策，穩固了後方。繼承汗位以後，忽必烈在全國推廣漢化政策，讓劉秉忠設計國家制度。劉秉忠參考並保留了許多蒙古原有的制度，與中國古代以及當時的制度結合，設計了一系列新制，包括中書省、行省等制度，對今日中國的行政制度仍有一定的影響。

蒙古軍身後的管家

蒙古人基本上都是士兵，缺乏管理人才，為了能夠有效征服領土，長期採取屠城的政策。這樣的政策，讓蒙古人在戰爭初期，取得了輝煌的戰果，卻也激起了被征服者的反抗。

西元一二五三年，劉秉忠跟隨忽必烈征伐雲南大理，多次勸忽必烈節制軍隊，莫要屠城。一二五九年時，忽必烈攻打南宋，劉秉忠依然如此勸告。從實際情況來看，劉秉忠這樣做，挽救了眾多人的生命，但另一方面也擴大了蒙古人的統治能力。因為知道蒙古人不再屠城，南宋投降的將領不計其數。

另外，不得不指出，劉秉忠實際上是蒙古軍身邊的管理者，蒙古崛起以後，征服了歐亞大部分版圖，劉秉忠等人正是蒙古悍兵的幫兇。若用今日的道德來衡量，劉秉忠可說是個不折不扣的漢奸。從劉秉忠這一面來看，他的家族先後扶持了遼、金等異族政權，所以他最後幫助忽必烈，似乎也難以從道義上指責他。而這正是古代儒家的缺陷。在家天下的時代，儒家只知君王，不知百姓，故儒家雖提倡「忠」，但在戰亂的年代，卻常常面臨不知該忠於誰的窘境。

優雅的求賞辦法

劉秉忠爲忽必烈工作，雖然得到了重用，卻面臨了個大麻煩。蒙古人不知如何治理天下，當然也不知該如何封賞有功之才。劉秉忠經常在忽必烈身邊，因爲他法號子聰，大家都叫他聰書記。

劉秉忠爲忽必烈設計了一整套制度方案以後，忽必烈卻忘了封賞劉秉忠；而自己出口討要官職，也不符儒家之禮。因此劉秉忠想出了一個好辦法。別人都穿新官服時，他仍然穿著過去的衣服，與人交往，仍然使用過去的名號，這樣委婉地提醒以後，馬上有官員提出：聰書記跟隨大汗時間長，又立下這麼多功勞，怎麼能沒有封賞呢？

忽必烈這才醒覺，竟然忘記了這大功臣，馬上封他爲光祿大夫，擔任太保，參領中書省政事（相當於現在的總理、首相）。同時還把大學士之女許配給他，又賞賜他一所大豪宅和許多奴僕。劉秉忠的名字，也是此時改的。所謂士爲知己者死，獲得這麼多封賞以後，劉秉忠更加賣力，爲忽必烈提拔了許多得力的人才。

詩人、占卜專家、古北京城的建造者

劉秉忠多才多藝，從文學史來說，他也是寫作元曲的一位好手。劉秉忠爲人十恬淡，不好美食，喜歡讀書，經常寫一些詩歌，他的詩歌風格也十分淡泊。他的詩才基本上是自娛，他對《易經》的學習、對占卜的了解，在忽必烈眼中也許更有用，因古代人迷信戰事前的占卜是件大事，正是這種多才，讓忽必烈更賞識他。

從對後代的影響來說，建築師身分的劉秉忠影響更大。早在一二五六年，忽必烈就推薦劉秉忠建造開平府。開平府是個小城，劉秉忠最大的傑作是修建燕京，即今日的北京城。

今日的北京，在金朝時叫中都，元時叫燕京。金朝修建的建築多毀於戰火，劉秉忠重勘地理，在金中都故城的東北方營建新城市。北京的地理位置，北面扼守蒙古草原，南面又能銜接南方的城市，因此成爲忽必烈統治全國的都城。劉秉忠建城時，爲城市揉入了《易經》、儒家的元素比如城中道路講究九縱九橫，就來自於《周禮·考工記》的記載。現在北京城的許多地名仍沿用劉秉忠的命名，這些名字大多來自《易經》，比如安貞門、文明門等。

忽必烈改國號爲大元時，新都城還未建設好，宮殿剛落成，忽必烈就迫不及待地在此舉辦朝賀大典，使用劉秉忠制定的朝儀接見百官。

劉秉忠死亡方式較爲奇特，端坐的時候便悄然去世，死時只有五十九歲。忽必烈痛心不已，爲他舉行了豐厚的葬禮。

伯顏

【西元一二三六年～一二九四年】

滅掉南宋的蒙古人

導言

伯顏爲蒙古八鄰部人，元代蒙古軍事家。伯顏和他的父親曉古臺，都臣屬於成吉思汗幼子托雷的家族。年少時的伯顏隨蒙古軍征討歐洲，後來在忽必烈出使之時，被後者留在身邊做事。

伯顏的人格魅力甚強，不僅他的同僚，甚至忽必烈都爲他所動。他最大的功績是滅掉南宋，作爲游牧民族，征服南宋必然要克服不習水戰的弊病，然而身爲最高軍事統帥的伯顏不但達成了，且在各個方面都很出色。如果沒有伯顏，南宋的滅亡估計會晚上不少年。

征服南宋以後，伯顏還爲元朝征討貴族叛亂。難得的是忽必烈對他沒顧忌，臨死時還托他扶持其子，因此成宗的即位，伯顏也出了很大的力。就在忽必烈死的那一年冬天，伯顏也去世了。

長得好也是好本錢

伯顏的老爸名叫曉古臺，跟隨忽必烈的弟弟旭烈兀征討歐洲，伯顏在歐洲長大，又身處軍旅之中，相貌雄偉，氣度虎虎有生氣。他二十八歲時，旭烈兀派他拜見忽必烈，忽必烈見他神情氣度與眾不同，是難得的好兒郎，便說：「這種人才不應該跟隨藩王，還是留在我身邊吧！」

伯顏見多識廣，在朝廷說話總比別的大臣高明，忽必烈因此更看重他，親自做媒把丞相之妹安童嫁給他爲妻，還對安童說：「嫁給伯顏，絕對不會有損你們家族的聲望。」伯顏的官職也同時一路飆升。二十九歲時，伯顏便做到了左丞相。

對做官的人來說，相貌也是個很重要的考量因素。古人講究官威，有威嚴才能鎮壓得住人。因此，相貌和言行舉止都是不可忽視的要素。

你不可不知的伯顏

- ▲西元1253年，跟隨旭烈兀（托雷之子）西征。
- ▲西元1264年，拜見忽必烈，成爲大臣。
- ▲西元1267年，任中書右丞，全力主持伐宋的軍政大事。
- ▲西元1273年，忽必烈汗任命他爲伐宋軍最高統帥。
- ▲西元1274年，率二十萬大軍向南宋進攻。
- ▲西元1276年，三月攻破臨安（今杭州），俘獲謝太后、宋恭帝。
- ▲西元1294年，忽必烈汗逝世。他遵行忽必烈汗遺言，扶持成宗即位。

征服同僚的殺手？

爲官的人也好，上班族也好，如何處理與同僚、同事們的關係是很重要的。伯顏的舉措便可給我們很大的借鑑。

伯顏影響別人的手法，多是依靠自己的言行舉止。從說話來看，一句話能夠解決的事情，他絕不多說一句；下屬彙報工作，遇到難題的時候，他總是不疾不徐地以一句話點出問題的要害。不管私下他對這些問題思考了多久，但最終給別人的感覺是：沒有事情能難得住他，而且永遠不會慌張。當時許多官吏私下都感歎：「眞正的宰相就是如此啊！」

跟隨忽必烈的第四年，伯顏便從左丞相升爲右丞相，古人以右爲貴。忽必烈大舉進攻南宋時，起先派遣伯顏和史天澤共同主管，在忽必烈心裡或有制衡之意。沒想到史天澤竟然推薦伯顏獨自領軍，可見伯顏在同僚中的影響力。

最能表現一個人實力的還要得靠眞本事。伯顏準確的判斷力一次又一次提高他的威信。他初次見到文天祥的時候，直覺此人非同一般，便把文天祥拘禁了起來。文天祥逃出以後，果然成爲元朝的不小對手。

攻打南宋時，元軍一面進攻，一面談判。一次，謝希賢要出使宋朝，爲了自身安全，要求一定要有軍隊護送。伯顏說：「談判靠的是嘴巴，派了軍隊去威嚇，反而會壞事。」謝希賢不聽，堅決要求派軍隊一起去，走到獨松嶺，便讓宋軍將領給殺了。

攻占南宋的統帥

伯顏最大的功勞，或者說最具影響力的事件，便是攻占南宋。

南宋偏安東南，依靠長江天險對抗北元。北方的游牧民族一向不善水戰，伯顏率軍克服了不少困難，首先就是士兵對水戰的心理恐懼。出戰初期，元軍就遇到大雨，一條小河漲水，前鋒便停止前進，伯顏親自指揮士兵過河，一直挺進到漢水。

湖南郢州城牆高大厚實，難以攻克，伯顏便決定越過郢州，直接往下游進發。南宋也確實腐敗，一些守城官比如呂文煥，在交戰之前竟然想跑出去投降，被守城武將用弓箭逼了回去。

伯顏攻打南宋，固然有蒙古兵英勇善戰的一面，但南宋的腐敗，官員前赴後擁爭相投降，也是他取得成功的一大因素。伯顏常常跳過路上難攻的城池，柿子先揀軟的捏。正是掌握了南宋眾多官員膽怯的心理，伯顏一路攻打到了南宋的首都臨安，就是現在的杭州城。

伯顏攻打杭州很有策略，他充分利用漢軍人馬，對投降的呂文煥等人大力籠絡，同時讓他們到處寫信勸降，大大削弱了抵抗力量，最後輕而易舉地攻占了杭州，謝太后以及小皇帝都被他活捉了。他又利用太后及小皇帝的號召力，解散聚集起來的義軍。做完安撫工作以後，他就帶著太后和小皇帝回到北方，南宋一些大臣另立了新帝，但卻遭漢軍降將整天追殺，完全失去戰鬥力。

心理戰的大師

伯顏十分注重心理戰。無論對同僚還是敵人，他總是注意從心理上摧垮對方，這一點正是他最獨特的地方。

率領大軍橫渡長江的時候，忽必烈派了阿術前來督戰。阿術派人來問他渡江的日期，他始終不回答，阿術迷惑不解，親自跑來問，他才說：「主公讓我們兩個人幹的大事，怎麼能讓其他人知道呢！」既拍了阿術的馬屁，又迷惑了對岸的宋軍。

等到攻上了南岸，宋軍幾十萬軍隊被打得大敗，統帥夏貴隻身逃跑，伯顏讓軍隊別追殺，夏貴一路逃跑，經過的城池都驚嚇不已，等於替蒙古軍做了免費宣傳。而夏貴經過一番折騰，再與蒙古軍對陣時，也成了驚弓之鳥。賈似道率領各路軍馬，號稱百萬大軍，偏偏任命夏貴為先鋒，結果夏貴還沒正式迎戰就逃跑了，「百萬宋軍」一下就退了一百五十多里。伯顏的心理戰術發揮了奇功。

圍攻臨安的時候，伯顏派軍先肅清周邊城市，嚇得南宋一度投降，之後又反悔，伯顏便率軍攻打臨安，讓親衛把旗幟插到城頭。宋軍一看伯顏都攻上城頭了，士氣立即受到了沉重的打擊。

平定海都叛亂時，他把軍隊分成兩隊，一隊和海都對峙，另一隊休養；等海都人困馬乏，認為對方也不會進攻時，他便趁機發動進攻，將海都殺得大敗。

伯顏的心理戰不但針對敵人，對忽必烈也不放過。他衛戍邊疆的時候，軍隊裡缺乏給養，他讓士兵挖掘草籽、捕獵土撥鼠為食，命令軍隊把老鼠皮都留下來，送到京師獻給忽必烈。後者一看，就知道他在請求調撥軍需品，馬上為軍隊送去棉衣。

能臣的怕與不怕

伯顏自然是個大能臣。但凡歷史上的能臣，總打不過一種人，那就是「小人」。忽必烈時期，任用阿合馬管理國家財政。阿合馬是一個見錢眼開的勢利小人，伯顏的為人處事十分君子，但君子難鬥小人，伯顏在阿合馬那裡也吃了大虧。

伯顏平定南宋回來以後，阿合馬憑己推想，肯定伯顏貪汙了不少，因此，比接送的文武百官多走了十五里路去接伯顏。伯顏知道對方的心思，但他沒有貪汙，只能把自己佩戴的玉鉤絲帶送給他，一再解釋自己沒有貪汙。但阿合馬始終認為伯顏看不起自己，便誣告伯顏攻占南宋時汙了一件寶貝玉桃盞，伯顏因此丟了官，幸虧調查之後沒有證據，這件事情才算完結。

除了難以應付小人，伯顏便無所畏懼。乃顏造反以前，忽必烈派伯顏去調查。

這件事情十分棘手，一旦乃顏動手，伯顏就會變成人質。伯顏出發之前，帶了很多皮衣，沿路給驛站人員逐一送禮。到了乃顏的領地，他一見乃顏想抓自己便馬上逃跑，驛站管理人員因爲得過好處，就把好馬優先提供給他，伯顏才逃了回來。

忽必烈去世前，請伯顏幫自己料理後事，伯顏扶持成宗即位，親王裡有不滿的，伯顏手握寶劍，站在宮殿前大聲訓斥，親王們讓伯顏威懾住了，紛紛承認了成宗的地位。當年臘月，伯顏繼忽必烈之後病死。

劉基

【西元一三一一年～一三七五年】

獨缺官場智慧的神童半仙

導言

劉基，字伯溫，是民間傳說中半仙類的人物，出身名門，從小就有神童的美譽。他考中了元朝進士，在元朝做官三次，雖然每次都被迫辭官，但他剛正不阿的精神、出眾的軍事謀略，早已經顯露無遺，成爲當時的名士。

進入朱元璋集團之後，劉基因其卓越的才能，迅速成爲朱元璋得力的參謀，討伐陳友諒、張士誠，劉基的軍事謀略有助益甚大。全國統一後，爲了避免遭陷害，他退休在家，但在民間，他的名聲因此而直追諸葛亮。

官場失意的神童

劉基從小就聰慧過人，十二歲中秀才，有「神童」的名聲；二十二歲考中進士後，成了元朝的官員。元代官員任免效率低下，劉基中舉三年以後，才到江西高安縣當了個縣丞。縣丞比縣令低一級，主管司法、偵查等工作。

劉基是個正義感很強的人，擔當縣丞時，他鎮壓了一批豪強惡霸，得罪了蒙古族官員，很多同僚都覺得他不合群。四年以後，劉基辭職了。此時劉基已經頗有名聲，在家裡失業三年以後又被啓用，而且官職還晉升，可惜他直爽的老毛病又犯了，上書指責監察御史失職，得罪了不少人，他的上級很不高興，最後他不得不再次辭官。

當時反抗元朝的起義軍很多，劉基的家鄉就有方國珍的海軍，後者不斷經浙江進犯內地，劉基通曉軍事，便再度出馬剿滅海盜。他建議加強寧波城牆，讓方國珍不敢輕易進犯。另外，方國珍經常假裝接受招安，然後又下海反叛，針對這種情況，劉基提出剿撫兼用：除掉頭領方國珍，收買他的部下。這種策略一度嚇得方國珍心驚肉跳，用大批金銀財寶收買劉基，被劉基嚴詞拒絕，後來方國珍對元朝廷大官行賄，朝廷招安方國珍，還把劉基訓了一番。

這件事對劉基影響很大，讓他對官場心灰意冷，第三次辭官回家。回家後他寫下了《郁離子》一書，風格模仿《莊子》，表達他的政治思想和人文情懷。

輔佐朱元璋平定天下

劉基的官場生涯雖不得意，但他的名聲卻更加響亮了。在他回到家鄉以後，朱元璋經過幾年打拚，已從一個小頭目變成一方軍閥，且到處招攬人才；他聽說劉基隱居在家，便多次招攬他。在對

你不可不知的劉基

▲西元1333年，劉基考中元朝進士。

▲西元1360年，應朱元璋邀請，加入其集團。

▲西元1368年，助朱元璋北伐勝利，建立明朝。

元朝極度失望以後，劉基看到朱元璋頗有氣候，又對自己多次聘請，便加入了朱元璋的軍隊。剛見到朱元璋，他便給對方提出時務十八策，分析天下形勢，提出各種策略，朱元璋高興得不得了，劉基因此成了朱元璋身邊最重要的謀士。

從軍事及政治策略來說，劉基都十分高明。朱元璋當時最大的問題是，從名分上，還聽從小明王韓林兒，另外又需面對陳友諒和張士誠兩個主要對手。劉基力勸朱元璋放棄小明王，認爲要成大事，不能被別人牽制。朱元璋開始不聽，後來因爲小明王這個累贅在與陳友諒對抗時吃了大虧，才暗殺了小明王，徹底獨立了起來。

軍事上，當時陳友諒聲勢浩大，一度進攻到南京周邊，不少將領主張投降，劉基力主抵抗，並勸朱元璋殺掉那些主降派，認爲陳友諒太過驕傲，又是千里而來，正是一舉擊敗他的良機。事情正如劉基預測的一樣，經過一番戰鬥，陳友諒被迫退守江西。

面對陳友諒和張士誠這兩個對手，劉基指出後者進取心小，可暫時不管，前者雖然實力雄厚，但攻打前者，後者一定不會輕舉妄動，而且滅掉陳友諒，張士誠就成了甕中之鱉。在劉基的勸說下，朱元璋與劉基西征，在鄱陽湖滅掉了陳友諒，整個戰鬥期間，張士誠一直毫無舉動。

消滅陳友諒之後，朱元璋與劉基立刻東進征伐張士誠，戰鬥沒有任何懸念，很快就攻破了張士誠占據的蘇州，後者無奈自殺。

劉基在戰鬥中經常冒出奇思妙想，讓軍隊輕鬆獲勝，比如打江州時，江州城在長江邊上，他讓戰士在戰艦上建造雲梯，夜間駛到江邊，將雲梯架在城牆上，一下子就攻破城池。

統一南方之後，北方元朝內部混亂，政治腐敗，朱元璋親自北伐，攻破大都，建立了明朝。

老儒生與新皇帝

統一全國之後，劉基在建國方面出了大力。劉基是著名的儒家學者，又通曉歷史，在國家制度上，自然有一套想法。他和李善長一起編撰了《大明律》，爲了嚴明法制，劉基還擔任了御史中丞，相當於現在的檢察總長兼法院院長。

但劉基沒料到朱元璋的思想走得更遠。朱元璋出身貧寒，對於貪官是寧肯錯殺一千，不可放過一個。劉基從人性出發，主張嚴刑之後也要施行仁政，收攬人心。兩人的政治理念因此有了矛盾。另外，朱元璋很實際，劉基在求雨一事上，也讓朱元璋失望，並產生了懷疑。

朱元璋剛剛擊敗陳友諒不久，南方大旱，劉基說因爲監獄關押犯人太多，需要馬上審理，此後就會下雨。朱元璋聽從了，當天就下起了大雨。統一之後，又一次天下大旱，古人每逢天氣變化，都認爲與朝廷政策有關係，因此紛紛討論究因。劉基說因爲戰爭頻繁，戰死的士兵、工匠拋屍野外未加掩埋，諸如此類的事情引起了大旱。朱元璋聽從了劉基的意見處理，但仍然好多天不下雨。朱元璋因此對儒家思想也產生了懷疑。

還有一次，朱元璋想罷掉李善長的相位，問劉基誰適合當丞相，並提出了楊憲、汪廣洋、胡惟庸三個人選。劉基把這三人都批駁了一番。朱元璋很不滿，認爲是劉基自己想當丞相，因此才這樣說。

總之，天下一統以後，劉基的作用變小了，而朱元璋與他的分歧卻日見明顯。

一輩子也沒處理好同僚關係

劉基最大的缺點就是不善於搞好同僚關係。這一點，他在元朝的時候沒搞好，到了明朝，依然如是。

李善長當時是丞相，這個人有才能，但心胸狹窄，對於侵犯自己利益的人，必會打擊報復。劉基主管刑罰時，李善長的親信李彬犯法，理應殺頭，李善長多次找劉基說情。劉基不爲所動，堅持殺了李彬。這個舉動不但得罪了李善長，更得罪了李善長身後的淮西集團。

劉基是一個理想化的人，堅持儒家的節操，他殺了李彬之後，李善長馬上控告他在求雨的祭壇旁邊殺人，影響求雨的效果。雖然劉基沒有因此受罰，但也讓他萌生了退意。

似張良又不似張良

劉基身材高大，長了滿臉的捲曲鬍子，從性格上來說，是一個慷慨激昂的人。只要是他認爲不對的事情，即使面對朱元璋，他也敢辯駁。

朱元璋多次認爲劉基是自己的「張良」。從謀略上來看，劉基與張良確實十分相似，都有很高的軍事謀略，同時也都是頗有俠氣的人，劉基不如張良的一面是他不善於保護自己。雖然劉基在自己的作品中寫了不少明瞭世情的文章，但他還是低估了朱元璋清算功臣的決心。他爲了保護自己而告老還鄉，但人在家鄉，還想有所作爲，給朝廷上書在方國珍當初叛亂的地方建立駐軍衛所，這件事情被胡惟庸利用，誣陷說那個地方有龍氣而劉基想據爲己有，嚇得劉基迅速跑到京城。

要說雄才大略的朱元璋看不破胡惟庸的謊言，那可太小看他了，對於功臣，他早就動了殺意了，只是缺乏藉口。劉基雖然死得早，但在他死後五年，朱元璋仍把他往胡惟庸案件上扯。可見，劉基在這些方面，確實不如張良。

【?～西元一三八〇年】

胡惟庸

一代權臣的冤枉史

導言

胡惟庸是安徽定遠人，早年參加朱元璋的起義軍，擔任朱元璋元帥府的文書工作。朱元璋建國之時，他還只是個小縣令，後來依靠李善長，才爬到太常寺少卿的位子。朱元璋爲了分化李善長的勢力，讓胡惟庸擔任中書省參知政事，之後進一步擔任丞相。

胡惟庸沒有多大的政績，他擔任丞相的時期，樹立了一個很大的關係網。但很快便被朱元璋處死了。胡惟庸事件最大的影響，是朱元璋藉此廢除了一千多年的宰相制度，讓皇權進一步膨脹。同時，從政治角度來看，胡惟庸確是中國歷史上一個很重要的個案，權力的陰險狡詐在此案例中盡顯無遺。胡惟庸案明顯是樁冤案，但數百年來卻無人爲他平反，這更值得人們玩味。

一個普通的革命黨

元朝末期，蒙古人的統治越加殘暴，起來鬧革命的年輕人不可勝數，胡惟庸就是其中之一。他參加朱元璋軍隊時，後者已經起兵三年了，所以他的革命資歷並不高。胡惟庸開始在朱元璋的大帥府做文書，相當於今天的秘書。胡惟庸以秘書身分，跟隨朱元璋打敗蒙古人，又平定各地的起義軍，統一了全國。

朱元璋革命成功，胡惟庸被派到寧國擔任知縣。按說胡惟庸應該立下不小的功勳，但朱元璋是個律己甚嚴的人，他身邊的人，若無軍功，自然也沒有大提升。

同一時期，與胡惟庸同樣參加革命的老鄉，安徽定遠縣出了不少朝廷大員，如李善長、沐英等人。尤其是李善長，以他爲首有一個「淮西（官員）集團」。

胡惟庸雖然也是定遠人，但他革命期間在朱元璋身邊，與李善長等人的關係並不密切。待趕走了蒙古人，革命告成，他卻被派到地方擔任縣城的通判。如果一直這樣發展，胡惟庸可能會在各個府縣調來調去，直到退休，唯他的眞正發跡，還與他跑官密切相關。

> **你不可不知的胡惟庸**
>
> ▲西元1355年，參加朱元璋起義軍。
>
> ▲西元1367年，擔任太常寺少卿，進入中央。
>
> ▲西元1370年，擔任左丞相。

只知道跑官的政客

朱元璋打定天下以後，對於丞相一職十分顧忌，因爲丞相的權力太大了，尤其是元代的時候，因爲中央放權過多，很多權臣不聽中央的號令。朱元璋曾經詢問劉基：胡惟庸能不能當丞相？劉基回答說，如果用馬拉車來比喻，胡惟庸可能會把車轅給弄壞了。

事實也確實如此。胡惟庸並非一個道德高尚的人，才華也不出眾。他的發跡，來自於他自己的投機。

革命成功了，胡惟庸卻只混了一個小縣城的縣長，不斷活動之後，他抱上了丞相兼老鄉李善長的大腿。李善長很有才華，但沒有度量，心胸十分狹窄。與劉基因爲公事有爭執，便開始打擊報復。胡惟庸投靠李善長，藉口即是老鄉好說話，要讓別地方的人擔任大官，那麼淮西的官員便不好混了。官迷昏心的李善長對此甚表認同。在李善長的幫助下，胡惟庸很快做到了太常寺少卿，正式進入了中央官員的隊伍。太常寺少卿相當於今天中央部會的副部長，雖與宰相相差很遠，但胡惟庸年紀輕，增長潛力還很大。

對胡惟庸來說，對他有利的因素是，朱元璋不願讓一些聲名顯赫的人擔任丞相，反願意讓一些年輕人擔任負責人。開國初期爲了穩定局面，必須重用劉基、李善長等老臣，局面穩定之後，他便開始懷疑了。胡惟庸進入中央以後，因爲之前默默無聞，反而成了政治上的優勢。西元一三六八年，李善長被迫辭官。在此前一年，胡惟庸就開始擔任丞相了。

大臣與皇帝的遊戲規則

胡惟庸與朱元璋有矛盾，這導致了他的殺頭之難。實際上胡惟庸並不笨，他與朱元璋的分歧在於他們玩的是不同的遊戲，自然遵循不同的規則。

胡惟庸玩的是大臣的遊戲。他要盡可能地升官，得到更多的財富和權勢。在朱元璋時期，要得到這一切，不但要獲得皇帝的信任，還得有其他官員的支持。胡惟庸的升遷，與他攀上李善長就有很大的關係。而朱元璋玩的則是另一個遊戲。他取得了天下，自然想成爲千古以來最出色的皇帝。另外，他出身貧寒，了解民間疾苦，對貪官十分痛恨；即使是自己的親信，一旦被他抓住犯法的把柄，一樣會毫不留情地處死。因此，當胡惟庸當上丞相以後，更加注重維護嫡系官員的利益，同時也不斷揣摩朱元璋的心思。而朱元璋之所以提拔胡惟庸，則因爲後者好控制，可以慢慢削弱丞相一職的權力。

胡惟庸擔任丞相初期，權力很大，對朝廷官員的升遷罷免乃至殺頭，都不需上報皇帝。到一三七七年，朱元璋便命令李文忠等人分擔部分丞相的職權。這是朱元璋企圖從制度上削弱大臣的權力。作爲丞相的胡惟庸爲了保住位子，不斷加強自身的勢力。因爲他現有的權力，很多文武官員都來走他的路子，除了官員，甚至連學者文人、和尚道士都來巴結他。

公平地說，胡惟庸確實不適合擔任丞相，丞相相當於現在的首相或總統，是一個主控全局的人物，現代優秀的總統不但選用自己黨派的人物，還會拉攏在野黨的人物。而胡惟庸則不是這樣，在他的眼裡，聽話的官員才是可靠的官員，因此他的權勢坐大，也讓朱元璋越來越不滿。

讓朱元璋不滿的不僅是胡惟庸，還包括了丞相這個職位。在他看來，沒有人適合擔任丞相，因爲任何人只要坐上了這個位子，難免會形成自己的圈子，對皇權構成威脅。

無人喊冤的大冤案

胡惟庸的最大悲劇，是他沒能理解朱元璋的內心想法。朱元璋讓他當丞相，不過是想壓制李善長。而胡惟庸則以爲李善長的權勢還不夠大，自己上任以後，反而更加變本加厲，引起同僚嫉恨的同時，也讓朱元璋感覺到丞相皆不可信。

朱元璋對付胡惟庸的方法很簡單。事情的起因似乎與一起事故有關：胡惟庸的兒子在鬧市裡疾駛快車摔死了，胡惟庸死了兒子，悲痛憤恨不已，便把馬車夫殺死。朱元璋知道以後十分生氣，命令胡惟庸爲馬車夫償命。胡惟庸當然不願意爲一個馬車夫償命，尤其馬車夫也不是沒有錯誤。

然而不久之後，塗節和胡惟庸丞相府的一個下屬一起上書告胡惟庸謀反。胡惟庸便被抓了起來，審訊之後，被以「擅權植黨」、「謀不軌」等罪名處死了。

當時很少有人能知道胡惟庸的死只是一個開端，更多的殺機還藏在後頭。順著胡惟庸的關係網，牽扯進了更多的朝廷官員，牽連到封侯的功臣就有二十一人之多，告發胡惟庸的塗節也沒逃得過去。因爲這個案件而死的人達到了三萬。很多人明顯是被冤枉的，比如劉基、宋濂，從利益角度說，他們跟隨胡惟庸獲得的權勢遠沒有跟隨朱元璋得到的大，對此，朱元璋自己也心知肚明。

胡惟庸案件不過是一個幌子，是中國歷史上常見的冤案。這個案件前後追查了十年，爲了證明它的合法性，朱元璋寫了《昭示奸黨錄》布告天下，但在書中，卻找不到胡惟庸謀反的確鑿證據，花費十年時間仍找不到證據，或許只能說明：根本就沒有證據。

胡惟庸被殺後，朱元璋一改前制，取消丞相，增加六部，讓皇權更加集中，獨裁統治達到了巔峰。

方孝孺

【西元一三五七年～一四〇二年】

硬骨頭的儒家學者

導言

方孝孺字希直，又字希古，出生於儒學世家，在父親的薰陶培養下，方孝孺成了小有名氣的才子。後來，他拜宋濂爲師，學問、名氣與日俱增。早在一三八二年，朱元璋就注意到了方孝孺，但爲了培養人才，故意不進用他，而這樣的培養方式，讓方孝孺成了大儒，而非能臣。

建文皇帝登基以後，方孝孺受到了重用，但他的軍事策劃能力不如燕王。從實際政策來衡量，方孝孺也顯得書生氣十足，因堅持道義而被朱棣血腥殺害。這不但是方孝孺的悲劇，也是明朝的悲劇，從此以後，堅持道義的人少之又少。

儒家弟子的現實問題

方孝孺小時候既聰明又好學，家裡人都把他比作韓愈，認爲他是儒學奇葩。方孝孺十二歲時，他的父親被派到山東擔任濟寧知府。孔子的故鄉曲阜就在濟寧，曲阜是當時文化人心目中的聖地，方孝孺跟隨父親參觀了孔廟之後，備受鼓舞，一心想成爲聖賢一樣的人。

此後的學習中，他處處以孔孟思想來規範自己的言行舉止，而方孝孺的文筆也大爲精進。當時並沒有報刊發表文章，他的父親常常把他的文章拿給同僚看，大大提高了方孝孺的知名度。當時的武靖王李文忠喜歡儒學，見了方孝孺以後，認爲他能成爲一代「國士」。

這段時期對方孝孺影響最深的事情就是「空印案」。那時候運送物資消耗很大，因此押運的官員都帶著蓋著官印的空白文書，等物資到達目的地再塡寫數字。這本來是當時官場的慣例，且若不這麼做，還眞沒有辦法處理。但朱元璋對貪汙極度厭惡，認爲這樣必然會有問題，因此將各地方衙門相關官員一律處死，方孝孺的父親因此被殺。

父親死了以後，方孝孺的家庭經濟必然受到影響，這是一個很現實的問題。此外，方孝孺認爲父親是冤枉的，作爲人子，成名之後，更有利於替父親昭雪。因此方孝孺繼續學習，更迫切地要成名。

求名從老師開始

方孝孺到南京——明朝首都——拜當時的大儒宋濂爲師。他出色的文筆很快就獲得了認同。

儒學的核心是「禮」、「仁」，師生之間，禮貌重於感情。古代師生的感情與朋友之間的友誼全然不同。尤其爲師者另一身分是朝廷官員時，師生關係參雜了更多的利害關係。宋濂看到方孝孺文筆出色，

你不可不知的方孝孺

▲西元1371年，隨父親到濟南生活，參觀孔廟，強化了他的儒學理想。
▲西元1376年，父因「空印案」被殺，方家日漸窘迫。
▲西元1382年，參加朱元璋的廷試。
▲西元1398年，建文皇帝即位，被徵召入朝。

曾露骨地說自己跟著也能沾光（吾於是幸有望焉）。

做宋濂學生的時候，方孝孺很會討老師歡心。有一次，宋濂不愛喝酒，朱元璋強命他喝，三杯下肚，宋濂有些醉了，朱元璋命他就此事寫一篇文章，宋濂回家之後，酒意上湧早早就睡了，沒來得及寫。方孝孺自己寫了一篇，第二天送給宋濂。這讓師生關係更加親密。

宋濂退休以後，方孝孺又跟他回家，很快地，方孝孺就成了宋濂門下最出名的學生。宋濂對方孝孺也一陣猛誇，說後者的才學連自己都感到害怕。方孝孺因祖母去世而回家探親時，宋濂寫了近千字的詩篇送給方孝孺。後來，宋濂被牽扯到胡惟庸案件中，雖然未入殺頭之列，卻被貶到四川，病死在當地。不過因爲追隨宋濂，方孝孺的名聲擴大了，終於傳到了朱元璋耳中。

朱元璋預定的第二梯隊

朱元璋向來注意挖掘人才，儘管他摧殘人才的功力同樣出色，但在大力肅清功臣的同時，也爲自己的繼任尋找人才。方孝孺就是在此時期被推薦到朱元璋面前的。

方孝孺蒙朱元璋召見以後，面試的成績不錯，但朱元璋並未按照慣例讓他當官，他覺得方孝孺才華不錯，但還需再歷練一番。實際上，這是兩代君王之間經常使弄的一種技巧。爲了讓某人忠於未來的皇帝，老皇帝會故意壓制他，新皇帝上臺以後，馬上便啓用他。因此，方孝孺在家鄉失業了十年，期間只是讀書寫作，日子過得十分清貧。十年之後，朱元璋才讓他到陝西漢中府當一名老師。漢中與四川緊鄰，蜀王朱椿喜歡讀書，聽聞方孝孺的名聲，聘請他當自己兒子的老師，因此，方孝孺的經濟狀況也好轉了起來。朱元璋爲下一代培養人才的心是好的，但方法不對。方孝孺失業的時間太長，導致他實務經驗的缺乏。這些苦果，都需要建文皇帝來吞咽。

朱元璋病逝以後，因爲太子朱標已經去世，皇太孫朱允文即位，年號建文，建文上臺以後，馬上把方孝孺召回朝廷，讓他擔任翰林博士，沒多久就讓他擔任自己的老師，加以器重。

失敗的軍師

建文皇帝登基以後，過早開始削藩，引起了燕王的反叛。建文帝重用的大臣齊泰等人，在戰爭上哪裡是經過北方戰爭洗禮的燕王朱棣的對手。戰爭發生之前，方孝孺等人對局面準備不足，禮制、官制雖作了一些改動，但沒有多大的意義，尤其是對於即將發生的戰爭，未有太大準備，甚至還減輕了江南地區的賦稅，毫無備戰之意。

建文皇帝一三九八年即位，隔年就逼反了燕王朱棣，倉促組織的北伐失利以後，方孝孺開始出謀劃策，讓建文皇帝赦免燕王，同時讓人到燕王軍隊裡散發傳單，企圖瓦解軍心。這些計策實在有些紙上談兵，因爲找不到人來實行，畢竟去對方軍隊中發傳單，是百分百的送死行爲。

後來方孝孺想用反間計離間燕王與其世子之間的關係，派人送信給燕王世子，但計策過於明顯，燕王世子根本就沒開啓信封，把信直接送給了燕王。

建文皇帝與燕王兩人的能力差距太大。按道理說，建文皇帝占了道義，又有全國的支持，但在謀略、權謀上處處低人一籌。即使如此，燕王尚很難從北京攻打到南京。此時，建文與他的智囊團自己送禮給對方。建文皇帝在兩軍對壘之際，對宦官採取了苛刻的政策，引發宦官叛變，向燕王透露了京師空虛。燕王馬上改變戰略，率軍直搗南京，一舉攻占了南京。作爲建文皇帝的身邊紅人，方孝孺被逮下獄。未久燕王登基，是為明成祖。

建文皇帝的失敗，他的重要謀臣方孝孺也應負很大的責任。方孝孺能說善道，但缺乏經驗；在南京被圍的時候，一直要求皇帝死守南京，萬一失敗則以身殉國。實際上，如果建文皇帝逃出南京，後果還真的很難說。

職業道德對皇權爭執

方孝孺被抓起來以後，與朱棣有一番很有名的對話。後者為了讓方孝孺替自己寫詔書，狡辯說自己想要效仿周公，方孝孺質問，你想效仿周公，成王在哪裡呢？朱棣則不無幽默地說成王自焚啦！方孝孺可沒有這般好心情，他不停逼問，弄得明成祖朱棣惱火地說，「這是我的家務事」。

朱棣讓方孝孺寫詔書，後者死不答應，表現得非常硬氣，甚至拿筆寫了「燕賊篡位」四個大字。朱棣惱怒之下，順著方孝孺誅十族都不怕的話，眞把方孝孺的十族都殺了。

方孝孺與朱棣爭論的焦點實際就是皇位應由什麼來決定的問題。眞要按照儒家漢代以後的說法，天下都是皇帝的，一個大臣有何權力爭辯誰是正統、誰非正統呢？漢唐以來，不少明智的大臣對於爭位問題，基本都是保持中立。從職業道德這個角度來說，如果大臣是經理人，不管公司股權如何變動，只要做好自己的本分就行了，何必一定要區分誰收購公司呢？

但在古代，似乎還沒有人敢提出這樣的觀點，儒家以及不少皇帝為了己身利益，不斷提出忠君的觀點。明仁宗時為方孝孺平了反，可惜已無多大意義。經過一番殺戮之後，明代大臣忠貞的極少，到了明末，朝廷大員投降清朝者，太多太多了。

于謙

【西元一三九八年～一四五七年】

不得不死的國家英雄

導言

于謙字廷益，號節庵，今浙江杭州人。于謙考中進士後一年，便開始擔任御史，很受皇帝器重。做官起點高的人，往往會犯眼高手低的毛病，于謙卻不是這樣，他的執政能力非常強；擔任河南、山西巡撫以後，更得到了進一步的鍛煉。

土木堡之變爲于謙帶來了機會，他一躍而成爲兵部尚書，是朝廷的實權人物，北京保衛戰充分顯示了他的軍事指揮能力，但他的政治幼稚之處卻限制了他，迎回英宗已經很不理智，讓英宗輕鬆復辟就更不可原諒。

于謙是一個錯位的英雄，如果只是擔任軍事統帥，相信明朝的軍事能力不會如此孱弱。軍事統帥不能勝任國家管理，似乎是個通病。

相貌出眾的反腐先鋒

于謙的相貌很出眾，七歲的時候，有一個和尚斷言于謙將來必是宰相之才。和尚的話固屬猜測，也反映了于謙確實長得與眾不同。

考上進士第二年，于謙就被任命為御史。于謙口才十分出色，據說皇帝都常常聽得出了神，這種天賦為于謙帶來了不少好處。漢王朱高煦叛亂被抓，宣宗讓于謙去訓斥朱高煦，于謙雄辯的口才得到了極大的發揮。實際上，此時于謙有點狐假虎威，朱高煦怕的是宣宗，而不是小小的御史。

儘管如此，回到京城以後，于謙得到了重賞，到江西做巡撫，平反了許多冤案。于謙為人嫉惡如仇，人在江西，還上書揭發陝西等地方官員的腐敗案件。貪腐從古到今，都是一個難以根除的問題。根治腐敗，需從制度等各方面一起努力。于謙一己之力雖有成果，但不能改變整個明朝官員的群體腐敗現象。不過，因為這些事情，于謙得到了皇帝的信任。後來，皇帝指明兵部提拔于謙為兵部右侍郎，並兼任河南、山西巡撫。于謙在河南、山西任上做了九年，治理能力很不錯，剿滅土匪、治理黃河，政績異常出色。

你不可不知的于謙

▲西元1421年，考中進士。

▲西元1426年，跟隨宣宗平定漢王朱高煦的叛亂。

▲西元1448年，取得東京保衛戰勝利。

▲西元1450年，迫使瓦剌軍首領也先釋放英宗。

▲西元1451年改革京營軍制，總領軍事事務。

▲西元1457年，英宗重定，誣殺于謙。

與太監王振的誤會

于謙的仕途順遂，其中很大的原因在於皇帝的賞識。另外，當時主持朝政的三楊：楊士奇、楊榮、楊博也都十分看重于謙，從來不在政策上爲難于謙；凡是于謙的奏摺，總是盡快批准。于謙每次進京，從來不帶禮物，三楊也不在意，但是這個舉動，卻讓那些習慣了向地方大員索要禮物的權貴十分不滿。

三楊去世以後，于謙仕途的一次危機到來了。這次危機與太監王振有關。當時有一個御史得罪了王振，他的名字與于謙十分相似，王振誤以爲是于謙，他的手下便彈劾于謙，輕易就把于謙弄了個死罪。後來王振發現認錯了人，就又把于謙放了出來。

出獄之後，于謙被降職了。河南、山西上千人跪在皇宮外面上書，請求讓于謙繼續擔任巡撫。因爲請願事件，于謙繼續擔任河南、山西巡撫，除了因爲父母喪事曾離開一段時間以外，他在這個職位做了十九年。

當時天下饑荒嚴重，山東、陝西等地的農民到河南流竄的達到幾十萬人，于謙一方面請求朝廷開放儲備糧賑災、一方面組織各種安置工作，妥善地安撫了災民。

火線提升的元帥

于謙像是個救火隊員，朝廷發生什麼事情，他都可以來應急，相較而言，賑災只是小兒科。

于謙被召回朝廷擔任兵部左侍郎的第二年，也先大舉入侵，英宗在王振的蠱惑下冒險親征，結果被活捉了，這就是著名的「土木堡之變」。也先捉了英宗之後，挾持英宗一路搶劫，勢如破竹。

滿朝文武都慌了神，不少人提議遷都，于謙力主建議防守，並提出了具體的建議。在這個緊要的關口，于謙被任命爲兵部尚書，類似今天的軍事最高統帥。對許多有才能但不擅鑽營的人來說，危機往往提供了難得的機會。

明代的皇帝大多較爲懦弱，被也先抓住的英宗暫且不說，太監王振被抓後，他的家族仍在京城飛揚跋扈，黨羽馬順公然在朝堂上打罵文官，最後引起了官員的群毆，衛兵只敢在旁邊吆喝，主持朝政的景宗——之後才被于謙和眾大臣擁立——嚇得想跑。于謙站出來才穩定了局面。平時權勢很大的吏部尚書王直拉著于謙的手，不停地感慨，覺得在這種戰亂的局面，一百個自己都沒用。

在于謙的帶領下，明朝迅速運轉了起來，兵部調撥兵馬、招募民兵，工部製造武器軍械。與馬順在朝堂上狠幹了一仗，表現勇敢的文官也被調來參與軍事，同時又分派了幾個比較得力的武將，比如石亨等人。明代的國家機器實際上並不弱，明成祖之時，明朝海軍堪稱世界第一，大砲、火藥早已廣泛運用到軍事上，按照實力來說，征服世界亦有可能；但之後，明朝的皇帝和官員卻自個兒把海軍焚毀，這麼弱智的行爲，在世界史上還眞可以排第一。

于謙得到機會讓明朝軍力暫時恢復，也先的先鋒部隊沒有防備，被大砲炸了個稀爛，他的弟弟被炸死。這時候也先想談判，于謙是出名的鷹派人物，從不妥協，相持五天之後，也暗暗退兵了。

政治幼稚病患者

于謙是卓越的軍事領袖和行政管理者，但絕非出色的政治家。在對待被俘虜的皇帝——英宗的事情上，他就犯了大錯誤。

英宗被抓以後，于謙與大臣另立了景宗，也先看英宗已無利用價值，便想把英宗送回去，一朝有兩個皇帝，肯定出亂子。因此，也先不斷派使者要求把英宗送回，景宗當然很不爽。皇帝這個位子，要麼不坐，坐上去想再下來，不但自己心裡難以割捨，身邊的各種勢力也不容你放棄，而且放棄往往意味著殺身。景宗知道英宗要被遣返，十分生氣，對于謙說：「我本來不想當皇帝，都是你們推我上去的！」言外之意很明顯，但于謙竟然沒有理解。

于謙在這件事情上犯的另一個錯誤是，答應接受英宗，也意味著打破了自己不妥協的鷹派姿態，朝廷失去繼續用兵的藉口，還得與大仇人也先做朋友。後來也先內部內訌，于謙想要征討，無奈朝廷內不同意見太多了，他也難以控制。

更讓人難以理解的是，英宗被送回來之後，他的權力還沒有被完全架空。隨英宗被抓獲的大多是朝廷的大官，他們的官位現在都被占據，自然想再奪回來。于謙當時已成爲領袖級的人物，對這些可怕的隱患竟未徹底解決。于謙也確實用充軍等變相發配的辦法解決了一批人，但仍留下了致命的種子。

都是性格惹的禍

于謙的性格過於直爽，就是俗語所謂的直腸子，這種性格太不適合作政客了。于謙與別人爭執的時候，往往手拍著胸脯，說：「我這一腔熱血，應該往哪裡灑啊！」言外之意，即指對方妨礙了自己的熱血，如此便得罪了一大批人。

于謙很廉潔。廉潔是種美德，但不能依此要求別人，更不能和別人對比。大將石亨犯法要遭撤職，于謙爲他講情，本來石亨很感激于謙。北京保衛戰之後，石亨覺得自己的功勞沒有于謙大，但封賞一樣，內心有點慚愧，便上書請求封賞于謙的兒子。于謙把事情壓下來不說，還說了一大堆高尙的話，最後還說自己最討厭濫冒軍功，偏偏石亨有此心病，因此對于謙非但不感激，還憤恨在心。

景宗當皇帝不久，還沒個皇帝樣子，對于謙甚是依賴。有次他想吃一口野菜，想派人到眞定一帶去採掘，于謙一制止，他也就算了。景宗的心思很明顯，自己羽翼未豐，必須依賴于謙，沒想到于謙對朝政的控制能力並不強。

不久之後，大將石亨、太監曹吉祥等人擁立英宗重定。于謙以及與他關係密切的官員都被抓，還遭誣陷圖謀改立太子。英宗本來也不想殺掉于謙，徐有貞與于謙有仇，說不殺于謙，用什麼名義來復辟呢？因此，明朝的長城級大將于謙被自己人幹掉了。

于謙死掉之後，朝正就亂了套，兵部尙書一年就貪汙上億，石亨、徐有貞等人也互相傾軋。軍隊管理混亂，邊境頻繁報警。大家都想起了于謙的好處，但爲時已晚。

劉瑾

【西元一四五一年～一五一〇年】

具有改革精神的太監

導言

劉瑾爲陝西興平人，本姓淡，由劉姓太監引入宮，故改姓劉。做太監初期，劉瑾的運氣並不好，有次甚至犯了死罪，幸虧被赦免了。三十多歲以後才進入東宮服侍太子，也就是未來的武宗。

武宗十五歲登基，以劉瑾爲首的八個善於鑽營的太監得到了重用。因武宗不願意處理政事，劉瑾便得到了授權。歷來都把劉瑾當作太監專權的代表例子，實際上，劉瑾掌權的時間並不長，算算只有五年多一點。讓文官咬牙切齒的最大原因，是他對文官態度很不友好，動輒讓官員下跪。而且，劉瑾改革政務時，恢復了部分朱元璋嚴酷的處罰制度。

太監行裡的執政官

天下有各種行業，太監是具有中國特色的職業。法國皇宮侍衛經常與宮女偷情，法王也沒想到可以使用太監。在很多方面，中國人的想像力、執行力可以說是世界第一。

劉瑾做了太監以後，便馬上投入了此角色，他的偶像就是導致土木堡之變的太監王振。此外，劉瑾的運氣較佳，他很快進入東宮，武宗還是太子時，他就成了武宗的身邊人。

武宗朱厚照登基時年僅十五，正處於青春叛逆期。武宗從小就不喜歡學習，他的愛好是摔跤、打獵。孝宗朱佑樘留給兒子的三位大臣：劉健、謝遷、李東陽，都是呆板有餘、個性不足的人，完全不知如何與小皇帝打交道。劉瑾等八個太監就整天討好武宗，因此被稱呼爲「八虎」。武宗喜歡獵殺老虎、豹子，他們就提議建立「豹房」，裡面養了大量猛虎，還有各種三教九流的人物，甚至組織雜技表演，武宗對此甚感興趣，劉瑾因此得到信任，被任命爲內官監太監，掌管京城的兵馬。

明代的大臣對太監十分歧視，見到劉瑾等人勾引皇帝遊玩，便上書皇帝要求殺掉劉瑾。武宗內心並不想殺掉劉瑾。劉瑾知道消息以後，馬上跑到武宗面前痛哭流涕，說自己受到誣陷，並說皇帝打打獵怎麼可能影響處理朝政？

武宗的性格十分暴躁，年齡雖小，殺起人來卻毫不猶豫。馬上把附和大臣——提議殺掉劉瑾的太監發配出去，又抓了一大批官員，敢上書求情的人也被發配到外地。

武宗喜好遊玩，對朝政沒有興趣，劉瑾每次等武宗玩得高興的時候，便拿著奏摺去請示，武宗便大罵：「我用你們是幹什麼吃的？少來煩我！」有了皇帝這句話，劉瑾便開始專權行事，成了太

你不可不知的劉瑾

▲西元1505年，武宗朱厚照即位，劉瑾等人權力大漲。

▲西元1506年，除了懲罰與自己作對的大臣，劉瑾命令全體大臣罰跪。

▲西元1507年，有人投匿名信揭發劉瑾，全體文務大臣因此再次被罰跪。

▲西元1510年，太監張永等人告劉瑾造反，劉瑾被殺。

監出身卻真正掌握實權的執政者。

與大臣的對抗

明代大臣看不起太監，太監對大臣也沒有多少好臉色。公正地說，劉瑾還具備一些執政能力，而且他對朝政還很有興趣，引起了朝廷大臣的不滿，認爲劉瑾侵犯了他們的權力。

從劉瑾這方面來看，他似乎更有理由生氣，他只是想討皇帝高興，而且他並沒有阻撓大臣對皇帝的教育，但劉健等大臣卻非要置他於死地。武宗對大臣們也很不滿，便縱容劉瑾對大臣進行報復：讓全體大臣跪在皇宮金水橋南邊，然後當眾宣布劉健等人是奸黨，想謀害「善良」的劉瑾。

劉瑾似乎熱中於對大臣進行體罰。劉瑾專權時期，六部官員上班時間大爲提前，而下班時間卻晚了許多，用這種疲勞戰術來折磨大臣。

後來，有人在御道扔了一封匿名信，檢舉劉瑾弄權。武宗一看揭發者連名字都不敢留，便讓全體官員都跪在奉天門外，聲稱沒人認罪就別起來，最後果然跪了整整一天，因爲天氣炎熱，中暑倒下的官員不少。即使如此，五品以下的官員仍被抓到錦衣衛去審訊。後來傳說匿名信是宮內太監寫的，才放過了官員。

與官員發生如此激烈的矛盾，實際上對劉瑾並沒有什麼好處。兩次全體罰跪都是由皇帝下的聖旨，雖然官方史書寫著劉瑾假冒聖旨，但實際上，劉瑾與官員對立，得到好處的是皇帝本人。看似魯莽的武宗，看來也有不少帝王的權謀。

貪汙犯的反腐運動

掌握權力初期，劉瑾還不知道貪汙，別人送給他幾百兩銀子，他就樂不可支。隨著權力的增長，每個官員拜見他都要送禮，似乎成了慣例。他的一位下屬勸說了一番之後，劉瑾突然開始發動反腐運動了。

最先遭殃的是幾個按照慣例送禮給劉瑾的御史，劉瑾不但處置了他們，還派遣官員到各地去清理府庫，看有無官員貪汙公款。一時之間，一場規模龐大的反腐運動展開了。除了派人清查帳目、庫存以外，劉瑾還鼓勵官員檢舉揭發。如此，確實有一大批貪汙官員被抓了起來。

不過諷刺的是，因爲劉瑾的太監身分，他的這次運動並沒有得到正面的歷史評價。在官方史書裡，重點渲染的是他如何搞連坐，如何讓貪汙的官員吃不上飯，以至於賣兒賣女。

實際上，劉瑾對貪官的打擊與明朝開國皇帝朱元璋相比，實在是小巫見大巫。劉瑾比較常用的懲罰是罰米。明朝官員的薪水用米來代替，劉瑾動不動就進行經濟制裁，大大充實了武宗的個人小金庫。武宗喜歡猛獸，爲了養育那些老虎、豹子，花費實在不小，劉瑾的反貪運動，武宗跟著發了一筆小財。

無厘頭改革

雖然是太監，劉瑾對政治也挺有頭腦，雖然沒讀過多少書，批改奏文有難度，但這並不妨礙劉瑾把奏章帶回家，廢寢忘食地「工作」。大臣們也習慣了劉瑾的存在，寫奏章時都自覺地先寫一份紅本送給劉瑾，然後再寫一份送給政府部門。

參與行政工作時間長了，劉瑾也開始了改革。對於他的具體改革內容，明史未有詳細說明，但卻提到改革涉及了吏部二十四個專案、戶部三十多個專案、兵部十八個專案、工部十三個專案。其中很多專案看起來頗不尋常，比如劉瑾下令寡婦必須改嫁。這種命令雖古怪，不過在今天看來，卻是符合人性的措施。另外，他還要求在北京的外地傭人必須離開北京。明代戶籍管理嚴格，當然與今天大陸的戶籍管理比起來，自然還有差距，至今，大陸報刊常常刊登員警排查暫住證的新聞，沒有暫住證就要被趕出北京。不過，這個政策只對大陸人適用，臺灣讀者過去不用擔心這個。

劉瑾的改革措施往往隨心所欲。因爲憎恨一個江西人，他便規定減少江西的鄉試名額五十名，而對自己的家鄉陝西，則毫不猶豫地增加了一百個名額。

說起來也許大家難以置信，劉瑾的一些措施，大陸仍在使用。比如客居名額，大陸大學招生，仍然按照各個省市固定名額的做法。北京、上海等大城市，因爲主管官員多是這兩地的人，因此，這些大城市的錄取名額就大大超過其他省市。歷史走到今天，似乎並沒有發生太多變化。

成於太監，死於太監

劉瑾是太監出身，但他對自己的同行卻不怎麼照顧，他親近、信任的多是朝中的大臣。比如內閣學士焦芳、劉宇、曹元，以及尚書畢亨、朱恩等人，都是朝廷官員，而焦芳甚至還是當初彈劾過劉瑾的人。

往日的「八虎」兄弟求劉瑾辦一點事情，他都會推三拖四。究其原因，大概他看不起那些不學無術的太監，也許擔心同行會搶自己的權力，而朝臣因為難以見到皇帝，對自己的權柄也不會構成直接的威脅。

但他無情的做法確實傷了往日老夥伴的心。馬永成、張永等便勾結起來，密謀除掉劉瑾。恰逢安化王朱寘鐇造反，劉瑾命令都御史楊一清與太監張永一起前去討伐，在楊一清的幫助下，他們製造劉瑾謀反的證據，趁給皇帝獻俘的機會，告發劉瑾。

武宗當時喝得醉醺醺的，便把劉瑾抓了起來，接下來的抄家過程中，果然「搜」出了劉瑾謀反的證據：私刻的皇帝印，還有不少兵器和弓箭。儘管誣陷手段十分粗糙，但皇帝歷來對謀反事件是寧可信其眞，不可防其無，因此，劉瑾被殺，依附他的官員也被流放或者撤職。劉瑾集團就這樣完蛋了。

【西元一四七二年～一五二八年】

王守仁

三不朽的哲學家、政治家

導言

王守仁字伯安，號陽明，浙江餘姚人，也許很多人不知道王守仁，但肯定聽過王陽明。古人認爲，要永垂不朽可由三個方面來達成——立德、立言、立功。說白了，就是留下好品德，創造好作品，或者建立偉大的功勳。而這三方面，王守仁都達到了。在他的故鄉餘姚，還有紀念他的碑亭，橫額就是四個字：眞三不朽。

王守仁確實達到了三不朽。他的品德好得沒話說，同時也是中國歷史上重要的哲學家，還是一個戰功赫赫的名將。

當了驛站長進士

王守仁是個具有神祕色彩的人物，歷史記載中，他有很多與眾不同的地方，據說他母親是在懷孕後十四個月才生下他。如果眞是十四個月，在現代醫學上就是一個特例了。

王守仁小時候有些癡呆，他的祖母夢到神仙從雲中送來了小孩，於是爲王守仁取名叫王雲。王雲到了五歲還不會說話，有個和尚爲他改名王守仁，又摸了摸他的腦袋，他才會說話。這些傳說都比較離譜，不過也能想像明代末期人們對王守仁的敬重。好比現在的明星人物總有許多離譜的八卦消息。王守仁的學說在明末突然流行了起來，因此關於他的傳說也跟著多了起來。不過他從小確實是一個很有志氣的人。

十五、六歲的時候，他就獨自去塞外考察地理；雖是學文的，但騎馬、射箭樣樣精通，喜歡談論軍事；考中進士以後，還向皇帝上書，如何對付北方邊境問題。不過，他的言論沒有得到重視，朝廷給他的官職是刑部主事，管理刑罰的一個小官員。

你不可不知的王守仁

▲西元1499年，王守仁考中進士。

▲西元1506年，因得罪太監劉瑾，被貶到貴州龍場縣擔任驛站長。

▲西元1516年，被提升爲南贛巡撫，鎮壓當地的土匪。

▲西元1519年，迅速平定朱宸濠的叛亂，被封爲「新建伯」。

▲西元1527年，平定廣西叛亂。

太監劉瑾專權時期，王守仁上書反駁，劉瑾很生氣，當場讓人打了王守仁四十板子，然後發配到貴州龍場去當驛站長。龍場位於苗族地區，十分落後。王守仁小時候雖然說話晚，但在那種地方，卻顯然很能說話，他和當地人打得火熱，不少人爲他砍樹修屋，日子過得也不錯。

平盜匪小試牛刀

劉瑾垮臺以後，王守仁回到了朝廷。他先後在刑部、吏部任官，因爲成績出色，不斷升遷。他平時喜歡談論軍事，得到兵部尚書王瓊的器重，恰好當時南贛地區土匪嚴重，王守仁便被任命爲御史，巡撫南贛。

南贛的起義軍兵力實際上並不強，雖然有很多股土匪，但他們各立山頭，互不統屬，易於各個擊破；然很多地方官的軍事素養太差，不但剿滅不了，還讓土匪勢力坐大。而這些官員給朝廷的報告裡寫的是，土匪的實力強大，需要朝廷從各省抽調兵力來圍剿。王守仁的前任甚至嚇得託病辭職了。

王守仁上任以後，首先發展情報機構，他知道很多小官吏是土匪的間諜，他審訊完幾個之後，赦免他們的罪，然後任用他們做朝廷的情報員。

有了詳細的情報之後，他又改革軍隊編制，完全掌握軍隊的人事任免，提高了士兵的積極性。有了情報，軍隊士氣又高，幾個埋伏戰便消滅了好幾股土匪。對剩下的土匪，王守仁一面剿滅、一面招降，對那些不投降的，不惜誘騙來殺掉。

就這樣，王守仁很快平息了南贛的土匪。當時，朝廷從鄰省調來的軍隊還沒有到達。王守仁率領的又都是一些文官，武將都是低級官員，能一舉解決朝廷十幾年解決不了的問題，不少人認爲王守仁是個「神人」。

將軍遇到「變態」皇帝

最能表現王守仁軍事才能的，則是平定寧王朱宸濠的叛亂。朱宸濠的叛亂很突然，如果在起兵初期他就馬上進攻南京，那麼肯定能取得突破，因爲朝廷還沒有做好準備。王守仁看出了這一點，便使用反間計離間朱宸濠及其謀臣的關係，派人送密信給朱宸濠的謀士，信裡誇他們歸順及時，又讓他們鼓勵朱宸濠進攻南京。朱宸濠被這些計策弄迷糊了，不知該如何處理，而偏偏他的謀士不斷讓他進攻南京，朱宸濠猶豫了十幾天，終於發現上當，但爲時已晚。他最後被王守仁抓獲。

王守仁平定叛亂的時候，正德皇帝正準備御駕親征。明代皇帝常有一些變態的愛好，像正德皇帝喜歡做將軍，聽到寧王叛亂之後大喜過望，封自己爲威武大將軍。誰知道剛出發，王守仁就平定叛亂了。這讓正德皇帝很不爽。另外，正德皇帝身邊有朱宸濠的間諜，不斷地說王守仁的壞話。

王守仁知道皇帝的怪異毛病，便聯絡太監張永，和他商量處理辦法。後來王守仁把朱宸濠交給張永，又改寫奏章，說自己在威武大將軍的領導下，根據威武大將軍的謀略，才取得了勝利。這樣一搞，正德皇帝才龍顏大樂。

混亂的朝廷難做事

幸好，正德皇帝很快就掛掉了。世宗繼位，總算世宗還知道要封賞功臣，於是，王守仁得到了「新建伯」的封號。然而，世宗的朝廷也不穩定，掌握大權的大學士楊廷和與兵部尚書王瓊是冤家對頭，而王守仁卻是王瓊提拔的，算是王瓊派系的人。

朝廷的封賞下來以後，王守仁發現朝廷雖然給了他爵位，還給了一千石的年薪，但卻不兌現。另外，跟隨自己立功的將領大多都明升暗降，不少人甚至還丟了官。王守仁氣憤難當，因爲他當時正在守孝，只能不斷上書給朝廷，但這些揭發信都送不到皇帝手中。後來托了朋友關係才讓皇帝得知這件事情，皇帝也確實多次在朝堂上與大臣討論此事，官僚體系最大的特點就是拖拉，朝廷對王守仁的幾次任命都沒通過討論。

廣西土司因不滿「改土歸流」發起叛亂之時，朝廷才想起了王守仁。王守仁雖然對朝廷不滿，但有了事情，還是馬上上任了。他考察了事情之後，認爲叛亂全是被朝廷政策逼的，所以沒有必要剿滅，只需撫慰幾下就行了。

在王守仁的安撫下，叛亂的土司前來投降。朝廷危機解除以後，不少人又來攻擊王守仁不應該獨斷專行，揚言要處置王守仁，然王守仁在回家的路上即因病去世，這件事情就沒了下文。

狡辯版的哲學家

相對來說，王守仁讓後人認識深刻的還是他的哲學。王守仁開始學的是朱熹的哲學，不過對朱熹的書，他一直都沒看懂。他在貴州龍場擔任驛站長的時候，長期無聊，便又開始了哲學研究。有一天，他突然豁然開朗，發明了「心即理」的思想。

王守仁哲學的核心思想爲「心就是世界」。對於這句話的理解，如果按照現代邏輯，說人認識世界是從自己的腦袋開始，所以人理解的世界其實是自己頭腦裡的世界，那還說得過去。眞要按照漢語的說法，愣頭愣腦地說「天下無心外之物」，難免讓人以爲你是個瘋子。

因爲缺乏邏輯支持，王守仁的哲學還眞類似狡辯，他的著名論調——「存天理，滅人欲」，就一直讓人詬病，發展到世俗生活，還眞害了不少不想守節的寡婦文人。無論如何，中國人向來尤其缺乏獨立的思想，他的思想還包含了許多注重實踐的東西，具有正面的意義。王守仁的弟子將其語錄選編爲《傳習錄》，是王守仁學說的重要作品。另外，因爲他的哲學思想，在他死後，朝廷把他的撫恤金都給剝奪了。可見，在傳統的中國搞點哲學，還眞不容易。

嚴嵩

【西元一四八〇年～一五六七年】

一手青詞換大權

導言

嚴嵩字惟中，號介溪，江西分宜人，其個頭高瘦，眉毛粗重，說話聲音渾厚高亮。嚴嵩的詩寫得不錯，他爲人隨和，待人寬容，在大臣中十分少見。

在文學作品中，嚴嵩是一個大奸臣，但實際上，情況複雜得多。

一方面，他和他的兒子確實把持著朝政，但嘉靖皇帝從頭掌握著主動權，不時搞一下獨裁，敲打敲打嚴嵩，因此，嚴嵩對朝政並沒有很大的控制力。嚴嵩確實也受賄，他的兒子程度更厲害，但有明一代，少有官員清廉。國家大事上，嚴嵩也辦了不少好事，他提拔人才剿滅倭寇，解決了東南沿海的問題。最後因爲失去寵信，嚴嵩被罷官，並入奸臣之列。

一次投機頓悟官場精髓

嚴嵩自幼即有神童的稱譽，二十歲就中進士，進了翰林院。沒工作幾年，弘治皇帝去世，正德帝繼位，重用太監劉瑾，又是一個喜歡獵殺虎豹、有弱智傾向的少年皇帝。恰好嚴嵩生了病，便回鄉養病，在家鄉一待就是十年。十年之間，嚴嵩整日讀書，結交各地名流，儼然清高讀書人的模樣。

嚴嵩重新回到朝廷以後，晉升得相當緩慢。畢竟，耽擱了十年光陰，肯定落後不少。直到嘉靖皇帝上臺以後，嚴嵩才爬到禮部右侍郎的位置，不過經過十年閒讀的嚴嵩，與別的大臣有很大不同，那就是他絕不因爲所謂的「禮」而頂撞皇帝。

嘉靖皇帝是正德的弟弟，這讓禮部在制定禮儀的時候，傷透了腦筋，並且經常與皇帝鬧矛盾。禮部曾經想讓嘉靖用皇太子禮繼位，惹得嘉靖十分惱怒，拋開禮部，自行在奉天殿宣布繼位。之後，嘉靖更想把自己的親生父親祭祀在明堂，這與當時的禮儀有很大的衝突。嚴嵩開始也反對，後來看皇帝態度很強硬，便馬上改變了主意，他不但支持皇帝，還制定隆重的禮儀，甚至寫了兩篇文章稱頌這件事情。這樣知情知趣，

你不可不知的嚴嵩

▲西元1500年，二十歲的嚴嵩中進士，被留在翰林院深造，稱爲「庶吉士」。

▲西元1506年，嚴嵩辭職回家，隱居十年。

▲西元1516年，嚴嵩重新出仕。

▲西元1538年，支持嘉靖皇帝祭祀其生父，雖違反禮法，卻獲得嘉靖歡心，被封爲太子太保。

▲西元1542年，嚴嵩進入內閣，同時兼任禮部事務。

▲西元1545年，嚴嵩擔任內閣首輔。

▲西元1562年嚴嵩被罷職，並遣送原籍。

▲「奸臣」嚴嵩逸事：

嚴嵩書法一絕，清代乾隆討厭嚴嵩奸臣的身分，但仍不忍換掉嚴嵩寫的匾額。

嚴嵩一系是明代抗倭的主力，提拔了不少抗倭名將。

嚴嵩老年落魄，被活活餓死，在歷代大臣中，也算異數。

皇帝馬上封他爲太子太保。

這次政治投機，雖讓其他大臣覺得不齒，但卻使嚴嵩頓悟了一個淺顯的道理：皇帝決定大臣的一切，要升官發財，最有效的方法就是討好皇帝。

嘉靖皇帝崇尚道教，經常搞齋醮活動，需要寫「青詞」——燒給上天看的祈禱詞。嚴嵩本來文學天分就不錯，下了工夫之後，他的青詞寫得極爲出色，嘉靖十分高興，對嚴嵩日加青睞。

謹慎、勤奮加無恥——政壇常青樹的訣要

嚴嵩進入內閣近二十年，執掌權柄時間之長，在明代十分罕見，尤其他的主子還是以待人冷漠、無情無義出名的嘉靖皇帝。嘉靖好殺伐，脾氣暴躁，後宮的宮女都受不了，八個宮女忍無可忍，曾想勒死嘉靖，多虧繩子打了個死結，嘉靖才逃過一難。

嚴嵩能夠得寵，與他的謹慎、勤奮是分不開的。嚴嵩進入內閣時已六十二歲，但他仍然每天晚上都去值班，生怕出一點差錯，皇帝對此十分滿意。

皇帝最怕大臣專權，嚴嵩留意這一點。皇帝喜歡他，經常單獨召見他，他便上奏說，皇帝召見自己的時候，應該同時召見其他的大臣。明世宗雖然沒有答應，但是內心更加欣賞嚴嵩了。

有次明世宗想封嚴嵩爲上柱國，這是一個榮譽稱號。內閣大臣夏言就曾經被封爲上柱國。嚴嵩卻上奏說，「上」這個尊崇的稱呼，不是大臣能夠享有的；並且舉例說，開國大臣徐達也只是封了個左柱國。他不但請求皇帝免了自己這個封號，還請求以此爲例，讓後世明瞭大臣的名分。一向苛刻的嘉靖聽了這些話，高興不已，覺得嚴嵩眞懂得人臣之分。

爲了保證自己的權力，嚴嵩對臉面也看得淡泊。夏言發現了他兒子的惡行，想要去揭發，他不惜對夏言下跪，哭喊求饒。按照輩分算起來，嚴嵩是夏言前輩，但爲了利益，嚴嵩對這些從來不在乎。因爲這些原因，嚴嵩成了明代政壇少有的常青樹。

最厲害的武器是皇上

同僚之間爭權奪勢很正常，但如何才能打擊對方，是個複雜的問題。嚴嵩在官場混了多年，明白最厲害的武器，不是個人如何有能力，而是獲得皇帝的撐腰。有了皇帝的支持，再小的官員都可以炙手可熱；失去信任，即使是內閣首輔也會面臨危險。

嚴嵩進入內閣之時，夏言是內閣首輔，十分看不起嚴嵩，多次打擊嚴嵩派系的官員。嚴嵩沒有辦法，只有更加討好皇帝。

世宗皇帝喜歡道教，除了不斷寫「青詞」以外，還讓人製作了道士戴的沉水香葉帽子，除了自己戴，還賞賜給大臣。嚴嵩馬上高高興興地戴上，每次上朝都戴著這頂帽子；而夏言注重大臣身分，從來不戴這頂帽子。這些雖是小事，但積累下來，也讓夏言漸漸失寵。後來夏言主張武力收復河套地區，嚴嵩反對，後來軍事進展不利，苛刻的嘉靖皇帝便殺了夏言。有人說夏言被殺，是嚴嵩進讒言的結果，不過，最終決定生死的是皇帝，夏言被殺，與他失寵有很大關係。

官場無是非，難以辨別的奸臣

明史認爲嚴嵩是個大奸臣，但是仔細考察嚴嵩的言行，卻發現事實未必如此。嚴嵩多年廝混官場，六十二歲才進入內閣，讓他的性格變得異常謹慎，而他也算是個很有經驗的大臣，說他是奸臣，實在沒有確實的證據。

說嚴嵩貪汙，抄家的時候，確實抄出了三萬餘兩黃金、二百萬兩白銀，但正式上繳朝廷時，卻變成了十萬兩白銀。抄家的首輔徐階是嚴嵩的對頭，藉此誇大嚴嵩家產。況且，明代官員貪汙的太多，比如推倒嚴嵩父子的徐階，也是個大財主，他強占民田之事被著名的清官海瑞抓獲，不得不退還給農民。這可是證據確鑿的事實。

嚴嵩的最大罪狀是勾結倭寇，但一直沒有證據，而嚴嵩提拔的趙文華等人卻反是剿滅倭寇的主力，很難想像勾結倭寇的人，會讓自己的手下剿滅倭寇。另外，嚴嵩亦不支持海禁，因為正是封鎖對外貿易，才引起了海盜、倭寇的盛行。

很多人說嚴嵩謀害忠良，如殺害沈煉等人。實際上沈煉乃是因與地方官有矛盾，當時的官員並非嚴嵩一派。而且縱觀沈煉的為人，過於放蕩，性格像詩人而不是政治家。據史載，嚴嵩還曾經上書為他求情。

嚴嵩之子自以為聰明，但正是他言行不正，故而牽連了嚴嵩。但即使苛刻如嘉靖皇帝，都未殺掉嚴嵩，只是讓他罷官回家、沒收財產，可見，起碼在皇帝心裡，嚴嵩並不十分壞。

老年癡呆葬送一代奸臣

嚴嵩最大的敵人是他自己，是他自己的年齡。嚴嵩任官之後，在家鄉隱居了十年，這段經歷大大妨礙了他仕途的發展，導致他入閣時已屆六十二歲，因此，當掌權二十年以後，高齡八十多歲的老人還每天上班、寫青詞，無疑十分辛苦。

更重要的是，年齡讓他昏了頭，文筆也退化了。他寫的青詞皇帝不再喜歡，而新人徐階的青詞寫得好，便冒了上來。同樣的原因，嚴嵩起草的資料，質量也越來越差，當然，按照現在的觀點來看，嚴嵩應該辭職，不過，讓一個貪戀權力的人辭職可是很難的。

八十多歲的嚴嵩老年癡呆還不算嚴重，但是當皇宮失火以後，他竟然建議皇帝住到南城離宮，忘了那裡住過被軟禁的英宗；此後他還建議皇帝住到大內，忘記了曾有八個宮女在那裡嘗試謀殺過皇帝，這讓皇帝十分惱火。後來有了大事，也不再問嚴嵩了。

失去寵信，嚴嵩也預感到不會有好下場，不久他的兒子被抓，自己也被趕回老家；屬於嚴嵩一派的官員，也紛紛受到打擊。

張居正

【西元一五二五年～一五八二年】

完美的改革家

導言

張居正字叔大，號太岳，今湖北沙市人。張居正二十二歲就考中進士並進入官場，他很快學會在黑暗官場中生存的本領。他重實權，爲此不惜勾結太監，但也保有自己的底線，那就是才能。張居正是中國幾千年來的一個奇葩。他有科舉出身的文采，又有底層官員的行政能力；同時還有官場生存的技巧，因此他得以進入內閣、掌握權力，並開始改革。他在軍事、行政、經濟三方面的改革都以成功告終。在他死後，考成法被廢，但一條鞭法卻流傳了下來。總之，他是明代中興的關鍵人物，是中國歷史上最傑出的改革家。

在黑暗官場成長的神童

張居正的先祖是朱元璋手下的普通士兵，祖父在遼王府做護衛，他的父親才開始奮發圖強，但參加了七次鄉試卻連個秀才都沒撈著。張居正則十二歲就考中秀才，成爲名震一方的神童。

因為祖父與遼王府的淵源，張居正與同齡的遼王子成為好友，並結識了一些官場人士。考中進士之後，張居正被授予庶吉士之銜，相當於現在的實習官員，這種官員按照慣例，可於三年後正式就職。

張居正踏上政治舞臺時，正是明代官場最黑暗的一段時期。內閣大學士夏言、嚴嵩二人爭鬥得激烈。夏言當時是首輔，他任用大將曾銑收復河套，頗有政績。不過嚴嵩可是一個權力鬥爭的高手，而世宗皇帝又是出名的昏庸，明代皇帝除了初期幾個較出色之外，其餘大多昏庸無比。

嚴嵩稍微找了幾個藉口，世宗就殺掉了大將曾銑，之後嚴嵩又誣陷夏言受賄，自己當上了內閣首輔。

張居正就是在這種政治氛圍中進入政壇的。這讓他充分認識到了政壇的黑暗，同時思考著晉身之路。實習期間，張居正整天研究國家的管理制度，經常參加官場的活動，但從不表露自己的立場，工作也表現得有板有眼。這段時期張居正雖無發揮，但此時卻對他的執政方式影響很大。黑暗的官場，讓他學會了務實，學會了狡詐。

你不可不知的張居正

▲西元1536年，十二歲考中秀才。

▲西元1547年考中進士，正式進入仕途。

▲西元1554年，張居正請假回到故鄉江陵隱居三年。

▲西元1567年，張居正擔任吏部左侍郎兼東閣大學士，進入內閣。

▲西元1572年，出任內閣首輔，開始一連串改革。

▲西元1573年，張居正提出並實行考成法，大大提高了政府的行政能力。

▲西元1578年，張居正徹查了除雲南之外省分的田畝，震撼朝野。

改革能力、爭權伎倆，一個都不能少

無論是大權在握的嚴嵩，還是宰相徐階，對張居正這種官場新秀都非常器重。因爲張居正從不偏向誰，實際能力佳，又是文采斐然的年輕進士，誰都想拉攏他。依靠這種微妙的心態，張居正維持著自身的獨立性。這種「能力」對於一個年輕的官員來說，確實十分罕見。站錯了邊，會對官員帶來致命的影響。在看不清未來之時能保持獨立，確實是最明智的。爲了盡可能保持這種優勢，張居正甚至曾請假回家三年。但這三年期間，他也沒有閒著，他在故鄉做了各種調查。當時沒有社會學，這種調查基本上是官員自己的體驗，但對執政者來說，卻是彌足珍貴的。

嚴嵩扳倒夏言以後，最大的對手就是宰相徐階，面對嚴嵩的淫威，徐階的許多好友都不敢和他走得太近。唯獨張居正不怕嫌疑。徐階本來對張居正就很有好感，因此對他更加看重，認爲他是難得的棟梁之才。果然，嚴嵩垮臺以後，徐階擔任內閣首輔，他馬上提升張居正。世宗去世以後，徐階廢除嚴嵩時期的一些弊政，諸多改革，張居正都有參與，不過，這時候張居正多站在徐階身後，自己並不出頭露面。

當時不少科舉出身的官員自重身分，認爲結交太監十分小人，但明代太監權力甚大，沒有太監的幫助，要掌握權力很困難。張居正爲了實權，毫無顧慮，而太監也確實幫了他很大的忙。他的種種改革，太監也在背後發揮了很大的正面作用。

非常時期的用人策略

張居正的用人歷來爲人所稱道。在中國這樣集權特點明顯的社會，官員的任免常常只視其忠誠度和派系，而不考察能力是否稱職。另外，因缺乏得力的考察法，官員們也根本不了解下屬能力。

張居正注重自身權力，也看重派系，但他更注重能力，這就保證了政策的執行效力。實際上，對許多官員來說，根本不在乎什麼派系，只要能夠保持官位，讓自己有發揮才華的機會，就感到滿足了。對這些人，張居正便大力拉攏。

張居正進入內閣以後，明朝的邊疆問題吃緊，北方有俺答汗，沿海地區因爲自毀海軍，對海盜無能爲力，倭寇到處侵犯。張居正任用戚繼光等將領，並完全放權，只要他們能夠辦好事情，張居正對具體事務一概不問。譚綸、戚繼光等將領也未辜負張居正的信任，在他們的經營下，邊疆長期保持安穩。而這些將領也與張居正結下了深厚的友誼。

張居正識人而提拔，把這些出色的人才團結在自己的左右。他發布政令，有時候不是依靠政府的號召，而是用私人的友誼來感染。這樣的人情策略爲中國所固有，西方教育薰陶下的人或許理解，但在中國，這種策略卻最有效率。很多官員對於政府號令可陽奉陰違，但對老上司的一句話，卻會全力以赴。不了解這一點，就不了解張居正的用人，也不了解中國人的心理。

卓越的管理大師

如將中國歷代政府視爲一個大公司的話，那麼在歷代的CEO之中，管理能力最強的非張居正莫屬。歷史學家黃仁宇指出，中國政府歷來沒有嚴格的管理。確實如此，即使歷史發展到現在，中國大陸政府的管理也依舊十分鬆散。因爲缺乏民主監督機制，官員任免強調派系，不敢得罪人，因此政府資金遭濫用的事件層出不窮。

說張居正是管理大師，因爲他暫時局部地控制了這種作風。他的方法就是「考成法」，具體來說，就是對每件事情都設立進度和期限，並確定負責人，如不能按期完成，對主管官員必定施懲。

對官員考核歷朝皆有，但能夠標明責任和期限，可說是張居正的一大貢獻。考成法實施以後，據說朝廷的命令早上發出去，晚上就能得到落實。然而這個法令讓各地官員感到十分不爽，張居正死後，這個法令也被廢除了。

一條鞭法是個系統工程

考成法雖重要，但是張居正改革的高潮卻是「一條鞭法」。

張居正的改革，先任用得力的將領進行軍事改革，不但取得了勝戰，也在制度上進行了局部變革。憑藉軍事勝利的威望，加之考成法成功推行，張居正的權力和魄力進一步提高。他懂得如何羈靡官員，讓滿朝文武佩服得五體投地。

黔國公沐朝弼多次犯法，但因沐家勢力很大，誰也不敢管。張居正一面提拔沐朝弼能幹的兒子，一面派人去抓沐朝弼，堂堂的黔國公絲毫不敢反抗，乖乖到北京認罪。張居正提議免其死罪，判了個終身軟禁。

吏治嚴明以後，張居正才著手實行一條鞭法，以保清丈田畝時的公正，減少貪腐。可以說，即使張居正之前的官員提出此法，也未必能夠完全貫徹，搞不好會像王安石一樣，落得一身罵名。

一條鞭法施行之後，徹底清查了天下田畝，震驚朝野，許多參與的官員都不敢想像竟能完成如此大的專案。張居正的威望也達到了頂點。

死後算帳的中國特色

因爲威望達到了頂點，張居正在內閣的同僚基本上都把他當成上司來對待。張居正的父親病故了，皇帝只給了他三個月的假期（按古代慣例，需守孝三年），還讓他在家裡辦公。但即使這樣的恩寵，在張居正死後，也人走茶涼。

因爲張居正的改革觸犯了大地主的利益，考成法又讓官員感到不服，他們百般詆毀張居正。另外，長大成人的神宗還處在青春期叛逆的心理過程中，慢慢對張居正開始不滿。與張居正交好的太監馮保的垮臺，也促使事件進一步發展。

對張居正的批判一步步緩慢而持續地進行，他的考成法被廢除，官員鬆了一口氣；張居正推薦的邊將、官員大部分遭罷免或流放。最後，神宗剝奪了張居正封號，查抄張家。地方官沒等朝廷官員到達，就封了張居正的家，導致十多口人活活餓死。

中國歷朝用人講究派系、重視人情，但這種人情往往維繫在當事人的身上，一旦當事者長逝，便一了百了。因此，死後算帳至今仍然是華人政權的一大特色。

崇禎皇帝面臨國家危難，想複製張居正的政策，但他畢竟沒有張居正的能力，自然沒取得功效。不過，張居正的身後名卻藉此得到了昭雪。

溫體仁

【？～西元一六三八年】

奸臣也是道德完人

導言

溫體仁字長卿，浙江烏程人。溫體仁是中國權臣中十分特殊的一個，他注重自我克制，在黑暗的官場中從不貪汙。另外，他還是苛刻的崇禎皇帝時期執政最久的閣輔。在此同時，他打擊異己，只要與自己不對頭，不管對方人品如何出色、學問如何知名、對國家的貢獻有多大，他都有膽量將之搞死。像錢謙益學問人品超群，他就以營建黨羽打擊錢氏。袁崇煥殺了他的同鄉毛文龍，溫體仁便毫不猶豫地慫恿崇禎皇帝殺死袁崇煥，絲毫不顧忌明朝因此受到的損失。《明史》雖然把溫體仁列入奸臣傳，但溫體仁的一生活得很順遂，死前一年才被免去內閣職務。

溫體仁是官場黑暗的一面旗幟，上頭寫的是「權力的貪欲」。

廉潔奉公的壞蛋

明代崇禎年間有這樣一首民謠：「禮部重開天榜，狀元探花榜眼，有些惶恐。內閣翻成妓館，烏龜王八箴片，總是遭瘟。」這最後一句，便是諷刺當時的內閣大臣溫體仁。溫體仁眞是如此混蛋的一個人嗎？從事實來看，溫體仁確實沒幹好事，但眞要爬梳細節，你會發現，溫體仁還稱得上是個難得的廉潔官員。

明代從開國皇帝朱元璋開始，一直提倡官員廉潔。自古以來，千里爲官只爲財。即使在朱元璋時期，也有官員不服氣地說朝廷給的俸祿太低了。朱元璋反駁說，就像老闆雇工人，官員覺得俸祿低，可以辭官啊，但實際上卻沒有幾個人辭職，一方面是做官確實能輕鬆發財；另外，很多人對權力的追求超過了財富。明代樹立了幾個廉潔的典型，最有名應屬海瑞和于謙。然實際上，溫體仁也算是頗廉潔的官員。

有人說，溫體仁的廉潔是因爲他的政敵多，害怕被抓住把柄，這種推理對溫體仁並不公平。溫體仁最大的缺點，實是看不到朝廷的利益，眼中只有自己的權利。

有能力才能弄權

溫體仁是崇禎皇帝內閣大臣中執政時間最長的人，一方面是他善於揣摩皇帝心思，另外，他確實是個頗有才幹的官員。

內閣大臣實際上等同於皇帝的顧問，還要爲皇帝起草聖旨，對朝廷大事擬出具體方案，待皇帝定奪。因此，詔書牽

你不可不知的溫體仁

- ▲西元1598年，考中進士，歷任庶吉士、翰林院編修。
- ▲西元1627年，溫體仁以錢謙益收賄、營私黨的名義打擊錢謙益。
- ▲西元1628年，崇禎即位，溫體仁入閣並出任禮部尚書東閣大學士。
- ▲西元1633年，周延儒被罷免，溫體仁成爲內閣首輔。
- ▲西元1637年，溫體仁被免去內閣職務。

扯的內容可說十分龐雜，含經濟、刑法問題，需要不少專業知識。

溫體仁是科舉出身，雖然未專門學習過各種知識，但他天生聰明，心算能力也很強，考中進士以後，他長期擔任翰林院編修，學習了不少知識。每當奏摺中牽扯到錢糧等經濟問題時，他都先在心中迅速計算好，持筆一揮而就，且從來沒出過差錯，故他在朝廷大臣中頗有威望。另外，爲了襯托自己的才華，溫體仁往往提拔一些才能平庸之人來共事，有了這些庸才的烘托，皇帝更覺溫體仁的難得。而從當官的訣竅來說，溫體仁也很注意揣摩。他發現皇帝厭惡大臣營私結黨，在日常處事上便格外注意，不來貪汙這套，另一方面則對那些喜歡結社的同僚，一有機會便進行打擊。

崇禎皇帝繼位的第一年，他便和周延儒與東林黨人大起衝突。除了打擊東林黨人氣焰的考量外，也因他知道皇帝不喜大臣結黨，打擊這些人等於說明他自己沒有黨羽。

為了爭權什麼都幹

邱吉爾說：「權力是最好的催情劑。」男人有了權力，便立刻高人一等。爲了爭權，很多人會不擇手段。錢謙益是有名的文人，聲望也不錯。溫體仁感覺到錢氏會成爲自己進入內閣的對手，便先下手爲強，指使張漢儒揭發錢謙益居鄉不法的四十款罪狀。錢謙益確實接受了賄賂，不過明代不受賄的官員也確實不多，溫體仁盯著錢謙益，只是因爲感覺到了威脅。

如果說他對付錢謙益，對國家還沒有什麼危害的話，那麼他爲了打擊政敵錢龍錫，推波助瀾，鼓動崇禎皇帝殺死袁崇煥就實在不可原諒。

唯從權力鬥爭角度來看，溫體仁要獲得發展，袁崇煥就必須死。這就要從官員的功績上來說了。一般來說，朝廷大員推薦一地的主管官員，那麼該官員的政績便與之掛了鉤。宰相錢龍錫推薦了袁崇煥，後者在遼東的軍事進行得還算順利，寧遠大捷炸死了努爾哈赤，如果能夠給袁崇煥多幾年時間，滅亡後金也許就不是空想。

只是如果事情眞如此發展的話，錢龍錫的宰相位子就牢靠了，而溫體仁的好日子恐怕也沒了。然而，明代最大的問題就在北方邊防。所以，溫體仁必須破壞錢龍錫的功勞，故當皇太極使用反間計之時，溫體仁便將計就計，鼓動皇帝殺掉袁崇煥。袁崇煥被殺以後，錢龍錫也很快被罷去宰相職位，溫體仁成功了，最大的受害者則是明政府。

官場不倒翁的祕密

溫體仁的運氣也不好，他驅除異己的手段雖然高明，但在他入閣前幾天，明朝的天下便不太穩定。先是各地災害頻仍，出現全國性大饑荒。陝西爆發大規模農民起義。溫體仁進入內閣以後，各地起義軍仍難以剿滅。

中國自古就有把天災與人事聯繫起來的思維。因此，雖然他的政敵沒有抓住他的把柄，但工部侍郎劉宗周抓住這一點，攻擊溫體仁。

溫體仁自保的法寶其實很簡單，他總是把自己的事情往皇帝身上歸功，因此要是攻擊他，往往也會牽扯到皇帝身上。而劉宗周幼稚的是，打擊溫體仁時，偏偏要把崇禎皇帝帶上，他的〈痛憤時艱疏〉，與其說是控訴溫體仁，不如說是對崇禎治國政策的全面批判。因此搞得崇禎皇帝生氣不止，不但沒有懲罰溫體仁，還把劉宗周革職爲民。

縱橫官場最大的祕訣十分簡單，那就是緊緊跟隨最大的老闆——皇帝——如果你的升遷、財富只取決於皇帝本人，那麼，任何人本能的反應就是去討好皇帝。溫體仁的做法雖然醜陋，但最應該痛恨的眞是溫體仁本人嗎？

歷史正是一面鏡子，從中可以看到過去，進而思考現實的問題。

混蛋皇帝的混蛋大臣

有其主必有其僕，反過來說也一樣。之所以有溫體仁這樣的大臣，主因乃是有崇禎這樣的混蛋皇帝。

表面上看，崇禎是個勤奮的皇帝，而且十分英明，因爲他殺掉了爲非作歹的太監魏忠賢。實際上，皇帝殺一個太監，眞的會費很大的力氣嗎？另外，崇禎竟然天眞地相信大臣們可以沒有派別。只要有人群的地方就有派別，這是個淺顯的常識，而崇禎皇帝卻不明白。這種認知是他見識的缺陷，更是他人格的缺陷。

溫體仁掌握了崇禎皇帝的缺陷以後，更加肆無忌憚，爲了進一步取得歡心，連文人社團——「復社」——都要來批判一番。然而，這種近乎無理取鬧的做法卻適得其反，尤其是溫體仁自己也有私黨這件事實被崇禎知道了，因此，溫體仁也不得不離開了他戀戀不捨的內閣職位。

袁崇煥

【西元一五八四年～一六三〇年】

軍事愛好者的夢

導言

袁崇煥是廣東東莞人（一說廣西藤縣人）。袁崇煥是進士出身，但卻是一個超級軍事愛好者，後來他調到兵部，並且主動到關外去考察地理，請求到關外帶兵。經過幾年磨練之後，袁崇煥的軍事才華得到了鍛煉，寧遠大捷、寧錦大捷是明末難得的幾次勝仗。

皇太極爲了除掉袁崇煥，進行了一次大手筆的反間計，他帶軍進逼北京，袁崇煥回京解圍，崇禎皇帝果然中了計，將袁崇煥逮捕下獄。身爲國家的支柱，袁崇煥在軍事危機的時刻，卻被自己人在首都五馬分屍。乾隆年間，清政府公布了當年的資料，後人才知道袁崇煥的冤枉。

知識青年參軍去

國家危難之際，青年往往會對軍旅產生強烈的好感。想想黃埔軍校在二十世紀初中國的巨大影響力，就不難理解。有明一代，北方邊境一直是整個帝國的噩夢。也許正是因爲這個原因，袁崇煥對軍事有著強烈的興趣。

袁崇煥性格慷慨，喜歡談論軍事案例。擔任知縣以後，他這種愛好進一步發展，每次遇到退伍軍人，他都纏著對方，詳細詢問北方邊境的各種問題。

回京述職的時候，他被提拔爲兵部職方主事，是一個負責蒐集情報的小官員。恰好當時朝廷吃了敗仗，袁崇煥獨自悄悄出發，到長城外去考察地形。兵部幾天後才發現袁崇煥失蹤，他的家人也不知道他去了哪裡。考察回來以後，他向朝廷上書，自薦去守衛邊疆。朝廷很欣賞他的熱情，爲他升了官，又給了二十萬兩銀子，讓他去招募士兵。於是，袁崇煥開始了軍戎生涯。

袁崇煥抵山海關不久，關外各部落歸順了明廷。上級命令他到關外的前衛屯主持事務，他帶人連夜出發，穿過虎豹成群的荒山，第二天一大早就到達了目的地。這個行爲，讓前衛屯的士兵對他佩服不已。

桀驁不馴的鷹派軍人

剛開始加入軍隊的袁崇煥，稜角分明。他的頂頭上司王在晉十分器重他，但他卻看不起自己的上司，認爲王在晉的軍事眼光過於短淺。有次，王在晉提議把八里鋪的城防修成雙重，袁崇煥認爲

你不可不知的袁崇煥

- ▲西元1619年，袁崇煥考中進士，任邵武知縣。
- ▲西元1621年，袁崇煥入京，被調到兵部擔任職方主事。
- ▲西元1622年，袁崇煥單騎出關考察地形，回京後請求守遼東。
- ▲西元1626年，袁崇煥取得寧遠大捷，炸死努爾哈赤。
- ▲西元1629年，皇太極繞道圍攻北京，袁崇煥回京解圍。
- ▲西元1630年，袁崇煥在北京西市被五馬分屍。

沒有必要，爭辯幾次之後，王在晉仍不聽他的。他憤怒之下，便向內閣大臣打小報告。

後來，袁崇煥有什麼謀劃，甚至懶得與王在晉溝通，直接向上層尋求支援。大學士孫承宗巡視邊塞時，袁崇煥馬上自薦駐守寧遠。因爲距離寧遠不遠的十三山，有明朝十萬難民。駐守寧遠以後，一方面可以威脅後金的錦州，一方面可與十三山的難民互相呼應。

孫承宗商議之後，認爲袁崇煥的提議可行，便勸告王在晉照此實行。王在晉是個不求有功、但求無過的軍官，怕擔風險故未發兵，直接導致十三山的難民慘遭殲滅，十萬人只逃出了六千人。這次事件使孫承宗認識到袁崇煥的軍事才能，處處採納他的提議。

後來孫承宗鎮守山海關，把重要事務都交給袁崇煥來處理。袁崇煥的職位雖然不高，但內部軍民事務、外部防禦事項，統統由他來負責，且成果非常突出。但有一次在整頓軍隊時，袁崇煥查出有軍官吃空餉，立刻予以斬殺；孫承宗十分生氣，認爲袁崇煥做得過頭了。袁崇煥當時也叩頭認錯，但其行事作風依然如故。

軍人是特殊職業，一般素質出色的軍官多半行事果斷，往往給人魯莽的感覺，但在戰場上需要的就是這種人。

意料之外的寧遠大捷

孫承宗雖然覺得袁崇煥鋒芒過露，但依然很支持他，派遣袁崇煥和滿桂一起去駐守寧遠。滿桂是個善戰的將領，而袁崇煥善於團結士兵，兩人配合得不錯。

袁崇煥駐守寧遠之前，另一位將領祖大壽奉命修建寧遠城。祖大壽根據朝廷以往的慣例，認爲朝廷可能要放棄寧遠，因此只修築了一道低矮的城牆。袁崇煥到來以後，馬上制定城牆的高、厚尺寸，責命祖大壽等幾個將軍分頭監督，第二年便建成了一座軍事重鎮。

寧遠建成以後，各處難民、南北商人紛紛到寧遠落腳。以寧遠爲依託，孫承宗與袁崇煥派軍分別占據了錦州等五個地方，並建立軍事據點，收復了二百多公里的土地。然而就在軍事勝利的時候，朝廷罷免了孫承宗，繼任者高第認爲關外的據點難以把守，便主動放棄錦州等地。袁崇煥氣憤不已，認爲軍事上有進無退，且退守之後，山海關便直接面臨敵人的進攻。而高第還要進一步放棄寧遠、前屯衛，袁崇煥堅持不撤，誓言要和寧遠共存亡。

高第撤軍之後，努爾哈赤馬上揮軍包圍寧遠。明朝廷知道消息以後，都認爲寧遠肯定會失守。袁崇煥把兵馬都撤入城中，在城外堅壁清野，並寫下血書來激勵將士；另外，他還命令山海關守將，如果有人撤退入關，一律砍頭。絕境之中的寧遠守軍發揮了極大的潛力，依靠西洋火砲大量殺敵，努爾哈赤被砲火擊中，不治而亡。

袁崇煥不是帥才

寧遠大捷的消息傳到朝廷之後，滿朝文武幾乎都不敢相信。大喜過望之後，朝廷又陷入了另一個奇想：以爲可以輕鬆贏得更多的勝利。

崇禎皇帝上臺以後，對袁崇煥抱以極大的期望。但以當時的兵力來說，明軍野戰能力不如後金，寧遠、寧錦大捷都是依託城牆、利用火砲轟擊的結果。袁崇煥統領一軍時是很出色，然而一旦涉及到政治與軍務時，全局觀便不夠用。最經典的事例就是度量不夠，殺死皮島守將毛文龍。

毛文龍本是個土匪，駐紮在皮島。這個人確實有很大的問題，比如在他的領域內，財政、人事大權都是他說了算，而且爲了獲利，毛文龍在邊境招商、走私，無所不用其極。這讓袁崇煥很不滿，但是有了他這股力量，後金就不能輕易大舉進攻。然袁崇煥卻只考慮毛文龍不發全餉給手下，擅自殺掉毛文龍，卻找不到一個可以統帥其手下的人。他爲毛文龍的手下增加了餉銀，仍然抵擋不住叛變事件的發生。

對一個統帥來說，他未必需要很高的戰術素養，但是全局觀要強，畢竟軍事是政治的延續。袁崇煥殺掉毛文龍，從全局來看絕對有害無益。而這些也成爲袁崇煥日後被殺的隱患之一。

政治觀念缺失的統帥

袁崇煥最大的問題是政治經驗不足。崇禎皇帝任用他之後，爲了讓崇禎高興，他竟然告訴皇帝，說五年之內就可徹底解決遼東問題。別人提醒他之後，他才感到事態嚴重。欺君之罪是很嚴重的，因此袁崇煥又補充說：「五年是指理想狀態，要達成這樣的效果，還需戶、工、吏部配合。」崇禎當時正高興，沒聽出袁崇煥言外之意，反而命令各個部門要全力配合。

袁崇煥沒辦法，繼續解釋說自己在外統軍，肯定會遇到各種問題，同時又說軍中有諸多問題，圈子外的人看到覺得奇怪，實際上沒必要擔心，希望朝廷只看結果而別太注意細節。之後，袁崇煥不斷調用自己喜歡的大將，而崇禎皇帝對他提出的要求也全都答應了。一時之間，袁崇煥受到極大的恩寵。在恩寵的背後，也包含著巨大的風險，沒有皇帝會對權臣十足放心，尤其是崇禎這樣的皇帝。

皇太極在軍事上難以攻破寧遠，便進行反間計。他帶領大軍繞過山海關，圍困北京，袁崇煥帶軍回來解圍，起初崇禎還很高興，後來袁崇煥請求帶兵入城休整，崇禎便不禁懷疑起來，拒絕了袁崇煥。

崇禎對袁崇煥產生懷疑後，皇太極透過俘虜太監帶的流言也傳到崇禎耳裡。崇禎綜合各種跡象，覺得袁崇煥還真有嫌疑，於是趁召見袁崇煥的時機把他抓了起來。

如果袁崇煥政治嗅覺高一點，皇太極的反間計就難以得逞；如果崇禎皇帝多一點腦子，皇太極的反間計也難以得逞。可惜，歷史不能假設。袁崇煥被殺以後，他手下的將領紛紛有了他念，祖大壽叛變，明朝再也沒有能夠抵抗清軍的將領了。

【西元一五六八年～一六二七年】

魏忠賢

靠女人出頭的太監

導言

魏忠賢（今河北人），無業混混出身，爲逃避賭債當了太監，並成爲皇孫朱由校奶媽客氏的相好。朱由校對客氏言聽計從，他即位以後，魏忠賢慢慢掌握了朝廷大權。

魏忠賢掌管特務機構東廠，大力打壓朝中第一大黨東林黨，並培養自己的勢力，公然賣官鬻爵，雖然掌權時間僅有八年，但負面影響大，其跋扈程度也是歷代之冠。太監專權歷來遭人唾棄，魏忠賢因此成爲後世文學作品中奸賊的代名詞。

魏忠賢能夠弄權，與明熹宗的不作爲有很大關係，魏忠賢的權勢也完全建立在皇帝授權之下。明熹宗去世後，魏忠賢被崇禎皇帝流放，畏罪自殺，魏系集團迅速瓦解。

權勢來自一個女人

少年時的魏忠賢是個古惑仔，大字不識一個，也沒有正當工作。後來因爲賭博欠了一屁股債，一發狠，揮刀自宮，踏上了太監這個很有前途的職業。

對於普通人來說，太監確實很有前途，但是競爭也激烈，而且，做太監總覺得對不起祖宗，故魏忠賢改名叫李進忠。任何年頭，從底層往上爬都比較辛苦，魏忠賢走了不少門路，才調到皇長孫母親的身邊工作。

魏忠賢經常巴結長宮太監魏朝，後者對魏忠賢很好，卻沒想到這個小弟竟然搶了自己的情人奶媽客氏。皇宮內太監找宮女做情人很常見，唯太監已去勢，故可說是進行著柏拉圖式的愛情。總之，客氏與魏忠賢一見如故，馬上拋棄了魏朝。

明神宗過世以後，他的兒子在皇位上坐了一個月也隨他而去，由長孫熹宗朱由校繼任皇帝。客氏是皇帝的奶媽，據說還是皇帝的情人。繼位之後，十五歲的皇帝馬上冊封自己的奶媽，同時還提升奶媽的情人魏忠賢，後者當時雖只是司禮監的秉筆太監，但權勢比掌印太監還大。

明代的體制對皇帝毫無約束力，即使明熹宗才十五歲，大臣對他也沒有辦法。熹宗他喜歡客氏，而客氏喜歡魏忠賢，基於這麼一層感情關係，魏忠賢打開了通往權力峰頂的鑰匙。

你不可不知的魏忠賢

▲西元1620年，魏忠賢擔任司禮監秉筆太監，開始在太監中出人頭地。

▲西元1623年，魏忠賢掌管東廠。

▲西元1624年，楊漣等大臣先後兩次彈劾魏忠賢未果，反被罷官。

▲西元1627年魏忠賢被流放，畏罪自殺。

病態皇帝成就一代太監

明代的教育顯然有很大的問題，神宗在位四十八年，竟然沒有好好考慮繼承人的培養問題。長孫的明熹宗，就被教育成了一個問題少年。

明熹宗沒學習如何管理國家，倒是對木工情有獨鍾，想來不會有任何朝廷大臣或者翰林院編修教授他這些。據說他的木工技術十分高超，但在情感上，他不迷戀自己的母親，倒對邁入中年的奶媽客氏極度迷戀。也許身處勾心鬥角、極端殘酷的深宮之中，內心的孤獨無助讓明熹宗的人格發生了很大的變化，鑽研木工技巧可能是一種逃避。

明熹宗明顯是宮廷權力鬥爭的受害者，作爲一個未成年人理應受到保護，可惜他生錯了年代，古代可沒有《未成年人保護法》，一戰爭，十四、五歲的少年就要走上戰場；明熹宗趕鴨子上架，匆忙走上皇位，也是如此。

朝臣也曾經設想好好培養皇帝，因此多次上書請求把奶媽客氏送出宮，明熹宗不答應，甚至爲此流放了不少官員。這時，朝廷官員還沒注意到站在客氏身後的魏忠賢，魏忠賢把情敵魏朝趕出宮，憑藉客氏的幫助，取得了明熹宗的信任。

明代皇帝無論聰明還是愚蠢，對宦官的信任都超出了大臣。明熹宗也一樣，他讓魏忠賢訓練太監練武，最後把重要的特務兼國家安全機構——東廠，交給魏忠賢來管理，魏忠賢的權力迅速擴大。魏忠賢總趁明熹宗研究木工活計的時候去報告工作，明熹宗隨口就說：「知道了，你好好幹吧！」因此，朝廷很多事情便都由魏忠賢做主了。

成事不足的東林黨

魏忠賢掌權時期，東林黨官員最爲他所痛恨，不少人因此對東林黨評價很高。但實際情況卻未必如此，正是東林黨缺乏政治經驗，才造就了魏忠賢的囂張。

東林黨形成於神宗時期。神宗不喜歡管朝政，國家大事取決於內閣，內閣大多是翰林出身的讀書人。顧憲成、顧允成兄弟辭官以後與高攀龍、錢一本等人到東林書院講學，整天批評朝政，類似於今日的媒體監督。那種批評對內閣頗有影響，東林派官員因此顯著了起來。

魏忠賢掌權以後，正是東林黨勢力最強的時候。魏忠賢是宦官，並無太強的政治要求，他要的是尊敬和財富，東林成員明顯輕視了魏忠賢的力量，面對魏忠賢與一些朝廷官員互相勾結的情況，他們看不到魏忠賢的權力來源，輕易出擊。

此時，以前一直被東林黨派排斥的勢力，迅速與魏忠賢聯合起來，與東林黨人對立。另外，在當時的三件大案上，東林黨人都犯了錯誤。首先是神宗時期的「挺擊案」，因爲主使者是鄭貴妃，神宗不願意暴露宮廷醜聞，東林黨人便把案件壓了下去，這就給魏忠賢留下了攻擊他們的口舌；其次是導致光宗死亡的「紅丸案」，光宗好色，大臣李可灼獻上自製「威而剛」，光宗半天之內連磕兩粒，第二天就掛掉了，在位僅二十九天；再次就是光宗的女人西李，企圖垂簾聽政，東林黨人逼迫她遷移乾清宮，是爲「移宮案」。

這三件大案原本都是按照東林黨人的主張處置，魏忠賢藉翻案的機會大力打擊東林黨人。一直占據朝廷要職的東林黨人竟無還手之力，充分暴露了他們善於批評、不善於行動的缺點。魏忠賢的勢力也因此迅速膨脹。

被誇大的魏系勢力

魏忠賢能夠得勢，依靠的是明熹宗，後者在位只有八年，他死後，魏忠賢便迅速垮臺。八年之間，魏忠賢從一無所有到權傾天下，勢力能有多深呢？

實際上，東林派系的劉一景內閣於一六二二年才垮臺，接下來葉向高、韓擴、朱國楨的內閣依然是東林黨人的勢力，他們也支撐到了一六二四年。魏忠賢的走狗顧秉謙出任內閣首輔已到了一六二四年，魏忠賢控制內閣為時僅三年多，從時間上看，魏忠賢對整個朝廷的影響實在有限。

再看看魏忠賢的人脈。內閣大臣顧秉謙等人都是進士出身，此外還有馮銓、黃立極、施鳳來、張瑞圖等名望稍低一點的內閣大臣是魏系人馬。而所謂的「五虎、五彪、十狗、十孩兒」，大抵都是沒有名望、也缺乏政治鬥爭經驗的人物。比如十狗之首的吏部尚書周應秋，只知貪汙納賄，號稱「周日萬」，形容他每天貪汙一萬錢。他擔任吏部尚書不到一年，遇到魏忠賢垮臺以後，他竟然哭道：「兒子如何過？」

可見跟隨魏忠賢的人馬之中，缺乏優秀的人才；沒有人才，如何能在政治鬥爭中獲勝？史書對於魏忠賢的記載可謂過度彰顯，誇大了魏忠賢的影響力。

殺了魏忠賢，還有後來人

看看魏忠賢的垮臺過程，便能了解魏忠賢到底有多大能力。明思宗朱由檢，也就是崇禎皇帝即位以後，根本未對魏忠賢採取什麼特別的措施，幾位大臣上了攻擊魏忠賢派系的奏摺，崇禎皇帝沒有表態，底下的大臣就紛紛彈劾魏忠賢。

崇禎並不是個英明的皇帝。當時他年僅十七歲，對付魏忠賢，他既沒有調動軍隊，也沒有聯絡朝中大臣，只是叫來魏忠賢，讓人念嘉興的一個小貢生寫的告發信給他聽，嚇得魏忠賢屁滾尿流。崇禎把他發配到鳳陽，走到半路一聽到皇帝要殺他，便上吊自殺了。他的情人客氏也被亂棍打死。

面對一個新即位的少年皇帝，魏忠賢都沒有力量抵抗，更證明了魏忠賢所有的權力都來自皇帝，一旦失去了皇帝的支持，所謂的魏系內閣便轟然倒塌。魏忠賢的權勢並未如史書上渲染的那麼強，明代皇帝之所以一直不怕太監，原因就在於太監自身並不能發展成權臣，不會威脅皇帝的寶座。

魏忠賢一派的人物，一直未被徹底肅清，甚至跟隨魏忠賢的太監仍繼續留在宮中，明朝被滅之後，逃到江南的南明朝廷太監弄權依然嚴重。

范文程

【西元一五九七年～一六六六年】

滿清政治架構的設計師

導言

范文程字憲斗，號輝岳，他是明末的秀才，看到努爾哈赤的發展之後，主動投靠他，幫助後金建立政權、攻占瀋陽，並協助皇太極建立清皇朝。

清朝的開國政策，大多出自范文程的手筆；多爾袞南下攻打明朝，也是范文程主持行政、後勤等事務。他是清朝開國的大功臣。然而，從民族角度來說，滿清以一個小民族統治全中國，爲了鞏固政權，統治政策也更加嚴酷，讓中國在近代世界潮流中迅速落伍。

主動投靠的「漢奸」

元明清時代，是所謂漢奸層出不窮的時代。因爲少數民族政權的強勢崛起，讓許多讀書人不得不走上漢奸之路，但范文程卻是主動做了漢奸。

范文程的家族背景顯赫，他是范仲淹的第十七世孫，曾祖父范鏓曾是明朝的兵部尚書，不過祖父只是個縣級的小官吏。明代的朝政十分混亂，皇帝大多昏庸無比，范文程考中秀才之後，一時也難以謀到出路，而在他的家鄉瀋陽，努爾哈赤正與明朝鬥得激烈。

眼看著努爾哈赤從小到大建立汗國，並且一舉攻占了撫順，范文程認爲明朝「氣數」將盡，即將取得天下的則是後金政權。於是，努爾哈赤攻下撫順之時，范文程便和胞一起投靠到努爾哈赤的軍營。努爾哈赤了解了他們的身世之後，對范文程的家世備感興趣，覺得自己的政權正缺少名門之後的支持，於是馬上重用范文程。

在這之後的戰爭中，范文程也表現了自己的實力，他熟悉明朝的政治、軍事情況，能夠迅速找到明軍的弱點，努爾哈赤攻占遼陽、西平等一連串戰鬥中，他迅速成了努爾哈赤所倚重的參謀。

滿清統一的總設計師

努爾哈赤死後，繼承者皇太極也認識到范文程的重要性。後金當時的中央權力十分弱小，范文程幫助皇太極加強皇權，並且建立了各種國家制度，讓後金這個游牧民族政權迅速產生蛻變。

你不可不知的范文程

▲西元1618年，范文程主動投奔了努爾哈赤。

▲西元1629年，范文程成爲皇太極內閣「文館」的骨幹分子。

▲西元1646年，多爾袞疏遠范文程。

▲西元1652年，順治皇帝授之以議政大臣之職。

▲西元1654年，順治皇帝加封范文程爲少保兼太子太保。

▲范文程的軼事：

范文程是范仲淹的第十七世孫。

策劃反間計，致使崇禎皇帝殺掉袁崇煥。

輔佐努爾哈赤、皇太極、多爾袞、順治以及康熙五位君王。

皇太極建立了相當於內閣的組織——文館。范文程就是其中最得力的助手。更重要的是，范文程還建議設立漢軍八旗，從制度上確立了讓滿清獲得了同化漢人、以漢制漢的策略。

在軍事上，范文程也立下了很大的貢獻，他建議皇太極繞過山海關，直逼北京，大大打擊了明朝的士氣。作爲漢人，范文程在勸降時也更有說服力，很多城池未經抵抗，就投降了皇太極。火砲曾經是明軍最大的優勢，努爾哈赤就死於砲火。范文程使用火砲也十分拿手。後來，祖大壽投降，後金的火砲也發展了起來。

范文程最大的貢獻，還是在戰略策劃上。皇太極接受明朝降將時，總是派范文程來接待；而後金攻破旅順、收復平島、討伐朝鮮、平定蒙古叛亂這些事情上，總體戰略步驟范文程都有參與。

李自成起義以後，滿清一直以爲能夠與起義軍合作，一起對付明朝，只有范文程認爲不可能，最後，滿清聯絡吳三桂，按照范文程的策略，與明朝官吏合作，接受了不少降將。

范文程對滿清的作用有多大，看看皇太極對他的器重就知道了。皇太極每次討論政事的時候，總要問一下：「范章京知道嗎？」有次范文程生病了，皇太極乾脆等他病好以後才處理政事。

制定清朝的各種制度

范文程不但幫助滿清制定統一規劃，各項具體制度的建立上，他也有很大的功勞。後金政權的權力分散在各個旗主身上，范文程擔任皇太極的內秘書院大學士，相當於明代的內閣首輔，管理內政外交，尤其是外交方面，各種文書都依靠范文程來起草。

皇太極開始還沒有稱帝，正是在范文程的支持下，皇太極在一六三六年改元崇德，定國號爲清，標誌著後金這個「馬背上的民族」正式建立了自己的政權。

滿清草創，一切制度都需要重新制定，范文程熟悉明朝掌故，也了解滿清的具體情況，因此成了擔當重任的最佳人選。據史料記載，皇太極每次召范文程談話，總要談好幾個小時，有時候，范文程還沒來得及吃飯，就又把他叫過去。可見皇太極對范文程倚賴的程度。

從制度建設上來說，范文程面臨的任務也很繁重。首先，他要竭力避免明朝的腐敗在清朝重演，另外，他還要面對明朝所沒有的民族問題。

范文程建議皇太極仿照中國歷代朝廷官制，設置「言官」的職位，實際上是一種監督機制，即控制各貝勒大臣的不法行為，又加強了王權。此外，還仿照明朝建立了六部，不同的是，清代六部主要由滿清貝勒來領導，但在具體事務上也安插了很多漢族官吏。

各種制度建立了以後，范文程還建議進行科舉考試來選拔和招攬人才。透過科舉而招攬的人才，迅速成為滿清的中堅力量。對於民族問題，則專門建立了「理藩院」。

鞏固了東北勢力，又建立了完整的統治制度，滿清才得以南下征服明朝。如果沒有范文程等漢族官員的幫助，即使李自成與明朝如何火拚，憑藉滿清那麼少的人力，無論如何也難以統一中國。

識勢識人的管理者

要成功，不但要認清形勢，還需懂得用人。多爾袞之所以能攻占北京，主因就是他身邊的范文程。後者無論對形勢還是對人，都具有一雙慧眼。

李自成攻占北京以後，范文程清楚地看到李自成雖然強大，但他得罪了大地主，同時軍隊紀律差，不得人心，在政治上也沒有做出表率。因此，他建議多爾袞聯合明朝殘餘勢力，一起對付李自成。

聯合了吳三桂以後，范文程更建議多爾袞在行軍時，一定要注意紀律，並打出自己是追趕草寇李自成的口號，在道義上採主動之勢。同時大力招攬明朝舊吏，利用這些人的號召力來安定民心。

多爾袞占據北京之時，在范文程的建議下讓軍隊駐紮在城外，自己只帶了一千多人馬入城，藉此迅速讓城內人消除恐懼。

在識人這方面，范文程也很有心得。明朝的總督洪承疇，是明朝舉足輕重的人物，他戰敗被俘以後，態度很強硬，大多數人都認爲他不會投降，南明朝廷甚至爲他祭奠，認爲他會自殺以保全自己的名節。范文程與洪承疇交談一番以後，發現洪承疇幾次拂拭衣服上的灰塵。他由此斷定：洪承疇愛惜衣服，必然愛惜生命，因此很可能會投降，不久，後者果然投降。

清朝入關以後，攝政王多爾袞負責軍務，行政事務基本上都由范文程來處理。他用自己的事蹟現身說法，招攬了大量的官吏。爲了緩解明朝官員的心理隔閡，他甚至放很多官員南下探親。同時，在經濟上也大大降低了田賦，讓普通老百姓也感覺到新皇朝的好處。

差點被卸磨殺驢

在范文程的主持下，滿清局勢迅速穩定。范文程因爲權勢過大，與攝政王多爾袞的矛盾也日益明顯。多爾袞想獨攬大權，改稱號爲皇父攝政王，對范文程大加打擊。

起先，多爾袞只是警告范文程，說國家的制度已奠定，你要少管閒事。確實，當時各項制度已經完備，多爾袞之所以沒有殺范文程，並不是因爲能力不夠，而是沒有找到合適的理由。

范文程端著儒家的架子、堅持效忠於順治小皇帝的論調，也許是多爾袞討厭他最大的原因。多爾袞曾經把范文程抓到監獄，以此來嚇唬他。幸虧范文程裝病，才躲過多爾袞的威脅。

多爾袞逝去，親政之後的順治皇帝因此十分器重范文程。順治也很信任范文程，對其提出的很多政策都加以實施，不過，清政府重滿族、輕漢族官員的弊病，卻一直沒有改觀。民族不平等，是滿清立國以來最大的弊病，爲了掩蓋這些弊病，甚至不惜堅持愚民政策。范文程未必想不到這種情況，只是他投靠的就是滿清，在內心，他自己可能也不願正視這個殘酷的現實。

順治之時，范文程多次稱病，最後終於退休，也得以保全君臣的和諧，在他死後，康熙皇帝親自爲他寫了「元輔高風」四個字作爲獎賞。

洪承疇

【西元一五九三年～一六六五年】

投降的政治明星

導言

洪承疇字彥演，號亨九，福建南安縣人。洪承疇是進士出身，在陝西擔任布政使參政期間，因爲陝西農民起義頻繁，無意中發掘了他的軍事才能。因爲鎮壓起義軍業績突出，很快他被升任爲兵部尚書兼督河南、山西、陝西、四川、湖廣五省軍備。後來他入衛京師，並擔任薊遼總督對抗清兵，因爲崇禎皇帝的不信任，他率領十三萬精兵在松山戰敗，次年被俘且投降清朝，他是明朝降軍中官職最高的。投降之後，他爲清軍南下統一貢獻良多。

占領北京、平定江南叛亂，一直到湖廣、兩廣、滇黔，各路起義隊伍無不遭到他的鎮壓，洪承疇出色的軍事才能，大部分用到了自己族人身上，這也是他歷來遭受詬病的最大原因。

另外，洪承疇確實盡力降低了戰爭的代價，他的經濟措施對於江南的恢復，發揮了很大的作用。孫中山在〈贊洪文襄〉詩中，對洪承疇的評價不低。

進士出身的軍事家

洪承疇雖然出身望族，但到他的時代家道已中落，家境較貧窮。幸虧他的家人發現他很有天分，才讓他讀書。洪承疇二十三歲中舉，次年就考中進士。

進入仕途以後，洪承疇在中央、地方都待過。崇禎皇帝上臺以後，陝西等地大旱，農民無法生活，紛紛加入起義軍。根據統計，陝西境內共有義軍百餘部，其中以高迎祥、張獻忠、李自成等人最爲著名。這些人在官軍勢力大時僞裝招安，經過休養生息之後，馬上又再叛變。洪承疇當時僅是個小小的參政，有次遇上一夥農民軍進攻韓城，陝西總督身邊無大將，因此命令洪承疇領兵。沒想到洪承疇一舉斬殺敵兵數百人，博得了善於帶兵的名聲。

從此，洪承疇走上了軍事統帥之路，面對狡猾的農民軍，洪承疇一改「招撫政策」，他不僅剿匪，還敢於殺掉那些多次反叛的降兵。這種行爲雖爲一些道學家所詬病，卻也顯示了他卓越的軍事才能。

鎮壓農民軍的過程中，洪承疇的軍事能力得到了很大的鍛煉，他俘虜了高迎祥，李自成也被逼得到處亂竄。李自成與洪承疇打了數次仗，從沒占過便宜，一度被殺得僅剩下十八人，可見洪承疇

你不可不知的洪承疇

▲西元1615年，二十四歲的洪承疇考中進士。

▲西元1638年，洪承疇多次擊敗李自成等起義軍，逼得李到處流竄；同年因爲在陝西剿匪成績出色，被調任薊遼總督對抗清兵。

▲西元1642年，指揮權力受到限制，導致松山戰敗，被俘降清。

▲西元1644年，跟隨多爾袞入關占領北京，被封爲兵部尚書兼右副都御史。

▲西元1645年，鎮壓江南抗清義軍，殺死抗清義士黃道周、夏完淳等人。

的將才。

洪承疇在陝西幾年，農民軍讓他殺得大敗，李自成之所以成為流寇，張獻忠之所以跑到四川，洪承疇的威逼就是一個很大的原因。

明王朝的希望和救星

崇禎皇帝自從殺掉袁崇煥之後，便空缺得力的大將，因此後金慢慢成了心腹大患。一六三六年皇太極稱帝，建立滿清，對明朝的攻勢更加猛烈。一六三八年，清軍分兩路南下，孫承宗等將領先後殉職，形勢十分危急。當時洪承疇是明朝西線的軍事統帥，在陝西的功績又極為出色，因此受徵召保衛京師，之後升任為薊遼總督。

初始階段，洪承疇採取穩紮穩打的戰術，因為明軍野戰的能力不如清兵，但軍事裝備和訓練卻較堅強，依靠這種戰術，洪承疇確實取得了一些勝利。然而崇禎生性多疑，袁崇煥因此被殺，洪承疇雖不用擔心殺身之禍，但崇禎皇帝在軍事指揮權上卻做了很多手腳。他不斷命令洪承疇盡快進攻，還派遣監軍到軍隊中督戰。

在這種情況下，洪承疇進師松山，不得已與皇太極展開大決戰。結果因為糧道被斷，明軍軍心不穩，部將開始不聽從命令，洪承疇率領的十三萬大軍，戰死者多達五萬多人。松山戰役的第二年，陷入圍困的洪承疇也被俘虜。明王朝的軍事救星再次毀在自己人手裡。

確確實實的大漢奸

按理說，像洪承疇這樣級別的官員是很難不投降的。洪承疇初始態度十分強硬，不但不投降，甚至還絕食。皇太極一心想勸降洪承疇，一方面因他是個人才，另外，洪承疇如果投降，將產生極大的示範作用。

洪承疇是否不怕死，范文程從他愛惜衣服這個細節看出了端倪，他認爲愛惜衣服的人，必然愛惜生命。皇太極聽范氏的推斷以後，馬上親自去探望洪承疇；後者順坡下驢，感慨一番以後，認爲皇太極才是眞正的天下雄主，因此投降了。

本來松山戰役之後，明朝就沒有多少精兵，洪承疇的投降無疑是雪上加霜。現代不少人爲洪承疇辯解，其中最大的原因就是他在清朝所得之卓越成就，因此，他的投降需另行看待。

好比兩家公司進行商戰，其中一家經理如果主動跳槽到對方那裡去，在經過違約處理之後，誰也不能說什麼。但如果自己把公司經營得破產了，然後一拍屁股，成了對方公司的經理，這樣的舉動無論放到哪裡，都說不過去。洪承疇的舉動，就類似如此。

因情勢抉擇而放棄原則，在異族居盛的元明清時代，「漢奸」數量何其多，明代也許是最多的，其中的原因，值得我們思考探討。但不能因爲有原因，就否定了事件的本質。

鎮壓漢人的劊子手

洪承疇投降以後，爲滿清出了很大的力。李自成攻占北京以後，洪承疇建議多爾袞祕密南下，緊逼北京，最後與吳三桂合併一處，擊敗了李自成。

攻占北京以後，洪承疇被封爲太子太保、兵部尚書兼都察院右都御史，與他在明朝的官職相同。洪承疇並沒有尸位素餐，相反的，他提出了許多建設性的建議，比如仿照明朝舊制來建立內閣票擬制度，在用人上，他還創造了推舉官員的保舉連坐法。

此外，當多鐸因爲「剃頭令」導致江南漢族強烈反抗之時，洪承疇還親自領軍，鎮壓江南的起義軍。不少起義軍都喪於洪承疇之手，這些事情對洪承疇的名譽影響極大。

之前的投降，或可用力戰之後、無可奈何來解釋，但之後鎮壓抗清義軍，就一點藉口也沒有了。儘管洪承疇在鎮壓的過程中採取安撫爲主的策略，並且他所推行的經濟政策，也減輕了老百姓的負擔，但他仍然遭到了唾罵。他的親人都難以原諒他。據說，他的弟弟與母親爲了表示與他的決絕，毅然生活在船上，藉此表達不落在清朝土地上爲生的意思。

平定江南戰亂之後，洪承疇又率軍經略西南，先占據湖南、廣東，然後進軍雲南、貴州，這些戰役再次顯示了洪承疇卓越的軍事領導力。

兩頭不討好的CEO

平定南方以後，洪承疇雖立下了大功，但是一方面他的用處已經不大，另一方面，他的權位太高，引起了滿州貴族的猜忌和不滿。因此，朝廷把他調回北京，讓吳三桂繼續攻打緬甸。

洪承疇死後，滿清爲了政治需要，把他列入《貳臣傳》，對他極盡醜化之能事。因爲滿清站穩腳跟之後，需要的是忠誠，而非叛變。同時，漢民族對他也十分痛恨，畢竟，他屠殺太多自己人。

甚至他以前的學生，都敢當面諷刺他。江南神童夏完淳被俘以後，故意當面諷刺洪承疇，說得洪承疇面紅耳赤。

關於洪承疇的故事，民間留有很多版本。

最具文學色彩的一個故事是這樣的，洪承疇和客人下棋，當時正好是陰曆的「穀雨」，丫鬟送上茶時，客人覺得茶分外清香，就稱讚說雨前茶可眞香啊！洪承疇本來也是優秀的詩人，因此他馬上出了一副對聯：「一局棋枰，此日幾乎忘穀雨。」客人續道：「兩朝領袖，他年何以別清明？」

儘管如此，洪承疇依然高壽，他活到七十三歲。看來儘管眾叛親離，洪承疇的心理仍舊調適得挺好的。

鰲拜

【?～西元一六六九年】

滿清第一勇士

導言

鰲拜姓瓜爾佳氏，滿洲鑲黃旗人。鰲拜的伯父很早就追隨努爾哈赤起兵。鰲拜則跟隨皇太極起兵，擔任過皇太極的護衛官，在攻占皮島一役中作戰勇敢，被封爲三等男，賜「巴圖魯（勇士）」封號。

在清代開展的戰爭中，鰲拜可說是戰功赫赫。松錦會戰，他的勇猛發揮了很大的作用。兇暴的起義軍將領張獻忠就是被鰲拜殺掉的。

多爾袞死後，鰲拜與順治的關係十分融洽，順治之後，他更擔任輔政大臣，政績雖不突出，但也沒有太大的失策。康熙因爲急於親政，抓獲了鰲拜，但晚年又主動爲鰲拜平反，認爲他是清朝爭奪江山的大功臣。

驍勇善戰的勇士「巴圖魯」

鼇拜出生於武將世家，自從他的伯父投奔努爾哈赤以後，其家族產生了多位戰功赫赫的將領。

鼇拜直到皇太極時代才嶄露頭角。皇太極攻下朝鮮之後，一直想占領皮島，因爲皮島在鴨綠江口外，是個戰略要地，與明朝的軍事據點相互依託，讓皇太極難以放心南下。恰好袁崇煥殺掉皮島守將毛文龍，皇太極看準時機，命令大將攻打皮島，鼇拜擔任先鋒，這次作戰，鼇拜表現異常勇敢，勝利之後便被賜號「巴圖魯」，即勇士之意。

擊敗洪承疇的松山之戰中，鼇拜也立下了大功，洪承疇遭圍困以後，就是被鼇拜率人擊退。這次戰役之後，鼇拜被封爲護軍統領，成爲八旗將領中的高層人物。滿清趁著明朝內部紛亂而南下之際，鼇拜已晉身高級將領。在山海關擊敗李自成以後，鼇拜與阿濟格一起追擊李自成，一路追殺到湖南。

之後，鼇拜又與肅王豪格等率軍攻打四川的張獻忠，後者以殘暴聞名，但在遇到鼇拜時，一個照面便被擊潰，張獻忠本人遭鼇拜當場格殺，大西政權因此瓦解。擊敗張獻忠以後，鼇拜在四川、貴州等地四處征討，上千農民和軍官遭屠殺，四川一帶的起義勢力大抵瓦解。

你不可不知的鼇拜

- ▲西元1637年，鼇拜擔任先鋒攻占皮島，被封爲「巴圖魯」。
- ▲西元1643年，皇太極病死，鼇拜支持皇太極兒子繼位，得罪了多爾袞。
- ▲西元1646年，鼇拜擊敗張獻忠的軍隊，陣斬張獻忠。
- ▲西元1661年，順治病死，鼇拜擔任輔政大臣。
- ▲西元1669年，康熙抓捕鼇拜，開始親政。

皇太極的心腹

鼇拜擔任過皇太極的護衛官。有人晚上向皇太極獻馬，鼇拜為了皇太極的安全，嚴詞拒絕了，還把對方訓斥了一番。皇太極對此極為讚賞。皇太極時期，鼇拜一直很受信任，也常常受到偏袒。

鼇拜在征服農民起義軍的戰鬥中立下了極大功勞，但卻沒得到什麼封賞。原因很簡單，他是皇太極的心腹。皇太極死後，繼承權問題浮上了檯面。

鼇拜當然支持皇太極的兒子，不過多爾袞的勢力也不小，雙方僵持不下。恰好李自成攻進了北京，這起突發事件讓滿清貴族擱置了爭議。妥協結果由皇太極的么兒子福臨繼位，多爾袞做攝政王。這樣的情形之下，鼇拜難免受到打壓。

鼇拜的鑲黃旗直接受皇太極領導，地位較高，相應的，獲得的利益也大。皇太極去世，鼇拜從個人利益來說，也希望皇太極的兒子繼位。為了立皇太極的兒子為帝，鼇拜下了不少功夫。他在各個諸侯王開會討論繼承權時，命令自己的士兵張弓搭箭，站在會議室旁武力示威，搞得氣氛格外緊張。最後，皇太極的大兒子沒能繼位，但六兒子福臨總算當上了皇帝。

多爾袞因為要對付明朝，暫時妥協，滅掉明之後，內部矛盾便日漸彰顯。皇太極長子豪格首當其衝，死在監獄，鼇拜暗地裡一直與多爾袞作對，也差一點被殺。幸虧多爾袞病死得早，否則鼇拜能否活到康熙朝，還眞是個問題。

順治親政以後，鼇拜得到了重用，成為議政大臣，不久又被封為一等侯。鼇拜與順治的關係十分融洽，順治死後，鼇拜順理成章成為了輔政大臣。

不合格的輔政大臣

順治的兒子玄燁，就是鼎鼎大名的康熙皇帝。康熙登基時僅有七歲，因此管理國事的責任，便落到了孝莊太后和四位輔政大臣（索尼、蘇克薩哈、遏必隆及鼇拜）的身上。

四位輔政大臣中，索尼年齡大，精力不濟，蘇克薩哈及遏必隆則資歷較低，因此鼇拜輕鬆掌握了大權。當時軍事行動已接近尾聲，朝廷中的大事基本上都是內部矛盾。

從輔政大臣角度來說，鼇拜很不合格。

首先，他沒有平衡朝廷勢力，反而一意打擊對方。鼇拜藉口自己的圈地不肥，便要鑲黃旗與正白旗交換圈地，這樣的舉動自然引起了正白旗的不滿。蘇克薩哈據理力爭，戶部尚書蘇納海也表示反對，鼇拜一氣之下，把蘇納海等人都殺掉了。

在戰場上，鼇拜是一個勇士，但在政治鬥爭中，卻是個十足的莽漢；亂殺人，非但不能鞏固他的利益，反而會樹立起很多敵人。大臣費揚古與鼇拜有矛盾，看到費揚古的兒子對大臣沒有禮貌，鼇拜藉口費揚古打獵時，使用了皇帝的弓箭，把這些人一股腦兒都給砍了。這樣的輔政大臣，自然不能算合格。

滿族貴族的代言人

鼇拜雖無多少政治謀略，但他對滿清貴族的利益，一直甚爲看重。當時一些漢族官員立下了功動，比如范文程、洪承疇等人，漢族官員的地位慢慢提高了，這就引起了鼇拜的不滿。

在他輔政的初始階段，他以「率循祖制」的幌子，慢慢進行一些對滿族貴族有利的政策。實際上，滿清在民族關係上向以滿族爲尊，這從皇太極、順治到後來的康熙，一直如此，鼇拜不過是更加直接。

爲了保證滿族貴族的利益，鼇拜下令從制度上進行檢討，一旦發現那些制度有問題，便馬上處理。不過，鼇拜不大會治理國家，雖然滿族貴族基本掌握了朝廷的高位，但地方上仍是漢族官員居多數。實際上，這也因爲滿族人數太少，沒有這麼大的精力來管理。

爲了打壓漢族地主階級，鼇拜發動了著名的「江南奏銷案」，就是追查南方欠糧的地主，一次就網羅了一萬多人，很多江南名士，比如著名詩人吳梅村也被抓了起來。他的這些措施，也有在統一之後卸磨殺驢、打擊漢族士紳的意思。

除了這些以外，鼇拜也有不少功績，比如他嚴厲打擊太監專權，清代幾無太監弄權之事發生，與此有很大關係。鼇拜對吏治也十分重視，清除了不少官場惡習。

遭受誣陷的勇士

鼇拜輔政以後，雖然搧了一些婁子。比如與正白旗的換地運動，實際上是有一次圈地運動，但是圈地運動中受到損害的主要是老百姓，滿族人不但沒有受到傷害，反而得到了不少好處。

不過之後不久，鼇拜還是被康熙捉拿了。爲了捉拿鼇拜，康熙確實訓練了一批摔跤好手，假裝玩遊戲，然後突然下手，清廷因此有了定例，專門成立「善樸營」。康熙捉拿鼇拜之後，康親王等人列舉鼇拜三十項大罪，但康熙並未殺掉鼇拜，反而網開一面，說不忍殺死他。晚年，康熙自己主動提出爲鼇拜平反。

實際上，康熙之所以抓鼇拜，主要是因爲鼇拜的軍人作風，嚴重傷害了皇帝的尊嚴。鼇拜自以爲忠心，便沒有顧慮，連輔政大臣蘇克薩哈都要趕盡殺絕。而同時康熙皇帝雖然年幼，但卻很有主見，因此，他們的矛盾便產生了。皇帝要一個人死，不需要理由。鼇拜被抓後的所謂三十大罪，實際無一條死罪。最讓鼇拜鬱悶的，也許是他的罪行中竟然沒有貪汙罪，這說明了鼇拜雖然跋扈，但確實是一心爲國。起碼，他沒有利用手中的權力謀貪。

【西元一七五〇年～一七九九年】

和珅

貧賤中發家的美男子

導言

和珅字致齋，鈕祜祿氏，滿州正紅旗人。和珅小時父親便去世，但他十分好學，勤奮使他抓住了碰到乾隆的機遇，迅速成爲乾隆身邊的紅人。和珅作爲乾隆的近臣也曾反腐敗，抓了幾個貪官。乾隆打仗的時候，和珅管理國家財務，他的行政能力也值得肯定。

和珅的學識不錯，他懂得滿、漢、蒙、回四種語言，放在今天，也算得上有知識、年輕化的領導者。和珅曾經擔任過理藩院尚書，主持外交工作，英國大使馬戛爾尼覲見乾隆時，就是和珅接待的，前者在自己所著的《乾隆英使覲見記》書中，對和珅的評價很高。

和珅的死，最大的原因是乾隆與嘉慶權力鬥爭的犧牲品。嘉慶作爲太子兼皇帝，必然要扶持自己的勢力，乾隆卻要控制嘉慶勢力的發展，和珅因此成了替罪羔羊。當然，和珅的財產也是被殺的一個原因，只是，相較權力而言，這個原因並不大。

貧賤中自強的美男子

和珅的祖先也是滿清的開國功臣，只是和珅的父親死得早，因此家道中落。不過和珅很要強，貧困中仍然不忘學習，曾經參加過科舉。他的發跡來自於乾隆面前的一次表現：

乾隆四十年時，和珅世襲了一個三等輕車都尉的官——乾隆出行時的小保鏢。乾隆皇帝在轎子裡看文件，發現有犯人逃跑，隨口說了一句《論語》裡的話：「虎兕出於柙，龜玉毀於櫝中，是誰之過與?」

滿族人地位高，年輕人裡愛學習的不多，乾隆的隨從一般也沒什麼學識，因此都不知道搭腔。和珅平素就愛學習，因此馬上用《論語》裡的原話回答：「典守者不得辭其責。」乾隆很驚訝，發現和珅長得一表人才，談吐又文雅，和珅因此得到了青睞。

明、清兩朝，權力都在皇帝身上。當時乾隆掌權日久，他器重的一般老臣飛揚跋扈的也不少，乾隆啓用新人，也有對抗老臣之意。

和珅得勢以後，還眞充當了一段反腐鬥士，他趕赴雲南調查總督李侍堯貪汙案，甚至還曾經微服私訪，一下子拿到了李侍堯貪汙的證據，辦得乾淨俐落，很得乾隆的讚賞。

關於和珅的發跡，不少人提到和珅和乾隆是同性戀。不少學者認爲乾隆確實有雙性戀傾向，但這也不能抹殺和珅自身能力這一因素，而且，和珅的才能比性關係更爲重要。

你不可不知的和珅

影視中的和珅 VS 歷史上的和珅：

▲大多形象醜陋，又矮又胖⟷玉樹臨風，清秀的美男子。

▲不學無術，只知奉迎皇帝⟷精通四國語言，才幹出眾。

▲乾隆身邊的弄臣⟷理財、管理能力出眾。

沒有真正權力的權臣

和珅確實很有權力，但是終其一生，他都難以達到權臣的境界。原因很簡單：乾隆太出色了。清代出了不少優秀皇帝，乾隆尤其是其中的佼佼者。和珅雖然長期擔任軍機大臣，但清代軍機大臣眾多，一個人是不可能專權的；而且和珅本人在軍事方面，也沒有多大的能力。甘肅回回蘇四十三叛亂，和珅作爲欽差大臣去督師，當時主帥阿桂因爲生病晚到了幾天，和珅自作主張指揮人馬，吃了個敗仗。阿桂趕到以後，和珅想推諉責任，阿桂同樣是乾隆信任的大臣，而且還是一個卓越的軍事統帥，三言兩語就揭穿了和珅諉過的謊言。遠在京師的乾隆都察覺到和珅的小動作，因此把和珅調了回去。和珅和阿桂鬥過很多次，獲勝的次數並不多。有阿桂這等人物在朝廷，和珅想專權，實在太難。

另外，乾隆用人很高明。他經常有意識地盯著和珅。和珅確實愛貪汙，有次他到甘肅審案子，拿人手短，有意袒護，被乾隆發現因而降了三級。和珅長期擔任崇文門稅務監督，他的家人劉全貪汙受賄，被言官彈劾，和珅應變迅速，未被抓住把柄，彈劾他的大臣也受到了譴責，但乾隆仍把他崇文門稅監的職務給免了。可見乾隆對待大臣的謹慎。

乾隆肚子裡的蛔蟲

按理說以乾隆的精明，不會發現不了和珅的諸多小動作，而且和珅被降職、降旨呵斥的次數也不少，但爲什麼總能提拔上來呢？原因很簡單，和珅善於猜測乾隆的心意。和珅爲了討好乾隆，甚至連自己的字體都模仿乾隆，還模仿得維妙維肖。此外，乾隆愛好的東西，他也十分喜歡，乾隆看到和珅，或有看到年輕時候自己的感慨。

和珅受寵時，乾隆已當了四十年的皇帝，做過了很多大事，文治武功都頗有建樹，也到了該享福的時候了，因此生活開始變得奢侈。和珅投其所好，利用自己的理財能力，爲乾隆搜刮財物。和珅在軍機處之時，創立了「議罪銀」制度——犯過錯的官員，可以交一筆銀子免罪，而這個錢直接由軍機處負責，不上繳國庫，入了皇帝的腰包。這一切因爲有皇帝的撐腰，朝廷官員雖然憤慨，也沒有辦法。和珅的這些行爲，基本上都在乾隆默許之下進行，因此即使他犯了錯，也都是表面上懲罰一下，事過之後照樣得寵。

和珅侍奉乾隆幾十年，對乾隆的了解，甚至超過了乾隆的兒子。有次乾隆得病，口中喃喃自語，當時旁邊除了和珅之外，還有嘉慶皇帝，遺憾的是，嘉慶根本不知道老爸在咕噥什麼。和珅馬上解釋，乾隆叨唸的是某一部佛經。對上級了解到這種程度，想不得寵都難。

滿清第一巨貪

和珅是個大貪官，其中有他自己的原因。和珅小時候家裡窮，凡窮過的人，對財富會有一種難以比擬的渴求。另外，清朝官員不貪汙的，大概也找不到。古代地方官員到朝廷彙報工作的時候，對各級官員都有相應的孝敬，誰不懂這一點，他的官也很難做下去。另外，誰擔任欽差大臣外出，貪汙來的好處，回京之後按例也要分給大家一點，這些都是大家心照不宣的潛規。和珅多次巡視各地，不貪汙還眞說不過去。

皇帝沒有人監督，自然不會把法律放到眼裡，加上乾隆動輒賞賜各地的稅收給大臣，或者把某個園林加地皮送給大臣，這樣的行爲，也鼓勵大臣更加賣力地貪汙。

今日中國北京大學所在地，是當時和珅的後花園，他的家則是現在的恭王府，而這些地方還只是和珅家園的一部分，和珅的財富之鉅大家就可以想像了。和珅家產的總値據說達到了八億白銀，要知道乾隆時期，清朝每年的國民總收入只有七千萬兩，和珅的家產比國家十年收入總和還多，因此，「滿清第一貪」這個名號就跑不掉了。實際上這個數字並不確切。値得一提的是，和珅本人非常善於理財，因此他的家產中也有自己理財生値的部分，並非完全貪汙。

和珅必須死的原因

和珅的死是一個必然。和珅的發跡來自於乾隆，因此乾隆死亡以後，和珅的好日子便到頭了。有人說，和珅爲什麼不與嘉慶搞好關係呢？一僕兩主，任誰都難以做到兩全其美，因此，這個建議對於和珅來說，是項不可能完成的任務。

乾隆當了六十年皇帝之後很謙虛地表示，康熙皇帝做了六十年，自己不能超過他，因此假惺惺地讓位。但是對於一個強權皇帝來說，讓位僅止於禮節，實權還是掌握在自己手上。但是這個決定，就要了和珅的命。

和珅爲了討好乾隆，在以往曾經得罪過嘉慶的老師；此外，乾隆讓位以後，多次派人監視嘉慶，執行者就是和珅。這讓嘉慶如何對和珅有好印象。和珅自己雖然多次向嘉慶示好，但都沒有結果。

另外，和珅的家產也是被殺的理由，和珅一心巴結乾隆，在朝廷官員中的名聲欠佳。皇帝殺了他，不但可以立威，還可贏得好名聲，嘉慶皇帝是個聰明人，自然不會放過這大好機會。當時民間就有「和珅跌倒，嘉慶吃飽」的說法，可見群眾的眼睛是雪亮的。因此，嘉慶掌權以後，和珅的結局只有一死。

林則徐

【西元一七八五年～一八五〇年】

眞性格的禁煙大臣

導言

林則徐字元撫，又字少穆，福州人。說到林則徐，一定會讓人聯想到虎門銷煙。確實，林則徐的禁煙運動是晚清少有的強硬事件，可惜，道光皇帝不能用人用到底，鴉片戰爭剛起來，林則徐就被充軍到新疆去了。

林則徐是一個集激情與務實於一體的人，他的詩文也不錯，禁煙運動之前，他的一些言論成了當時社會的名句。長期擔任水利、賑災等事務，形成了他務實的風格。他善於收集資料，並從中判斷出沙俄對中國領土的覬覦。晚年，他在西南鎮壓回人叛亂，也顯示了他的軍事才能，太平天國運動剛起，林則徐就病死在路上，他的軍事才能也沒來得及發揮。

出名的鷹派大臣

林則徐是福建人，福建人的血性、執著可是出了名的，林則徐雖出身文人家庭，但福建人這些特點卻一點也不少。

林則徐是進士出身，但他十分務實，先後在浙江、江蘇、湖北、河南、山東各地任職，工作的內容也多種多樣，軍政、漕務、鹽政、河工、水利各方面的事務都管理過。

清政府當時在世界上的實力排名還算不錯，尤有甚者，所有的清朝官員，都認爲自己的王朝是世界上最強大的。林則徐也不例外，因此，當他看到當時歐洲商人往國內運送鴉片之時，他的怒火不難想像得出。因爲鴉片貿易中，清政府的白銀只出不進，形成嚴重的貿易逆差。儘管當時還沒有貿易戰的說法，作爲鷹派官員的林則徐卻很自然地提出了禁煙的想法，他多次上書皇帝，指出鴉片的危害，因此被道光皇帝看重，成了禁煙大臣。

你不可不知的林則徐

▲西元1811年，考中進士，開始仕途生涯。

▲西元1837年，林則徐擔任湖廣總督，開始禁煙運動。

▲西元1838年，道光皇帝任命林則徐爲欽差大臣，前往廣東查禁鴉片。

▲西元1840年，林則徐被任爲兩廣總督。之後，英國發動鴉片戰爭。

▲西元1845年，林則徐被重新起用，任爲陝甘總督、陝西巡撫、雲貴總督。

▲西元1849年，因病退職，聯合士紳上書，抗議英國人在福州城建造房屋。

禁煙大臣的糊塗和勇敢

林則徐雖然提出禁煙，實際上他對歐洲、對英國政府控制的東印度公司毫無所悉。不但對這些不了解，對白種人的習慣也都不清楚。

當時的中國人相信，英國人吃牛、羊肉，難以消化，因此離不開中國的茶葉和大黃，沒有這些東西，他們就會消化不良而死。還有很多人認爲英國人膝蓋不能彎曲，林則徐也曾考慮過如何利用英國人這個弱點在戰爭中取勝。

作爲禁煙大臣，林則徐卻不懂貿易原則，不懂英國的國家制度。林則徐的禁煙過程並不驚險，等他到達廣州的時候，大煙販子早已經跑路了。林則徐命令英國領事義律查繳煙土，據說，當時曾許諾會給適當的報酬，義律交出了兩萬多箱煙土，林則徐一把火全給燒掉了。

這件事情震驚中外。對於一個不懂得貿易的糊塗朝廷來說，有官員這樣做，確實難得；但另一方面，清政府的海上力量太弱了，因此難以震懾對手。據說，後來給了外國商人一箱煙土、五斤茶葉的報酬，但這個價格太低了點。

林則徐的禁煙，放在今天看，亦無不合法之處，不過，法律好比蜘蛛網，抓住的是小飛蟲，如果對手太強大，就很難說了。當時英國的海軍正強大，對這個結果十分不滿。

現在亞洲商人出口俄羅斯的商品，往往採用包稅的辦法，因此常常被俄羅斯查扣，但被扣國只能抗議，沒有實際動作，原因就在於俄羅斯強大的軍事實力。而當時的英國則不同，它擁有全球最強大的海軍，因此馬上發動了中英戰爭。

睜眼看世界的第一人

林則徐雖然不了解英國，但到達廣州之後，他便開始著手了解對手的情況。他馬上派人收集當時外國人辦的報紙書刊，還破例招收一些沒有功名，但懂英文的人才進入自己的參謀團，招攬人手翻譯英國文件。

他的這些行爲，在當時來看，是十分大膽的舉動。這些對於一個稍微懂得軍事的人來說，絕對不算什麼。但是清政府實行愚民政策時間過長，自己官員腦子都不大靈光了。康熙本人學過天文、數學，但卻不讓其他人學習，且大行文字獄，中國近代的落伍，首先在於從思想上閹割了自己。

林則徐找人翻譯了不少資料，還翻譯了英國最新的地理書籍《世界地理大全》，當時翻譯名叫《四洲志》。但在當時的體制下，這些東西基本上沒產生什麼作用。而且英國人很聰明，他們看到林則徐在廣州軍事防備較完善，便沿海北上攻占了定海縣，在大沽港陳兵威懾。

糊塗的道光皇帝，認爲罪魁禍首在於林則徐，馬上把林則徐撤職了。但即使林則徐擔任兩廣總督，中國都未必能打贏那場戰爭；臨陣換將之後，第一次鴉片戰爭輸得更快。

林則徐命人翻譯的《四洲志》，苦無機會出版，幸虧他把資料交給了魏源。後者以此爲基礎，編輯了一本《海國圖志》，提出「師夷長技以制夷」的口號，引發了之後的洋務運動。

無論如何，從林則徐開始，閉關自守幾百年的中國，又開始對外張開了眼睛，作爲第一人的林則徐，儘管看到的東西很有限，但卻值得肯定。

務實的實幹家

林則徐有激情，同時也是一個務實的人。在擔任兩廣總督之前，他多次監督管理賑災、治河的事項和工程。尤其他主持的疏通長江工程，無論從經濟效益還是質量上看都很不錯。

林則徐的一大特點就是收集資料，他在新疆管理過水利工程，同時搜集了不少邊防知識，認識到沙俄對中國的威脅。被充軍到伊犁的時候，不少官員知道他很快又會被啓用，因此很重視他，他也就了解到更多。後來他在長沙見到左宗棠，更對後者預言沙俄的威脅，之後左宗棠收復新疆，林則徐也占了很大的功勞。

近代歷史上，侵占中國領土最多的國家，依然是沙俄。即使是後繼的蘇聯，也沒有歸還侵占中國的一百五十萬平方公里土地。國家之間，最重要的是利益，其次是利益，最次仍然是利益。

老年依然是個愣頭青年

到了老年，林則徐依然像個愛國的憤怒青年，在他的家鄉，一些英國人想在福州城建造房屋，且已買了地皮，後來被驚恐的當地人打了出去。英國人告到衙門，惹起了與另一國家之間的官司，當時的官員十分爲難，不知道應該如何處理。

林則徐聯合地方上的鄉紳上書，提出要嚴治外國人。實際上，當時的中國過於排外，最需要的是克服對外交流的恐懼感，對官員來說，也需要淡化事件的嚴重性。所以林則徐的上書，看似強硬，實際上並不妥。從這件事可以看出，林則徐對現代理念了解得還不夠深刻。

林則徐去世的那一年，恰好太平天國運動爆發，林則徐當時已經六十五歲，咸豐皇帝剛剛繼位，派林則徐去廣西擔任總督。林則徐興沖沖坐著轎子出發，連續趕了十七天路，跑到廣東就去世了。而林則徐之死，最高興的是太平天國。林則徐曾經在西南領兵，頗有威懾力，太平軍聽說林則徐復出以後，曾擔心了好一陣子。

史料記載，林則徐死前曾大叫，話語裡有「星斗南」三個字，眾人都不理解話裡的涵義，「星斗南」與廣州十三洋行附近的「新豆欄」街諧音，因此有人認爲林則徐是被洋商毒害的，後來查證，林則徐其實是死於年老體弱。

曾國藩

【西元一八一一年～一八七二年】

不善領兵的傑出軍事家

導言

歷史走到晚清，傳統的許多東西皆已璀璨至極。曾國藩就是一個將儒家修身養性、平衡人際關係玩弄到極致的人物。曾國藩出生於湖南長沙湘鄉縣的一個小村莊，二十八歲中進士，擔任京官。清代的官員分爲兩等：滿族官吏、漢族官吏。按照清代的民族政策，漢族官吏是不可能掌握大權的。然而曾國藩依靠出色的交際能力，獲得滿朝官員的稱讚，十年時間就官居二品，升遷之快，前所未有。

太平天國運動爆發後，恰好他遭逢母喪在家守孝，從此開始編練湘軍。曾國藩領軍能力很一般，數次被殺得大敗，但太平天國水準也高不到哪裡去，加上曾國藩還擁有李鴻章和左宗棠兩名領軍能力強的幫手，最終剿滅了太平天國。

五十七歲時，他因爲處理天津教案兩頭不討好，洋人不滿意，民間也罵他賣國，以致丟掉了直隸總督的帽子。晚年的曾國藩一直支援洋務運動，對中國的現代化貢獻不小。因對西方不了解，限制了他在洋務運動中的發揮，對後世來說，曾國藩影響最大的是他三十八歲時爲教育兒子而編撰的那本《曾氏家訓》。

人際關係的高手

古代的京官都很清閒，曾國藩二十八歲中進士以後，首先請了個假回家，這個假一放就是一年，這一年曾國藩在湖南到處遊玩，美其名曰察訪，年底回到北京之後才開始準備如何做官，因此拜訪了當時的一個牛人——理學大師唐鑒。和他學什麼呢？概括起來就是兩句話：做學問要講道理，身體要鍛鍊。其中對曾國藩影響最大的就是後者。

在北京的十年間，曾國藩基本就在鍛鍊身體：每天早起，練氣功，當然也讀書。更重要的是學習如何保養，與人交往時不但衣服要乾淨整齊，鬍子、眉毛都要一絲不苟，眼睛永遠直視對方。

因此，曾國藩很快在京城開創了局面，在國史館編書時，曾國藩寫了不少反映民間疾苦的詩文，更大聲責問官員腐敗，但卻不指明當朝某某腐敗。因此，曾國藩聲望不斷上升，道光皇帝也以爲自己遇到了一個好臣子，對他恩寵有加。

你不可不知的曾國藩

- ▲西元1838年，二十八歲中進士。
- ▲西元1839年，寫日記至死不輟，是難得的歷史資料。
- ▲西元1848年，編撰《曾氏家訓》，成爲育子聖經。
- ▲西元1853年，辦團練，開始軍旅生涯。
- ▲西元1861年，在接連戰敗的情況下，成爲四省督辦。
- ▲西元1865年，與李鴻章辦江南製造局。
- ▲西元1870年，因天津教案失去直隸總督職銜。

另外，曾國藩的人際關係處理得非常好，逢迎高官時不顯山露水，碰到同鄉士人時盡力接納，當時的軍機大臣穆彰阿，恰好是他會試時的老師，因此他不斷前去拜望，前者也需要他的名聲來烘托，兩人各得其所。

炒作自己的弟子李鴻章的時候，曾國藩的手段十分高明，首先他在當年的舉人中評選出所謂的「丁未四君子」，然後又斬釘截鐵地說李鴻章是四君子之首。這要是在今天，狗仔隊自會尋根問底，還會揭露他作為李鴻章的老師，公然熱捧自己的弟子，有不公正的嫌疑，但在當時，礙於他的名望，誰也不能說什麼。於是，李鴻章成了年輕一輩中天王級的人物，而曾國藩則成了超級「製作人」。

當時滿族官員雖然權力大，但是哪個會有曾國藩這樣的機心，後世的官員對曾國藩一直崇拜有加，可不是毫無道理的。因此，十年之內，官居二品，看起來有些誇張，但確實不是巧合。

育子教育的模範

古代讀書人都十分重視優生教育，對後代的教育更顯示著一家之主的情操和道德修養。曾國藩重視儀表，對於更能顯示才幹的家訓，當然不會放過。

一八四八年三月，曾國藩的兒子曾紀鴻出生了。到了十月，曾國藩便編撰好了《曾氏家訓》。說是家訓，實際都是古今名臣大儒的言論，不過重新編輯了目錄，分為修身、齊家、治國三個大綱，底下還分了三十二個小目錄。

對比早就有的《顏氏家訓》，這個新版書的內容並無本質上的突破，不過曾國藩出身貧寒，升官又快，是官場的傳奇人物，本人現身說法，這可是最好的廣告。於是，他的這本書一直暢銷不衰，成爲古代教育類的代表圖書。

勝仗遭呵斥，敗仗反升官

一八五三年，曾國藩正在家裡爲母守孝，被任命爲湖南團練大臣，在對付鄉里刁民的時候，曾國藩展現了鐵腕的一面，狠狠地殺了幾百人。據曾國藩自己奏稱，四個月間，直接下令處死一百三十七人。這一點讓咸豐皇帝覺得此人值得依賴。唯壞處是在家鄉濫殺，讓自己擁有了「曾剃頭」和「曾屠戶」的諢號。

不過到底是書生，曾國藩帶兵，很少有打勝仗的時候，而且數次被太平軍殺得大敗，唯一值得一提的就是練兵，以及對士兵進行思想教育。不過曾國藩也沾染了書生愛說大話的一面，他的湘軍與太平軍的精銳，與李鴻章的淮軍相比，並沒特別威猛；而到了戰爭後期，更是大大地腐化。曾國藩的長處在於謀略，對於將才的鑑賞和任用，他有自己獨到的一面，但其本人並不適合帶兵打仗，後人總結他說：「用將則勝，自將則敗」，也反映了這個道理。

當時滿清對漢族官員猜忌甚大，曾國藩打了勝仗，咸豐私下雖然很欣賞，但仍根據別的原因呵斥了曾國藩。後來李秀成把曾國藩殺得大敗，同治皇帝反而任命曾國藩爲蘇、皖、贛、浙四省巡撫。從這些事情也可以看出來，在當時，官員是如何不好做，曾國藩在京城搞人際關係不但必要，且非做不可。

鐵腕師徒聯手玩權術

滿清懼怕曾國藩等人謀反，由於太擔心了，戰爭還沒打完，曾國藩就考慮到鳥盡弓藏的問題。當時李鴻章在政治上也臻成熟，曾國藩便對李鴻章提出了此一問題，說自己要解散湘軍，而李鴻章不願失去軍權，曾國藩馬上來了一個順水推舟；戰爭完成之後，湘軍解散，淮軍反而增兵，實際上，一部分湘軍就入了淮軍。

曾國藩的算盤打得不錯，從實力上說，自己雖然解散了軍隊，但對當時戰鬥力最強的淮軍仍有很大的影響力，同時，朝廷也不會猜忌自己。再加上他與李鴻章實際上的影響力，曾國藩的影響更大，地位也更加穩固。

之後無論是剿捻之事，還是發展洋務運動，曾國藩與李鴻章的配合都很投契，時而步調一致，時而各有分歧，總之，滿清並沒有因爲戰爭結束就削弱他們的權力。

裡外不是人的儒家外交

曾國藩的儒家做人法在對付自己人的時候格外有用，但在應付外交上就沒有什麼辦法了。一八七〇年發生了天津教案，辦理此案的曾國藩也因此受到詬病。

天津教案的經過很簡單：當時，法國天主教育嬰堂忽然死了三、四十名嬰兒，當時天津經常出現幼兒被拐的情況，而民間對教堂以及洋人的排斥感很強，因此流言四起，說天主堂的神父與修女用蒙汗藥拐了中國孩童挖眼剖心。正好一個名叫武蘭珍的拐子聲稱主使自己的人是天主堂華人司事王三，提訊王三的過程中，當地百姓紛紛投擲磚石，一心要鬧事的法國領事豐大業開槍恐嚇通商大臣崇厚，惹起了眾怒，百姓亂拳打死豐大業，接著衝進天主堂，燒毀教堂，殺死神父與修女。

曾國藩曾經對李鴻章說，與洋人打交道要以德服人，他當然不知道現代國家外交，都是赤裸裸的利益至上。看看曾國藩的處理辦法吧！

在法、英、美集結軍艦進行武力威脅之時，直隸總督曾國藩前去處理此事，他先嚴誡市民，不准再生事端，然後開釋武蘭珍與王三，並在奏摺中為洋人在中國的行徑進行辯護。一方面符合事理，另一方面也想「以德服人」，結果惹得民間大罵賣國賊。

一心想擴大事態的法國公使更不買帳，他提出要天津知府、知縣和提督三員為豐大業抵命，法國海軍威脅要將天津化為焦土，實際上是想要更大的利益。曾國藩退讓了，不但答應賠償教堂損失，還迫於壓力，將天津知府、知縣交刑部處理；並逮捕參與砸毀教堂的群眾，處死了二十人，流放了二十五人，賠償教堂四十多萬兩白銀的損失，還派崇厚到法國道歉。即使如此，法國還不罷休。曾國藩的儒家外交，遭遇到了前所未有的挫折。曾國藩的聲望也因此一落千丈。中國遇到了新問題，儒家不適應，曾國藩也老了，兩年後，他在書房靜坐時過世。

左宗棠

【西元一八一二年～一八八五年】

靠老婆吃飯的舉人

導言

左宗棠字季高，一字樸存，號湘上農人，湖南湘陰人。左宗棠自幼聰慧，可惜在守孝期間，看了太多雜書，思想過於開放，三次都沒有考中進士，四十多歲還沒做官。

太平天國運動給了左宗棠機會，他先是在長沙會戰中打出了名聲，後來打了滿人總兵樊燮一耳光，反而打出了名氣，連道光皇帝都知道有一個舉人左宗棠。這個耳光讓左宗棠走上了仕途，他征討太平天國、平定回亂，後來更收復了被沙俄侵占的新疆，一振滿清懦弱的軍事形象。

左宗棠也積極倡導洋務運動，不過他的脾氣、性格以及年齡，限制了他進一步的發展。他的軍事思想影響了很多人，毛澤東、蔣介石都從中學到不少。

靠老婆吃飯的舉人

古今人物中，左宗棠是一個異類。他出身普通人家，祖父、父親只是普通的秀才，家境一般。

左宗棠剛出生不久，母親因為營養不良而斷了奶，左宗棠吃米汁長大。據左宗棠自己回憶，幼年因為饑荒，靠吃米糠才活了下來，經常餓得直哭。按理說，這樣的人，對生存、財富的渴望會十分強烈，但左宗棠卻沒有。

左宗棠十四歲中秀才，二十歲就中了舉。之後，他母親、父親接連病故，他有六年時間不能參加考試，因此看了大量閒書，這一看，讓他開了竅，思想大增，注重格式的八股文再也難以容納他的思想，他的文章錦心繡口，但總是不合八股。並且，他還找到了人生更高的目標，他經常以諸葛亮自居，寫信給別人，常常署名「小亮」。守完六年喪，他先後三次參加進士考試都落選了，高傲的他從此不再赴試。

中不了進士就做不了官，左宗棠的生存成了問題，幸好他找了個好老婆，他的老丈人家很有錢，左宗棠乾脆入贅到丈人家。這個晚清最才華橫溢的人靠老婆才活了下來。

即使如此，左宗棠的心態甚健，並沒有喪氣，他曾經寫了一副對聯：

身無半畝，心憂天下；

讀破萬卷，神交古人。

大概正是這種氣魄，他才能看清無謂的面子問題，沒有因為自己混得不好而自卑。

你不可不知的左宗棠

▲西元1832年，左宗棠考中舉人。

▲西元1861年，曾國藩推薦他擔任浙江巡撫，督辦軍務。

▲西元1862年，組建中法混合軍，收復金華、紹興等地，升任為閩浙總督。

▲西元1866年，上疏準備建造福州船政局，並於次年建成。後改任陝甘總督。

▲西元1867年，率軍入陝西，鎮壓了陝甘回民起義。

▲西元1875年，左宗棠堅持「塞防」，奉命督辦新疆軍務。

▲西元1877年，收復除伊犁地區外的新疆領土。

▲西元1881年，擔任軍機大臣，並在總理衙門行走，管理兵部事務。

一個耳光成就威名

左宗棠到四十多歲都沒有發跡，自己也很失望，沒想到太平天國運動的爆發成就了他。太平天國攻打長沙，左宗棠顯示了他卓越的軍事才能，太平天國的大將蕭朝貴就是在圍攻長沙時受傷身亡的。

左宗棠的好友胡林翼一直很欣賞他，因此向湖南巡撫張亮基大力推薦，從此左宗棠在張亮基旗下擔任幕僚。後來駱秉章擔任湖南巡撫，也極力邀聘左宗棠，在左宗棠的出力下，湖南的形勢發展得很不錯，左宗棠雖未有掛名，但漢族官員人人都知道在湖南管事的是左宗棠。

左宗棠脾氣很大，尤其是對那些沒有本事的人，一點都不留情面。當時有個滿人總兵樊燮和左宗棠發生爭執，左宗棠一氣之下，順手打了對方一個大耳光，當時滿人身分比漢人高，再加上樊燮是總兵，是朝廷的二品官，而左宗棠只是一個幕僚，對於這種以下犯上的事，清政府當然生氣，要把左宗棠殺掉。

清政府萬萬沒想到這個小小的幕僚力量如此之大，各地官員紛紛上書爲他求情，透過這件事，朝野皆知道湖南有這麼一位才華出眾的人。而且戰爭正在進行，政府迫切需要漢族官員鎮壓農民起義。因此，左宗棠不但未被治罪，反升爲四品官。

從此，左宗棠開始招募軍隊，組成「楚軍」，他的軍事天分得到了充分體現，太平天國被打得落花流水。他組織的中法混合軍「常捷軍」，也十分出名。因爲軍功，他被升爲閩浙總督，成爲封疆大臣。

洋務運動第三人

在戰爭中，左宗棠也充分認識到了西式槍砲的厲害，他的「常捷軍」就採用西式裝備。太平天國運動之後，左宗棠馬上提議減少兵員，用省下的銀子加緊練兵，建造軍事工業。

左宗棠一面鎮壓內部起義，另一面很注意海軍建設，他最早上書建議設立監造輪船，並且擇址在福州馬尾，最後順利開辦船廠，培養了中國第一批的海軍軍事人才。此外，還他創辦了求是堂藝局，也叫船政學堂，培養了一大批造船技術和海軍人才。他倡導建立的福州船政局是中國首座新式造船廠。

在洋務運動中，左宗棠並不落於李鴻章和曾國藩之後，他的聲望之所以沒有他們高，很大的原因在於他的年齡，讓他沒有進行更多的實踐。另外，他的人緣太差，替他說話的人不多。

在陝甘鎮壓農民起義的時候，他也不忘發展洋務，先後創辦了蘭州製造局、蘭州機器織呢局等民生工業。

晚清第一軍事家

以軍事才能來看，左宗棠是晚清最出色的。曾國藩不善領兵，以至於有他領兵就失敗的論調。李鴻章也並非百戰百勝，只有左宗棠無論在謀略還是領兵技巧上都十分出色。農民起義軍無論從武器裝備，還是戰鬥能力來說，都不怎麼強大，眞正突顯左宗棠軍事能力的，在於收復新疆。

當時沙俄想侵占新疆，李鴻章等人竟然認爲西北「塞防」不重要，以至於朝廷引起了「海防」

和「塞防」的爭論。左宗棠指出，從經濟上看，認為放棄新疆就可減少軍餉是錯誤的，如果沙俄進一步侵略，最後仍然要花費大筆軍費。幸虧滿清來自東北，了解北方邊防的重要，因此，讓左宗棠進軍新疆。

當時左宗棠已經六十多歲了，但他一點都不氣餒，對於西征準備得十分充分，不但從朝廷要了錢，還從外國銀行借款，紅頂商人胡雪巖從中出了很大的力，後勤保障通暢之後，左宗棠用了不到兩年的時間，就平定了新疆。後來透過談判，又要回了伊犁。

中法戰爭開始以後，六十多歲的左宗棠仍然主動請纓，並在臺灣保衛戰中發揮了很大的作用，他租用外國的商輪，把軍隊和軍火運送去了臺灣，才保住了臺灣。後來，中法在越南打仗，左宗棠任用老將馮子材，取得了軍事勝利，但清政府卻求和賠款，讓左宗棠捶首頓足，他的去世與此有很大的關係。

強脾氣害死人

左宗棠的脾氣很不好，因為他的脾氣，惹出許多事情來。打滿清總兵耳光差點惹來殺身大禍暫且不說，曾國藩與他關係不錯，他要被殺頭時，曾國藩多次上書求情，但是左宗棠的直爽性格斷絕了他和曾國藩的友誼。

曾國藩領兵確實不行，與太平天國大戰的開始，多次被逼得要自殺。左宗棠自覺應盡點朋友的職責，便三天兩頭寫信給曾國藩，指點對方應該如何打仗，還四處對人說曾國藩本身無才，手下也沒有得力的人才，這種話說多了，任誰都會生氣。曾國藩向來以修身養性為口號，但對於左宗棠這種行為，也萬分光火。

另外，曾國藩的弟弟攻陷天京以後，自以為小天王死在亂軍中了，曾國藩也這樣上奏了，左宗棠不知何以得知小天王逃跑了，馬上上報朝廷，說曾國藩說謊。清政府正怕沒辦法節制這些領軍大將，便把他們兩個的奏章給對方看，導致左宗棠和曾國藩徹底絕交。

左宗棠這樣的脾氣，不但讓他難以交到朋友，也影響了他的事業。因為左宗棠夠聰明，一旦誰犯了錯，他馬上就能知道，誰要是被他抓住把柄，總會被他痛批一頓。

收復新疆以後，左宗棠因為功勞大，擔任了軍機大臣，還在總理衙門任職，管理外交事務。按理說，到了他那種程度，也應該從戰略上做一些事情，但因為他這種脾氣，無論在軍機處還是總理衙門，同事對他都很反感，沒有同事的支持，他什麼事情都做不成了。

李鴻章

【西元一八二三年～一九〇一年】

洋務運動第一人

導言

李鴻章本名銅章，字漸甫，號少荃，安徽合肥人。李鴻章二十四歲考中進士，擔任翰林院編修。太平天國運動爆發後，李鴻章回鄉辦團練，後進入曾國藩幕府。在曾國藩的幫助下，李鴻章成立了淮軍，組建名震一時的洋槍隊，收復江蘇，又剿滅捻軍，拯救了搖搖欲墜的清政府。

李鴻章提拔郭嵩燾、丁日昌等洋務派官員，創辦近代軍事工業。首創了中國近代最大的民生企業——輪船招商局，後又創辦了鐵路、煤礦、電報、紡織等一系列民生企業。中國近代工業由此而始。

李鴻章組建了北洋艦隊，是當時亞洲最強大的海上力量。之後海軍建設陷於停頓狀態，被日本後來追上，一八九四年中日甲午戰爭爆發，北洋水師全軍覆沒。

李鴻章一生以外交能手自負，但所簽訂的條約卻多是喪權辱國之類，尤其是〈馬關條約〉與〈辛丑和約〉，更讓李鴻章背上了不應承擔之賣國賊的罵名，一九〇一年十一月七日，李鴻章病逝。

貴人關照好辦事

曾國藩是李鴻章的老師，對他的幫助也最大。曾國藩利用儒學大師的身分，公然將李鴻章品評爲丁未四君子之首，這個有炒作嫌疑的動作，使李鴻章的聲望大大提高。

李鴻章與曾國藩的關係十分複雜。他的父親李文安與曾國藩是同年（古代同年中舉的稱呼，類似於現在的大學同學），因此曾國藩對李鴻章十分照顧。另外，他對李鴻章的人格修養也始終重視。

李鴻章小時候喜歡睡懶覺，加入曾國藩幕府之後，一點也沒有改變，曾國藩也不勸誡，自己每天早早起身，與幕僚坐在飯桌前，等衣衫不整的李鴻章匆匆趕來之後才肯舉箸。桃李不言，下自成蹊，幾次之後，李鴻章徹底改掉了睡懶覺的習慣。而且在其後的幾十年中，李鴻章的生活習慣變得與曾國藩一樣，極有規律。這個好習慣，讓李鴻章在繁忙的軍旅生涯中依舊精力充沛。師生情誼也更深厚，之後無論在軍事、朝政乃至洋務、外交等各方面，曾、李都配合無間，默契無比。

洪秀全金田村起義之後，李鴻章回鄉辦團練，一度顯示了自己的軍事才能，但因爲過於狂傲，與當地士紳的人際關係搞得很僵，不得已投靠恩師曾國藩。曾對李十分照顧，並推舉李鴻章組建淮軍，還把自己的兩個親兵營都送給了李作爲班底。因此李鴻章輕鬆組建了淮軍，並且進

你不可不知的李鴻章

▲西元1847年，二十四歲考中進士。

▲西元1859年，進入曾國藩幕府。

▲西元1862年，成立淮軍平捻亂。

▲西元1872年，首創中國近代最大的民生工業。

▲西元1885年，正式組建北洋海軍。

入上海，打下了自己的勢力，後來李鴻章組建洋槍隊，戰鬥力大大提高，只用了一年時間，就平定了江蘇全省。

對曾國藩，李鴻章投桃報李，他平定江蘇以後，不但沒有服從朝廷命令與湘軍一起圍攻天京（現在的南京城），反而進駐浙江，不惜得罪正在攻打浙江的左宗棠，也不與曾國藩搶軍功。

辦洋務大發橫財

李鴻章出使歐美的時候，每碰到一個人，總會詢問對方一年收入多少，隨行的智囊們告訴他，西方人最忌諱問這個隱私問題，但他仍然樂此不疲。有一次，他在英國參觀完了一個大工廠，又問英國的領班：「你領導這麼多員工，一年能撈多少外快？」領班回答說：「除了薪水，沒有別的收入了。」李鴻章覺得很奇怪，指著對方的鑽石戒指說：「沒有外快，這個拿什麼買來的呢？」英國報紙一時傳爲奇談。

李鴻章、曾國藩、左宗棠受到西方強大軍力的刺激，一直努力辦洋務。三個人中，李鴻章最年輕，也最積極。但是因爲傳統、個人性格等種種原因，他的貪婪也最受世人矚目。

一八六〇年起，李鴻章就開始創辦軍事企業，一八七〇年調任直隸總督以後，又開始創辦民生企業。辦企業要用人，又開始開辦現代學校，此外，他還與曾國藩一起上奏〈擬選子弟出洋學藝折〉，開始派遣學生出國留學。這些都是積極的一面。

另一方面，他用國家資本開辦的招商局、電報局、開平煤礦、中國通商銀行等企業，雖說屬於國營企業，但他自己也占了不少股分，當時經管企業的官員，人人都擁有分紅的權利，從中獲得了巨大的財富，儘管他們實際上並不參與企業的實際運作。而北洋系的官員中，也因此產生了一大批富豪。

這就是當時很流行的所謂「官督商辦」企業模式，清政府完全不知道自己做了冤大頭。不只李鴻章，當時的洋務官員，也把官員分紅當作天經地義。

亞洲最強水師的誕生和毀滅

最能讓歷史記住李鴻章的，莫過於他一手創辦的北洋艦隊。北洋艦隊全盛之時，稱得上冠絕亞洲。尤其是在亞洲國家普遍沒有現代海軍的情況下，更顯得實力強勁。

一八八六年，北洋水師建成之初，曾經開赴日本港口修理，當時日本海軍還比較弱小，但是日本的政治家早已經確立了發展海軍、威逼朝鮮、中國的意圖。北洋海軍開赴到日本，馬上引起了諸多日本青年的注意。一次中國水兵放假上岸，被日本員警和居民堵截在兩條街道中劫殺，中國水兵在未帶兵器、又無防備的情況下，死傷、失蹤達五十多人。李鴻章雖然看出日本的蓄意，卻在當時中國海軍明顯強過日本的情況下，只是互相賠款了事，絲毫沒有想到可以用停泊在港口的軍艦來報復。

到一八九一年之後，清政府停止對海軍撥款，中國海軍發展趨於停頓。另外訓練、補給各方面也問題多多，連著名的戰艦管帶鄧世昌都公然在船上養寵物犬，官員間的派系之爭也很嚴重。更嚴重的錯誤是，李鴻章任命的北洋水師統帥丁日昌根本就不懂海軍，也不管海軍訓練。中國海軍中的派系鬥爭就更加嚴重。

甲午戰爭失敗之後，中國南方官員竟然向日本人申訴，說某船屬於地方，不屬北洋艦隊所有，要求歸還，結果當然又惹來一陣訕笑。

好運氣成就外交明星

成爲外交家，對於提倡發展洋務的李鴻章來說，是一種必然。因爲除他之外，別的官員也不願意與洋人打交道。此外，也不能不承認李鴻章的運氣實在是好。

一八七〇年的「天津教案」，法國傳教士與民眾起了衝突，法國領事被殺。法國公使態度強硬，要求殺掉天津道員、知府、知縣爲法國領事抵命，本來處理這件事情的是曾國藩，曾也發現法國純粹是藉機生事，但他毫無辦法。曾國藩因此離任，李鴻章接著處理此事，恰好法國國內局勢動盪，暫時無力在亞洲圖謀，李鴻章清楚形勢之後，逼迫法國與自己妥協。

利用國家之間的突發事件處理國際關係，這在清政府還是第一次。此事之後，李鴻章迅速成爲外交明星，並且對利用各國之間的關係很是熱中，此後，還利用俄國、日本利益達成了「三國還遼」。

他的幕府早就擁有許多熟悉西方事務的人才。留學生、洋買辦、流浪的洋人，以及各種懂得西方事務的人才迅速被李鴻章網羅。李鴻章學習西方知識，開始用現代國家的方式處理國際關係，衝破日本阻撓，開設領事館，保護在國外打工的中國僑民的利益。後來李鴻章訪美，爲了抗議美國的排華法案，特意安排繞過美國西部。

李鴻章出使歐美，因爲文化差異，鬧出了一些笑話，一再表示不理解美國總統克利夫蘭的兒子會沒錢也沒權。在彼得堡簽訂〈中俄密約〉時也犯了錯誤，但仍然贏得了很高的評價。在十九世紀末的中國，能有李鴻章這樣的人才，早就讓歐美人大出意外，難怪德國的鐵血宰相俾斯麥惺惺相惜——一八九六年，兩個人都沒有實際權力了。歐美當時對李鴻章的評價是遠東第一人，毫不為過。

痛苦的清醒者

李鴻章有一個很大的缺點，那就是極為熱中權力。大有「笑罵由人笑罵，好官我自為之」的古風。但他也是一個很有擔當的人物。在當時的官員中，算是少數清楚世界局勢且具有執政能力的人。

相比之下，康有為、梁啓超則顯得十分幼稚。一個真實的史料就能說明這個道理：康、梁推行維新變法時，李鴻章希望加入強學會，送來入會費，竟被康、梁拒絕。變法失敗之後，李鴻章並沒有因此而記恨，反而斷然拒絕逮捕變法人士。

早在李鴻章平定江蘇的時候，洋槍隊統帥洋人華爾曾經鼓動李鴻章推翻清政府，自己做皇帝。從軍事角度看，這並非不可行。但稍微了解中國文化的人都知道，這絕對不可能。身為儒生的李鴻章一生念念不忘的事情是自己功勳蓋世，卻沒做過一次科舉的主考官，這樣的人，如何會貿然舉起造反的大旗？

儘管如此，李鴻章還是看到了中國必須變法。遊歷歐美之後，李鴻章到處宣揚：各國變法的都變得富強，守舊的都隕落了。儘管對於如何變法，他也不是很了解。

義和團運動之時，清政府竟然宣布對所有列強開戰，李鴻章大力反對，並提倡東南自保。這也算是李鴻章唯一做的一件意外之舉了。不過，義和團失敗之後，清政府需要人來擦屁股，李鴻章仍然頂著罵名去了。

替清政府背黑鍋

大凡一個國家頹敗之時，往往會找出一個替罪羔羊，雖然李鴻章在平定內亂、發展洋務方面有很大的功勞，但絲毫不影響清政府用他來轉移公眾的注意力。

中日戰爭之前，李鴻章預測勝算不大，一直大力反對開戰。不過當時的清流以及皇帝卻一力主戰。戰敗之後，清流派雖然毫無辦法，但仍不提出妥協，最後還是由李鴻章出面談判；而在談判的時候，卻故意只派李鴻章和他的兒子李經方負責，甚至連發電報都要李經方來處理。無疑給外人一種李鴻章全權處理的假象。談判過程中，李鴻章遇刺受傷，因此讓日本稍有讓步，但國內言論仍然對李鴻章「國人皆曰可殺」。

至於八國聯軍，李鴻章可說毫無責任，他之所以去簽訂〈辛丑和約〉，與他對清政府的愚忠有很大關係，另外，列強也實在想不起來中國還有哪個官員比較講道理。

李鴻章雖然被人罵做賣國賊，實際在人格上，他要高尚得多。維新思想家嚴復給李鴻章的輓聯是這樣寫的：

使當時盡用其謀，知成效必不當此；
設晚節無以自是，則士論又當何如？

如果李鴻章不去談判，面對問題毫無辦法的清流派們又會如何評論呢？嚴復的詰問，確實切中要害。

李鴻章臨終之時，沙俄代表仍然在外糾纏，而李鴻章咽氣前也「雙目猶炯炯不瞑」。國事日漸不堪，自身也難容於時，難怪李鴻章會死不瞑目。

康有爲

【西元一八五八年～一九二七年】

被政治耽擱的學者

導言

康有爲原名祖詒，字廣廈，號長素，世稱「南海先生」，今廣州人。康有爲出生於名門望族，從小就受到儒家的薰陶，接受了西方知識以後，面對當時中國落後挨打的局面，迅速形成了維新變法的思想。

在光緒皇帝支持下，康有爲與梁啓超等人開始了「百日維新」，維新派基本上都是沒有政治經驗的年輕人，這也是維新變法失敗的主因之一。辛亥革命之後，康有爲曾聯合張勳短暫復辟，但很快就失敗。康有爲的思想，從沒有踏破君主立憲的範圍。

天才的學者兼鼓動家

康有爲出生於一個傳統的知識分子家庭，他的祖父是舉人，父親也曾經做過江西補用知縣。因此，康有爲從小就受到儒家思想的薰陶。但因爲清末的現實，他也開始接觸西方文化，並且慢慢發展出自己的思想。

康有爲第一次大量接觸西方文化，是他初次到北京參加鄉試時候的事情，當時他落選了，回家時經過上海，買了大量西方書籍，儒家思想再加上西方的進化論等種種觀點，讓他的思想有了重大的變化。結合當時的現實，他對儒家思想作了很多修正，這些修正在今天看來淺薄，但對當時的讀書人來說，無疑是晴天霹靂。

梁啓超當時是少年舉人，以文采著稱，但他尚未接觸過西方知識，他遇到康有爲之後，馬上被後者雄辯的口才以及「嶄新」的思想所折服，馬上拜康有爲爲師，康有爲在廣州開辦萬木草堂，收了很多徒弟，梁啓超就是其中最有名的一個。

因爲梁啓超的襯托，康有爲的名聲就更加顯著了。後來，他再次到北京參加鄉試，藉機上書光緒皇帝，請求變法。當時正是中法戰爭時期，因爲一再受挫，讓年輕的光緒皇帝十分不滿。

從能力上來說，當時的李鴻章是最懂得時局的，但光緒皇帝對李鴻章的謹慎極不滿意，而康有爲的變法思想對於光緒皇帝來說，卻有十足誘惑力。

李鴻章一生經營的北洋海軍被日本海軍消滅以後，本人還當了替罪羔羊，簽署了〈馬關條約〉。當時康有爲恰好又到北京參加會試，國家戰敗以後，發議論的人往往比實幹家更容易得到認可。

康有爲這時聯絡了一千三百多名舉人，上萬言書給皇帝，這就

你不可不知的康有爲

▲西元1888年，第一次上書光緒皇帝，建議變法。

▲西元1895年，〈馬關條約〉以後，聯合一千三百多名舉人聯名上書變法，組織強學會。

▲西元1898年，在北京成立保國會，促成光緒皇帝維新變法。

▲西元1915年，幫助張勳復辟但失敗。

是歷史上有名的「公車上書」，先後上書三次，要求光緒皇帝變法。爲了宣傳變法，康有爲和梁啓超在北京創辦《中外紀聞》，還組織強學會，聲勢浩大。

幼稚的書生改革者

儘管要求變法，但是康有爲在政治上可謂幼稚，首先，他不懂得拉攏自己的勢力。任何改革都會遇到阻力，因此，必須擴大自己的同盟軍。當時的情況是，每個官員都談論變法，但該怎麼變，卻沒有統一的章程。

康有爲組織強學會時，李鴻章也希望能夠加入，並且還送來入會費。了解一點歷史的人，都知道李鴻章是洋務運動的代表人物，是個實力派，但因爲他簽署了〈馬關條約〉，在當時被當成賣國賊，康有爲因爲這個原因，自以爲是地把李鴻章歸爲反對派。實際的情況是，李鴻章一直支持變法，變法運動失敗以後，他拒絕逮捕變法人士，一點都不記恨康有爲的無禮舉動。

康有爲的變法在光緒皇帝的支持下展開了，但作爲變法的主要策劃人，康有爲對形勢的把握能力太低了。因爲沒有從政經驗，不知道如何從錯綜複雜的利益關係中走出自己的路，同時，對於改革的阻力也沒有考慮充分。

慈禧太后在變法初期，並未一力反對變法。道理很簡單，如果變法眞的對清政府有幫助的話，誰都願意支持。因此，變法除了具體內容以外，還要考慮到實施步驟、結識盟友等事情。

但康有爲在變法中的行動，除了批駁榮祿「祖宗之法不可變」的思想以外，就是整天寫奏摺，對政治、經濟、軍事、文教等各方面提出建議，恨不得一下子改變現有的國家制度和社會制度。但凡有一點政治常識的人，都能看出這樣的舉動並不實際。

更重要的是，作為變法的領導人，他對軍事一竅不通，他的主要支持者——光緒皇帝——也是一個手無實權的天真皇帝。為什麼日本的變法能夠成功，而中國的維新卻只維持不到一百天？變法者本人的素質也是一個很大的原因。

需要提及的是，慈禧太后雖然發動政變，扼殺了維新變法，但在這之後，她也派人討論君主立憲的可能。可見，對於變法的大主張，沒有人反對，問題的根源還是如何處理變法的利益分配。作為書生和學者，康有為遠遠沒有處理利益分配的能力。

復辟運動的軍師

變法失敗以後，康有為逃亡到了海外。在國外，他組織了保皇會，想拯救遭軟禁的光緒皇帝。沒想到之後歷史的發展飛快，先來了一個義和團，之後又有孫中山等人組織的革命黨，比他的保皇會更加激進。

作為保皇派首領，康有為的主要職責是在海外籌集資金，當時中國在海外有不少華人，海外遊子往往懷有更重的愛國熱情，康有為身為儒家學者不會算數的弱點又暴露了出來，他管理的帳目資金大概很有問題，不少人指責他貪汙經費。

辛亥革命以後，康有為回國了，開始主編一本名叫《不忍》的雜誌，宣揚儒家思想，也很有市場，康有為不但搞宣傳，也開始接觸軍人。一九一七年，康有為找到了一直效忠前清的北洋軍閥張勳，後者的軍隊一直留著辮子，在當時也算異類。康有為和張勳的復辟，與其說是自己組織的，還不如說是被北洋政府總理段祺瑞利用，很多資料說明，後者故意讓張勳跳出來，好成就自己保護共和的美名。

也許人上了年紀，思想會僵化。康有爲越到老年，對清政府的忠誠就越加引人注目。溥儀被馮玉祥逐出紫禁城時，康有爲發表了不少文章，抨擊馮玉祥的舉動不合法。按道理說，馮玉祥的舉動還眞的不合法，不過，隨著啓蒙思想的發展，滿清在民間地位的漸低，誰都不把下臺的皇帝當回事兒。

溥儀在天津隱居期間，康有爲特地跑去探望，給溥儀上書提意見，一切都有模有樣。康有爲七十歲時，溥儀也沒忘了爲他賜壽，這讓康有爲感動得一塌糊塗，興奮過度，再加上傷感，總是哭笑無常，自以爲快要死了，寫好了遺書，不久果然去世。

政治化的學者

康有爲一個很重要的身分是學者，他的著作很多，比如《新學僞經考》、《孔子改制考》，還有後來的《大同書》、《中庸注》、《論語注》、《春秋筆削大義微言考》等。

眞要討論起來，康有爲的著作學術含量不高，比如他的《新學僞經考》及《孔子改制考》的大意是說東漢以來的經學，大部分都是劉歆自己編造的，並不是孔子的思想，用這個辦法來打擊頑固派的「恪守祖訓」思想；另外，還指出孔子當初編書的目的，不過是爲了改革。他這些書的目的，都是爲了他的維新變法做宣傳，因此，他的變法失敗以後，孫中山等人的革命思想比他更前衛之時，他的文章就失去了意義。

維新變法失敗以後，他才有系統地提出自己的政治主張，主要體現在《大同書》裡面。大同世界也是今日常見的辭彙。

一連串政治活動失敗以後，康有爲走向了自己的本分，做起了學者。晚年他在上海創辦了天遊學院，主要講授國學。而他的著作也可用「等身」來比喻，達到了一百三十九種。

如果康有爲不去從政，僅專心學術，是否會有更大的成就？歷史不能假設，在那個時代，被軍事打敗的中國，需要的是鐵與血，純粹的學者康有爲，看來也不會有太大的影響。

實際上，康有爲是清代「碑學」書法的一大家，他的《廣藝舟雙揖》（亦名《書鏡》）在書法史上也算是大作，不過書法這種閒情逸致類的藝術，對於歷史的影響來說，實在微弱。

國家圖書館出版品預行編目資料

影響中國的 85 位名臣／高鵬著
——三版——臺中市：好讀，2024.2
面；　　公分——（人物誌；25）

ISBN 978-986-178-701-5（平裝）

782.21　　112022686

好讀出版

填寫線上讀者回函
請掃描 QRCODE

人物誌 25
影響中國的 85 位名臣

作　　者／高鵬
總 編 輯／鄧茵茵
文字編輯／鄧語葶、林碧瑩

發行所／好讀出版有限公司
407 台中市西屯區工業區 30 路 1 號
407 台中市西屯區大有街 13 號（編輯部）
TEL:04-23157795　FAX:04-23144188　http://howdo.morningstar.com.tw
（如對本書編輯或內容有意見，請來電或上網告訴我們）
法律顧問／陳思成律師

總經銷／知己圖書股份有限公司
106 台北市大安區辛亥路一段 30 號 9 樓
TEL：02-23672044　02-23672047　FAX：02-23635741
407 台中市西屯區工業 30 路 1 號
TEL：04-23595819 FAX：04-23595493

電子信箱／ service@morningstar.com.tw
網路書店／ http://www.morningstar.com.tw
讀者專線／ 04-23595819 # 212
郵政劃撥／ 15060393（戶名：知己圖書股份有限公司）

印刷／上好印刷股份有限公司
三版／西元 2024 年 2 月 15 日
定價／ 350 元
如有破損或裝訂錯誤，請寄回 407 台中市西屯區工業區 30 路 1 號更換（好讀倉儲部收）

Published by How Do Publishing Co., Ltd.
2024 Printed in Taiwan

ISBN 978-986-178-701-5